한 권으로 끝내는 족집게 문제와 실전 모의고사 문제

유니크 쏙쏙 토익 *TOEIC* 1600제

KB091859

★★★
단숨에 고득점을
취득할 수 있는
족집게 문제와
정답 찾는 법 수록

집필자 김수원

✓ 기초부터 최고급과정까지 3주 완성

✓ 최단기간에 토익 만점을 위한 필독서

✓ 10,000개가 넘는 토익 전문 어휘 수록

✓ 단원별·품사별·유형별·어휘별로 답 찾는 법 수록

토익 Part 5 족집게 문제

족집게 707문제 + 뉘앙스 문제 445문제 + 실전 모의고사 450문제 = 1602문제

맑은샘

'유니크 쏙쏙 토익 1600제' 구성과 특징

1 토익 기출문제를 송두리째 철저히 분석하였습니다.

2 단원별 · 품사별 · 유형별 · 어휘별로 기초부터 최고급과정까지 물샐틈없이 정리하였습니다.

3 모든 문제를 직독직해하여 동시에 독해력 향상을 위해서도 주의를 기울였습니다.

4 토익 전문 어휘를 10,000개 이상 정리해 놓았으므로 어휘집을 따로 구입할 필요가 없습니다.

5 조금이라도 이해가 안 가면 찾아볼 수 있도록 유니크 쏙쏙 영문법 쪽수를 써 놓았습니다.

6 토익에서 제일 어려워하는 뉘앙스 문제를 500문제 이상 수록해 놓았습니다.

머리말

토익의 성패는 Part 5를 얼마나 신속정확하게 푸느냐에 달려있습니다.

대부분의 수험생들이 파트 7을 제시간에 다 풀지 못하는 이유는 Part 5에서 시간을 지체하기 때문입니다.

파트 Part5를 늦어도 5분 이내로 신속하고도 정확하게 풀 수 있어야, 파트 6/7도 쉽게 풀 수 있습니다.

필자는 수많은 토익 기출문제를 분석하여 항상 반복적으로 출제되는 문제들을 단원별 · 품사별 · 유형별 · 어휘별로 물샐틈없이 정리하여 그런 문제들을 쉽고 정확하게 풀 수 있는 방법을 안내해 놓았습니다.

단순히 문제만 풀지 말고, 각 문장 해석과 어휘를 동시에 공부하세요. 그러면 Part 6/7에서도 속독을 할 수 있어 엄청난 파급효과를 발휘하게 될 것입니다. 그리고 RC를 철저히 하면 LC는 덤으로 덩달아 아주 쉽게 고득점을 취득할 수 있게 됩니다. 고득점을 희망하는 학습자들은 반드시 공부하셔야 합니다.

▶ 시험구성

구성	Part	출제 구성		문항 수	시간	점수
LC (Listening Comprehension)	1	사진 묘사		6	45	495점
	2	질문 · 대답		25		
	3	짧은 대화		39		
	4	설명문		30		
RC (Reading Comprehension)	5	문장 공란 메우기(문법/어휘)		30	75	495점
	6	지문 공란 메우기		16		
	7	독해	단일 지문	29		
			복수 지문	25		
총계				200문제	120분	990점

위 LC 100, RC 100 표기

학습 방법

1 먼저 블로그에 안내되어 있는 「유니크 쏙쏙 영문법 토익 학습 과정」을 완독하여 문장 해석방법을 습득합니다.

2 「유니크 쏙쏙 영문법 토익 학습 과정」 가운데 「토익 출제 고빈도 과정」이라고 써진 부분을 복습하면서 「유니크 쏙쏙 토익 1600제」를 공부합니다. 이때 문제 풀이하면서 동시에 토익 전문 어휘를 읽어봄으로써 자연스럽게 습득합니다. 그러면 Part 5를 신속 정확하게 풀 수 있을 뿐만 아니라, 파트 6/7을 손쉽게 해결할 수 있는 실력과 기술을 갖추게 됩니다.

3 모든 문제에서 홍색으로 된 힌트를 철저히 관찰하면서 문제에 접근하세요.

차례

1	인칭대명사와 be동사 문제	(유니크 쏙쏙 영문법 23쪽)	12문제	4
2	5형식 어순 문제	(유니크 쏙쏙 영문법 22/62쪽)	24문제	7
3	부가 의문문과 간접 의문문 문제	(유니크 쏙쏙 영문법 45–59쪽)	18문제	12
4	동사의 종류	(유니크 쏙쏙 영문법 5과)	42문제	16
	제 1 모의고사			26
5	동사의 활용 문제	(유니크 쏙쏙 영문법 26–32쪽)	12문제	32
6	동사의 시제 문제	(유니크 쏙쏙 영문법 6과)	30문제	35
	제 2 모의고사			42
7	접속사 문제	(유니크 쏙쏙 영문법 7과)	66문제	48
	제 3 모의고사			64
8	분사 문제	(유니크 쏙쏙 영문법 8과)	66문제	70
9	동명사 문제	(유니크 쏙쏙 영문법 9과)	54문제	84
	제 4 모의고사			96
10	부정사 문제	(유니크 쏙쏙 영문법 10과)	18문제	102
11	조동사 문제	(유니크 쏙쏙 영문법 11과)	18문제	106
12	조건문과 가정법 문제	(유니크 쏙쏙 영문법 12과)	54문제	110
	제 5 모의고사			120
13	형용사 문제	(유니크 쏙쏙 영문법 13과)	54문제	126
14	비교 문제	(유니크 쏙쏙 영문법 14과)	24문제	137
	제 6 모의고사			142
15	관계사 문제	(유니크 쏙쏙 영문법 15–17과)	36문제	148
	제 7 모의고사			156
16	전치사 문제	(유니크 쏙쏙 영문법 18과)	54문제	162
17	부사 문제	(유니크 쏙쏙 영문법 19과)	30문제	173
	제 8 모의고사			180
18	명사와 대명사 문제	(유니크 쏙쏙 영문법 20–21과)	30문제	186
19	관사 문제	(유니크 쏙쏙 영문법 22과)	18문제	193
20	수동태 문제	(유니크 쏙쏙 영문법 23과)	18문제	197
	제 9 모의고사			202
21	일치와 도치 문제	(유니크 쏙쏙 영문법 24/26과)	18문제	208
22	병렬구조 문제	(유니크 쏙쏙 영문법 27과)	12문제	212
23	뉘앙스 문제		444문제	215
	제 10 모의고사			312
	제 11 모의고사			318
	제 12 모의고사			324
	제 13 모의고사			330
	제 14 모의고사			336
	제 15 모의고사			342

1. 인칭대명사와 be동사 문제 (유니크 쏙쏙 영문법 23쪽)

* 주어 자리는 주격, 소유격 다음에는 명사(명사 앞에는 소유격)가 오고, 타동사 뒤에서는 목적격이 옵니다.
* 23쪽에서 소유격이 가장 많이 나오며, 인칭에 따른 동사 문제도 출제됩니다.

1 I'd appreciate _____ information on this matter.

(A) you   (B) your   (C) yours   (D) yourself

해석	이 문제에 대해 당신의 정보를 주시면 감사하겠습니다.
정답과 해설	(B) 명사 앞에는 소유격이 오므로 u.23쪽 참조
어휘	appreciate 감사하다 matter 문제 inform 알리다 information 정보

2 The manager should take _____ position into account/ before making any decisions.

(A) he   (B) his   (C) him   (D) he's

해석	경영자는 자신의 입장을 고려해야 한다/ 어떤 결정을 내리기 전에.
정답과 해설	(B) 명사 앞에는 소유격이 오므로 u.23쪽 참조
어휘	take -into account(consideration)=consider 고려하다, 참작하다 make a decision 결정하다

3 Make sure that _____ representative has a letter of authorization.

(A) she   (B) her   (C) hers   (D) herself

해석	그녀의 대리인이 위임장을 갖고 있음을 확인하라
정답과 해설	(B) 명사 앞에는 소유격이 오므로 u.23쪽 참조
어휘	make sure that 확인하다, 확실하게 하다 representative 대리인 a letter of authorization 위임장

4 With _____ new line of cars and reduced prices,// GQ Motors is now once again the nation's number one automotive company.

(A) its   (B) it's   (C) his   (D) their

해석	새로운 자동차 라인과 가격 인하로 인해,// GQ 모터스는 이제 다시 한 번 그 나라 최고의 자동차 회사가 되었다.
정답과 해설	(A) 명사 앞에는 소유격이 오며, 주어가 GQ Motors라는 회사명이므로 단수 u.23 참조
어휘	reduce 내리다, 인하하다, 줄이다 price 가격 once again 다시 한 번 automotive company 자동차 회사

5 The department manager requested _____ assistance/ in an effort to finish the project by the due date.

   (A) we   (B) our   (C) us   (D) ours

해석	부장님은 우리의 도움을 요청했다/ 마감일까지 그 프로젝트를 끝마치려는 노력에서.
정답과 해설	(B) 명사 앞에는 소유격이 오므로 u.23/186/365쪽 참조
어휘	department manager 부장 request 요청하다 assistance=help 도움, 원조 in an effort to ~하려는 노력에서, ~하기 위해서 by the due date 마감일 까지

6 Most banks charge _____ clients fees// when they cash a check.

   (A) they   (B) their   (C) them   (D) theirs

해석	대부분의 은행들은 그들의 고객들에게 수수료를 부과한다/ 그들이 수표를 현금으로 바꿀 때.
정답과 해설	(B) 명사 앞에는 소유격이 오므로 u.23쪽 참조
어휘	most+명사 대부분의 charge 부과하다 client 고객 cash 현금으로 바꾸다 a check 수표

7 The consumer service department/ will help _____ / whenever you want.

   (A) you   (B) your   (C) yours   (D) yourself

해석	고객 서비스 부서는/ 당신을 도와드릴 것입니다// 당신이 원할 때는 언제나.
정답과 해설	(A) 타동사 다음에는 목적격이 오므로 u.22/23/351쪽 참조
어휘	consumer 고객, 소비자 service department 서비스 부서 whenever ~할 때마다, ~할 때는 언제나

8 Ms. Mitchell will be the new director for the system update,// and those working with her should report to _____.

   (A) she   (B) her   (C) hers   (D) herself

해석	미첼 씨가 시스템 업데이트의 새로운 책임자가 될 것이다.// 그러므로 그녀와 함께 일하는 사람들은 그녀에게 보고해야 한다.
정답과 해설	(B) 전치사 다음에 목적격이 오므로 u.23쪽 참조
어휘	director 책임자, 감독, 관리자 those working with ~와 함께 일하는 사람들 report 보고하다

9 According to the chief accountant,// Susie doesn't have much experience/ in _____ field.

   (A) she   (B) her   (C) hers   (D) her's

해석	경리부장에 따르면,// Susie는 별로 경험이 없다/ 자신의 분야에서.
정답과 해설	(B) 명사 앞에는 소유격이 오므로 u.23/276쪽 참조
어휘	according to ~에 따르면 chief account 경리부장 experience 경험 field=branch=sphere=scope=realm=province=bailiwick 분야, 영역

10 Effective resource management/ _____ the key to economic stability.

(A) am   (B) are   (C) is   (D) has

해석	효과적인 자원관리가/ 경제적 안정을 해결할 수 있는 열쇠이다.
정답과 해설	(C) 주어가 3인칭 단수이므로 u.23쪽 참조
어휘	effective 효과적인 resource management 자원관리 economic stability 경제적 안정

11 The car's performance on mountain roads/ _____ impressive.

(A) are   (B) were   (C) am   (D) was

해석	산악 도로에서의 자동차 성능은/ 인상적이었다.
정답과 해설	(D) 주어가 3인칭 단수(performance)이므로 u.23쪽 참조
어휘	performance 성능 mountain 산 road 길 impressive 인상적인, 감동적인

12 Our _____ with Mr. Smith/ was mostly focused/ on issues related to integrating the staff/ after the proposed merger.

(A) discuss   (B) discussed   (C) discusses   (D) discussion

해석	우리의 Smith씨와 토론은/ 주로 초점이 맞춰졌다/ 직원 통합과 관련된 문제에/ 합병이 신청된 후에.
정답과 해설	(D) 소유격 다음에는 명사가 오며, 동사가 was이므로 단수명사가 와야 하죠. u.23쪽 참조
어휘	discuss=debate 토론하다 discussion 토론, 토의 mostly=mainly=chiefly 주로 be focused on ~에 초점이 맞춰지다 issue 문제, 쟁점 integrate 통합하다 staff 직원 propose 제안(제의/신청)하다 be related to=be concerned(connected) with ~과 관련이 있다, ~과 관련이 되다

* 모든 문장은 주어+동사의 어순입니다. 유니크 쏙쏙 영문법 62쪽은 목숨을 걸고 암기해두세요!!!
* 주어 자리는 명사, 주어 다음에는 동사, 동사 다음에는 보어나 목적어가 온다는 것을 명심하세요.
* 주어를 보고 동사를 찾거나 동사를 보고 주어를 찾는 문제가 출제됩니다.

1 The _____ of the new building will start next month.

(A) construct   (B) constructed   (C) constructive   (D) construction

해석	새로운 건물의 건축이 다음 달에 시작 될 예정이다.
정답과 해설	(D) 주어자리이므로 명사형 u.20/22쪽 참조
어휘	new building 새로운 건물 start 시작하다 next month 다음 달에 construct 건설하다, 건축하다 constructive 건설적인 construction 건설, 건축, 구성, 구문 분석

2 _____ to the papers/ is restricted to senior management.

(A) Access   (B) Accessing   (C) Accessed   (D) Accessible

해석	그 서류에 대한 접근은/ 고위 경영진에게만 제한된다.
정답과 해설	(A) 주어자리이므로 '명사형'이 되어야 합니다. u.22쪽 참조
어휘	papers 서류 restrict 제한하다 senior management 고위 경영진 access 접근, 접속, 접근(접속)하다

3 The discounted _____ for the Auto Show/ are valid/ for admission on weekdays/ from March 5 to 10.

(A) tickets   (B) ticketing   (C) ticketed   (D) ticket

해석	자동차 전시회 할인 입장권은/ 유효하다/ 주중 입장에/ 3월 5일부터 10일까지
정답과 해설	(A) 동사가 are이므로 주어는 복수명사형이 되어야 하지 않겠어요? u. 23쪽 참조
어휘	discount 할인하다 auto show=motor show 자동차 전시회 valid=effective 유효한 admission 입장, 입장료, 허가, 자백 weekdays 주중

4 All the _____ / require advance ticket booking// as seating is limited.

(A) performing   (B) performer   (C) performance   (D) performances

해석	모든 공연은/ 사전 입장권 예매가 필요합니다// 좌석이 제한되어 있기 때문에.
정답과 해설	(D) the 다음에 명사가 오며, 동사에 -s가 붙어있지 않으므로 복수형 명사가 되어야 함. u.22/62쪽 참조
어휘	require 요구하다 advance ticket booking 사전 입장권 예매 seating 좌석 limited 제한되어 있는 perform 공연(수행)하다 performer 연예인, 수행인 performance 수행, 공연, 경기력

5 His _____ with our firm will be finished// unless he abides by the contract.

(A) employer   (B) employee   (C) employing   (D) employment

해석	우리 회사와의 그의 고용은 완료 될 것입니다// 그가 계약을 준수하지 않으면.
정답과 해설	(D) 주어자리이므로 명사형이 되어야 하며 동사가 "끝나다"의 뜻이므로 사물명사가 되어야 하죠. u.20/22쪽 참조
어휘	firm 회사 unless ~하지 않으면, ~하지 않는 한 abide by=adhere to=stick to=conform to=comply with 준수하다 contract 계약, 계약서 employer 고용주 employee 종업원, 피고용인 employ 고용하다 employment 고용

6 The new employees' _____ on their job/ was rather unsatisfactory.

(A) performing   (B) performance   (C) performances   (D) perform

해석	신입사원들의 업무 수행 능력은/ 다소 불만족스러웠다.
정답과 해설	(B) 소유격 다음에 명사형이 오고 동사가 단수 동사(was)이므로 u.22/23쪽 참조
어휘	new employee 신입사원 job 업무, 직무, 의무, 일 rather 다소 unsatisfactory 불만족스러운 perform 수행하다 performance 실행, 수행, 수행 능력, 업무 성과

7 The news reporter stated/ that the Korean _____/ has improved immensely/ in the past few years.

(A) economy   (B) economic   (C) economical   (D) finance

해석	그 뉴스기자는 말했다/ 한국 경제가 크게 향상되었다고/ 지난 몇 년 동안
정답과 해설	(A) 주어자리이므로 명사가 와야 합니다. u.22/62쪽 참조
어휘	reporter 기자 state 말하다, 진술하다 economy 경제 improve 향상되다 immensely=hugely=vastly 크게, 엄청나게 in the past few years 지난 몇 년 동안에 economic 경제에 관한 economical 경제적인, 실속 있는 finance 재정, 재무

8 The bank became suspicious of him // after several large _____ were made/ from his account/ in a single week.

(A) withdraw   (B) withdrawal   (C) withdrawals   (D) withdrawing

해석	은행은 그를 의심하게 되었다// 몇 차례 대규모 인출이 이뤄진 후/ 그의 계좌로부터/ 단 1주일 만에.
정답과 해설	(C) 주어 자리이면서, 동사가 were이므로 복수형 주어가 와야 하죠. u.23쪽 참조
어휘	bank 은행 become-became-become 되다 suspicious of ~을 의심하는 several 몇 차례의 account 계좌 in a single week 단 1주일 만에 withdraw 인출하다, 퇴각(철수, 철회)하다 withdrawal 인출, 퇴각, 철수, 철회

9 It will be quite difficult for candidates to get a marketing position// as _____ for it is fierce.

(A) competition   (B) competitive   (C) competes   (D) competitiveness

해석	구직자들이 마케팅 직을 얻기는 꽤 어려울 것이다// 왜냐하면 그것을 위한 경쟁이 치열하기 때문에.
정답과 해설	(A) is의 주어이므로 단수 명사형이 와야 하며, 문맥상 「경쟁이 치열하다」가 되어야 하므로 u.23쪽 참조
어휘	quite 꽤 difficult 어려운 candidate 구직자, 지원자, 후보자 position 직책 fierce 치열한 competition 경쟁 competitive 경쟁적인 compete 경쟁(경기)하다 competitiveness 경쟁력

10 Tim's paper/ _____ three processes for generating hydrogen/ in fuel cells.

(A) compares   (B) comparisons   (C) is compared   (D) was comparing

해석	Tim의 논문은/ 수소를 생산하기 위한 세 가지 과정을 비교한다/ 연료 전지 속에서.
정답과 해설	(A) 주어 다음에 동사가 오며 목적어가 있으므로 타동사가 필요한 자리 u.22/62쪽 참조
어휘	paper 논문 compare 비교(비유)하다 process 과정 generate 생산하다 hydrogen 수소 fuel cell 연료 전지

11 Doctors and other health care experts/ _____ // that aerobic exercises should be part of any exercise routine.

(A) agree   (B) agrees   (C) agreeing   (D) agreement

해석	의사들과 다른 건강관리 전문가들은 동의한다// 유산소 운동이 모든 운동 과정의 일부가 되어야 한다고.
정답과 해설	(A) 동사 자리이며 주어가 복수이므로 u.23쪽 참조
어휘	health care expert 건강관리 전문가 aerobic exercise 유산소 운동 routine 과정 agree=assent=consent 동의하다 agreement 동의, 합의, 협정, 일치

12 If I can be of any assistance to your project in the future,// please _____ free to contact me.

(A) feel   (B) feeling   (C) to feel   (D) be felt

해석	앞으로 당신의 프로젝트에 어떤 도움이 될 수 있다면,// 자유롭게(언제든지) 연락 주십시오.
정답과 해설	(A) please 다음에는 언제나 명령문이 오며, 명령문에서는 주어가 빠지고 동사 원형이 오므로 u.43쪽 참조
어휘	of any assistance 어떤 도움이 되는 in the future 앞으로, 장차 feel free to 자유롭게(언제든지)~하다 contact=make contact with=get in contact(touch) with 연락하다

13 The employees who have worked for less than two years/ are not _____ for such benefits.

(A) eligible   (B) eligibly   (C) eligibility   (D) eligiblization

해석	2년 미만 근무한 근로자는/ 그런 혜택(수당)을 받을 자격이 없다.
정답과 해설	(A) be동사 다음에 보어자리로서 be eligible for ~을 받을 자격이 있다 u.22/62쪽 참조
어휘	employee 직원 less than two years 2년 미만 benefits 혜택, 수당

14 The supervisor/ thought/ that the report was not _____// and asked for more information.

(A) satisfy   (B) satisfaction   (C) satisfactory   (D) satisfied

해석	감독관은/ 생각했다/ 그 보고서가 만족스럽지 않다고// 그래서 더 많은 정보를 요청했다.
정답과 해설	(C) be동사 다음에 보어로서 형용사가 와야 하므로 u.22/62쪽 참조
어휘	supervisor 감독관, 관리자 report 보고서, 보도 ask for=request 요청하다 information 정보 satisfy 만족시키다 satisfaction 만족 satisfactory 만족스러운 satisfied 만족하는

15 The facilities have been adapted/ to give _____ to wheelchair users.

(A) access   (B) accessing   (C) accessed   (D) accessible

해석	시설들은 개조되었다./ 휠체어 이용자들에게 접근성을 제공하기 위하여.(휠체어 이용자들이 쉽게 접근할 수 있도록)
정답과 해설	(A) 타동사 give의 '목적어'이므로 '명사형'이 되어야 합니다. u.22쪽 참조
어휘	facility 시설 adapt 개조하다, 적응하다 give access to ~에게 접근성을 제공하다 users 사용자 access 접근, 접속, 접근(접속)하다 accessible 접근(입수)하기 쉬운, 이용할 수 있는

16 The company is taking steps/ to improve _____ and reduce costs.

(A) efficience   (B) efficiency   (C) efficient   (D) efficiently

해석	그 회사는 조치를 취하고 있다/ 효율성을 개선하고 비용을 줄이기 위해서.
정답과 해설	(B) 타동사의 목적어로 명사가 필요하므로 u.22/62쪽 참조
어휘	company 회사 take steps 조치를 취하다 improve 개선하다 reduce=decrease=lessen=cut down on 줄이다 costs 비용 efficient 효율적인 efficiency 효율성 efficiently 효율적으로 *cf* lesson 수업, 교훈

17 The company has _____ in creative profit models/ and encourages its employees to come up with new ideas.

(A) interests   (B) interested   (C) interesting   (D) interestingly

해석	그 회사는 창의적인 수익모델에 관심을 가지고 있으며/ 직원들에게 새로운 아이디어를 생각해내도록 권장한다.
정답과 해설	(A) 동사 have다음에는 목적어가 와야 하며, 목적어는 명사형이므로 u.22/62쪽 참조
어휘	company 회사 creative 창의적인 profit 수익 encourage 권장하다 employee 직원 come up with 생각해 내다 interests 관심, 이익 interested 관심 있는 interesting 흥미로운 interestingly 흥미롭게도

18 According to the memorandum,// all the accountants of this consulting firm/ should obtain national accounting _____ / within two years.

(A) certify   (B) certified   (C) certifiable   (D) certification

해석	회보에 따르면// 이 회사의 모든 회계사들은 국가의 회계 인증을 받아야 한다/ 2년 이내에.
정답과 해설	(D) 동사 obtain의 목적어 자리로서 명사가 들어가야 하므로 u.22/62쪽 참조
어휘	according to ~에 따르면 memorandum 회보 accountant 회계사 consulting firm 컨설팅 회사 obtain=acquire=come by 얻다 national 국가의 accounting certification 회계 인증 certify 공인(감정, 확인)하다 certifiable 공인(감정, 확인)할 수 있는

19 Please note/ that the hotel cannot accept _____/ for belongings not kept in the safety box.

(A) responsible   (B) responsive   (C) responsibility   (D) responsiveness

해석	유의해 주세요// 호텔이 책임질 수 없다는 것을/ 안전금고에 보관되어있지 않은 소유물에 대해서는.
정답과 해설	(C) 타동사 accept의 목적어로 명사가 필요하며 문맥상 '책임(responsibility)'가 적합하므로 u.22/62쪽 참조
어휘	note 유의하다, 주목하다 accept(assume, bear, take) responsibility for ~에 대해 책임지다 belongings 소유물, 소지품 keep-kept-kept 보관하다 safety box 안전금고 responsible 책임 있는 responsive 민감한 responsiveness 민감성, 반응성

20 Senior analyst John Smith/ expects/ SunDigit/ to post _____ of $3 billion for the year.

(A) a profit   (B) to profit   (C) profitable   (D) profitably

해석	수석분석가 John Smith는/ 예상한다/ SunDigit회사가/ 금년에 30억 달러의 이익을 발표할 것이라고.
정답과 해설	(A) 타동사 post 다음에는 목적어가 와야 하며, 목적어는 명사형이므로 u.22/62쪽 참조
어휘	senior analyst 수석 분석가 expect 예상(기대)하다 post 게시(발표)하다, 붙이다 billion 10억

21 All the department stores of the city/ require/ _____ not to bring food or beverage into the store.

(A) shopper　　　(B) shopping　　　(C) shop　　　(D) shoppers

해석	그 도시의 모든 백화점은/ 요구한다/ 쇼핑객들이 음식이나 음료를 가게에 들이지 않을 것을.
정답과 해설	(D) 목적어 자리이며, to bring(가져오다)가 보이므로 사람이 목적어가 되어야 합니다. u.22/62쪽 참조
어휘	department store 백화점 require 요구하다 bring 가져오다 food 음식 beverage 음료 into 안으로 shopper 쇼핑객

22 Milkins Corp. will negotiate a three-year employment _____/ with the former vice president of BG Holdings.

(A) arranged　　　(B) arranger　　　(C) arrangeable　　　(D) arrangement

해석	Milkins 주식회사는 3년간의 고용 계약(합의)을 협상할 예정이다/ BG 홀딩스의 전 부사장과.
정답과 해설	(D) negotiate라는 동사의 목적어가 필요하므로 명사형이 되어야 해요. u.22/62쪽 참조
어휘	Corp.=corporation 주식회사 negotiate 협상하다 employment 고용 the former vice president 전 부사장 arrange 조정(협의, 합의, 배열)하다 arranger 조정자 arrangeable 조정할 수 있는 arrangement 조정, 협의, 배열

23 One of Vector Historical Foundation's focuses for next year/ is to put more _____ on establishing close partnerships with other similar institutions.

(A) emphasize　　　(B) emphasized　　　(C) emphasis　　　(D) emphatically

해석	벡터 역사 재단의 내년 주안점 중 하나는/ 유사한 다른 기관과의 긴밀한 협력 관계를 구축하는 데 더 역점을 두는 것이다.
정답과 해설	(C) put이라는 타동사의 목적어가 필요하므로 명사형 emphasis(역점)가 들어가야 해요 u.22/62쪽 참조
어휘	foundation 재단 focus 주안점, 초점 establish 설립(구축)하다 close 긴밀한, 가까운 partnership 협력 관계 similar 유사한 institution 기관 emphasize=lay(put, set, place) emphasis on 강조하다 emphatically 강조하여, 힘주어

24 We should get the president's _____ first/ before implementing the plan.

(A) approve　　　(B) approval　　　(C) approving　　　(D) approved

해석	해석 우리는 먼저 회장님의 승인을 받아야 한다/ 그 계획을 이행하기 전에.
정답과 해설	(B) 소유격 다음에 명사가 오므로 u.23쪽 참조
어휘	president 대통령/회장 implement=carry out(through) 이행하다 approve 승인하다 approval 승인

* 유니크 쏙쏙 영문법 45–47쪽까지 가볍게 공부하세요.
* 유니크 쏙쏙 영문법 52쪽을 암기하시고 56–59쪽까지 철저히 공부하세요.

1 You are going to buy a new laptop before the annual investment banking conference,
_____?

(A) don't you   (B) aren't you   (C) will you   (D) won't you

해석	당신은 연례 투자 금융 회의 전에 새 노트북 컴퓨터를 구입할 예정이잖아요. 안 그래요?
정답과 해설	(B) 동사 are의 부가의문문이므로 u.45쪽 참조
어휘	be going to ~할 예정이다 laptop 노트북 컴퓨터 annual 연례의 investment banking conference 투자 금융 회의

2 I couldn't believe// how _____ Jane solved such a complicated problem.

(A) swift   (B) quickly   (C) speedy   (D) hasty

해석	나는 믿을 수가 없었다// 제인이 그렇게 복잡한 문제를 얼마나 빨리 풀던지.
정답과 해설	(B) 동사 solved를 수식하는 부사가 필요하므로 u.52/56쪽 참조
어휘	believe 믿다 how quickly 얼마나 빨리 solve 풀다 such a complicated problem 그토록 복잡한 문제 swift=speedy 신속한 hasty 성급한

3 _____ the old lady survived such a terrible accident/ is a mystery to all of us.

(A) Where   (B) Why   (C) When   (D) How

해석	그 노부인이 어떻게 그런 끔찍한 사고에서 살아남았는지는/ 우리 모두에게 불가사의한 일이다.
정답과 해설	(D) 문맥상 가장 자연스러우므로 u.52/56쪽 참조
어휘	survive 살아남다 such a terrible accident 그런 끔찍한 사고 where 어디에 why 왜 when 언제 how 어떻게

4 It always amazes me/ _____ job applicants can't even put together a basic resume
and cover letter.

(A) how much   (B) what   (C) how many   (D) how little

해석	얼마나 많은 구직자들이 기본적인 이력서와 자기소개서조차 작성하지 못하는지는/ 항상 나를 놀라게 한다.
정답과 해설	(C) applicants가 복수형이므로 many가 되어야 하며, 문맥상 가장 자연스러우므로 u.52쪽 참조
어휘	amaze 놀라게 하다 job applicant 구직자 put together 작성하다, 조립하다 basic 기본적인 resume 이력서 cover(covering) letter=motivation(motivational) letter 자기소개서 how much 얼마나 많은(양) how many 얼마나 많은(수)

5 She asked me/ _____ I liked Thai food.

(A) if   (B) that   (C) which   (D) what

해석	그녀는 나에게 물었다/ 태국 음식을 좋아하는지를.
정답과 해설	(A) 간접의문문 어순은 'if+주어+동사'이므로 u.56쪽 a)번 참조
어휘	ask 묻다, 질문하다 if=whether ~인지 아닌지 Thai 태국의

6 The company wants to get a patent for its L26 computerized metal polishing machine,// but the management cannot determine _____ the inventor was.

(A) who   (B) why   (C) what   (D) whoever

해석	회사는 L26 전산화된 금속 광택기에 대한 특허를 얻고자 하지만,// 경영진은 발명가가 누구였는지 판단할 수 없다.
정답과 해설	(A) 주어가 사람(inventor)이므로 u.56쪽 b)번 참조
어휘	company 회사 get a patent 특허를 얻다 computerized 전산화된 metal polishing machine 금속 광택기 the management 경영진 determine 판단(판정, 결정, 결심)하다 inventor 발명가

7 It is still unclear// _____ the Mayor will accept the recommendations of the City Council.

(A) if   (B) about   (C) before   (D) whether

해석	여전히 불분명하다// 시장이 시의회의 권고를 받아들일지.
정답과 해설	(D) It라는 가주어를 대신 받는 진주어로 쓰이는 접속사는 whether 뿐이므로 u.58쪽 A.번 참조
어휘	still 여전히 unclear 불분명한 mayor 시장 accept 받아들이다/수락하다 recommendation 권고, 권유, 추천 city council 시의회 about=concerning=regarding=respecting=as concerns(regards, respects) ~에 관하여

8 Can you tell me _____ or not you're interested in the job?

(A) if   (B) so   (C) as   (D) whether

해석	그 일에 관심이 있는지 없는지 말씀해 주시겠습니까?
정답과 해설	(D) or not의 앞에는 whether를 사용하므로 u.58쪽 A.번 참조
어휘	be interested in ~에 관심이 있다 job 직업, 일

9 Ministers should consider// _____ future inspections should always be unannounced.

(A) if   (B) whether   (C) what   (D) which

해석	장관들은 고려해야 한다// 앞으로의 검사가 항상 예고 없이 이루어져야 하는지를.
정답과 해설	(B) consider 다음에서 '명사절을 이끄는 접속사'이므로 u.59쪽 E.번 참조
어휘	minister 장관 future 미래 inspection 검사 unannounced 미리 알리지 않은 consider=contemplate=take into account(consideration)=allow(bargain) for 고려하다

10 The board discussed// _____ they should go ahead with the plan.

(A) if   (B) whether   (C) what   (D) which

해석	이사회는 논의했다// 그들이 그 계획을 계속 진행해야 하는지에 대해.
정답과 해설	(B) discuss 다음에서 '명사절을 이끄는 접속사'이므로 u.59쪽 E.번 참조
어휘	the board 이사회 discuss=debate=talk about 논의하다 go ahead with ~을 계속 진행하다 plan 계획

11 The negotiations/ have been deferred/ in the wake of differences of opinion/ on _____ to publicize the negotiations.

(A) that   (B) whether   (C) because   (D) if

해석	협상은/ 연기되었다/ 의견 차이 때문에/ 협상을 발표할 것인가 말 것인가에 대해서.
정답과 해설	(B) 전치사 뒤에 오면서 to부정사 앞에 올 수 있으므로 u.59쪽 F.번 참조
어휘	negotiation 협상 defer=delay=suspend=put off=postpone=procrastinate=prolong 지연시키다, 연기하다 difference 차이 in the wake of=because of=owing(due) to=on account of ~때문에 opinion 의견 publicize 발표(공표, 홍보, 광고)하다

12 There was a big argument about _____ we should buy a new car.

(A) if   (B) whether   (C) that   (D) what

해석	우리가 새 차를 사야 할지 말아야 할지에 대해 큰 논쟁이 있었다.
정답과 해설	(B) 전치사 다음에는 whether를 사용하므로 u.59쪽 F.번 참조
어휘	argument 논쟁, 논의, 언쟁 buy-bought-bought 사다

13 There was some disagreement as to _____ he was eligible to vote.

(A) if   (B) whether   (C) that   (D) what

해석	그가 투표할 자격이 있는지에 대해서는 약간의 이견이 있었다.
정답과 해설	(B) 전치사 다음에는 whether를 사용하므로 u.59쪽 F.번 참조
어휘	disagreement 이견, 불일치 be eligible to vote 투표할 자격이 있다 as to=about=concerning=regarding=respecting=as concerns(regards, respects) ~에 관하여

14 The police seemed mainly interested in _____ there were any locks on the windows.

(A) if   (B) whether   (C) that   (D) what

해석	경찰은 주로 창문에 어떤 자물쇠가 달려 있는지 여부에 관심이 있는 것 같았다.
정답과 해설	(B) 전치사 다음에는 whether를 사용하므로 u.59쪽 F.번 참조
어휘	the police 경찰 seem ~인 것 같다 mainly 주로 be interested in ~에 관심이 있다 lock 자물쇠

15 I couldn't decide _____ or not to accept his offer.

(A) if   (B) so   (C) as   (D) whether

해석	나는 그의 제안을 받아들여야 할지 말아야 할지 결정할 수 없었다.
정답과 해설	(D) or not의 앞에는 whether를 사용하므로 u.59쪽 G.번 참조
어휘	decide=make a decision 결정하다 accept 받아들이다 offer 제안, 제의

16 I'm not sure _____ go camping this weekend.

   (A) if or not   (B) whether or not   (C) whether not or to   (D) whether or not to

해석	나는 이번 주말에 캠핑 갈지 안 갈지 모르겠어.
정답과 해설	(D) whether or not 다음에 동사가 올 경우에는 'whether or not to'가 됨 u.59쪽 G.번 참조
어휘	go camping 캠핑가다 this weekend 이번 주말

17 We're not sure _____ here for dinner or go somewhere else.

   (A) if to stay   (B) whether stay   (C) whether to stay   (D) whether you stay

해석	우리는 저녁식사를 위해 여기에 머무르게 될지 또는 다른 곳으로 가게 될지 확실하지 않습니다.
정답과 해설	(C) 뒤에 or go가 왔으므로 앞에는 whether to가 와야 함 u.59쪽 G.번 참조
어휘	stay 머무르다 dinner 저녁식사 somewhere else 다른 곳

18 _____ we go by road or rail,// the journey will take at least four hours.

   (A) If   (B) Whether   (C) That   (D) However

해석	우리가 도로로 가든 철도로 가든,// 그 여행은 적어도 4시간은 걸릴 것이다.
정답과 해설	(B) 뒤에 or가 있으면서 '양보부사절'을 나타내므로 u.59쪽 H.번 참조
어휘	road 도로 rail 철도 journey 여행 take 시간이 걸리다 at least=at the minimum=not less than 최소한

* 동사 다음에 보어자리냐 목적어 자리냐를 구별하여 품사를 고르는 문제가 출제됩니다.
* 불완전 자동사(64쪽)와 전치사를 취할 수 없는 '자동사로 착각하기 쉬운 타동사'(67쪽)가 가장 빈번히 출제됩니다.

1 The newly renovated museum/ _____ visitors from every part of the country.

  (A) waits   (B) wait on   (C) waits for   (D) awaits for

해석	새로 보수된 박물관은/ 전국 각지로부터 방문객을 기다리고 있다.
정답과 해설	(C) '기다리다'의 뜻은 wait for 이므로 u.63쪽 ①번 참조
어휘	renovate 개선(보수/혁신)하다 await=wait for 기다리다 wait on=attend on 시중들다 every part of the country 전국 각지

2 London employers were _____ a desperate shortage of school-leavers.

  (A) suffering from   (B) undergoing from   (C) experiencing from   (D) being suffered from

해석	런던 고용주들은 지독한 학교 졸업생 부족으로 고통 받고 있었다.
정답과 해설	(A) suffer from ~로 고통을 당하다: 자동사이므로 수동태가 될 수 없어요. u.63쪽 ㉑번 참조
어휘	employer 고용주 desperate 지독한, 절망적인, 필사적인 shortage 부족 school-leaver 학교 졸업생

3 Various kinds of medicine/ are _____ / for treating diseases.

  (A) need   (B) needy   (C) necessary   (D) neither

해석	다양한 종류의 의약품이/ 필요하다/ 질병을 치료하는 데.
정답과 해설	(C) be동사 다음에 '보어'이며 문맥상 가장 적합하므로 u.64쪽 참조
어휘	various kinds of 다양한 종류의 medicine 약, 의술 treat 치료하다, 다루다 disease 질병 need 필요로 하다 needy 궁핍한 necessary=essential 필요한 neither 둘 다 아니다

4 Ms. Kellty's application/ was _____,/ but they refused to hire her.

  (A) impress   (B) impressed   (C) impressive   (D) impressively

해석	Kellty여성의 지원서는/ 인상적이었지만,/ 그들을 그녀를 고용하기를 거부했다.
정답과 해설	(C) be동사 다음에 '보어'이며 문맥상 '인상적인(impressive)'이 가장 적합하므로 u.64쪽 참조
어휘	application 지원서 refuse 거부하다 hire=employ 고용하다 impress 감동을 주다, 날인하다 impressed 감동받은 impressive 인상적인, 인상 깊은 impressively 인상 깊게

5 The economic conditions of the country/ were not _____/ for the company to market a new tablet computer line.

  (A) optimizing   (B) optimized   (C) optimal   (D) to optimize

해석	그 나라 경제상황은/ 최상이 아니었다/ 그 회사가 새로운 태블릿 컴퓨터 라인을 시장에 내 놓기에는.
정답과 해설	(C) be동사 다음에 '보어'이며 문맥상 가장 적합하므로 u.64/194쪽 참조
어휘	economic conditions 경제상황 optimize 낙관하다, 활용하다 optimal 최상의, 최적의 company 회사 market 시장에 내놓다

6 As the company became _____,// it could import equipment from other cities/ instead of depending on local suppliers.

    (A) failure   (B) wealthier   (C) richest   (D) successfully

해석	회사가 부유해짐에 따라,// 그것은(그 회사는) 다른 도시로부터 장비를 수입할 수 있었다/ 지역 공급자들에게 의존하는 대신.
정답과 해설	(B) become동사 다음에 '보어'이며 문맥상 가장 적합하므로 u.64쪽 참조
어휘	company 회사 become-became-become 되다 import 수입하다 equipment 장비 instead of=on behalf of ~대신에 depend(rely, reckon, hinge, figure, fall back) on 의존하다 local 지역의 supplier 공급업자 failure 실패 wealthy 부유한 wealthier 더 부유한 richest 가장 부유한 successfully 성공적으로

7 Employee training/ is very important/ to stay _____ in business.

    (A) compete   (B) competing   (C) competitive   (D) competitiveness

해석	직원 연수는/ 매우 중요하다/ 사업에서 경쟁력을 유지하기 위해서는.
정답과 해설	(C) stay은 '형용사를 보어로' 취하므로 u.64쪽 참조
어휘	employee 직원 training 연수, 훈련 important 중요한 business 사업, 기업, 거래, 영업 compete 경쟁하다 competitive 경쟁력 있는 competitiveness 경쟁력, 경쟁성

8 A limited warranty/ means/ that a warranty holds _____ only for a certain amount of time.

    (A) good   (B) well   (C) nice   (D) graceful

해석	한정된 보증은/ 의미한다/ 보증이 일정 기간 동안만 유효하다는 것을.
정답과 해설	(A) hold good(true, effective, valid)=remain valid 「유효하다」 u.64쪽 참조
어휘	limited 한정된, 제한된 warranty 보증 mean 의미하다 for a certain amount of time 일정한 기간 동안

9 Their arguments were valid a hundred years ago,// and they still hold _____ today.

    (A) true   (B) well   (C) nice   (D) wonderful

해석	그들의 주장은 100 년 전에도 유효했으며,// 오늘날에도 여전히 유효하다.
정답과 해설	(A) hold good(true, effective, valid)=remain valid 「유효하다」 u.64쪽 참조
어휘	argument 주장 valid 유효한 still 여전히, 아직도

10 The candidate/ _____ knowledgeable, motivated and enthusiastic.

    (A) gave   (B) found   (C) seemed   (D) worked

해석	그 지원자는/ 박식하고 의욕에 넘치고 열정적으로 보였다.
정답과 해설	(C) '형용사를 보어로 취하는 동사'이므로 u.64쪽 참조
어휘	candidate 지원자, 후보자 knowledgeable 박식한 motivated 의욕에 넘치는 enthusiastic 열정적인, 정열적인

11 The project is only in the initial phase as yet,// but it looks quite _____.

(A) promise　　　　(B) promising　　　　(C) promised　　　　(D) to be promising

해석	그 프로젝트는 아직 초기 단계에 불과하지만// 매우 전망 있어 보인다.
정답과 해설	(B) look의 보어로서 「유망한, 전도양양한」의 뜻을 가진 형용사 u.64쪽 참조
어휘	initial 초기의 phase 단계 as yet=so far=hitherto=heretofore 아직, 지금까지 promising 유망한, 장래가 촉망되는

12 Supplies of staple food such as corn and wheat/ are running _____ nowadays.

(A) low　　　　(B) highly　　　　(C) long　　　　(D) deep

해석	옥수수와 밀과 같은 주식의 공급이/ 요즈음 부족해지고 있다.
정답과 해설	(A) run low(short)=become depleted 부족해지다, 고갈되다 u.64쪽 참조
어휘	supply 공급 staple food 주식 such as ~같은 corn 옥수수 wheat 밀 nowadays=these days 요즈음

13 I often feel _____ / if I fail to win a prize after trying hard.

(A) sad　　　　(B) sadly　　　　(C) sadness　　　　(D) being sad

해석	나는 종종 슬픔을 느낀다/ 열심히 노력한 후에 상을 타지 못하면.
정답과 해설	(A) feel은 '형용사를 보어'로 취하므로 u.64쪽 참조
어휘	fail to ~하지 못하다 win a prize 상을 타다 try hard 열심히 노력하다 sad 슬픈 sadly 슬프게 sadness 슬픔

14 Despite the higher production costs,// the company has not increased the wholesale price// to remain _____ with other producers.

(A) competition　　　　(B) competitive　　　　(C) to compete　　　　(D) to be competitive

해석	더 높은 생산비에도 불구하고,// 그 회사는 도매가격을 인상하지 않았다// 다른 제조업체들과 경쟁력을 유지하기 위하여.
정답과 해설	(B) remain은 '형용사를 보어'로 취하므로 u.64쪽 참조
어휘	despite=in spite of=with all=for all=notwithstanding ~에도 불구하고 production costs 생산비, 제작비 increase 인상하다 wholesale price 도매가격 company 회사 remain competitive 경쟁력을 유지하다 producer 제조업체, 제작사, 제작자, 생산자

15 Food prices _____ stable/ in the region/ despite lower harvests/ in some nearby growing areas.

(A) remains　　　　(B) remained　　　　(C) were remained　　　　(D) to remain

해석	식료품값이 안정성을 유지하고 있었다/ 그 지역에서/ 더 낮은 수확에도 불구하고/ 근처의 일부 재배지역에서.
정답과 해설	(B) 형용사를 보어로 취하는 '불완전 자동사'로서 수동태를 사용할 수 없음 u.64쪽 참조
어휘	food prices 식료품 가격 stable 안정된, 변동이 없는 region 지역 harvest 수확 nearby 근처의 growing areas 재배지역 lower 더 낮은 despite=in spite(despite, defiance) of=with all=for all=in the face(teeth) of ~에도 불구하고

16 With the strong visual effects of the presentation,// the general manager sounded very _____ in his meeting held with the partner company.

(A) persuade   (B) to persuade   (C) persuasiveness   (D) persuasive

해석	프레젠테이션의 강력한 시각적 효과로,// 총지배인의 발표는 제휴회사와의 회의에서 매우 설득력 있게 들렸다.
정답과 해설	(D) sound+형용사 ~하게 들리다 u.64쪽 참조
어휘	visual effects 시각적 효과 presentation 발표, 소개, 공개 general manager 총지배인 partner company 제휴회사 persuade 설득하다 persuasiveness 설득력 persuasive 설득력 있는

17 If we _____ Candy Fitness Club in February, we can get a special discount.

(A) join   (B) join to   (C) join into   (D) join with

해석	우리가 2월에 Candy 헬스클럽의 회원이 되면, 특별 할인을 받을 수 있다.
정답과 해설	(A) 전치사 없이 바로 목적어를 취하는 '타동사'이므로 u.67쪽 (1)번 참조
어휘	fitness club 헬스클럽 February 2월 get a special discount 특별할인을 받다

18 Everyone in the department/ is expected to _____ the conference.

(A) attend   (B) attend at   (C) attend on   (D) attend to

해석	그 부서의 모든 사람들이/ 회의에 참석할 것으로 예상된다.
정답과 해설	(A) 전치사 없이 바로 목적어를 취하는 '타동사'이며, 문맥상 가장 자연스러우므로 u.67쪽 (1)번 참조
어휘	department 부서 be expected to ~할 것으로 예상되다 conference 회의 attend 참석하다 attend on=wait on 시중들다 attend to=address=deal(do, cope) with 처리하다

19 Those attending the seminar next week/ need to contact Ms. Ch'oe/ to _____ flight arrangements.

(A) discuss about   (B) talk   (C) talk to   (D) discuss

해석	다음 주 세미나에게 참석할 사람들은 Ms. 최에게 연락해야 합니다/ 항공편 조정을 의논하기 위해서.
정답과 해설	(D) 전치사 없이 바로 목적어를 취하는 '타동사'이므로 u.67쪽 (1)번 참조
어휘	attend 참가하다 seminar 세미나, 연구 집회 contact 접촉(연락)하다 flight 항공편 discuss=talk about 의논하다 arrangement 조정(調停), 조절, 협정, 합의.(보통 pl.) 채비, 준비, 주선

20 People who want to look around the production line/ must _____ the maintenance staff/ beforehand.

(A) contact   (B) contact with   (C) contact to   (D) contact into

해석	제작 라인을 둘러보고자하는 사람들은/ 관리 요원들에게 연락해야 한다/ 미리.
정답과 해설	(A) 전치사 없이 바로 목적어를 취하는 '타동사'이므로 u.67쪽 (1)번 참조
어휘	look around 둘러보다 production 제작, 생산 maintenance staff 관리 요원들 beforehand=in advance=ahead of time 미리

21 The committee is _____ a decision from head office// before it takes any action.

(A) waiting   (B) awaiting   (C) waiting on   (D) awaiting for

해석	위원회는 본사의 결정을 기다리고 있습니다// 어떤 조처를 취하기 전에.
정답과 해설	(B) 전치사 없이 바로 목적어를 취하는 '타동사'이므로 u.67쪽 (1)번 참조
어휘	committee 위원회 decision 결정 head office 본사 await=wait for 기다리다 wait(attend) on 시중들다 takes action(measures, steps) 조처(조치)를 취하다

22 As few as three applicants/ _____ all the requirements of the company,/ and they were finally chosen.

(A) exceeded   (B) exceeded over   (C) exceeded at   (D) exceeded by

해석	겨우 세 명의 지원자만/ 회사의 모든 요구 조건을 능가하여,/ 마침내 선발되었다.
정답과 해설	(A) 전치사 없이 바로 목적어를 취하는 '타동사'이며 과거시제이므로 u.67쪽 (1)번 참조
어휘	as few as=no more than=only 오직, 단지 applicants 지원자, 신청자 company 회사 requirements 요구조건, 요구사항 finally=ultimately=eventually 마침내 choose-chose-chosen 선발하다

23 Whatever your reason for borrowing,// we have the loan that _____ your needs.

(A) suit   (B) suits   (C) are suiting   (D) suit to

해석	차용에 대한 귀하의 이유가 무엇이든,// 저희는 귀하의 필요에 맞는 대출을 가지고 있습니다.
정답과 해설	(B) 전치사 없이 바로 목적어를 취하는 타동사이며, '선행사가 단수'이므로 u.67쪽 (1)번 참조
어휘	whatever ~이 무엇이든 reason 이유 borrow 차용하다, 빌리다 loan 대출, 융자 suit=fit ~에 적합하다 needs 필요

24 This use of technology has enabled NatWest to _____ a problem facing many businesses across the UK.

(A) address   (B) address to   (C) address about   (D) address with

해석	이러한 기술사용으로 NatWest는 영국 전역의 많은 기업들이 직면 한 문제를 해결할 수 있게 되었다.
정답과 해설	(A) 전치사 없이 바로 목적어를 취하는 타동사이므로 u.67쪽 (1)번 참조
어휘	technology 기술 enable A to B: A가 B하는 것을 가능케 하다 address=deal(do, cope) with 처리하다 face=confront=be faced(confronted) with 직면하다 businesses across the UK 영국 전역의 기업들

25 For some reason/ Ted neglected to _____ the deals// when he was responding to questions from the board.

(A) mention   (B) mention of   (C) mention about   (D) mention on

해석	어떤 이유에서인지/ Ted는 거래에 대해 언급하는 것을 깜박했다// 이사회의 질문에 응답할 때.
정답과 해설	(A) 전치사 없이 바로 목적어를 취하는 타동사이므로 u.67쪽 (1)번 참조
어휘	for some reason 어떤 이유에서인지 neglect to ~할 것을 깜박하다 deal 거래 respond 응답하다 the board 이사회 mention=speak of ~에 대해 언급하다

26 Snow prevented workers from _____ the broken pipeline.

   (A) reaching   (B) reaching to   (C) reaching at   (D) reaching in

해석	눈으로 인해 근로자들은 고장난 파이프라인에 도달하지 못했다.
정답과 해설	(A) 전치사 없이 바로 목적어를 취하는 타동사이므로 u.67쪽 (1)번/174쪽 (18)번 참조
어휘	broken 고장 난, 부서진 reach=get to=arrive at 도달(도착)하다
	prevent(keep, stop, prohibit, inhibit, hinder, preclude) A from B ~ing: A가 B하는 것을 막다

27 Please don't forget to turn _____ the lights// when you leave the office.

   (A) on   (B) off   (C) over   (D) in

해석	꼭 잊지 말고 불을 끄세요/ 사무실을 떠날 때는.
정답과 해설	(B) 「끄다」의 의미를 나타내는 전치사이므로 u.69쪽 ⑦번 복습하세요.
어휘	forget to ~할 것을 잊다 turn on 켜다 ↔ turn off 끄다 lights 불, 전등 leave 떠나다 office 사무실

28 If children take the responsibility of _____ a pet,// they will learn lots of valuable lessons.

   (A) looking at   (B) looking for   (C) looking after   (D) looking into

해석	아이들이 애완동물을 돌보는 책임을 진다면,// 그들은 많은 귀중한 교훈을 배울 것입니다.
정답과 해설	(C) 「돌보다」의 뜻이므로 u.69쪽 ⑧번 복습하세요.
어휘	take(accept, assume, bear, undertake) the responsibility of 책임지다 pet 애완동물
	learn 배우다 lots of=a lot of 많은 valuable=precious 귀중한 lesson 교훈 look at 보다
	look for 찾다 look after=take care of=care(fend) for 돌보다 look into=investigate 조사하다

29 Susan was instrumental/ in coming up _____ the idea for a new software line.

   (A) to   (B) for   (C) with   (D) against

해석	Susan은 중요한 역할을 했다/ 새로운 소프트웨어 라인에 대한 아이디어를 생각해내는 데 있어서.
정답과 해설	(C) come up with 생각해내다, 제안하다 u.69쪽 ⑨번 복습하세요.
어휘	instrumental 쓸모 있는, 한 몫을 하는
	coming up with=think out 생각해내다, 제안하다 come up against 직면하다

30 If you still have questions on the material,// why don't you drop by my office sometime/ and _____ everything step by step.

   (A) look at   (B) go over   (C) look after   (D) call off

해석	자료에 대해 궁금한 점이 있으시면,// 언제 한번 내 사무실에 들러서 모든 것을 하나씩 검토해보시는 게 어때요?
정답과 해설	(B) go(look, run) over 훑어보다, 검토하다 u.69쪽 ④번 복습하세요.
어휘	still 아직도 material 자료 why don't you ~하는 게 어때?
	drop(stop, come) by=stop at 들르다 sometime 언젠가, 가까운 장래에
	step by step 하나씩, 단계적으로 look at 보다 look after 돌보다 call off=cancel=annul 취소하다

31 You should put up _____ staying at this company// until you are well-equipped with sufficient experience.

   (A) at   (B) to   (C) for   (D) with

해석	너는 이 회사에 머무르는 것을 참아야 한다// 충분한 경험을 갖출 때까지.
정답과 해설	(D) put up with 참다, 견디다 u.69쪽 ⑱번 복습하세요.
어휘	put up with=bear=forbear=endure=stand=tolerate=do with 참다, 견디다 put up at=stay at ∼에 머무르다, 묶다 be well-equipped with ∼을 잘 갖추다 company 회사 until ∼까지 sufficient=enough 충분한 experience 경험, 경험하다

32 Most people _____// that the most important element in any business/ is excellent customer service.

   (A) say   (B) tell   (C) talk   (D) speak

해석	대부분의 사람들은 말한다// 어떤 사업에서든 가장 중요한 요소는/ 훌륭한 고객 서비스라고.
정답과 해설	(A) 바로 목적어를 취하는 완전타동사(3형식 동사)이므로 u.70쪽 ⑪번 참조
어휘	most 대부분 the most 가장 excellent 훌륭한, 뛰어난 customer 고객 ☞ tell은 간접 목적어가 필요해요.

33 The foreman _____ me/ about the new manufacturing process.

   (A) said   (B) spoke   (C) told   (D) talked

해석	공장장은 나에게 말했다/ 그 새로운 제조과정에 대해서.
정답과 해설	(C) 바로 목적어가 올 수 있는 타동사로서 '∼에게 말하다'의 뜻 *say+목적어, tell+간접목적어+직접목적어
어휘	foreman 공장장 manufacturing process 제조과정 say to=tell ∼에게 말하다 speak to=talk to ∼와 이야기하다

34 The manager/ _____ her an invitation/ to attend the awards ceremony.

   (A) sent   (B) provided   (C) furnished   (D) entrusted

해석	경영자는 그녀에게 초대장을 보냈다/ 시상식에 참가하도록.
정답과 해설	(A) 4형식 동사이므로 u.72쪽 참조
어휘	manager 경영자, 관리자 an invitation 초대장 attend 참가하다 the awards ceremony 시상식, 수상식

35 Can you _____ me some new books on this subject?

   (A) offer   (B) offer to   (C) recommend   (D) recommend to

해석	이 주제에 관한 새로운 책들을 추천해 주시겠어요?
정답과 해설	(C) 문맥상 「추천하다」가 가장 자연스러우며, 간접 목적어가 먼저 나왔으므로 to가 붙어서는 안 됩니다. u.72쪽 참조
어휘	subject 주제 offer 제안(제공)하다 recommend 추천(권고)하다

36 She ordered security officers/ to carefully _____ the special passes of all the visitors to restricted areas.

(A) check   (B) checking   (C) be checked   (D) have checked

해석	그녀는 경비원들에게 명령했다/ 제한 구역을 방문하는 모든 방문객들의 특별 출입증을 주의 깊게 확인하도록.
정답과 해설	(A) order+목적어+to 동사 원형이 오므로 u.76쪽 참조
어휘	order 명령하다 security officer 경비원 carefully 신중하게 special pass 특별 출입증 visitor 방문객 restricted area 제한 구역

37 The government authorities encouraged the banks/ _____ the exchange rates everyday.

(A) post   (B) posting   (C) to post   (D) posted

해석	정부당국은 은행들에게 권고했다/ 환율을 매일 게시하라고.
정답과 해설	(C) encourage A to B: A에게 B 하도록 권고하다 u.76쪽 참조
어휘	government 정부 authorities 당국 encourage 권하다, 장려하다 exchange rate 환율

38 The couple was forced to _____ their reservation// when they heard news reports that predicted a dangerous typhoon for the area they were traveling to.

(A) cancel   (B) canceling   (C) canceled   (D) cancelations

해석	이 커플은 어쩔 수 없이 예약을 취소했다// 자신들이 여행하려는 지역에 위험한 태풍이 올 것이라고 예보하는 뉴스보도를 듣고.
정답과 해설	(A) be forced to+동사원형: 어쩔 수 없이 ~하다 u.76/478쪽 참조
어휘	be forced(obliged, compelled, bound, made, driven, coerced) to 어쩔 수 없이 ~하다 reservation 예약 report 보도 dangerous=jeopardous=hazardous=perilous=risky 위험한 predict 예측하다 typhoon 태풍 area 지역 cancel=call off=go back on=annul=retract 취소하다

39 LVMH Inc./ provides its employees _____ excellent fringe benefits.

(A) for   (B) with   (C) to   (D) of

해석	LVMH Inc.는/ 직원들에게 훌륭한 복지 혜택을 제공한다.
정답과 해설	(B) provide A with B: A에게 B를 제공하다 u.77쪽 (2)번 참조
어휘	LVMH Inc.=Louis Vuitton Moet Hennessy Incorporated employee 직원 excellent 훌륭한 fringe benefits 복지 혜택

40 The salesperson/ _____ us// that the company will refund the full price// if we are not satisfied with the product.

(A) explained   (B) informed   (C) expressed   (D) inquired

해석	판매사원은/ 우리에게 알렸다(말했다)// 회사가 전액 환불해 줄 것이라고// 만일 우리가 그 제품에 대해 만족하지 않으면.
정답과 해설	(B) 간접목적어가 바로 올 수 있는 타동사이므로 u.78쪽 참조
어휘	salesperson 판매사원 refund the full price 전액 환불하다 be satisfied with ~에 만족하다 product 제품 explain to ~에게 설명하다 inform A that B A에게 B를 알리다(고지하다) express 표현하다 inquire of ~에게 질문하다

41 A man in a long black overcoat _____ me of my wallet/ on my way home from work yesterday.

(A) robbed   (B) stole   (C) attacked   (D) asked

해석	검은색 긴 외투를 입은 어떤 남자가 나에게서 내 지갑을 강탈해갔다/ 어제 퇴근하여 집에 가는 길에.
정답과 해설	(A) rob A of B: A에게서 B를 강탈하다 u.79쪽 (6)번 참조
어휘	overcoat 외투 wallet 남성용 지갑 steal-stole-stolen 훔치다 on my way home from work 퇴근하여 집에 가는 길에 attack 공격하다 ask 요청하다

42 The reduction in car sales/ can be directly _____ to increasing vehicle sticker prices.

(A) attrition   (B) attributed   (C) distributed   (D) attracted

해석	자동차 판매고의 감소는/ 직접적으로 차량 표시가격 인상에 기인할 수 있다.
정답과 해설	(B) be attributed to ∼ 때문이다, ∼에 기인하다 u.80쪽 참조
어휘	reduction 감소 sales 판매고, 매상고 directly 직접적으로 ↔ indirectly 간접적으로 increase 인상하다 ↔ decrease 인하하다 vehicle sticker prices 차량 표시가격 attrition 마찰, 마모 attrition 마찰, 마모 attribute ∼의 탓으로 돌리다 distribute 배포(분배)하다 attract 끌어당기다, 매혹하다

• abandon	포기하다	• adolescent	청년	• arrangement	정리, 주선
• ability	능력	• adopt	채택하다	• arrest	체포하다
• abortion	유산, 낙태	• advance	발전시키다	• arrive	도착하다
• abroad	해외로	• advanced	발전된	• arrival	도착
• absence	결석	• adventure	모험	• article	기사, 논문
• absolute	절대적인	• advertising	광고	• art	예술
• abuse	남용하다, 욕하다	• aim	목표로 하다	• asleep	잠들어 있는
• academic	학구적인	• aircraft	항공기	• aspect	양상, 측면
• accept	받아들이다	• airline	항공사	• assault	공격(하다)
• access	접속(하다)	• alive	살아있는	• assert	단언(주장)하다
• accident	사고	• analyze	분석하다	• assess	평가하다
• accompany	동행하다	• ancient	고대의	• assessment	평가
• accomplish	성취하다	• anger	노여움, 분노	• asset	자산
• account	계좌, 이유, 설명	• angle	각도	• assign	배당(할당)하다
• accurate	정확한	• anniversary	기념일	• assignment	배당, 할당
• accuse	고소(고발)하다	• announce	발표하다	• assistance	도움
• achieve	성취하다	• annual	일 년의, 매년의	• assistant	조수, 보조자
• achievement	성취, 업적	• anticipate	예상(기대)하다	• association	협회, 연합, 교제
• acid	신맛의, 신랄한	• anxiety	걱정, 불안	• assume	가정(추정)하다
• action	행동, 조치	• appeal	호소하다	• athlete	운동선수
• active	적극적인	• appear	나타나다	• athletic	운동을 잘하는
• activist	행동가	• appearance	출현, 등장	• attach	첨부하다
• activity	활동	• application	적용, 응용	• attack	공격하다
• actual	실제의	• apply	적용(응용)하다	• attempt	시도하다
• actually	실제로	• appoint	임명하다	• attend	참석하다
• ad	광고	• appointment	임명, 약속	• attention	주의, 관심
• adapt	적응하다	• appreciate	감사(이해)하다	• attitude	태도
• add	더하다	• approach	접근하다, 접근법	• attorney	변호사
• addition	더하기	• appropriate	적절(타당)한	• attract	끌어당기다
• additional	부가적인	• approve	동의(승인)하다	• attractive	매력적인
• adjust	조정하다	• architect	건축가	• author	저자
• adjustment	조정	• argue	주장(논쟁)하다	• available	이용 가능한
• administration	행정, 경영	• argument	주장, 논쟁	• average	평균
• administrator	행정관, 관리자	• arise	발생하다	• avoid	피하다
• admire	존경(감탄)하다	• armed	무장한	• award	상을 주다
• admit	인정하다	• army	군대	• awareness	의식, 자각
• admission	허가, 승인	• arrange	정리(주선)하다	• awful	끔찍한, 터무니없는

• background	배경	• besides	게다가, ~이 외에	• boundary	경계(선)
• bake	굽다	• between	둘 사이에	• bowl	사발
• ban	금지하다	• bike	자전거	• brain	뇌, 두뇌
• bank	은행, 재방	• bill	고지서, 법안	• branch	지점, 가지
• barely	겨우	• bind	묶다	• breakfast	아침 식사
• barrier	장애물	• biological	생물학적인	• breast	가슴, 유방
• baseball	야구	• bite	깨물다	• breathe	호흡하다
• basic	기본(근본)적인	• blade	칼날	• breath	호흡
• basically	기본(근본)적으로	• blame	비난(책망)하다	• brick	벽돌
• basis	기초, 기본	• blanket	담요	• bridge	다리
• basketball	농구	• blind	눈먼, 맹목적인	• brief	간단한
• bathroom	욕실	• block	한 구획, 막다	• briefly	간단히
• beach	해변, 강변	• blood	피	• brilliant	뛰어난, 총명한

01 The main cuisine/ is served/ with _____ choice of vegetables and dressings.
(A) you
(B) your
(C) yours
(D) yourself

02 Newly updated PCs usually enable the users to enhance _____ efficiency.
(A) its
(B) your
(C) their
(D) our

03 Customers are the persons who buy goods or services/ for _____ own interests.
(A) they
(B) their
(C) them
(D) theirs

04 The three divisions/ have unveiled _____ plan/ to set aside millions of dollars/ to invest in a very lucrative field.
(A) they
(B) their
(C) them
(D) theirs

05 Every member of the department/ _____ waiting for me/ at the airport/ when I arrived.
(A) are
(B) were
(C) is
(D) was

06 A _____ of five years' experience in a management position/ is essential for the job.
(A) minimize
(B) minimum
(C) minimal
(D) minimization

07 A complete _____ of terms and conditions should be made// before the agreement is signed.
(A) examine
(B) examining
(C) examined
(D) examination

08 A good appraisal system/ should evaluate employee's _____ / and provide them with constructive feedback.
(A) perform
(B) performing
(C) performed
(D) performance

09 This speaker/ was originally developed for laptop computers because of its _____ to temperature changes.
(A) resisted
(B) resistant
(C) resistance
(D) resisting

10 Economists _____ // that the current depression might be even longer than expected.
(A) speculate
(B) speculating
(C) imagine
(D) imagining

TEST 1 정답 및 해설

01 (B)	02 (C)	03 (B)	04 (B)	05 (D)
06 (B)	07 (D)	08 (D)	09 (C)	10 (A)

01

|해석| 주요 요리는/ 제공됩니다/ 당신이 선택한 야채와 드레싱과 함께.

|해설| 명사 앞에는 소유격이 오므로 u.23쪽 참조

|어휘| the main cuisine 주요 요리 serve 제공하다 choice 선택 vegetable 채소 choose-chose-chosen 선택하다

02

|해석| 새로 업데이트된 PC들은 대개 사용자들이 그들의 능률을 높일 수 있게 한다.

|해설| the users를 받는 대명사의 소유격이 필요하므로 u.23쪽 참조

|어휘| newly 새롭게 usually 대개 enhance 높이다 enable A to B A로 하여금 B를 할 수 있게 하다 efficiency 효율성, 능률

03

|해석| 고객은 물건이나 서비스를 구매하는 사람들이다/ 자기 자신의 이익을 위하여.

|해설| 명사 앞에는 소유격이 오므로 u.23쪽 참조

|어휘| customer 고객 goods 상품, 제품, 물건 own 자신의 interests 이익

04

|해석| 3개 사업부는/ 그들의 계획을 밝혔다/ 수백만 달러를 비축하겠다는 (계획을)/ 매우 수익성이 좋은 분야에 투자하기 위해.

|해설| 명사 앞에는 소유격이 오므로 u.23쪽 참조

|어휘| division 사업부 unveil=expose 밝히다 plan 계획 set(lay, put, place) aside(apart, by, away, up) 비축하다 millions of dollars 수백만 달러 invest 투자하다 field=branch=scope=sphere =realm 분야 lucrative=profitable 수익성 있는

05

|해석| 그 부서의 모든 구성원이/ 나를 기다리고 있었다/ 공항에서/ 내가 도착했을 때.

|해설| 주어가 단수이며, 주절의 시제가 과거이므로 u.23쪽 참조

|어휘| department 부서 wait for 기다리다 airport 공항 arrive 도착하다

06

|해석| 관리직에서 최소 5년간의 경력이 필요하다/ 그 일을 위해서는.

|해설| 주어자리이며, A 다음에는 명사가 오므로 u.20/22쪽 참조

|어휘| experience 경험, 경력 management position 관리직 essential=indispensable=requisite 필요한, 필수적인 job 일, 직업 minimize 최소화하다 minimum 최소 minimal 최소의, 극미한 minimization 최소화

07

|해석| 약관에 대한 완전한 검토가 이루어져야 합니다// 계약서에 서명하기 전에.

|해설| 형용사의 뒤이면서 주어자리이므로 명사형이 와야 하죠. u.62/22쪽 참조

|어휘| complete 완전한 terms and conditions 약관, 조건과 조항 agreement 계약서, 협정 examine 검토(조사, 심사)하다 examination 검토, 조사, 심사, 진찰

08

|해석| 훌륭한 평가 시스템은/ 직원의 업무수행능력을 평가하고/ 건설적인 의견을 제공해야 한다.

|해설| 소유격 다음에 명사가 오므로 u.23쪽 참조

|어휘| appraisal 평가, 견적 evaluate=estimate=appraise=rate 평가하다 employee 직원 constructive 건설적인 provide A with B: A에게 B를 제공하다 feedback 의견, 반응 perform 수행(공연)하다 performance 업무수행, 성과

09

|해석| 이 스피커는/ 원래 노트북 컴퓨터를 위해 개발되었다/ 온도 변화에 대한 저항력 때문에.

|해설| 소유격 다음에 명사형이 오므로 u.23쪽 참조

|어휘| originally 원래 develop 개발하다 resist 저항하다 laptop computer 노트북 컴퓨터 temperature 온도 because of=owing(due) to=on account of ~때문에 resistant 저항(반항)하는 resistance 저항, 저항력

10

|해석| 경제학자들은 생각(추정)한다// 현재의 경기침체가 예상보다 훨씬 더 길어질 수도 있다고.

|해설| 주어 다음에 동사 자리이면서, 문맥상 '추측하다'가 더 논리적이므로 u.62/22쪽 참조

|어휘| economist 경제학자 current 현재의 depression 경기침체, 불경기, 우울함 even longer 훨씬 더 긴 imagine 상상하다 speculate=conjecture=guess 추정(추측, 생각)하다

11 If you have difficulty in carrying out the project, please _____ free to ask me for help.
(A) feel
(B) feeling
(C) to feel
(D) be felt

12 The company is expected to allocate more _____/ for the development of new products.
(A) resources
(B) resourceful
(C) resourcefulness
(D) resourcefully

13 The development of freight containers in specific sizes and shapes/ helped to promote _____ across the entire shipping industry.
(A) standardize
(B) standardized
(C) more standardized
(D) standardization

14 It is not clear _____ the source of information is reliable or not.
(A) that
(B) if
(C) why
(D) whether

15 Chicago officials will consider _____ to expand the program// once they review its results.
(A) if
(B) whether
(C) when
(D) that

16 We talked for hours about _____ or not to renovate the office.
(A) if
(B) so
(C) as
(D) whether

17 There's been no news as to _____ Jane will show up to today's meeting.
(A) if
(B) whether
(C) that
(D) what

18 Ms. Lanes, one of our company's most skilled negotiators, was _____ in closing the deal with the company.
(A) instrument
(B) instrumental
(C) instrumentally
(D) instrumentation

19 All the bags and suitcases/ should be thoroughly inspected/ upon arrival at the airport// until the political situation becomes _____.
(A) stability
(B) stable
(C) to stable
(D) to be stable

20 These assurances only hold _____ while he remains in office.
(A) good
(B) well
(C) nice
(D) wonderful

| 11 | (A) | 12 | (A) | 13 | (D) | 14 | (D) | 15 | (B) |
| 16 | (D) | 17 | (B) | 18 | (B) | 19 | (B) | 20 | (A) |

11

|해석| 당신이 그 프로젝트를 수행하는데 있어서 어려움이 있다면, 언제든지 저에게 도움을 요청하세요.

|해설| please 다음에는 언제나 명령문이 오며, 명령문에서는 주어가 빠지고 동사 원형이 오므로 u.43쪽 참조

|어휘| have difficulty(trouble, a hard time) in ~ing ~하는데 어려움을 겪다 ask ~for help ~에게 도움을 요청하다 carry out=complete=execute=perform=fulfill 수행하다 feel free to contact 자유롭게(언제든지) 연락하다

12

|해석| 그 회사는 더 많은 재원을 할당할 것으로 예상된다/ 신제품 개발을 위해.

|해설| 타동사 allocate(할당하다)의 목적어로 명사가 필요하므로 u.62/22쪽 참조

|어휘| company 회사 development 개발 product 제품 be expected to ~할 것으로 예상(기대)되다 allocate=allot=assign=apportion=ration 할당(배정)하다 resources 재원, 자원 resourceful 자원(기략)이 풍부한 resourcefulness 자원(기략)이 풍부함 resourcefully 자원(기략)이 풍부하게

13

|해석| 특정 크기와 형태로 된 화물 컨테이너의 개발은/ 운송업계 전체에 표준화를 촉진하는 데 도움을 주었다.

|해설| promote의 목적어로서 명사형이 필요하므로 u.62/22쪽 참조

|어휘| development 개발 freight container 화물 컨테이너 specific 특정한, 구체적인 promote 촉진(장려)하다 shape 모양 standardize 표준화(규격화)하다 across the entire shipping industry 운송업계 전체에 걸쳐서

14

|해석| 정보의 출처가 신빙성 있는지 없는지는 명확하지 않다.

|해설| 뒤에 or not이 있으며, 진주어로 사용되므로, that은 뒤에 or not과 함께 사용할 수 없음 u.58쪽 A.번 참조

|어휘| clear 명확한, 분명한 source 출처 information 정보 reliable=dependable 신뢰할 수 있는, 신빙성 있는

15

|해석| 시카고 당국자들은 그 프로그램을 확대할 것인지 여부를 고려할 것이다// 일단 그 결과를 재검토한 후에.

|해설| consider 다음에 올 수 있으면서, 동시에 to 부정사 앞에 올 수 있으므로 u.59쪽 E.번 참조

|어휘| official 임원, 직원 consider=contemplate 고려하다 expand 확대하다 once 일단 ~하면 review 재검토하다 result 결과

16

|해석| 우리는 사무실을 개조해야 할지 말아야 할지에 대해 몇 시간 동안 이야기했다.

|해설| or not의 앞에는 whether를 사용하므로 u.59쪽 F.번 참조

|어휘| for hours 여러 시간 동안 renovate 개조하다 office 사무실

17

|해석| 제인이 오늘 회의에 참석할지에 대해서는 지금까지 아무런 소식이 없다.

|해설| 전치사 다음에는 whether를 사용하므로 u.59쪽 F.번 참조

|어휘| as to=about=concerning=regarding ~에 관하여 show up=turn up=appear=emerge 나타나다

18

|해석| 우리 회사의 가장 노련한 협상가 중 하나 인 Lanes씨는/ 그 회사와의 계약을 마무리하는 데 있어서 중요한 역할을 했다.

|해설| be동사 다음에 '보어'이며 문맥상 가장 적합하므로 u.64쪽 참조

|어휘| most skilled 가장 노련한 negotiator 협상가 instrumental 유용한, 중요한 역할을 하는 close a deal with 계약을 체결하다

19

|해석| 모든 가방과 여행용 가방은/ 철저히 검사를 받아야 한다/ 공항에 도착하자마자/ 정치 상황이 안정될 때까지는.

|해설| become동사 다음에 '보어'이며 문맥상 가장 적합하므로 u.64쪽 참조

|어휘| suitcase 여행용 가방 should ~해야 한다 airport 공항 thoroughly 철저히 inspect 검사하다 upon arrival 도착하자마자 until ~할 때까지 political situation 정치적 상황, 정세 stable 안정된 stability 안정성

20

|해석| 이러한 보장들은 오직 그가 재임 중에 있는 동안만 유효하다.

|해설| hold good(true, effective, valid)=remain valid 「유효하다」 u.64쪽 참조

|어휘| assurance 보장, 확약, 확신, 자신, 뻔뻔스러움 remain in office 재임 중에 있다, 재직 중에 있다

21 The administrative assistant should do a stock check every fortnight using form OS303// to check if we are _____ short on any supplies.
(A) going
(B) remaining
(C) running
(D) walking

22 I never feel _____/ if after trying hard I fail to win a prize:// the effort gives me much satisfaction.
(A) bad
(B) badly
(C) worse
(D) worst

23 Food prices remained _____ in the region/ in the face of lower harvests/ in some nearby growing areas.
(A) stable
(B) stably
(C) stability
(D) unstable

24 I felt so unfit after overwork/ that I decided to _____ a fitness center.
(A) join
(B) join in
(C) join into
(D) join with

25 The production manager/ will _____ the plan/ with the designers/ this coming Friday.
(A) discuss
(B) discuss about
(C) talk
(D) talk with

26 Please ensure you _____ your airline/ at least 24 hours prior to departure// and on the day of departure,/ it will be your responsibility to reconfirm all your flight details/ before departure.
(A) contact
(B) contact to
(C) contact with
(D) will be contacting with

27 In the Far East,/ home computer ownership/ is expected to _____ that of the US and Europe combined.
(A) exceed
(B) exceeded at
(C) exceeded over
(D) exceeded to

28 My mission/ is to find the financial opportunities that best _____ your budget.
(A) suit
(B) suits
(C) are suiting
(D) suit to

29 If children bear the responsibility of _____ a pet,/ they will learn a lot of valuable lessons.
(A) caring
(B) caring about
(C) caring for
(D) taking care for

30 The administration department/ has announced// that once the new cafeteria is built,/ office workers will _____ with weekly meal allowance.
(A) provide
(B) be providing
(C) be provided
(D) will have provided

21 (C)	22 (A)	23 (A)	24 (A)	25 (A)
26 (A)	27 (A)	28 (A)	29 (C)	30 (C)

21

|해석| 관리 보조원은 OS303 양식을 이용하여 2주마다 재고 점검을 실시하여// 우리가 어떤 물자가 부족한지 확인해야 한다.

|해설| run short(low) 부족하다, 바닥나다 u.64쪽 참조

|어휘| administrative assistant 관리(행정) 보조원 do a stock check 재고 점검을 실시하다 every fortnight 2주마다 form 양식 check 점검하다 supply 물자, 공급품. 재고품

22

|해석| 나는 기분이 결코 나쁘지 않다/ 열심히 노력한 후에/ 상을 타지 못하더라도// 왜냐하면 그 노력이 나에게 많은 만족 감을 주니까.

|해설| feel은 '형용사를 보어'로 취하므로 u.64쪽 참조

|어휘| feel bad 기분이 나쁘다 try hard 열심히 노력하다 win a prize 상을 타다 effort 노력 satisfaction 만족, 만족감

23

|해석| 그 지역에서 식료품 가격은 변동이 없었다/ 더 낮은 수확에도 불구하고/ 인근의 일부 재배지역에서.

|해설| remain은 '형용사를 보어'로 취하므로 u.64쪽 참조

|어휘| food prices 식료품 가격 stable 안정된. 변동이 없는 region 지역 harvest 수확 nearby 근처의 growing areas 재배지역 in the face(teeth) of=despite=in spite(despite, defiance) of=with all=for all ～에도 불구하고 lower 더 낮은

24

|해석| 나는 과로 후에 건강이 아주 안 좋은 느낌이 들어서 헬스클럽에 가입하기로(다니기로) 결심했다.

|해설| 전치사 없이 바로 목적어를 취하는 '타동사'이므로 u.67쪽 (1)번 참조

|어휘| unfit 건강하지 않은, 부적합한 overwork 과로 decide=resolve 결심하다 join 가입하다, 회원이 되다 fitness center 헬스클럽

25

|해석| 생산부장은/ 그 계획에 대해 의논할 예정이다/ 디자이너들과 함께/ 다가오는 금요일에.

|해설| 전치사 없이 바로 목적어를 취하는 '타동사'이므로 u.67쪽 (1)번 참조

|어휘| production manager 생산부장 plan 계획 this coming Friday 다가오는 금요일 discuss=talk about(over) 의논하다

26

|해석| 반드시 항공사에 연락하세요/ 적어도 출발하기 24시간 전에// 그리고 출발 당일/ 항공편의 모든 세부사항을 재확인하는 것은 여러분의 책임이 될 것입니다/ 출발하기 전에.

|해설| 전치사 없이 바로 목적어를 취하는 '타동사'이므로 u.67쪽 (1)번 참조

|어휘| ensure=make sure=make certain 반드시 ～하라 contact 연락하다 airline 항공사 at least=at the least=not less than 최소한 prior to=before ～이전에 departure 출발 responsibility 책임 reconfirm 재확인하다 flight details 항공편 세부사항

27

|해석| 극동지역에서/ 가정용 컴퓨터 소유권자가/ 미국과 유럽을 합친 소유자를 초과할 것으로 예상된다.

|해설| 전치사 없이 바로 목적어를 취하는 '타동사'이므로 u.67쪽 (1)번 참조

|어휘| the Far East 극동 ownership 소유권, 소유자 자격 expect 기대(예상)하다 combine 합치다 exceed=excel= surpass=be superior to=eclipse=go(pass) beyond=out balance=outclass=outdistance=outdo 능가(초과)하다

28

|해석| 나의 임무는/ 당신의 예산에 가장 적합한 금융기회를 찾아드리는 것입니다.

|해설| 전치사 없이 바로 목적어를 취하는 타동사이며. '선행사가 복수'이므로 u.67쪽 (1)번 참조

|어휘| mission 임무 financial 금융의, 제정의 opportunity 기회 suit=fit=be suitable to ～에 적합하다 budget 예산

29

|해석| 아이들이 애완동물을 돌보는 책임을 진다면,/ 그들은 많은 귀중한 교훈을 배울 것이다.

|해설| 문맥상 '돌보다(caring for)'가 들어가야 가장 자연스러우므로 u.69쪽 ⑧번 복습하세요.

|어휘| bear(take, undertake, shoulder) the responsibility of ～을 책임지다 valuable=of value=precious 귀중한 lesson 교훈 care(fend) for=take care of=look(see) after ～을 돌보다 pet 애완동물 learn 배우다 a lot of=lots of 많은

30

|해석| 행정부서는/ 발표했다// 일단 새로운 구내식당이 지어지면,/ 사무실 직원들은 매주 식사수당을 제공받을 것이라고.

|해설| 사무실 직원들이 식사수당을 제공 받으므로 수동태 u.478쪽 참조

|어휘| administration department 행정부서 announce 발표하다 once 일단 ～하면 cafeteria 구내식당 weekly 매주의 meal allowance 식사수당

5. 동사의 활용 문제 (유니크 쏙쏙 영문법 26-32쪽)

* 유니크 쏙쏙 영문법 26-32쪽까지 철저히 공부하셔야 쉽게 풀 수 있는 문제입니다.
* 단수 · 복수, 그리고 인칭에 따른 동사의 변화와 32쪽 불규칙 변화 동사들을 각별히 유의하세요.

1 Household duties _____ cooking and cleaning.

(A) include   (B) includes   (C) including   (D) to include

해석	가사는 요리와 청소도 포함한다.
정답과 해설	(A) 주어가 복수(duties)일 경우, 동사에 -s를 붙여서는 안 되므로 u.26쪽 참조
어휘	household duties 가사, 가사의무 cooking 요리 cleaning 청소 include=involve=incorporate=encompass=embody=take(count) in 포함하다

2 The new bill that Congress has just passed/ _____ smoking in all the buildings in Miami and some other major cities in Florida.

(A) restrict   (B) restricts   (C) have restricted   (D) is restricted

해석	의회가 방금 통과시킨 새로운 법안은/ 마이애미와 플로리다에 있는 다른 주요 도시의 모든 건물에서의 흡연을 금지한다.
정답과 해설	(B) 주어가 3인칭 단수(The new bill)이므로 동사에 -s를 붙여야 하며, 목적어가 있으므로 능동 u.26쪽 참조
어휘	bill 법안 Congress 의회 just 방금 pass 통과시키다 major 주요한 restrict 제한하다, 금지하다

3 The security guards/ _____ on duty/ in three shifts.

(A) come   (B) comes   (C) coming   (D) to come

해석	경비원들은/ 근무한다/ 3교대로.
정답과 해설	(A) 복수 주어(guards)는 동사에 -s를 붙여서는 안 된다는 것 아시죠? u.26쪽 참조
어휘	security guard 경비원 come on duty 근무하다 in three shifts 3교대로

4 The increasing cost of advertising/ _____ the corporate profitability.

(A) decrease   (B) decreases   (C) have decreased   (D) increases

해석	늘어나는 광고비는/ 기업의 수익성을 떨어뜨린다.
정답과 해설	(B) 주어가 3인칭 단수(cost)이며 문맥상 떨어뜨리므로 u.26쪽 참조
어휘	increase 증가하다 cost of advertising 광고비 decrease=diminish 감소시키다, 떨어뜨리다 corporate 기업의 profitability 수익성

5 The room rates of the hotels in Hawaii/ _____ according to the season.

(A) vary   (B) varies   (C) variable   (D) various

해석	하와이에 있는 호텔들의 숙박료는/ 계절에 따라 다르다.
정답과 해설	(A) 주어가 복수(rates)이므로 동사에 -s를 붙여서는 안 됩니다. u.26쪽 참조
어휘	room rates 숙박료 according to the season 계절에 따라 vary 다르다, 다양하다 variable 변하기 쉬운, 변수 various=diverse=a variety(diversity) of 다양한

6 The field of endocrinology/ _____ to research/ that could reduce the probability of cardiac failure.

(A) leading   (B) has led   (C) have led   (D) have been leading

해석	내분비학 분야는/ 연구를 가져왔다/ 심부전 가능성을 줄일 수 있는.
정답과 해설	(B) 주어가 3인칭 단수(field)이며, 현재 완료 시제는 has+pp이므로 u.26/83/91쪽 참조
어휘	field 분야 endocrinology 내분비학(內分泌學) lead(conduce) to=bring on(about) 가져오다, 초래하다 research 연구 reduce=decrease=diminish=lessen 줄이다 probability=possibility=likelihood 가능성 cardiac failure(incident) 심부전(心不全)

7 The agenda for Monday's meeting/ _____ include new product development.

(A) done not   (B) was not   (C) has not   (D) does not

해석	월요일 모임의 의제는/ 신제품 개발을 포함하고 있지 않다.
정답과 해설	(D) 일반 동사를 부정할 때는 do동사를 이용하므로. u.26쪽 참조
어휘	agenda 의제 include=contain=comprise=count in=take in 포함하다 product 제품 development 개발

8 _____ to examine the capabilities of the computer with care/ has cost us a lot of time and money.

(A) Fail   (B) Failed   (C) Failure   (D) Failures

해석	컴퓨터의 성능을 주의 깊게 검사하지 못한 것은/ 우리에게 많은 시간과 돈을 들게 했다.
정답과 해설	(C) 주어자리는 명사형이며, 동사가 has이므로 단수형이 되어야 합니다. u.20/22/26쪽 참조
어휘	examine 검사하다 capability 성능 with care=carefully 신중하게 cost ~돈이 들다 a lot of=lots of=plenty of 많은 fail 실패하다 failure 실패

9 Victoria Square Hotel/ _____ a complimentary breakfast/ to all of its guests.

(A) provide   (B) provides   (C) is provided   (D) providing

해석	빅토리아 스퀘어 호텔은/ 무료 아침 식사를 제공한다/ 모든 손님들에게.
정답과 해설	(B) 주어가 3인칭 단수(Hotel)이며, 목적어가 있는 능동이므로 u.26쪽 참조
어휘	complimentary 무료의, 칭찬의, 아첨을 잘하는 breakfast 아침식사 guest 호텔손님 provide 제공하다

10 Price quotes for potential customers/ _____ taxes and shipping charges/ in the total.

(A) include   (B) includes   (C) including   (D) to include

해석	잠재 고객을 위한 가격 견적은/ 세금과 운송 요금을 포함하고 있다/ 총액 속에.
정답과 해설	(A) 주어가 복수형(quotes)이므로 동사에는 -s가 붙어서는 안 됩니다. u.26쪽 참조
어휘	quote 견적, 가격을 매기다 potential 잠재적인 customer 고객 tax 세금 shipping charge 운송 요금 include=involve=incorporate=encompass=embody=take(count) in 포함하다

11 Annual rents/ rose by more in Wellington/ than in Auckland,/ while Christchurch rents

_____.

(A) fall (B) fell (C) felled (D) has fallen

해석	해마다 임대료가/ Wellington에서 더 많이 올랐다/ Auckland에서보다/ 반면에 Christchurch의 임대료는 떨어졌다.
정답과 해설	(B) 자동사이며 주절의 시제가 과거(rose)이므로 u.32쪽 참조
어휘	annual 해마다의 rent 임대료 while 반면에 rise-rose-risen 오르다 fall-fell-fallen 떨어지다

12 With the arrival of the new financial manager,// the hopes for the company's growth have

_____ to a large extent.

(A) rose (B) risen (C) raised (D) been risen

해석	새 재무부장이 오면서// 회사 발전에 대한 기대가/ 대단히 높아졌다.
정답과 해설	(B) 자동사이면서 현재완료시제(have+pp)이므로 u.32/83쪽 참조
어휘	arrival 도착 financial manager 재무부장 hope 희망, 기대 company 회사 growth 발전, 성장 rise-rose-risen 오르다, 높아지다 to a large extent 대단히, 크게, 상당히

6. 동사의 시제 문제 (유니크 쏙쏙 영문법 6과)

* 주어 다음에 동사가 오며 항상 문장의 좌우에 숨어 있는 시간 부사구를 보고 그에 따라 시제를 맞추세요.
* 83/478/100/105쪽을 잊어버리면 날개 꺾인 새가 됩니다. 시제문제가 거의 모두 이곳에서 출제됩니다.
* 완료시제와 진행시제가 집중적으로 시험에 나옵니다. 특히 will be ~ing를 주의하세요.

1 The high-speed train/ usually _____ on time.

   (A) starts   (B) is starting   (C) has started   (D) will start

해석	고속열차는/ 대개 정각에 출발한다.
정답과 해설	(A) 일반적 사실이나 고정된 시간표를 나타낼 때는 '현재시제'를 사용하므로 u.83/26/85쪽 참조
어휘	high-speed train 고속열차 usually=generally=in general 대개 on time=at the appointed time 정각에

2 Be sure to buy high quality products// even if they _____ not currently in vogue.

   (A) be   (B) are   (C) was   (D) were

해석	반드시 고품질의 제품을 구입하라// 비록 그것들이 현재 유행하고 있지 않더라도.
정답과 해설	(B) 주절이 명령문일 경우에 if절은 현재시제만 가능합니다. u.83/43쪽 참조
어휘	be sure to=never fail to 반드시~하라 high quality 고품질 product 제품 even if ~한다 하더라도 currently 현재 in vogue=in fashion=fashionable 유행하는

3 The travel guide/ provided us with all the information/ we _____.

   (A) need   (B) needed   (C) have needed   (D) necessary

해석	여행 안내원은/ 우리에게 모든 정보를 제공해 주었다/ 우리가 필요로 하는.
정답과 해설	(B) 동사 자리이면서 provided가 과거시제이므로 u.83쪽 참조
어휘	travel guide 여행 안내원 provide A with B A에게 B를 제공하다 information 정보 need 필요로 하다 information 정보 need=require 필요로 하다 necessary=essential=required 필요한

4 She was taken into hospital/ last week/ when her condition suddenly _____.

   (A) deteriorated   (B) was deteriorated   (C) has deteriorated   (D) had been deteriorated

해석	그녀는 병원으로 옮겨졌다/ 지난주에/ 그녀의 상태가 갑자기 악화되었을 때.
정답과 해설	(A) last week는 과거시제이며, 몸 상태가 자동으로 악화되었으므로 수동태가 될 수 없음 u.83쪽 참조
어휘	take 데리고 가다 into 안으로 hospital 병원 last week 지난주 condition 상태 suddenly=on a sudden =all of a sudden 갑자기 deteriorate=get(grow, become) worse=go from bad to worse =turn(change) for the worse 악화되다

5 At the beginning of this year,/ Pan Tech _____ one of the dominant market leaders/ in the areas of computer soft ware.

   (A) is   (B) was   (C) has been   (D) had been

해석	금년 초에/ Pan Tech은 지배적인 시장점유율 최대기업 중 하나였다/ 컴퓨터 소프트웨어 분야에서.
정답과 해설	(B) 금년 초는 확실한 과거이므로 u.83쪽 참조
어휘	at the beginning of this year 금년 초에 dominant 지배적인 area 분야 market leaders 마켓 리더, 특정제품 분야 또는 특정지역에서 시장 점유율이 최대인 기업이나 제품

6 Global Carolina Connections/ _____ its fifth annual global business conference/ on August 9, 2017.

(A) hosted   (B) has hosted   (C) have hosted   (D) was hosted

해석	Global Carolina Connections는/ 5번째 연례 세계 비즈니스 회의를 개최했다/ 2017년 8월 9일에.
정답과 해설	(A) 2017년은 과거시제이며 목적어가 있으므로 수동태가 될 수 없어요. u.83쪽 참조
어휘	host 개최하다, 주최하다 fifth 제 5차 annual 일 년마다 global 세계의 conference 회의 August 8월

7 An overpass on Interstate 28 in Lakeview County/ _____ yesterday,/ due to high flood waters.

(A) collapse   (B) collapsed   (C) have collapsed   (D) did collapsing

해석	Lakeview County, Interstate 28번 고가도로가/ 어제 붕괴했다/ 높은 홍수로 인해서.
정답과 해설	(B) 어제는 과거시제이므로 u.83쪽 참조
어휘	overpass 고가도로, 육교 Interstate 주를 잇는 county 미국의 군, 영국의 주 collapse=break(come, fall) down=cave(fall) in=give way 붕괴하다 flood 홍수 due(owing) to=because of=on account of=on the grounds(score) of=in the wake of ~때문에

8 A firm will not _____ // if its employees are unhappy.

(A) prosper   (B) prosperous   (C) prosperity   (D) prospering

해석	회사는 번창하지 못하는 경향이 있다// 그 직원이 행복하지 못하면.
정답과 해설	(A) 조동사(will) 다음에는 동사 원형이 오므로. 이 때 will은 ~하는 경향이 있다 u.83쪽 참조
어휘	firm 회사 employee 직원 prosper=thrive=burgeon 번창하다 prosperous 번창하는 prosperity 번영, 번창

9 The new law/ will encourage growth in the export market _____.

(A) probable   (B) next year   (C) at times   (D) as it is

해석	새로운 법은/ 내년에 수출 시장의 성장을 촉진할 것이다.
정답과 해설	(B) 시제가 미래시제이므로 u.83쪽 참조
어휘	law 법 encourage 장려(촉진, 권장)하다 growth 성장 export market 수출 시장 probable 가능성 있는 next year 내년에 as it is=in fact=as a matter of fact 사실 at times(whiles, intervals)=from time to time=once in a while=every now and then 때때로

10 Mr. Mori _____ customers' responses to the current marketing campaign// before setting fourth-quarter sales goals.

(A) review   (B) will review   (C) was reviewed   (D) having reviewed

해석	Mori는 현재의 마케팅 캠페인에 대한 고객들의 반응을 재검토할 예정이다// 4/4 분기 영업 목표를 설정하기 전에.
정답과 해설	(B) 주어가 3인칭 단수이며, 목적어가 있으므로 능동태 u.83쪽 참조
어휘	customer 고객 response 반응 current 현재의 set 설정하다 fourth-quarter 4/4분기 sales goal 영업 목표 review 재검토하다, 복습하다, 비평하다

11 We are going to _____ to Hawaii next month.

   (A) taking a trip   (B) take a travel   (C) traveling   (D) take a trip

해석	우리는 다음 달에 하와이로 여행갈 예정이야.
정답과 해설	(D) be going to+동사 원형이므로. u.90쪽 참조
어휘	be going(due, scheduled, slated, supposed, planning) to ~할 예정이다 take a trip=travel 여행하다, 여행가다

12 Brandel, Inc./ has reportedly _____ a 1,000-acre property in Florida,/ where it plans to build a manufacturing plant.

   (A) purchase   (B) purchased   (C) purchasing   (D) to purchase

해석	Brandel 주식회사는/ 알려진 바에 따르면 플로리다에 1,000에이커의 부동산을 구매해서/ 그곳에 제조공장을 지을 계획이라고 합니다
정답과 해설	(B) 현재완료 시제는 'have+p.p'이므로 u.91/346쪽 참조
어휘	Inc.=incorporated 주식회사 reportedly 소문에 의하면, 알려진 바에 따르면 property 부동산 plan to ~할 계획이다 build-built-built 짓다 a manufacturing plant 제조공장

13 We _____ to establish a friendly relationship/ with that country/ for five years.

   (A) try   (B) are trying   (C) have tried   (D) were trying

해석	우리는 우호적인 관계를 맺으려고 애를 써 왔습니다/ 그 나라와/ 5년 동안.
정답과 해설	(C) for five years라는 기간이 있으므로, '완료시제의 계속적 용법' u.91쪽 (4)번 참조
어휘	try to ~하려고 애를 쓰다 establish 수립하다 a friendly relationship 우호적인 관계 for five years 5년 동안

14 Global Automotive Connections/ _____ meetings for industry professionals/ for the last five years.

   (A) hosted   (B) has hosted   (C) have hosted   (D) was hosted

해석	Global Automotive Connections는/ 업계 전문가를 대상으로 회의를 주최해왔다/ 지난 5년 동안.
정답과 해설	(B) 복수형의 기관은 단수형이며, 뒤에 시간 부사구 for가 왔으므로 '현재완료' 시제가 되어야 함 u.91쪽 (4)번 참조
어휘	host 개최하다, 주최하다 industry professional 업계 전문가 for the last five years 지난 5년 동안

15 Financial conditions of the company/ _____ worse/ since it failed to market the new products successfully.

   (A) become   (B) became   (C) have become   (D) have became

해석	회사의 재정 상태가/ 악화되었다// 회사가 새로운 제품을 성공적으로 시장에 내놓는 데 실패한 이후로.
정답과 해설	(C) 실패한 것이 과거이고 그 이후로 악화되었으므로 '현재완료 시제'가 필요함 u.98쪽 (2)번 참조
어휘	financial conditions 재정 상태 company 회사 get(grow, become) worse =go from bad to worse=deteriorate 악화되다 fail 실패하다 since ~한 이후로, ~한 아래로 market 시장에 내놓다 product 제품 successfully 성공적으로

16 Ever since Mr. Smith _____ head of the town's community center,// he has been convening with residents at least once a week.

(A) appointed   (B) was appointed   (C) has appointed   (D) had appointed

해석	Smith씨는 마을의 문화회관장으로 임명 된 이후,// 그는 적어도 일주일에 한 번 주민들과 모임을 가져 오고 있다.
정답과 해설	(B) 주절이 현재완료 진행형이므로 Since는 과거시제가 와야 하며, 임명되므로 수동태 u.98쪽 (2)번 참조
어휘	ever since ~한 이후로, ~한 이래로 head 우두머리, 책임자 community center 문화회관 convene 모임을 갖다, 모이다 resident 주민, 거주다 at least=at the least=not less than 최소한 once a week 일주일에 한 번 appoint 임명하다

17 The country _____ a severe economic depression// since leaving the customs union three years ago.

(A) was suffering from   (B) has been suffering from

(C) suffered from   (D) has been suffered from

해석	그 나라는 심각한 경제 불황으로 고통 받고 있다// 3년 전 관세 동맹을 떠난 이후.
정답과 해설	(B) since 다음이 과거이므로 「과거부터 지금까지 하고 있다」의 뜻이며, suffer from는 수동태 불가 u.98쪽 (2)번 참조
어휘	a severe economic depression 심각한 경제 불황 since ~이후로 leave-left-left 떠나다 customs union 관세 동맹 suffer from ~로 고통을 당하다(수동태 불가한 자동사) u.64쪽 참조

18 People who _____ for saying offensive things/ range from reality stars, celebrity chefs and news anchors to actors, journalists, fashion designers and everyone in between.

(A) are fired   (B) were fired   (C) have been fired   (D) had been fired

해석	모욕적인 말을 해서 (지금까지) 해고된 사람들은/ 리얼리티 스타, 유명 요리사, 뉴스 앵커에서부터 배우, 언론인, 패션 디자이너 그리고 그 사이에 있는 모든 사람들에 이르기까지 다양하다.
정답과 해설	(C) 주절의 시제가 현재 시제이므로, 문맥상 '지금까지 해고당한'이 들어가야 하므로 u.91쪽 참조
어휘	fire=dismiss=charge=sack=kick(drum) out 해고하다 offensive 모욕적인, 공격적인, 불쾌한, 무례한 celebrity chef 유명 요리사 range from A to B: A에서 B에 이르기 까지 다양하다 actor 배우 journalist 언론인

19 The manager claimed// that the annual sales report _____ out without the permission of the president.

(A) comes   (B) came   (C) has come   (D) had come

해석	부장은 주장했다// 연례 판매보고서가 사장의 허락 없이 나왔다고.
정답과 해설	(D) 부장이 주장한 것보다 that절이 먼저 일어난 일이므로 '대과거(had+pp)'가 되어야 함 u.93/83쪽 참조
어휘	manager 부장 claim 주장하다 annual sales report 연례 판매보고서 permission 허락, 허용, 면허 president 사장, 총장, 대통령, 학장, 회장, 의장

20 Arriving home in her best dress,/ she did not want to play with her kids until she _____.

    (A) was changing   (B) has changed   (C) had changed   (D) had been changing

해석	최고의 드레스를 입고 집에 도착한,/ 그녀는 옷을 갈아입고 나서야 비로소 애들과 함께 놀기를 원했다.
정답과 해설	(C) 옷을 갈아입는 행위가 완료된 후에 애들과 놀기 때문에 '과거완료 시제(had+pp)'가 되어야 함 u.83/125쪽 참조
어휘	arrive 도착하다 kid 아이 until ~까지 change 옷을 갈아입다

21 The company has reported// that it will be _____ new products/ at its booth for this year's event.

    (A) introduce   (B) introducing   (C) introduced   (D) introduces

해석	그 회사는 발표했다// 신제품을 소개할 예정이라고/ 금년 행사를 위한 그 회사의 전시장에서.
정답과 해설	(B) 이미 예정된 계획은 미래 진행형 시제로 나타내므로 96쪽 C.번 참조
어휘	report 발표(보고, 신고)하다 booth 행사장, 전시장 event 행사, 사건

22 In September, the department manager _____ working for this company for 15 years.

    (A) would have been   (B) was   (C) will be   (D) will have been

해석	9월이 되면, 부장님은 이 회사에서 15년 동안 근무하는 셈이 될 것이다.
정답과 해설	(D) for라는 시간부사구가 있으므로 '미래완료 진행형 시제'가 되어야 합니다. u.97쪽 (3)번/83쪽 참조
어휘	September 9월 the department manager 부장 work for ~에 근무하다

23 As soon as you _____ the flight schedule,// please notify us of the result.

    (A) confirm   (B) confirming   (C) confirmed   (D) will confirm

해석	항공편 일정을 확인하는 즉시// 그 결과를 알려주십시오.
정답과 해설	(A) 시간 부사절에서 미래를 나타낼 때는 '현재 시제'를 사용하므로 u.100쪽 참조
어휘	as soon as=once=on(upon)~ing ~하자마자 flight schedule 항공편 일정 notify(inform, apprise, advise) A of B A에게 B를 알리다 result 결과 confirm 확인하다

24 I will give you the document// when you _____ my office tomorrow.

    (A) drop by   (B) will drop by   (C) is dropping by   (D) have dropped by

해석	내가 너에게 문서를 줄게,// 네가 내일 내 사무실에 들르면.
정답과 해설	(A) 시간 부사절에서 미래를 나타낼 때는 '현재 시제'를 사용하므로 u.100쪽 (1)번 참조
어휘	document 문서 office 사무실 drop(stop, come) by=drop(stop) in at=call at=pay a casual visit to 들르다

25 Could you spare me some time/ before you _____ the conference tomorrow?

    (A) attend   (B) will attend   (C) will be attending   (D) are going to attend

해석	잠시 저에게 시간 좀 내주실 수 있나요/ 내일 회의에 참석하기 전에?
정답과 해설	(A) 시간 부사절에서 미래를 나타낼 때는 '현재 시제'를 사용하므로 u.100쪽 (1)번 참조
어휘	spare 할애하다 conference 회의 tomorrow 내일 attend 참석하다

26 If the inter-Korean summit talks _____,// it will have a dramatic effect on the stock market.

(A) hold   (B) are held   (C) will hold   (D) will be held

해석	남북 정상회담이 열리면,// 주식 시장에 큰 영향을 미칠 것입니다.
정답과 해설	(B) 조건 부사절에서 미래를 나타낼 때는 '현재 시제'를 사용하므로 u.100쪽 (1)번 참조
어휘	the inter-Korean summit talks 남북 정상회담 be held=take place 개최되다
	have an effect(impact, influence) on ~에 영향을 끼치다 dramatic 극적인 stock market 주식 시장

27 After the president _____ the letter three times,// he finally sent it.

(A) rewrites   (B) rewrote   (C) has rewritten   (D) was rewriting

해석	의장은 편지를 세 번 고쳐 쓴 후,// 마침내 그것을 보냈다.
정답과 해설	(B) 주절이 시제가 과거일 때 after가 이끄는 절의 시제는 '과거나 과거완료 시제'이므로 u.105쪽 (5)번 참조
어휘	president 의장, 사장 three times 세 번 send-sent-sent 보내다 rewrite 고쳐 쓰다
	finally=ultimately=eventually=at last(length)=in the end(ultimate, event) 마침내

28 After reviewing the schedule,// I realized// we had not _____ enough time for the software.

(A) allocate   (B) allocated   (C) allocating   (D) allocation

해석	일정을 재검토한 후,// 나는 깨달았다// 우리가 소프트웨어를 위한 충분한 시간을 할당하지 않았다는 것을.
정답과 해설	(B) 깨달은 시점보다 시간 할당하지 않은 것이 먼저이므로 '대과거'가 와야 합니다. u.83쪽 (5)번 참조
어휘	review 재검토하다 schedule 일정, 계획 realize 깨닫다
	allocate=allot=apportion=assign=parcel out 할당(배당)하다

29 _____ he discovered the cause of the engine problem,// the airline mechanic worked through the night/ to correct it.

(A) Before   (B) While   (C) After   (D) Until

해석	엔진 문제의 원인을 발견 한 후,// 항공 정비사는 밤새 일을 했다/ 그 문제를 해결하기 위하여.
정답과 해설	(C) 주절의 내용으로 보아 가장 자연스러우므로 u.105쪽 (5)번 참조
어휘	discover 발견하다 cause 원인 airline mechanic 항공 정비사
	work through the night 밤새 일을 하다 correct 고치다, 수정하다, 해결하다
	before ~하기 전에 while ~하는 동안에, ~하면서 after ~한 후에 until ~할 때까지

30 The employees _____ about the new appointment// before the news was made public.

(A) known   (B) were told   (C) have known   (D) were aware

해석	직원들은 그 새로운 임명에 대해 들었다// 그 소식이 공개되기 전에.
정답과 해설	(B) before 앞의 시제는 '과거나 과거완료 시제'를 사용하므로 u.105쪽 (5)번 참조
어휘	employee 직원 be told about ~에 대해 듣다 appointment 임명
	make public 공개하다, 발표하다 be aware(cognizant) of ~을 알다

• bean	콩	• blow	강타하다, 타격	• british	영국의, 영국인
• beat	이기다, 때리다	• bomb	폭탄(을 투하하다)	• broken	깨진, 고장 난
• behavior	행동	• bombing	폭탄 투하	• brush	솔, 솔질하다
• behind	뒤에	• bond	채권, 유대	• buck	미국 달러
• believe	믿다	• boom	활기를 띠다	• budget	예산
• belief	믿음	• border	경계선, 가장자리	• bullet	총알
• bend	구부리다	• borrow	빌리다	• bunch	다발, 송이
• beneath	밑에	• bother	귀찮게 하다	• burden	짐, 부담
• benefit	이익, 수당	• bottle	병, 병에 넣다	• button	단추(를 끼우다)
• beside	옆에	• bottom	바닥	• buyer	구매자

• candidate	후보자, 지원자	• carrier	운반 도구, 보균자	• CEO	최고 경영자
• cap	모자	• carry	운반하다	• ceremony	의식
• capable	유능한	• cash	현금	• chairman	의장
• capability	능력	• category	영역	• challenge	도전(하다)
• captain	선장, 주장	• ceiling	천장	• chapter	장, 중요 사건
• capture	붙잡다, 포획하다	• celebrate	축하(기념)하다	• character	특성, 등장인물
• carbon	탄소	• celebration	축하, 기념	• characteristic	특성, 특색
• career	경력, 직업	• celebrity	유명인	• characterize	특색을 이루다
• careful	신중한	• cell	세포, 작은 방	• charge	부과(충전)하다
• carefully	신중하게	• central	중심적인	• charity	자선(단체)
• chase	추적하다	• common	흔한, 공통의	• convince	확신시키다
• cheap	값싼	• communicate	의사소통하다	• conviction	확신
• cheek	볼, 뺨	• community	공동체	• cooperation	협동, 협력
• chief	주요한	• compete	경쟁(경기)하다	• corporate	법인의
• childhood	어린 시절	• competitive	경쟁력 있는	• corporation	법인
• choice	선택	• competition	경쟁, 경기	• correct	옳은, 정확한
• choose	선택하다	• complain	불평하다	• cost	비용
• cigarette	담배	• complaint	불평	• cotton	면, 목화
• citizen	시민	• completely	완전히	• council	지방 의회
• civil	민간의, 정중한	• complex	복잡한	• counselor	상담자
• civilian	일반인(의)	• complicated	복잡한	• county	군
• claim	주장하다	• component	구성요소, 성분	• courage	용기
• clothing	의류	• compose	구성(작곡)하다	• court	법정
• clear	분명(투명)한	• composition	구성, 작곡	• cousin	사촌
• clearly	분명히	• comprehensive	포괄적인	• coverage	적용 범위
• client	고객	• concentrate	집중하다	• crack	균열, 틈, 흠
• climate	기후	• concentration	집중, 응집	• craft	솜씨, 공예
• climb	오르다	• concept	개념	• crash	충돌(추락)하다
• clinic	의원, 진료소	• concern	관심, 근심	• create	창조하다
• clinical	임상의, 병상의	• concerned	걱정하는, 관련된	• creation	창조, 창작물
• close	밀접하여	• confusion	혼란, 혼동	• creative	창의적인
• closely	면밀히	• congress	의회	• creature	피조물
• cluster	송이, 덩어리	• connect	연결하다	• crew	승무원
• coal	석탄	• connection	연결, 유대	• crime	범죄
• cognitive	인식력이 있는	• consequence	결과	• criteria	기준
• collapse	붕괴하다	• conservative	보수적인	• critical	비판적인, 중요한
• colleague	동료	• consider	고려(간주)하다	• criticize	비판하다
• comfortably	편안하게	• considerable	상당한	• crop	수확, 농작물
• command	명령하다	• consideration	고려, 배려	• crowd	군중
• collection	수집, 모금	• constantly	끊임없이	• cultural	문화적인

01 Petrol prices/ _____ 1.7 percent/ in the first quarter.
(A) fell
(B) felled
(C) have fallen
(D) falled

02 The average price for a used car/ has _____ by 3%/ over the last five months.
(A) fall
(B) fell
(B) felled
(D) fallen

03 The consumer's price index (CPI)/_____ 0.5 percent last year.
(A) rise
(B) rose
(C) raised
(D) has risen

04 Dwelling insurance/ _____ 1.0 percent this month.
(A) rise
(B) rose
(C) raised
(D) has risen

05 The bank/ usually _____ high fees/ for its consulting services.
(A) charge
(B) charges
(C) is charging
(D) have charged

06 Since the former celebrity businessman entered the Oval Office,// the list of departures from his administration _____ rapidly.
(A) rises
(B) rose
(C) has risen
(D) has been rising

07 Last week/ the Department of Commerce/ _____ / the plan to introduce a new bill/ outlawing such actions.
(A) announced
(B) has announced
(C) had announced
(D) was announced

08 The employees who have qualified for the two-year technical training in Japan// will be on special leave/ as soon as they _____ the program.
(A) complete
(B) will complete
(C) will be completed
(D) will be completing

09 Thirty years ago, few people _____ the dramatic development in technology that has come about.
(A) experience
(B) experienced
(C) have experienced
(D) had experienced

10 Due to the disappointing returns of this year,// spendings on the project/ _____ reduced/ over the next two years.
(A) will be
(B) was
(C) will have been
(D) have been

TEST 2 정답 및 해설

01 (A)	02 (D)	03 (B)	04 (D)	05 (B)
06 (D)	07 (A)	08 (A)	09 (B)	10 (A)

01

|해석| 휘발유 가격이/ 1.7% 떨어졌다/ 첫 1/4분기에.

|해설| 자동사이며 첫 1/4분기는 과거이므로 u.83/32쪽 참조

|어휘| petrol prices 휘발유 가격 in the first quarter 1/4분기에
fall-fell-fallen 떨어지다 fell-felled-felled 떨어뜨리다

02

|해석| 중고차의 평균 가격이/ 3% 하락했다/ 지난 5개월 동안.

|해설| 현재 완료시제(have+pp)이며, 자동사의 과거분사이므로 u.32쪽 참조

|어휘| average price 평균 가격 a used car 중고차
over the last five months 지난 5개월 동안
fall-fell-fallen 떨어지다, 쓰러지다
fell-felled-felled 떨어뜨리다, 쓰러뜨리다

03

|해석| 소비자 물가지수는/ 작년에 0.5% 증가했다.

|해설| 자동사이며 last year는 과거이므로 u.83/32쪽 참조

|어휘| consumer's price index 소비자 물가지수 last year 작년
rise-rose-risen 오르다 raise-raised-raised 올리다

04

|해석| 주택보험료가/ 이번 달에 3% 올랐다.

|해설| 자동사이며 이번 달은 현재를 포함하고 있으므로 '현재완료' 시제가 되어야 합니다. u.83/32쪽 참조

|어휘| dwelling insurance 주택보험
rise-rose-risen 오르다 raise-raised-raised 올리다

05

|해석| 그 은행은/ 대개 높은 수수료를 부과한다/ 그 상담서비스의 대가로.

|해설| 주어가 3인칭 단수이며 usually가 들어 있는 일반적 사실은 현재시제를 사용합니다. u.83/85쪽 (5)번 참조

|어휘| bank 은행 usually 대개 fee 수수료
for its consulting services 상담업무 대가로
charge 부과하다

06

|해석| 전 유명 인사 사업가가 타원형 사무실(백악관의 대통령 집무실)에 들어온 이후// 그의 행정부에서 떠나는 인사의 명단이 (지금까지) 급속도로 늘어나고 있다.

|해설| 과거부터 지금까지 계속 늘어나고 있으므로 '현재완료 진행형' u.98쪽 (2)번 참조

|어휘| since ~이후로, ~이래로
the former celebrity businessman 전 유명인사 사업가
the Oval Office 백악관의 대통령 집무실
the list of departures 떠나는 인사들의 목록
administration 행정부 rise-rose-risen 늘어나다
rapidly=by leaps and bounds 급속도로

07

|해석| 지난 주/ 상무부는/ 발표했다/ 새로운 법안을 도입 할 계획을/ 그러한 조치를 불법으로 규정하는 (새로운 법안을 도입할 계획을).

|해설| Last week는 과거이며 목적어가 있는 능동이므로 u.83/86쪽 참조

|어휘| last week 지난주 the Department of Commerce 상무부
plan 계획 introduce 도입하다 bill 법안
outlaw 불법으로 규정하다 action 행동, 조치

08

|해석| 일본에서 2년간의 기술 연수를 받을 자격을 얻은 직원들은/ 특별 휴가를 받게 될 것이다/ 그 프로그램을 마치자마자.

|해설| 시간 부사절에서 미래를 나타낼 때는 '현재 시제'를 사용하므로 u.100쪽 (1)번 참조

|어휘| employee 직원, 종업원 qualify for ~에 대한 자격을 얻다 (갖다) technical training 기술 연수 be on special leave 특별 휴가를 받다 as soon as ~하자마자
complete 완성하다, 달성하다, 마치다

09

|해석| 30년 전에는/ 지금까지 발생한 극적인(눈부신) 기술 발달을 경험한 사람은 거의 없었다.

|해설| ago는 과거시제에 사용되므로 u.83/402쪽 참조

|어휘| experience=go(pass) through 경험하다
dramatic 극적인, 눈부신 development 발달
come about=come to pass 발생하다

10

|해석| 금년의 실망스런 수익률 때문에,// 그 프로젝트에 대한 지출은/ 삭감될 것이다/ 앞으로 2년 동안.

|해설| 앞으로 2년 동안은 미래이므로 u.83쪽 참조

|어휘| due(owing) to=as a result(consequence) of ~때문에
disappointing 실망스런 returns 수입, 수익, 보수, 수익률
this year 금년 spending 지출, 소비
reduce=decrease=diminish=lessen 줄이다, 감소시키다
over the next two years 앞으로 2년 동안

11 She _____ the warning// that the hard drive was full/ and consequently they were unable to save the test data.
(A) ignore
(B) ignored
(C) ignoring
(D) ignorant

12 The security system and screening process/ have _____ to safety/ along the border.
(A) contribute
(B) contributed
(C) contributor
(D) contributions

13 Kevin _____ very pleased// when he was unexpectedly nominated as one of the Best Actors in the Academy Award.
(A) is
(B) was
(C) has been
(D) had been

14 Unless we fix the gas leak soon,// we run the risk of the situation becoming so serious/ that we _____ have to evacuate the production site.
(A) can
(B) will
(C) must
(D) should

15 Last Monday,// marketing staff from all of the branches/ _____ at Canaan Valley Resort/ for a quarterly meeting.
(A) convene
(B) convening
(C) convenes
(D) convened

16 Our company _____ customers' responses/ for the past three months.
(A) monitored
(B) has monitored
(C) has been monitored
(D) had monitored

17 Stanley,/ who was in need of a car,/ _____ Jane 5 thousand dollars/ for the one that she wanted to dispose of,// but she asked for more money.
(A) offer
(B) offered
(C) will offer
(D) has offered

18 After Mary Jones _____ Naltech Research,// she dramatically improved its payroll system.
(A) joins
(B) joined
(C) is joining
(D) has been joining

19 There are some employers// who will never consider a job candidate who _____ from a previous job.
(A) fired
(B) was fired
(C) has fired
(D) has been fired

20 We were told/ that many manufacturing workers _____/ during the depression.
(A) fired
(B) are fired
(C) had fired
(D) had been fired

11 (B)	12 (B)	13 (B)	14 (B)	15 (D)
16 (B)	17 (B)	18 (B)	19 (D)	20 (D)

11

|해석| 그녀는 경고를 무시했다// 하드 드라이브가 가득 차서,/ 그 결과 테스트 자료를 저장할 수 없다는 경고를.

|해설| 주어 다음에 동사가 오며, 전체적인 시제가 과거이므로 u.83쪽 참조

|어휘| ignore=disregard=slight=overlook=look(pass) over 무시하다 warning 경고 full 가득 찬, 배부른 consequently=accordingly=as a result(consequence) 결과 be unable to ~할 수 없다 save 저장하다

12

|해석| 보안 시스템 및 검열 과정은/ 안전에 기여했다/ 국경을 따라서.

|해설| 현재완료 시제는 'have+p.p'이므로 u.91/83쪽 참조

|어휘| security 보안 screening process 검열과정 contribute to 기여(공헌)하다 safety 안전 along the border 국경을 따라서

13

|해석| Kevin은 매우 기뻤다// 예기치 않게 아카데미상 남우주연상 중 한명으로 지명되었을 때(남우주연상 후보에 올랐을 때).

|해설| 종속절의 시제가 과거시제(was)이므로 u.83쪽 참조

|어휘| pleased 기쁜, 만족한 unexpectedly 뜻하지 않게 nominate 지명하다 actor 남자 배우 the Academy Award 아카데미상

14

|해석| 가스 누출을 곧 수리하지 않으면,// 우리는 상황이 너무 심각해져서/ 생산 현장을 철수시켜야 할 위험에 빠지게 된다.

|해설| have to=must(~해야 한다)의 미래시제는 「will have to」이므로 u.83쪽 참조

|어휘| unless ~하지 않으면, ~하지 않는 한 soon=before long=in time=by and by=sooner or later 곧, 조만간 gas leak 가스 누출 fix=mend=repair=do up 수리하다 run(take) the risk of ~할 위험을 무릅쓰다, ~할 위험에 빠지다 situation 상황 so ~ that 너무 ~해서 serious 심각한 evacuate 대피시키다 production site 생산 현장, 생산지

15

|해석| 지난 월요일,// 모든 지사의 마케팅 직원들이/ 가나안 밸리 리조트에 모였다/ 분기별 회의를 위해.

|해설| Last Monday(지난 월요일)라는 확실한 과거가 있으므로 u.83쪽 참조

|어휘| staff 직원 branch 지점, 지사 a quarterly meeting 분기별 모임 convene 모이다, 모으다, 소집하다

16

|해석| 저희 회사는 고객의 반응을 관찰해왔습니다/ 지난 3개월 동안.

|해설| 시간부사구 for가 왔으므로 '완료시제의 계속적 용법'이며, 목적어가 있으므로 '능동' u.91쪽 (4)번/83쪽 참조

|어휘| company 회사 customer 고객, 손님 response 반응 for the past three months 지난 3개월 동안 monitor 관찰하다

17

|해석| Stanley는/ 차가 필요해서/ Jane에게 5천 달러를 제시했다./ 그녀가 처분하고 싶은 차의 대가로// 하지만 그녀는 더 많은 돈을 요구했다.

|해설| 전체적인 시제가 과거시제이므로 u.83쪽 참조

|어휘| be in need of=need ~을 필요로 하다 for ~에 대한 대가로 dispose of 처분하다 ask for=request 요구하다 offer 제시하다

18

|해석| 마리 존스는 Naltech Research에 합류한 후,// 급여 체계를 획기적으로 개선했다.

|해설| 주절의 시제가 과거일 때, after가 이끄는 절의 시제는 '과거나 과거완료 시제'를 사용하므로 u.105쪽 (5)번 참조

|어휘| dramatically 획기적으로, 눈부시게 improve 개선하다 payroll system 급여 체계 join 합류하다

19

|해석| 일부 고용주들이 있다// 그들은 이전 직장에서 해고 된 적이 있는 입사 지원자를 결코 고려하지 않는 경향이 있다.

|해설| '해고당한 적이 있다'의 뜻으로 경험을 나타내는 '수동태'이므로 u.91쪽 (3)번 참조

|어휘| employer 고용주 consider=allow for=make allowances for=take account of=take ~into account (consideration) 고려하다 previous job 이전의 직장 job candidate 입사 지원자, 구직 희망자 fire=dismiss=discharge=sack=kick out 해고하다

20

|해석| 우리는 들었다/ 많은 제조업 근로자들이 해고당했다고/ 경기 침체기에.

|해설| 우리가 들은 것보다 that절이 먼저 일어난 일이며 근로자들이 '해고당하므로' 수동태 u.93쪽 (5)번 참조

|어휘| be told 듣다 manufacturing worker 제조업 근로자 during 동안에 depression 경기 침제, 우울함 fire=dismiss=discharge=sack=lay off 해고하다

21 One of my classmates _____ me/ since our freshman year/ by buying and wearing the same clothes as mine.
(A) imitates
(B) imitated
(C) has imitated
(D) have imitated

22 The manager asked if there _____ any calls for him during the previous day.
(A) was
(B) would be
(C) have been
(D) had been

23 When Mr. Johnson _____ Tokyo for an international conference in March, he will meet with Tokyo mayor as well.
(A) visits
(B) will visit
(C) visited
(D) is visiting

24 The employees _____ about the closure// before the announcement was made public.
(A) know
(B) knew
(C) known
(D) have known

25 More than twenty senior figures in the administration/ have been fired or quit// since Trump _____ office in January, 2017.
(A) took
(B) was taken
(C) had taken
(D) have taken

26 Here's a list of officials who _____ or have left the administration// since Mr Trump took office on January 20, 2017.
(A) sacked
(B) have sacked
(C) have been sacking
(D) have been sacked

27 While Ms. Fretz is on vacation next May,// Mr. Cho _____ over the contract negotiations with our Mumbai vendor.
(A) takes
(B) will be taking
(C) have taken
(D) will have taken

28 The technician/ will visit our office/ for installation of the new equipment// when it _____ delivered.
(A) is
(B) was
(C) will be
(D) had been

29 Unless the government _____ its current policy,// the economic situation will get worse.
(A) will be changing
(B) would change
(C) changes
(D) will change

30 Before the analysts submitted the final report,// the company _____ to take on the project.
(A) agreed
(B) was agreed
(C) has agreed
(D) had been agreed

TEST 2 정답 및 해설

21	(C)	22	(D)	23	(A)	24	(B)	25	(A)
26	(D)	27	(B)	28	(A)	29	(C)	30	(A)

21

|해석| 우리 반 친구 중 한 명은 나를 따라했다/ 1학년 때부터/ 나와 같은 옷을 사고 입음으로써.

|해설| 1학년이 과거이고 그 이후로 죽 따라했으므로 '현재완료 시제'가 필요함 u.98쪽 (2)번 참조

|어휘| classmate 반 친구 freshman year 1학년 by ~ing ~함으로써 buy 사다 wear 입다 mine 내 것

22

|해석| 경영자는 물었다// 전날 자기에게 어떤 전화가 왔는지.

|해설| 물어본 시점이 과거이고, 그 전날의 내용이므로 '대과거 (had+pp)'가 되어야 함 u.93쪽 (5)번/83쪽 참조

|어휘| manager 경영자, 관리자, 부서장 call 전화 during the previous day 전날에

23

|해석| 존슨 씨가 3월에 국제회의를 위해 도쿄를 방문하면, 그는 도쿄 시장도 공식적으로 만날 예정이다.

|해설| 시간 부사절에서 미래의 뜻을 나타낼 때는 '현재 시제'를 사용하는 것이 법입니다. u.100쪽 (1)번 참조

|어휘| international conference 국제회의 March 3월 meet with 공식적으로 만나다 mayor 시장 as well ~도 역시 visit=pay a visit to 방문하다

24

|해석| 직원들은 폐업에 대해 알고 있었다// 발표문이 공개되기 전에.

|해설| before 다음의 시제가 과거일 경우, before 앞의 시제는 '과거나 과거완료 시제'를 사용하므로 u.105쪽 (5)번 참조

|어휘| employee 직원 closure 폐업, 폐쇄, 휴업 announcement 발표문 make public 공개하다 know-knew-known 알다

25

|해석| 20명이 넘는 행정부의 고위 인사들이/ 해임되었거나 그만 두었다// 트럼프가 2017년 1월에 취임 한 이래로.

|해설| 2017년은 '확실한 과거'이므로 u.98쪽 (2)번 참조

|어휘| more than ~이상 senior figure 고위 인사 the administration 행정부 take office 취임하다 fire=eject=boot=cut loose=give~a shake =give~the air(bag, sack, kick)=give~notice 해고하다 quit=stop=cease=render=renounce=give up 그만두다

26

|해석| 여기에 해임되었거나 행정부를 떠난 관리들의 목록이 있다// 트럼프가 2017년 1월 20일에 취임 한 이후로.

|해설| 트럼프가 취임한 이후로 현재까지 해임되었으므로 '현재 완료 수동태'가 필요함 u.98쪽 (2)번/478쪽 참조

|어휘| list 목록 official 관리 the administration 행정부 take office 취임하다 sack=fire=eject=boot=kick(drum) out 해고하다

27

|해석| Ms. Fretz가 다음 5월에 휴가를 보내는 동안,// Mr. Cho가 Mumbai 공급 업체와의 계약 협상을 떠맡을 예정이다.

|해설| 이미 예정된 계획은 미래 진행형 시제로 나타내므로 u.96쪽 C.번 참조

|어휘| Ms. 미혼, 기혼 구별 없는 여성의 존칭 on vacation 휴가 중 take over 떠맡다, 인수하다 contract negotiation 계약 협상 vendor 공급 업체, 판매 업체, 노점상

28

|해석| 그 기술자가 우리 사무실을 방문 할 것이다/ 새로운 장비 의 설치를 위해// 그것이 배달되면.

|해설| 시간 부사절에서 미래를 나타낼 때는 '현재 시제'를 사용 하므로 u.100쪽 (1)번 참조

|어휘| technician 기술자 installation 설치 equipment 장비 deliver 배달하다, 넘겨주다, 구조하다, 분만하다, 말하다

29

|해석| 정부가 현 정책을 바꾸지 않는 한,// 경제 상황은 더 나빠 질 것이다.

|해설| 조건부사절에서 미래의 뜻일 때는 '현재시제'를 사용하잖 아요. u.100쪽 (1)번 참조

|어휘| unless ~하지 않는 한 government 정부 current 현재의 policy 정책, 방책 economic situation 경제 상황 get(grow, become) worse=turn(change) for the worse =go from bad to worse=deteriorate 악화되다

30

|해석| 분석가들이 최종 보고서를 제출하기 전에,// 그 회사는 그 프로젝트를 떠맡기로 동의했다.

|해설| before가 이끄는 절의 시제가 과거 시제일 때, 주절의 시 제는 '과거나 과거완료 시제'이므로 u.105쪽 (5)번 참조

|어휘| analyst 분석가 final report 최종보고서 submit=give(turn, send, hand) in 제출하다 take on=assume 떠맡다 company 회사 agree(assent, consent) to ~하기로 동의하다

7. 접속사 문제 (출제 최고빈도 단원: 유니크 쏙쏙 영문법 7과)

* 주절을 먼저 읽고, 종속절 자리에 주어 동사가 있으면 접속사를, 명사가 오면 전치사를 찾으세요.
* 117쪽–120쪽 시간, 이유, 조건, 양보 접속사가 가장 빈번하게 출제 됩니다.
* 107쪽 while/during/for를 잘 구별하셔야 합니다.

1 _____ the year-end results are published,// the employees get bonuses depending on their performance.

(A) When   (B) Though   (C) Because   (D) During

해석	연말 결과가 발표되면// 직원들은 성과에 따라 상여금을 받는다.
정답과 해설	(A) 두 문장을 연결하는 '접속사 자리'이면서, 문맥상 'when'이 가장 자연스러우므로 u.106쪽 [1]번 참조
어휘	year-end 연말의 result 결과 publish 발표(공표, 출판)하다 employee 직원 bonus 상여금 performance 성과, 업무 능력 depending on=according to ~에 따라 when ~할 때 though ~이지만 because=seeing that=now that=inasmuch as ~때문에 during ~동안에

2 When _____ new figures into a financial report,// the accountant must make sure that the totals reflect the changed amounts.

(A) incorporate   (B) incorporating   (C) incorporated   (D) having incorporated

해석	새로운 수치를 재무 보고서에 통합할 때,// 회계사는 반드시 합계가 변경된 금액을 반영하도록 해야 한다.
정답과 해설	(B) when ~ing ~할 때 u.106쪽 [1]번 참조
어휘	figure 숫자, 인물, 도표 financial report 재무 보고서 accountant 회계사 make sure=make certain 반드시 ~하다 must=have to ~해야 한다 total 합계, 총계 reflect 반영하다 amount 금액, 액수, 총액 incorporate 통합(혼합, 합병)하다, 짜 넣다

3 All the members of the Baja basketball team/ are required to commit to a high-protein and carbohydrate diet// _____ training for the national games.

(A) at   (B) by   (C) that   (D) when

해석	Baja 농구 팀의 모든 구성원은/ 고단백과 탄수화물 식단을 준수해야합니다/ 전국적인 경기(전국대회)를 위해 훈련 할 때.
정답과 해설	(D) when ~ing ~할 때 u.쪽 106쪽 [1]번 참조
어휘	basketball 농구 be required to ~해야 한다 commit to 준수하다, 전념하다 high-protein 고단백 carbohydrate 탄수화물 diet 식단 national 전국적인, 전 국민의, 국가적인

4 Young people can learn important lessons// when _____ the responsibility of dealing with some problems by themselves.

(A) giving   (B) given   (C) to give   (D) to be given

해석	젊은이들은 중요한 교훈을 배울 수 있다// 스스로 문제를 다루어야 할 책임이 주어졌을 때.
정답과 해설	(B) 젊은이들에게 '책임이 주어지므로' 수동: when (they are) given에서 (they are)를 생략 u.106/140쪽 (5)번 참조
어휘	learn 배우다 important lesson 중요한 교훈 by oneself=independently 스스로, 독립적으로 responsibility 책임 deal(do, cope) with=attend to=treat=handle=manage=address 다루다, 처리하다

5 She/ worked/ in the personnel section/ _____ 3 years.

  (A) for   (B) before   (C) during   (D) since

해석	그녀는/ 근무했다/ 인사과에서/ 3년 동안.
정답과 해설	(A) '수사'를 동반한 기간이 왔으므로 u.107쪽 참조
어휘	work 일하다 personnel section 인사과

6 He got married to his wife/ _____ his stay in London for four years.

  (A) while   (B) during   (C) for   (D) over

해석	그는 자기 아내와 결혼했다/ 4년 동안 런던에 머물러 있는 동안에.
정답과 해설	(B) 뒤에 '기간 명사'가 왔으므로 u.107쪽 참조
어휘	get married to ~와 결혼하다 stay 체류, 머무름 during + 기간 명사 ~동안에 for + 숫자 ~동안에

7 You are not allowed to keep your personal belongings with you// _____ taking the test.

  (A) since   (B) for   (C) during   (D) while

해석	여러분은 개인 소지품을 가지고 있을 수 없습니다.// 시험을 치르는 동안에는.
정답과 해설	(D) while ~ing ~하는 동안에 u.106쪽 [2]번 참조
어휘	allow 허용하다 keep 가지고 있다 personal belongings 개인 소지품 take the test 시험을 치르다 for + 수사 ~동안에 since ~때문에, ~이후로 during + 명사 ~동안에 while ~하는 동안에, ~하면서, ~하다가, ~이지만, ~인 반면

8 _____ most of the students here are studying English,// Sarah has decided to learn Spanish.

  (A) However   (B) Besides   (C) Therefore   (D) Whereas

해석	여기 있는 대부분의 학생들이 영어를 공부고 있는 반면에.// 사라는 스페인어를 배우기로 결정했다.
정답과 해설	(D) 주어+동사가 왔으므로 「접속사」가 와야 하며, 문맥상 「반면에」가 가장 자연스러우므로 u.106쪽 [2]번 참조
어휘	most 대부분 decide=determine=make up one's mind 결정(결심)하다 therefore=so=thus=hence=consequently 그러므로 however 그러나 besides=in addition=moreover=furthermore=what is more 게다가 whereas=while 반면에

9 Since David was new at work,// Daniel _____ him/ how to use the fax machine/ when his boss told him to send a copy of the cost estimation to the contractor.

  (A) teaches   (B) taught   (C) has taught   (D) is teaching

해석	David는 신입사원이었기 때문에,// Daniel이 그에게 가르쳐 주었다/ 팩스 기기 사용법을/ 상사가 그에게 비용 견적 사본을 계약자에게 보내라고 말했을 때.
정답과 해설	(B) '주절의 시제가 과거'이며, 문맥상 가장 자연스러우므로 u.107쪽 Ⓐ번/83쪽 참조
어휘	how to ~하는 방법 boss 상사 tell-told-told 말하다 send-sent-sent 보내다 copy 사본 cost estimation 비용견적 contractor 계약자 teach-taught-taught 가르치다

10 60 percent of the respondents/ said// they would undertake the research and development projects _____ planned/ so as to strengthen productivity.

    (A) when   (B) while   (C) as   (D) if

해석	응답자중 60%는/ 말했다// 그들이 연구 개발 프로젝트를 계획대로 떠맡겠다고/ 생산성을 강화하기 위해서.
정답과 해설	(C) as planned=as (it had been) planned 계획대로, 계획된 대로 u.108쪽 (4)번 참조
어휘	respondent 응답자 undertake=take on 떠맡다 research 연구
	development 개발 as planned 계획대로 strengthen 강화하다 productivity 생산성
	so as to=in order to=with intent to ~ing=for the purpose(sake) of~ing ～하기 위해서

11 The terms of the transaction/ remain the same,// and votes on the deal by shareholders of the two banks/ will proceed _____ scheduled next week.

    (A) when   (B) while   (C) as   (D) if

해석	거래 조건은/ 동일하게 유지되며,// 두 은행의 주주들에 의한 거래에 대한 투표는/ 다음 주 예정대로 진행될 것입니다.
정답과 해설	(C) as scheduled=as (they are) scheduled 예정대로, 예정된 대로 u.108쪽 (4)번 참조
어휘	terms 조건 transaction 거래 remain 유지하다, 남아있다 vote 투표 deal 거래
	shareholder 주주 bank 은행 proceed 진행되다 as scheduled 예정된 대로, 예정대로

12 The Foreign Minister's English/ is so good// that she sounds almost _____ a native speaker.

    (A) as   (B) like   (C) close to   (D) the same

해석	외무부 장관의 영어는/ 아주 훌륭해서// 그녀의 말은 거의 원어민처럼 들린다.
정답과 해설	(B) '～처럼'의 뜻을 가진 '전치사'이므로 u.110쪽 [6]번 참조
어휘	the Foreign Minister 외무부 장관 so ~ that 너무 ~해서 sound like ~처럼 들리다
	almost=nearly=practically=virtually=all but=next to=well-nigh 거의 a native speaker 원어민

13 By the time the meeting _____ over,// my secretary will finish arranging transportation// for all of us.

    (A) is   (B) was   (C) will be   (D) has been

해석	회의가 끝날 무렵,// 제 비서가 교통편을 다 준비해 놓을 것입니다/ 우리 모두를 위해.
정답과 해설	(A) By the time이 이끄는 절이 '시간 부사절'이며, 미래를 나타낼 때는 '현재 시제'를 사용하므로 u.100쪽 참조
어휘	by the time ～할 무렵 be over 끝나다 secretary 비서 finish 끝마치다
	arrange transportation(미)=arrange transport(영) 교통편을 마련하다, 차량을 준비하다

14 By the time the convict is released,// he _____ five years in prison.

    (A) will spend   (B) has spent   (C) will be spending   (D) will have spent

해석	죄수가 석방될 무렵,// 그는 감옥에서 5년을 보내게 될 것이다.
정답과 해설	(D) 미래에 5년이 끝나므로 '미래완료 시제(will+have+pp)' u.110쪽 [5]번/94쪽 (1)번 참조
어휘	by the time=when ～할 때, ～할 무렵 convict 죄수, 기결수
	release=let out=set free 석방하다 prison 감옥 spend-spent-spent 보내다

15 By the time we discovered the computer problems,// most of the important files/
_____ .

(A) had been disappeared   (B) have disappeared

(C) have been disappeared   (D) had disappeared

해석	우리가 컴퓨터 문제를 발견했을 때는,// 중요한 파일 대부분이/ 이미 사라지고 없었다.
정답과 해설	(D) 자동사이며 문제를 발견한 것 보다 '파일이 사라진 것이 먼저'이므로 'had+pp' u.110쪽 [5]번 참조
어휘	by the time ~할 무렵, ~할 때 discover 발견하다 problem 문제 disappear=vanish 사라지다

16 You will continue to profit from this machine// _____ you perform regular maintenance
checks.

(A) as much as   (B) as long as   (C) as soon as   (D) as many as

해석	당신은 이 기계로부터 계속 이익을 얻게 될 것입니다.// 당신이 정기적인 유지 보수 점검을 수행하는 한.
정답과 해설	(B) 주절의 내용으로 보아 '~한다면, ~하는 한'이 들어가야 자연스러우므로 u.112쪽 (1)번 참조
어휘	continue to 계속해서 ~하다 profit from ~로부터 이익을 얻다 machine 기계
	perform=carry out=carry through 수행하다 regular 정기적인 maintenance 유지 보수
	as much as ~이지만 as long as ~한다면, ~하는 한 as soon as ~하자마자

17 The interior minister said// he would still support them,// _____ they didn't break the rules.

(A) as much as   (B) as long as   (C) as soon as   (D) as many as

해석	내무부 장관은 말했다// 여전히 그들을 지지할 것이라고// 그들이 규칙을 어기지 않는 한.
정답과 해설	(B) 주절에 조건 조동사(would)가 있으므로 '~한다면, ~하는 한'이 들어가야 자연스럽죠. u.112쪽 (1)번 참조
어휘	interior minister 내무부 장관 still 여전히 support=back(hold, prop, shore, bolster) up 지지하다

18 _____ bilingual education is concerned,// the schools are not doing a good enough
job.

(A) As much as   (B) As long as   (C) As far as   (D) As many as

해석	2개 국어 병용 교육에 관한 한,// 그 학교들은 충분한 성과를 거두지 못하고 있다.
정답과 해설	(C) as far as 주어 be concerned ~에 관한 한 u.114쪽 (5)번 참조
어휘	bilingual education 2개 국어 병용 교육 do a good enough job 충분한 성과를 거두다, 아주 잘 하다
	as much as ~이지만 as long as ~한다면, ~하는 한 as many as=no fewer than 자그마치

19 _____ taxes are concerned,// savings bonds are better than certificates of deposit.

(A) When   (B) While   (C) As   (D) As soon as

해석	세금에 관한 한,// 저축 채권은 예금증서보다 낮다.
정답과 해설	(B) while(as far as)+주어+be concerned ~에 관한 한 u.114쪽 (5)번/179쪽 (30)번 참조
어휘	tax 세금 savings bonds 저축 채권 certificates of deposit 예금증서 as soon as ~하자마자

20 Health care professionals/ recommend// that we eat sea food/ as often as possible//
_____ it contains less fat than most meats.

(A) when   (B) since   (C) if   (D) though

해석	건강관리 전문가들은/ 권장한다/ 우리에게 바다 음식을 먹으라고/ 가능한 한 자주// 왜냐하면 그것이 대부분의 육류보다 지방을 더 적게 함유하고 있기 때문에.
정답과 해설	(B) 바다음식을 먹으라고 '권장한 이유'이므로 u.117/244쪽 참조
어휘	health care professional 건강관리 전문가 recommend 권장(추천)하다 sea food 바다 음식 as often as possible 가능한 한 자주 contain=include 함유(포함)하다 fat 지방 most meats 대부분의 육류

21 _____ they were late,// they could not enter the conference hall.

(A) However   (B) Because   (C) Therefore   (D) Although

해석	그들은 늦었기 때문에// 회의장에 들어갈 수 없었다.
정답과 해설	(B) 주절의 내용으로 보아 '들어갈 수 없는 이유'가 와야 하므로 u.117쪽 참조
어휘	late 늦은, 지각한 enter 들어가다 conference hall 회의실 however 그러나 because=since=as ~때문에 therefore=thereupon=so=thus=hence 그러므로 although=even though=though=notwithstanding=as much as ~이지만

22 You may as well join them,// _____ they need another volunteer.

(A) while   (B) seeing that   (C) since that   (D) suppose that

해석	너는 그들과 합류하는 것이 좋아.// 그들이 또 한 명의 자원봉사자를 필요로 하기 때문에.
정답과 해설	(B) 문맥상 종속절이 '주절에 대한 이유'를 나타내므로 u.117쪽 참조
어휘	may(might) as well=had better ~하는 편이 낫다(u.216) join 합류하다 another 또 한 명의 volunteer 자원봉사자, 지원자 while=whereas 반면에 suppose(supposing) that ~한다면 seeing that=now that=in that=inasmuch as=on the grounds that ~이니까, ~하기 때문에

23 Traffic has been flowing smoothly// _____ the new bridge has been opened.

(A) until   (B) because of   (C) now that   (D) owing to

해석	교통이 원활하게 흐르고 있다// 새로운 다리가 개통되어서.
정답과 해설	(C) 교통이 원활하게 흐르게 된 '이유'이기 때문에 u.117쪽 참조
어휘	traffic 교통 flow 흐르다 smoothly 부드럽게, 원활하게 bridge 다리 until ~까지 because of=owing(due) to=on account of=in consequence of ~때문에 now that=seeing that=in that=inasmuch as=on the grounds that ~이니까, ~하기 때문에

24 She takes after her father// in _____ she is fond of jazz.

(A) which   (B) that   (C) what   (D) where

해석	그녀는 자기 아빠를 닮았다// 그녀가 재즈를 좋아한다는 점에서.
정답과 해설	(B) in that ~라는 점에서, ~하기 때문에 u.117쪽 참조
어휘	take after=be similar(analogous, akin) to=resemble ~를 닮다, ~와 비슷하다 be fond of=be nuts for=take a fancy to=have a liking for ~을 좋아하다

25 _____ none of the participants had showed any interest,// the organizer had to cancel numerous outdoor activities.

(A) For   (B) Inasmuch as   (C) While   (D) Though

해석	참가자 중 아무도 관심을 보이지 않았기 때문에,// 주최 측은 수많은 야외 활동을 취소해야 했다.
정답과 해설	(B) 주절에 '취소해야 했다'가 들어 있으므로, 그에 대한 '이유'가 종속절에 나와야 하잖아요. u.117쪽 참조
어휘	none of the participants 참가자 중 아무도 ∼하지 않다 interest 관심, 흥미 organizer 주최 측, 조직자 cancel=annul=retract=call off=take back 취소하다 numerous=innumerable=uncountable=countless 많은 outdoor activities 야외 활동

26 _____ the differences in their policies,// the two countries could seldom come to any agreement/ in their trade negotiations.

(A) Because   (B) Because of   (C) Though   (D) Despite

해석	정책의 차이 때문에,// 그 두 나라는 좀처럼 어떤 합의에도 도달할 수 없었다./ 그들의 무역 협상에 있어서.
정답과 해설	(B) 명사구가 왔으며, 동시에 '주절에 대한 이유'를 나타내므로 u.117/120쪽 참조
어휘	difference 차이 policy 정책 seldom=rarely 좀처럼 ∼하지 않다 come to an agreement 합의하다 trade negotiations 무역 협상 because + 주어 + 동사 ∼때문에 because of + 명사(구) ∼때문에 though + 주어 + 동사 ∼이지만 despite(in despite of) + 명사(구) ∼에도 불구하고

27 _____ the bad weather condition,// the Lexus project may not be implemented/ as it was originally planned.

(A) Because   (B) Owing to   (C) Despite   (D) In spite of

해석	나쁜 기상 상황 때문에,// Lexus 프로젝트는 실행되지 않을 수도 있다/ 원래 계획되었던 대로.
정답과 해설	(B) 주절에 대한 이유'이며, 뒤에 '명사구'가 왔으므로 u.117쪽 참조
어휘	bad weather condition 나쁜 기상 상황 implement=carry out 실행(수행)하다 as it was originally planned 원래 계획되었던 대로 because + 주어 + 동사 ∼때문에 owing(due) to=on account of ∼때문에 despite=in spite(despite, defiance) of ∼에도 불구하고

28 The district office/ will be closed at 5 p.m. on Thursday/ _____ holiday weekend.

(A) since   (B) due to   (C) while   (D) as if

해석	구청은/ 목요일 오후 5시에 문을 닫을 것입니다/ 주말 연휴 때문에.
정답과 해설	(B) 문이 금요일이 아닌 목요일에 닫히는 '이유'를 나타내므로 u.117쪽 참조
어휘	district office 구청 due(owing) to=because of=on account of ∼때문에 holiday weekend 휴가를 낀 주말 close 닫다 since ∼때문에, ∼이후로 while ∼하는 동안에, ∼인 반면 as if=as though 마치 ∼인 것처럼

29 _____ sharp rise in prices,// car sales have decreased by 20%/ for six months.

(A) In result of   (B) As result of   (C) As consequence of   (D) As a result of

해석	가파른 물가 상승으로 인해,// 자동차 판매고가 20% 감소했다/ 6개월 동안.
정답과 해설	(D) 주절의 내용에 대한 '원인'이므로 u.117쪽 참조
어휘	sharp 급격한, 가파른 rise 상승 price 가격 sales 판매고 decrease=diminish 감소하다 as a result(consequence) of=in consequence of=on the grounds(score) of =on account of=owing(due) to=in the wake of=by reason(virtue) of ∼때문에

30 _____ you had ten thousand dollars,// what would you do with it?

(A) Suppose   (B) Unless   (C) Provide   (D) Though

해석	만일 네가 만 달러를 가지고 있다면,//너는 그것으로 무엇을 할 거야?
정답과 해설	(A) 주절에 조건 조동사가 있으므로, '조건 접속사'가 필요함 u.119쪽 (1)번 참조
어휘	thousand 천 suppose=supposing=providing=provided ～한다면 unless ～하지 않는 한 provide=supply 제공하다 though=although=even though=notwithstanding ～이지만

31 We notice that payment for your electricity bill is overdue. Please note that _____ payment is not received within 10 days, your power will be cut off.

(A) if   (B) unless   (C) as   (D) since

해석	귀하의 전기 요금이 지불기한이 지났음을 알았습니다. 10일 이내에 지불이 이루어지지 않으면 귀하의 전력이 차단된다는 것을 유의해 주십시오.
정답과 해설	(A) 문맥상 '조건'이 되어야 하므로 u.119쪽 (1)번 참조
어휘	notice 알아차리다 payment 지불 electricity bill 전기료, 전기 고지서 note 유의하다 overdue 지불기한이 지난, 연체된 receive 받다 within ～이내에 power 전력 cut off 차단시키다, 끊다

32 Herbal products may have therapeutic effects// but also can have toxic effects// _____ taken at the wrong combinations or in the wrong amounts.

(A) unless   (B) if   (C) during   (D) because

해석	약초 제품은 치료 효과가 있을 수 있지만// 독성 효과를 가질 수도 있다// 잘못된 조합이나 잘못된 양으로 복용할 경우.
정답과 해설	(B) 문맥상 조건절이 와야 하며, if they are taken에서 they are를 생략한 형태 u.119쪽 (1)번/541쪽 (2)번 참조
어휘	herbal products 약초 제품 therapeutic effects 치료 효과 toxic effects 독성 효과 take-took-taken 복용하다, 섭취하다 combination 조합 amount 양 unless ～하지 않는 한 during ～하는 동안에

33 _____ you paid within a week,// we would give you a special discount.

(A) Should   (B) Had   (C) Supposed   (D) Provided

해석	1 주일 이내에 납부(지불)하신다면,// 특별 할인을 해드릴 텐데.
정답과 해설	(D) 주절에 조건 조동사가 있으므로, '조건 접속사'가 필요함 u.119쪽 (1)번 참조
어휘	pay 지불하다 within 이내에 a special discount 특별 할인

34 _____ she doesn't come,// what shall we do?

(A) Seeing   (B) Supposing   (C) Considering   (D) Imagining

해석	만일 그녀가 오지 않는다면,/ 우리는 무엇을 할까?
정답과 해설	(B) 주절에 조건 조동사가 있으므로, '조건 접속사'가 필요하죠? u.119쪽 (1)번 참조
어휘	supposing=suppose=providing=provided=assuming=on condition that=in the event that=if ～한다면 consider=contemplate=allow for=make allowances for=take account of=take ～into account(consideration) 고려하다

35 _____ the train leaves on time,// we should reach France by morning.

(A) Supposed that　　　(B) When　　　(C) Unless　　　(D) Provided that

해석	열차가 정시에 출발하면,// 우리는 틀림없이 아침까지 프랑스에 도착할 거야.
정답과 해설	(D) 제1 조건문이며 'if의 동의어'이므로 u.119쪽 (1)번 참조
어휘	leave-left-left 떠나다 on time 정시에, 정각에 should 틀림없이 ~할 것이다(u.228) reach=arrive in=get to 도착하다 by morning 아침까지, 아침 무렵 unless ~하지 않으면 provided(providing) that=suppose(supposing) that ~한다면

36 In the _____ that you are injured at work,// your medical insurance will provide you with private health care.

(A) event　　　(B) case　　　(C) way　　　(D) time

해석	귀하가 직장에서 부상을 당할 경우,// 귀하의 의료 보험이 귀하에게 개인 의료 서비스를 제공해 드릴 것입니다
정답과 해설	(A) in the event that=in case ~할 경우, ~한다면 u.119쪽 (1)번 참조
어휘	injure 부상을 입히다 at work 직장에서, 일하는 중에 medical insurance 의료 보험 provide A with B: A에게 B를 제공하다 (u. 77쪽 참조) private health care 개인 의료 서비스

37 _____ the popularity of the exposition,// interested attendees should register for it as soon as possible.

(A) Give　　　(B) Giving　　　(C) Given　　　(D) Given that

해석	박람회의 인기를 감안할 때// 관심 있는 참석자는 가능한 한 빨리 등록해야합니다.
정답과 해설	(C) given=considering ~을 고려해볼 때, ~을 감안할 때 u.119쪽 (3)번 참조
어휘	popularity 인기 exposition 박람회 register 등록하다 interested attendee 관심 있는 참석자 as soon as possible 가능한 한 빨리

38 _____ he's had six months to do this,// he hasn't made much progress.

(A) Give　　　(B) Giving　　　(C) Given　　　(D) Given that

해석	그가 이 일을 6개월 동안 했다는 것을 감안하면,// 그는 별로 진전을 보지 못했다.
정답과 해설	(D) 뒤에 절(주어+동사)가 왔을 때는 'Given that'을 사용해야 합니다. u.119쪽 (3)번 참조
어휘	given that=considering that ~을 고려해볼 때, ~을 감안할 때 make progress 진전을 보이다, 진보하다

39 Children will only be admitted into the venue// _____ accompanied by an adult.

(A) unless　　　(B) now that　　　(C) since　　　(D) if

해석	아이들은 공연장에 들어갈 수 있다/ 오직 성인이 동반했을 때만.
정답과 해설	(D) only..., if=only if ~할 때만 u.119쪽 (4)번 참조
어휘	admit 입장을 허락하다, 인정(시인)하다 venue 공연장 accompany ~와 함께 가다, 동반하다, 반주하다 adult 성인, 어른

40 I recognized her at once// _____ I hadn't seen her for a long time.

(A) despite   (B) notwithstanding   (C) since   (D) provided that

해석	나는 그녀를 즉시 알아보았다.// 오랫동안 그녀를 보지 못했지만.
정답과 해설	(B) 주절의 내용으로 보아 '양보절(~이지만)'이 필요하므로 u.120쪽 참조
어휘	provided that=proving that=supposing that=suppose that ~한다면
	despite=in spite(despite, defiance) of=with all=for all ~에도 불구하고
	notwithstanding=though=although ~이지만 recognize 알아보다 at once=immediately 즉시

41 _____ traffic accidents happen quite often on this crosswalk,// city authorities still have no plan to install traffic signals.

(A) Seeing that   (B) Though   (C) Before   (D) Whereas

해석	교통사고가 이 횡단보도에서 자주 발생하지만// 시 당국은 여전히 교통 신호등을 설치할 계획이 없다.
정답과 해설	(B) 주절의 내용으로 보아 '양보절(~이지만)'이 필요하므로 u.120쪽 참조
어휘	happen=occur=accrue=arise=take place=break out=crop up=come about 발생하다
	quite often=frequently 자주 crosswalk 횡단보도 authority 당국 traffic accident 교통사고
	still 여전히, 아직도 plan 계획 install=set up 설치하다 traffic signal 교통 신호등
	seeing that=now that=in that ~이니까 though=even though ~이지만 whereas=while 반면에

42 _____ it was a holiday yesterday,// the doctor performed the emergency surgery on the heart patient.

(A) Despite   (B) Although   (C) During   (D) As

해석	어제는 휴일이었지만,// 그 의사는 심장 환자에게 응급 수술을 했다.
정답과 해설	(B) 주절의 내용으로 보아 '양보절(~이지만)'이 필요하므로 u.120쪽 참조
어휘	holiday 휴일 perform 수술하다, 수행하다, 공연하다 emergency surgery 응급 수술
	heart patient 심장 환자 despite=in spite(despite, defiance) of ~에도 불구하고
	although=though=even though=notwithstanding=granting that ~이지만 during 동안에

43 _____,/ the two companies did not have any advantages/ over their competitors.

(A) Though merging   (B) Though merged   (C) Since merging   (D) Since merged

해석	합병되었지만/ 두 회사는 어떤 우위도 점하지 못했다/ 경쟁사에 비해.
정답과 해설	(B) 문맥상 '양보절(~이지만)'이 필요하며, Though (they were) merged u.120/541쪽 (2)번 참조
어휘	merge 합병하다, 합병시키다 company 회사
	have an advantage over ~보다 우위를 점하다 competitor 경쟁사

44 _____ having recruited additional supervisors,/ they couldn't prevent the quality from worsening.

(A) Though   (B) Although   (C) Even though   (D) In spite of

해석	관리자들을 더 모집했지만,/ 그들은 품질이 악화되는 것을 막을 수 없었다.
정답과 해설	(D) 뒤에 동명사가 왔으므로 전치사가 필요함 u.120쪽 참조
어휘	recruit 모집하다 additional=extra 추가적인 supervisor 관리자, 감독관 worsen=deteriorate=go from bad to worse=deteriorate 악화되다 quality 품질, 성질, 특성 prevent(keep, prohibit, ban, bar, debar, deter, block) A from B~ing A가 B하는 것을 막다

45 _____ having all the necessary qualifications,// they didn't offer me the job.

(A) despite   (B) despite of   (C) though   (D) although

해석	필요한 모든 자격 요건을 갖추고 있음에도 불구하고,// 그들은 나에게 일자리를 제공하지 않았다.
정답과 해설	(A) 뒤에 동명사가 왔으므로 전치사가 필요함 u.120쪽 참조
어휘	necessary 필요한 qualification 자격 요건 offer 제공(제안)하다 job 일자리 despite=in spite(despite, defiance) of=notwithstanding ~에도 불구하고 though=although=even though=notwithstanding=granting that ~이지만

46 Andrew somehow managed to win the competition/ _____ having never participated in the sport before.

(A) despite of   (B) because of   (C) notwithstanding   (D) though

해석	앤드류는 어쨌든 그 경기에서 용케 우승했다/ 전에 그 운동에 결코 참가한 적이 없었지만.
정답과 해설	(C) 동명사 앞에는 전치사가 필요하며 문맥상 양보의 의미(~이지만)가 필요하므로 u.120쪽 참조
어휘	somehow 어쨌든, 어떻게 해서든 manage(contrive) to 용케 ~하다 win-won-won 이기다 competition 경기, 경쟁 participate(partake) in=take part in 참가하다 because of=owing(due) to=on account of=on the grounds of ~때문에 though ~이지만 notwithstanding=in spite(despite, defiance) of=despite=in the face(teeth) of ~에도 불구하고

47 _____ the expensive premium,// many employees are interested in the coverage/ provided by the new insurance policy.

(A) Because   (B) Because of   (C) Though   (D) Despite

해석	비싼 보험료에도 불구하고,// 많은 직원들은 보장 범위에 관심이 있다./ 새로운 보험 증권이 제공하는 (보장 범위에)
정답과 해설	(D) 명사구가 왔으며, 주절의 내용으로 보아 양보(~에도 불구하고)의 의미가 와야 하므로 u.120쪽 참조
어휘	expensive 비싼 premium 보험료, 할증금 employee 직원 be interested in ~에 관심이 있다 coverage 보장(혜택) 범위 provide 제공하다 insurance policy 보험 증권, 보험 증서 because + 주어 + 동사 ~때문에 because of + 명사(구)=owing(due) to ~때문에 though + 주어 + 동사 ~이지만 despite(in spite of) + 명사(구) ~에도 불구하고

48 Managers of several local shops/ are reporting stronger sales this quarter/ _____ the region's weak economy.

(A) though   (B) in despite of   (C) as far as   (D) provided that

해석	몇몇 지역 상점의 경영자들은/ 이번 분기에 더 강력한 매출을 보고하고 있다/ 이 지역의 약한 경제에도 불구하고.
정답과 해설	(B) 문맥상 '~에도 불구하고(in despite of)'가 가장 자연스러우므로 u.120쪽 참조
어휘	manager 경영자, 운영자, 관리자 several 몇몇의 local shop 지역 상점 report 보고하다 stronger 더 강력한 sales 매출 this quarter 이번 분기에 region 지역 weak 약한 economy 경제 though=although=even though=even if ~이지만 in spite(despite) of=in the face(teeth) of=despite=notwithstanding ~에도 불구하고 as far as=as long as ~하는 한 provided(providing) that=suppose(supposing) that ~한다면

49 _____ the threat to security,// he always leaves his filing cabinet unlocked// when he goes out of his office.

(A) In the face of   (B) Despite of   (C) Although   (D) Though

해석	보안에 대한 우려에도 불구하고,// 그는 항상 서류 캐비닛을 잠그지 않은 상태로 둔다/ 사무실 밖으로 나갈 때는.
정답과 해설	(A) 문맥상 '~에도 불구하고(in the face of)'가 가장 자연스러우므로 u.120쪽 참조
어휘	threat 우려, 협박, 위협 security 보안 leave 남겨두다 filing cabinet 서류 캐비닛 unlock 자물쇠를 열다 in the face(teeth) of=despite=in spite(despite) of=notwithstanding ~에도 불구하고 though=even though ~하지만

50 _____ their relatively high price,/ demand for our laptop computers is increasing steadily.

(A) Regardless of   (B) Despite of   (C) Though   (D) Even though

해석	상대적으로 높은 가격에도 불구하고,/ 우리 노트북 컴퓨터에 대한 수요는 꾸준히 증가하고 있다.
정답과 해설	(A) regardless of ~에도 불구하고, ~에 상관없이 u.120쪽 참조
어휘	relatively 상대적으로, 비교적 price 가격 demand 수요 increase 증가하다 steadily 꾸준히 regardless(irrespective) of=despite=in spite of=notwithstanding ~에도 불구하고 though=although=even though=even if=while=notwithstanding=granting that ~이지만

51 It is quite likely _____ we will be late for the conference/ owing to the traffic jam.

(A) if   (B) what   (C) that   (D) because

해석	우리는 회의에 늦을 가능성이 높다/ 교통 체증 때문에.
정답과 해설	(C) 가주어 It의 '진주어'는 that이므로 u.121쪽 (1)번 참조
어휘	quite 아주, 꽤 likely 가능성 있는 late 늦은 conference 회의 traffic jam 교통체증 owing(due) to=on account of=as a result(consequence) of=in consequence of=in the wake of ~때문에

52 _____ the highway was completed,// the only practical way to bring goods into the city of Taipei/ was by rail.

(A) Then   (B) With   (C) Since   (D) Until

해석	고속도로가 완공될 때까지는// Taipei시로 물건을 들여오는 실질적인 유일한 방법은/ 철도를 이용하는 것이다.
정답과 해설	(D) 주절이 있으므로 종속접속사가 필요하며, 문맥상으로 Until이 자연스러우므로 u.126쪽 참조
어휘	highway 고속도로 complete 완공(완성)하다 practical 실용적인, 실질적인 goods 물건, 상품 rail 철로, 철도 then 그때, 그러면, 그 다음에 since ~때문에, ~이후로 until ~까지

53 The first shipment/ will arrive either tomorrow _____ the day after tomorrow.

(A) or   (B) but   (C) and   (D) so

해석	첫 번째 배송물은/ 내일이나 모레 도착할 것입니다.
정답과 해설	(A) either A or B: A 또는 B u.126쪽 참조
어휘	shipment 배송, 발송, 선적 arrive 도착하다 tomorrow 내일 the day after tomorrow 모레

54 The report will be delivered to all the staff/ _____ on Monday or on Tuesday.

(A) either   (B) neither   (C) both   (D) yet

해석	보고서는 모든 직원들에게 전달될 예정이다./ 월요일이나 화요일에.
정답과 해설	(A) either A or B: A 또는 B u.126쪽 참조
어휘	deliver 배달하다, 넘겨주다, 구조하다 staff 직원 Monday 월요일 Tuesday 화요일

55 Even though _____ was very enthusiastic about the project,// it proved to be a great success.

(A) both the loan bank and the company   (B) either the loan bank or the company

(C) neither the loan bank nor the company   (D) not only the loan bank but the company

해석	대출 은행도 회사도 이 사업에 별로 열의를 보이지 않았지만,// 그것은 대성공을 거두었다.
정답과 해설	(C) 문맥상 가장 자연스러우므로 u.126쪽 참조
어휘	even though=although=though=while=notwithstanding ~이지만 be enthusiastic about 에 대해 열의를 갖다 prove to be=come out to be=turn out to be ~으로 판명되다, ~이 되다 not only A but B: A뿐만 아니라 B도 loan bank 대출 은행 both A and B: A와 B 둘 다 either A or B: A또는 B neither A nor B: A도 B도 아니다

56 To prevent electricity outages in areas where service is not readily available,// use major appliances before noon _____ after 5 pm.

(A) either   (B) and   (C) nor   (D) or

해석	서비스를 쉽게 받을 수 없는 지역에서 정전을 예방하려면,// 주요 가전제품을 정오 이전이나 오후 5시 이후에 사용하십시오.
정답과 해설	(D) A or B: A아니면 B u.126쪽 참조
어휘	prevent 예방하다 electricity outage 정전 area 지역 readily 쉽게 available 이용 가능한, 구할 수 있는 major appliances 주요 가전제품 before noon 정오 전, 오전 pm=post meridiem 오후 ↔ am=ante meridiem 오전

57 The training staff was instructed/ neither to give handouts before the sessions/ _____ to distribute the manuals until the seminar had ended.

(A) or   (B) nor   (C) and   (D) yet

해석	연수 직원은 지시를 받았다/ 회의 전에 유인물을 제공하지도 말고/ 세미나가 다 끝날 때까지 설명서를 배포하지 말라고.
정답과 해설	(B) neither A nor B: A도 B도 아니다 u.126쪽 참조
어휘	training staff 연수 직원, 지도 강사 instruct 지시하다 handout 유인물 session 회의 distribute 배포하다 manual 설명서 seminar 세미나, 연구 집회 end=come to an end 끝나다

58 The president spoke/ with both kindness _____ understanding.

(A) but   (B) and   (C) or   (D) that

해석	사장은 말했다/ 친절과 이해심을 가지고.
정답과 해설	(B) both A and B: A와 B 둘 다 u.128쪽 참조
어휘	president 사장, 회장, 의장, 대통령 speak-spoke-spoken 말하다 kindness 친절함 understanding 이해심

59 Better product advertising/ is needed// that not only grabs viewers' attention _____ stimulates consumers' desire to spend money.

(A) or   (B) but   (C) and   (D) so

해석	보다 나은 제품 광고가/ 필요하다// 시청자의 관심을 사로잡을 뿐만 아니라/ 돈을 쓰고 싶은 소비자의 욕구를 자극하는 (광고가).
정답과 해설	(B) 앞에 not only가 왔으므로: not only A but also B: A뿐만 아니라 B도 u.128쪽 참조
어휘	product advertising 제품 광고 grab 붙잡다 viewer 시청자 attention 관심 stimulate 자극하다 consumer 소비자 desire 욕구

60 We are seeking applicants/ whose ideas regarding design and layout/ are both _____ and creative.

(A) origin   (B) original   (C) originally   (D) originality

해석	우리는 지원자를 찾고 있습니다/ 설계와 배치에 관한 아이디어가/ 독창적이고 창의적인 (지원자를).
정답과 해설	(B) both A and B에서 'A와 B가 병렬구조'를 이루므로 u.128쪽 참조
어휘	seek-sought-sought 찾다 applicant 지원자, 신청자 layout 배치, 기획, 설계 both A and B A와 B 둘 다 regarding=respecting=concerning=as regards(respects, concerns) ~에 관하여 creative 창의적인 origin 기원 original 독창적인 originally 원래 originality 독창성

61 Candidates will be considered/ on the basis of their prior experience _____ on their level of dedication and loyalty.

(A) in addition   (B) as well as   (C) because of   (D) despite

해석	지원자는 고려되는 경향이 있다/ 헌신과 충성도뿐만 아니라 이전의 경험을 기초로 하여.
정답과 해설	(B) B as well as A: A뿐만 아니라 B도 u.128쪽 참조
어휘	consider=allow for=make allowances for=take account of 고려(참작)하다 on the basis of=based on ～에 기초하다 prior experience 이전의 경험 level 수준, 정도, 높이 dedication 헌신 loyalty 충성 in addition 게다가 candidate 지원자, 응모자, 후보자 despite=in spite(despite, defiance) of=with all=for all=notwithstanding=after ～에도 불구하고

62 If you placed an order, _____ have not received your package,// please wait a week from the day it was shipped/ before making an inquiry.

(A) and   (B) but   (C) or   (D) though

해석	주문을 했지만 아직 소포를 받지 못했다면,// 발송된 날로부터 1주일을 기다려주세요./문의하시기 전에.
정답과 해설	(B) 문맥상 '그러나'가 들어가야 하므로 u.131쪽 참조
어휘	place an order 주문하다 receive 받다 package 소포 ship 발송(배송, 선적)하다 make an inquiry 문의(조회)하다

63 All the workers/ were warned about wearing masks in the laboratory,//_____ half of them/ ignored the advisory and got sick.

(A) and   (B) yet   (C) so   (D) for

해석	모든 근로자들은/ 실험실에서 마스크를 쓰라는 주의를 받았다.// 그러나 그 중 절반은/ 그 권고를 무시하여 아프게 되었다.
정답과 해설	(B) 문맥상 '그러나'가 들어가야 하므로 u.131쪽 참조
어휘	worker 근로자 warn 경고(통고)하다, 알리다, 주의를 주다 wear-wore-worn 착용하다 laboratory 실험실 get(become) sick 아프게 되다 ignore=neglect=disregard=slight=overlook=look(pass) over 무시하다 advisory 권고

64 The chief executive officer/ is yet to decide/ whether to assign an individual _____ an entire team/ to evaluate last week's event.

(A) but   (B) yet   (C) or   (D) nor

해석	CEO(최고 경영자)는/ 아직 결정하지 않았다/ 개인을 지명할 것인지 팀 전체를 지명할 것인지를/ 지난 주 행사를 평가하도록.
정답과 해설	(C) whether A or B: A할 것인지 B를 할 것인지 u131/59쪽 참조
어휘	chief executive officer 최고 경영자 be yet to 아직 ～하지 않았다 decide 결정하다 entire 전체의, 전체 적인 assign=allot 지명(배정, 할당)하다 individual 개인 evaluate=estimate=assess=appraise=gauge=rate 평가하다 event 행사

65 No refund is made for unused travel services or any portion thereof,// _____ is the price or value of unused travel services exchangeable for alternative arrangements.

(A) either   (B) neither   (C) or   (D) nor

해석	사용하지 않은 여행 서비스나 그것의 일부에 대해서 환불되지 않으며,// 또한 사용하지 않은 여행 서비스의 가격이나 가치도 대체 계약으로 교환할 수 없습니다.
정답과 해설	(D) 앞 절이 부정문이며 '~도 역시 아니다'가 들어가야 가장 논리적이므로 u.131쪽 참조
어휘	refund 환불 unused 사용하지 않은 portion 일부 thereof 그것의, 그것에 관하여 price 가격 value 가치, 가격 exchangeable 교환할 수 있는 alternative 대체의, 다른 arrangement 계약, 조정, 합의, 배열

66 Her self-confidence, view of values, _____ sense of responsibility/ enabled her to achieve success.

(A) also   (B) and   (C) but   (D) or

해석	그녀의 자신감과 가치관과 책임감은/ 그녀를 성공할 수 있게 해주었다.(자신감과 가치관과 책임감 덕택에 그녀는 성공할 수 있었다
정답과 해설	(B) 나열하는 '등위접속사가 필요' 하므로 u.131쪽 참조
어휘	self-confidence 자신감 view of values 가치관 sense of responsibility 책임감 enable 가능케 하다 achieve=accomplish=attain 성취하다 success 성공

• colonial	식민지(군락)의	• constitute	구성하다
• column	신문의 란	• constitutional	헌법의
• combine	조합하다	• construct	구조(조립)하다
• comfort	위로하다, 편함	• consume	소비하다

• daily	매일	• democrat	민주주의자
• damage	손상시키다	• democratic	민주적인
• danger	위험	• demonstrate	입증(시위)하다
• dangerous	위험한	• demonstration	입증, 증명, 시위
• data	자료	• deny	부인하다
• deal	거래	• department	부서, 학과
• debate	토론(하다)	• depend on	의존하다
• debt	빚, 부채	• depict	묘사하다
• decade	10년	• depression	경기침체, 우울증
• decide	결정(결심)하다	• deputy	대리
• decision	결정, 결심	• describe	묘사(기술)하다
• declare	세관에 신고하다	• description	묘사, 기술
• decline	하락(하다)	• desert	버리다, 사막
• decrease	감소(하다)	• deserve	~할 만하다
• deeply	깊이, 철저하게	• desire	갈망하다
• defeat	패배시키다	• desperate	절망적인
• defense	변호, 방어	• despite	~에도 불구하고
• defensive	변호(방어)의	• destroy	파괴하다
• deficit	적자, 부족, 결손	• destruction	파괴
• define	정의하다	• detail	세부사항
• definition	정의	• detailed	상세한
• definitely	분명히	• detect	탐지(간파)하다
• degree	정도	• develop	개발하다
• delay	지연시키다	• development	개발, 발달
• deliver	배달하다	• device	장치
• delivery	배달, 전달	• devote	헌신하다

• earn	벌다, 얻다	• element	요소
• earnings	수입, 소득	• eliminate	제거하다
• economic	경제에 관한	• embrace	수용(포용)하다
• economical	경제적인	• emerge	출현하다
• economics	경제학	• emergency	긴급한 상황
• economy	경제	• emission	방출, 방사
• educate	교육하다	• enterprise	기업
• educational	교육적인	• entertainment	오락, 환대, 연예
• effect	효과, 영향, 결과	• entire	전체적인
• effective	효과적인	• entirely	완전히
• effectively	효과적으로	• entry	입장, 기입, 기재
• efficient	효율적인	• environment	환경
• efficiency	효율성	• environmental	환경적인
• effort	노력	• equipment	장비
• elderly	나이가 지긋한	• era	시대
• elect	선출하다	• escape	탈출하다
• election	선거	• especially	특히
• electric	전기의	• essential	필수(본질)적인
• electronic	전자의	• essentially	본질적으로
• electricity	전기	• establish	설립(확립)하다

• curious	궁금한
• current	현재의
• currently	현재
• customer	고객

• discuss	토론(논의)하다
• discussion	토론, 논의
• disease	질병
• dismiss	해고(일축)하다
• disorder	무질서, 혼란
• display	진열(하다)
• dispute	논쟁(논의)하다
• distant	먼
• distinct	분명한, 구별되는
• distribution	분배, 배포
• district	구역
• diverse	다양한
• divide	나누다
• division	부, 과, 분할
• domestic	국내의
• dominant	지배적인
• dominate	지배하다
• dozen	12개
• draft	설계도, 초안
• drag	질질 끌다
• dramatic	극(인상)적인
• dramatically	극(인상)적으로
• drug	마약, 약
• during	~동안에
• dust	먼지
• duty	의무

• establishment	설립, 시설
• estate	토지, 재산
• estimate	평가하다
• ethics	윤리학, 도덕
• ethnic	인종적인, 민족의
• evaluate	평가하다
• expensive	비싼
• experience	경험, 겪다
• experiment	실험(하다)
• expert	전문가
• explode	폭발하다
• explore	탐사(탐험)하다
• expose	노출시키다
• exposure	노출
• extend	기한을 연장하다
• extension	연장
• extensive	광범위한
• external	외적인
• extraordinary	유별난, 놀라운
• extremely	지극히

01 Johnson Tour's employees/ are required to obtain authorization from their manager// _____ borrowing company audio-visual materials.
(A) as
(B) when
(C) since
(D) because

02 By the time the FBI agents arrived,// the terrorists _____ practically everything of importance in the establishment.
(A) destroyed
(B) will destroy
(C) have destroyed
(D) had destroyed

03 My parents don't care// what job I do// _____ I'm happy.
(A) as much as
(B) as long as
(C) as soon as
(D) as many as

04 _____ those big companies are concerned,// we're just another little company that they can step on.
(A) As much as
(B) As long as
(C) So far as
(D) As many as

05 The new system is better// _____ it provides faster access to the Internet.
(A) in which
(B) in that
(C) in what
(D) provided that

06 The accountant couldn't help being late for work this morning// _____ the main street was blocked by a broken truck.
(A) if
(B) when
(C) since
(D) though

07 Profits have declined/ _____ the recent drop in sales.
(A) as result of
(B) in result of
(C) as a result of
(D) as the result of

08 The team members have the same opinions on the matter// _____ they shared the same information.
(A) providing
(B) when
(C) because
(D) though

09 Mr. Jackson will hire designers and architects/ for the new project/ _____ the budget for the project has been approved by the company.
(A) because of
(B) until
(C) in order to
(D) now that

10 This made my task easier, _____ it was not necessary for me to make further inquiries.
(A) as much as
(B) as many as
(C) as soon as
(D) inasmuch as

01

|해석| Johnson Tour 직원들은/ 관리자로부터 승인받아야 한다// 회사의 시청각 자료를 차용할 때.

|해설| when ～ing ～할 때 u.106쪽 [1]번 참조

|어휘| employee 직원 be required to ～해야 한다 obtain=get=gain=acquire=secure=procure=come by 얻다 authorization 승인 borrow 차용하다, 빌리다 company audio-visual materials 회사의 시청각 자료

02

|해석| 미국연방수사국 요원들이 도착했을 때,// 테러분자들은 그 시설 안에 있는 거의 모든 것을 파괴해버렸다.

|해설| 요원들이 도착한 것보다 파괴한 것이 먼저이므로 'had+pp' u.110쪽 [5]번 참조

|어휘| by the time=when ～할 때, ～할 무렵 FBI=Federal Bureau of Investigation 미국연방수사국 agent 요원, 기관원 arrive 도착하다 terrorist 테러분자 practically=virtually=nearly 거의 of importance=important 중요한 establishment 시설 destroy 파괴하다

03

|해석| 부모님은 상관하시지 않는다// 내가 어떤 일을 하든// 내가 행복하기만 하면.

|해설| 주절의 내용으로 보아 '～한다면, ～하는 한'이 들어가야 자연스러우므로 u.112쪽 (1)번 참조

|어휘| parents 부모 care 상관하다 job 일, 직업 as much as ～이지만 as long as ～한다면, ～하는 한 as soon as ～하자마자 as many as 자그마치

04

|해석| 그 대기업들에 관한 한,// 우리는 그저 그들이 밟아버릴 수 있는 또 다른 작은 회사에 불과합니다.

|해설| so far as 주어 be concerned ～에 관한 한 u.114쪽 (5)번 참조

|어휘| company 회사, 기업 just 그저 another 또 다른 step on 밟다 as much as ～이지만 as long as ～한다면, ～하는 한 as many as 자그마치

05

|해석| 새로운 시스템이 더 좋다.// 그것이 인터넷에 더 빠른 접속을 제공해주기 때문에.

|해설| 주절에 대한 '이유'를 나타내므로 u.117쪽 참조

|어휘| provide 제공하다 faster 더 빠른 access 접속 in that=now that=seeing that=inasmuch as ～하기 때문에 provided that=providing that=supposing that=suppose that=assuming that=in the event that ～한다면

06

|해석| 그 회계사는 오늘 아침 직장에 지각하지 않을 수 없었다./ 중심가가 고장 난 트럭에 의해 막혔기 때문에.

|해설| 앞 문장에 대한 '이유'를 나타내므로 u.117쪽 참조

|어휘| accountant 회계사 cannot help ～ing ～하지 않을 수 없다 late 늦은, 지각한 this morning 오늘 아침 the main street 중심가 block 막다, 차단하다 broken 고장 난, 부서진 if ～한다면 when ～할 때 since ～때문에 though ～이지만

07

|해석| 수익이 감소했다/ 최근 매출이 하락으로 인해.

|해설| as a result of ～때문에: 관용적인 표현 u.117쪽 참조

|어휘| profits 수익, 이익 decline 감소하다 recent 최근의 drop 하락 as a result(consequence) of=because of=owing(due) to ～때문에

08

|해석| 팀원들은 그 문제에 대해 같은 의견을 가지고 있다// 왜냐하면 그들은 동일한 정보를 공유했기 때문에.

|해설| 주절에 대한 '이유'를 나타내기 때문에 u.117쪽 참조

|어휘| opinion 의견 matter 문제 share 공유하다 information 정보 providing ～한다면 when～할 때 because=seeing that=inasmuch as ～하기 때문에 though=notwithstanding ～이지만

09

|해석| Jackson씨가 디자이너와 건축가를 고용할 거야/ 그 새로운 프로젝트를 위해서// 프로젝트를 위한 예산이 회사에 의해 승인되었기 때문에.

|해설| 「주어+동사」가 있으므로 접속사가 와야 하며, 문맥상 '주절의 이유'가 되므로 u.117쪽 참조

|어휘| hire=employ 고용하다 architect 건축가 budget 예산 approve 승인하다 company 회사 in order to=so as to ～하기 위하여 because of=owing(due) to=on account of ～때문에 until ～할 때까지

10

|해석| 이것은 내 일을 더 쉽게 만들었다.// 더 이상 조사할 필요가 없었기 때문에.

|해설| 주절에 대한 '이유'이므로 u.117쪽 참조

|어휘| task 일 easier 더 쉬운 necessary 필요한 make further inquiries 더 조사하다 as much as ～이지만 as long as ～한다면, ～하는 한 as soon as ～하자마자

11 _____ his hard work and commitment to the company,// Mr. Garcia was promoted to the head of the public relations department.

(A) Because
(B) Owing to
(C) Seeing that
(D) Provided that

12 _____ some equipment problems at our Stone Park production facility,// shipments of our new Series II mountain bike were delayed.

(A) While
(B) Due to
(C) Given that
(D) As long as

13 Some herbs can cause serious side effects, including liver damage, _____ taken in the wrong combination or in the wrong amount.

(A) unless
(B) if
(C) during
(D) because

14 Look, _____ you lost your job tomorrow,// what would you do?

(A) suppose
(B) provide
(C) guess
(D) imagine

15 _____ the policy holders pay the premiums in time,// the insurance company will cover all the damage.

(A) While　　　　　(B) Before
(C) Supposed that　(D) Provided that

16 _____ John is an internationally renowned scholar,// I think we may trust his professional judgment.

(A) Give
(B) Giving
(C) Given
(D) Given that

17 _____ many businesses in the financial district were interrupted by the earthquake,// the New York Stock Exchange/ will open as usual.

(A) Despite
(B) Though
(C) Since
(D) Provided that

18 _____ their plane was delayed,// they made it to the conference on time.

(A) After
(B) Because
(C) As
(D) Although

19 In the last quarter/ petrol prices fell 3 cents,/ to an average of $1.83 a litre,/ _____ rising through August and September.

(A) despite
(B) despite of
(C) though
(D) although

20 This year ABC's affiliates/ dropped to 60 from 90/ as it _____ sold or merged some operations.

(A) both　　(B) either
(C) and　　(D) neither

TEST 3 정답 및 해설

11	(B)	12	(B)	13	(B)	14	(A)	15	(D)
16	(D)	17	(B)	18	(D)	19	(A)	20	(B)

11
해석 열심히 일하고 회사에 헌신했기 때문에// 가르시아 씨는 홍보부장으로 승진했다.
해설 문맥상 자연스러우면서, 동시에 명사가 왔으므로 '전치사가 필요'한 자리입니다. u.117쪽 참조
어휘 commitment 헌신 company 회사 promote 승진시키다, 홍보(촉진)하다 head of the public relations department 홍보부장 because=seeing that=now that=in that=inasmuch as ~하기 때문에 owing(due) to ~때문에 provided that=if ~한다면

12
해석 Stone Park 생산 시설의 일부 장비 문제로 인해,// 새로운 시리즈 II 산악자전거의 배송이 지연되었습니다.
해설 주절의 원인이 되며, 동시에 뒤에 명사가 왔으므로 '전치사가 필요'한 자리이죠. u.117쪽 참조
어휘 some=a few 몇몇 equipment problem 장비 문제 production facility 생산 시설 shipment 배송, 출하, 선적 mountain bike 산악자전거 delay=defer=suspend 지연시키다 due(owing) to=on account of ~때문에 while ~하는 동안에 given that=considering ~을 고려해볼 때 as long as ~한다면, ~하는 동안에, ~때문에

13
해석 일부 약초는 심각한 부작용을 일으킬 수 있다,/ 심각한 간 손상을 포함하여// 잘못된 조합이나 잘못된 양으로 복용하면.
해설 문맥상 조건절이 와야 하며, if they are taken에서 'they are를 생략한 형태' u.117/541쪽 (2)번 참조
어휘 herb 약초 cause 일으키다 serious 심각한 side effect 부작용 include 포함하다 liver damage 간 손상 take-took-taken 복용하다, 섭취하다 combination 조합 amount 양 unless ~하지 않는 한 during ~하는 동안에

14
해석 야, 네가 내일 실직하면, 넌 무엇을 할 거니?
해설 주절에 조건 조동사가 있으므로, '조건 접속사'가 필요함 u.119쪽 참조
어휘 Look 야! 이봐! lose-lost-lost 잃다 job 직업 tomorrow 내일 provide=supply 제공하다 guess 추측하다 imagine 상상하다 suppose=supposing=providing=provided=on condition that=in the event that ~한다면

15
해석 보험 계약자가 보험료를 제때에 납부하면,// 보험 회사가 모든 손해를 보상할 것입니다.
해설 제1 조건문으로 '조건 접속사'가 필요하므로 u.119쪽 참조
어휘 policy holder 보험 계약자 premium 보험료 in time 제때에 damages 피해보상금 insurance company 보험 회사 cover 보상하다, 손실을 메우다 damage 손실, 손해, 피해

16
해석 John이 국제적으로 유명한 학자라는 것을 감안할 때,// 나는 우리가 그의 전문적인 판단을 신뢰해도 된다고 생각합니다.
해설 뒤에 절(주어+동사)가 왔을 때는 'Given that'을 사용해야 합니다. u.119쪽 참조
어휘 given that=considering that ~을 고려해볼 때, ~을 감안할 때 internationally 국제적으로 scholar 학자 renowned=celebrated=distinguished=famed 유명한 trust 신뢰하다 professional judgment 전문적인 판단

17
해석 금융가의 많은 기업들이 지진으로 인해 중단되었지만,// 뉴욕 증권 거래소는/ 평상시대로 열릴 것입니다.
해설 주절의 내용으로 보아 '양보절(~이지만)'이 필요하므로 u.120쪽 참조
어휘 financial district 금융가 interrupt 중단시키다, 가로막다 earthquake 지진 Stock Exchange 증권거래소 as usual 평소처럼 despite=in spite(despite, defiance) of=with all ~에도 불구하고 though ~이지만 provided that=proving that ~한다면

18
해석 그들의 비행기가 연착되었지만,// 그들은 제 시간에 회의에 참석했습니다.
해설 주절의 내용으로 보아 '양보절(~이지만)'이 필요하므로 u.120쪽 참조
어휘 delay=defer=suspend 지연시키다 make it 도착하다 conference 회의 on time 정각에 after ~한 후에 because ~하기 때문에 as ~할 때 although ~이지만

19
해석 4/4분기에/ 휘발유 가격이 3센트 하락하여/ 리터당 평균 1.83 달러가 되었다.// 8월과 9월 내내 상승했지만.
해설 '양보(~하지만)'의 의미를 갖고 있으면서, 동시에 뒤에 동명사가 왔으므로 전치사가 필요함 u.120쪽 참조
어휘 In the last quarter 4/4 분기에 petrol price 휘발유 가격 fall-fell-fallen 하락하다 average 평균 rise-rose-risen 오르다 through 내내 despite=in spite(despite, defiance) of=with all=for all ~에도 불구하고

20
해석 금년에 ABC 회사의 가맹점이/ 90개에서 60개로 줄어들었다/ 일부 작업장을 매각하거나 합병함에 따라.
해설 either A or B: A 또는 B u.126쪽 참조
어휘 this year 금년에, 올해에 affiliate 가맹점, 계열사 drop 줄어들다, 떨어지다 sell-sold-sold 팔다 merge 합병하다 operation 작업장, 운영, 시행, 수술, 기업

21 The new interior design of the office/ has both increased employee productivity/ _____ drawn many positive remarks from the clientele.

(A) but

(B) or

(C) and

(D) yet

22 The new service was expected to be a success, _____ very few customers upgraded their accounts.

(A) yet

(B) besides

(C) though

(D) in fact

23 _____ traffic accidents occur more often than not on this crosswalk,// city authorities still have no plan to install traffic signals.

(A) So

(B) Even though

(C) Before

(D) During

24 Mr. Brown must have called it a day,// _____ I saw him leaving his office to the parking lot.

(A) because

(B) though

(C) until

(D) so

25 Most nations in South America/ have suffered recessions/ _____ decades/ because of their political instabilities.

(A) for 　　　　　　(B) during

(C) since 　　　　　(D) while

26 _____ she loves children,// Ms. Morris has worked to assist homeless children at Victoria Community Center since 2010.

(A) If

(B) Inasmuch as

(C) So

(D) Unless

27 _____ he possesses such business sense,// he is expected to gain control of the department soon.

(A) While

(B) Even though

(C) Inasmuch as

(D) Even if

28 The outdoor music festival/ was canceled/ _____ the unexpected rainfall.

(A) because

(B) due of

(C) due to

(D) instead of

29 In order to keep an amicable relationship for a long time,// a satisfactory agreement must be both reached _____ signed.

(A) but

(B) or

(C) yet

(D) and

30 _____ many years of stay in America,// she still finds it difficult to get accustomed to various American cultures.

(A) Even though 　　　(B) Although

(C) Despite 　　　　　(D) Despite of

TEST 3 정답 및 해설

21 (C)	**22** (A)	**23** (B)	**24** (A)	**25** (A)
26 (B)	**27** (C)	**28** (C)	**29** (D)	**30** (C)

21

|해석| 사무실의 새로운 실내 디자인은/ 직원 생산성을 높이고/ 고객으로부터 많은 긍정적인 평을 이끌어 냈습니다.

|해설| both A and B: A와 B 둘 다 u.128쪽 참조

|어휘| interior 실내의 ↔ exterior 실외의 office 사무실 increase 증가시키다 ↔ decrease 감소시키다 employee productivity 직원 생산성 draw-drew-drawn 끌어내다 positive 긍정적인 remark 논평, 말 clientele 고객, 단골

22

|해석| 이 새로운 서비스는 성공적일 것으로 예상되었다.// 하지만 계정을 업그레이드한 고객들은 거의 없었다.

|해설| 등위접속사로서 문맥상 '그러나'가 가장 자연스러우므로 u.131쪽 참조

|어휘| be expected to ~할 것으로 예상되다 very few 거의 없는 customer 고객 account 계정, 고려, 이유, 근거 yet 그러나 besides=in addition=moreover=furthermore 게다가 though 비록 ~이지만 in fact=as a matter of fact 사실

23

|해석| 교통사고가 이 횡단보도에서 빈번하게 발생하지만,// 시 당국은 여전히 교통신호를 설치할 계획이 없다.

|해설| 주절이 있으므로 종속절을 이끄는 접속사가 필요하며, 문맥상 '~하지만'이 가장 자연스러우므로 u.120 쪽 참조

|어휘| traffic accident 교통사고 occur=happen=arise=take place=break out 발생하다 crosswalk 횡단보도 more often than not=as often as not=frequently 빈번하게, 자주 city authorities 시 당국 still 여전히 plan 계획 install 설치하다 traffic signal 신호등 so=thus=hence 그래서 even though=though=although ~하지만 during 동안에

24

|해석| 브라운 씨는 일을 마쳤음에 틀림없다.// 그가 사무실을 떠나 주차장으로 가는 것을 내가 보았거든.

|해설| 일을 마쳤다고 판단을 내린 '이유'가 되므로 u.117쪽 참조

|어휘| must have p.p ~했음에 틀림없다 call it a day 일을 마치다, 임무를 마치다 leave 떠나다 parking lot 주차장

25

|해석| 남미의 대부분의 국가는/ 경기 침체를 겪어 왔다/ 수십 년 동안/ 정치적 불안정 때문에.

|해설| decade=ten years(10년)이므로 u.107쪽 (cf) 참조

|어휘| most 대부분의 nation 국가 South America 남미 suffer 겪다, 당하다 recession 경기 침체 political instability 정치적 불안 for decades=for several years 몇십 년 동안 because of=owing(due) to=on account of ~때문에

26

|해석| 모리스 여사는 아이들을 사랑하기 때문에,// 2010년부터 빅토리아 커뮤니티 센터에 오갈 데 없는 아이들을 돕기 위해 일해 왔다.

|해설| 주절에 대한 '이유'이므로 u.117쪽 참조

|어휘| assist=help 돕다 homeless 오갈 데 없는 since 이래로 inasmuch as=since=as=because ~하기 때문에 unless ~하지 않으면

27

|해석| 그는 대단한 사업 감각을 가지고 있기 때문에// 조만간 부서를 장악할 것으로 예상된다.

|해설| 주절의 내용에 대한 '이유'가 되어야 하므로 u.117쪽 참조

|어휘| possess=be possessed of 소유하다 such 대단한 be expected to ~할 것으로 예상되다 gain control of 장악하다 department 부서 soon=presently=shortly=before long=by and by=sooner or later 조만간, 곧 while ~하는 동안에 ~인 반면 inasmuch as ~때문에

28

|해석| 야외 음악 축제는/ 취소되었다/ 예기치 못한 강우로 인해.

|해설| 축제가 취소된 '원인'이 뒤에 오므로 u.117쪽 참조

|어휘| outdoor 야외의 festival 축제 cancel=call off 취소하다 unexpected 예기치 못한, 뜻밖의 rainfall 강우 owing(due) to=because of=on the grounds(score) of ~때문에 instead of=in place of=on behalf of ~대신에

29

|해석| 오랫동안 우호적인 관계를 유지하려면// 만족스러운 합의가 이루어져야하고 서명되어야합니다.

|해설| both A and B: A와 B 둘 다 u.128쪽 참조

|어휘| in order to=so as to ~하기 위하여 keep an amicable relationship 우호적인 관계를 유지하다 for a long time 오랫동안 satisfactory 만족스런 agreement 합의 reach 도달하다 sign 서명하다

30

|해석| 미국에서 수년간 머물렀음에도 불구하고,// 그녀는 여전히 다양한 미국 문화에 익숙해지기가 어렵다고 생각한다.

|해설| 명사 앞에는 전치사가 필요하므로 u.120/223쪽 참조

|어휘| still 여전히 find 생각하다, 발견하다 get accustomed to=get used to ~에 익숙해지다 various=a variety of 다양한 culture 문화 even though=although=though ~이지만 despite=in spite(despite, defiance) of ~에도 불구하고

8. 분사 문제 (유니크 쏙쏙 영문법 8과)

* 주어나 목적어의 보어로서 동작을 하느냐 받느냐를 묻는 문제가 출제됩니다.
* 한정적 용법으로서 명사의 앞뒤에서 동작을 하느냐 받느냐를 묻는 문제가 거의 전부입니다.
* 분사의 주체가 동작을 하면 능동(~ing), 동작을 받으면 수동(pp)임을 명심하셔야 합니다.
* 유니크 쏙쏙 영문법 134, 135, 140, 141, 147, 150, 151, 152쪽에서 거의 모든 문제가 출제 됩니다.

1 We are ＿＿＿＿＿ / that the new project of the company will make good.

   (A) convincing   (B) convinces   (C) convinced   (D) convincement

해석	우리는 확신한다/ 회사의 새로운 프로젝트가 성공할 것이라고.
정답과 해설	(C) 주어가 '확신을 받으므로' 수동 u.134쪽 A.번 참조
어휘	convince 확신시키다 conviction 확신, 신념 company 회사, 중대 make good=make out=make it=succeed 성공하다

2 The movie was considered extremely ＿＿＿＿＿.

   (A) bores   (B) boring   (C) bored   (D) boringly

해석	그 영화는 무척 지루하다고 생각되었다.
정답과 해설	(B) 영화가 '지루함을 주므로' 능동 u.134쪽 B.번 참조
어휘	consider=reckon=esteem 간주하다, 생각하다 extremely 지극히, 극도로 bore 지루하게 하다 boring 지루한

3 Many employees of the corporation/ said/ that the sudden pay raise/ was ＿＿＿＿＿.

   (A) surprising   (B) to be surprised   (C) surprised   (D) surprise

해석	그 회사의 많은 직원들은/ 말했다/ 갑작스러운 임금 인상은/ 놀라운 일이라고.
정답과 해설	(A) 임금 인상이 '놀라움을 주므로' 능동 u.134쪽 B.번 참조
어휘	employee 직원 corporation 회사 sudden 갑작스러운 pay raise 임금 인상 surprise 놀라게 하다, 놀라움을 주다, 놀라움

4 Mr. Brown/ removed some tables/ from the presentation slides// because they were too ＿＿＿＿＿.

   (A) distract   (B) distraction   (C) distractedly   (D) distracting

해석	브라운 씨는/ 일부 표를 제거했다/ 발표용 슬라이드에서.//왜냐하면 그것들이 너무 산만했기 때문에.
정답과 해설	(D) 일부 표가 '산만함을 주기 때문에' 능동 u.134쪽 B.번 참조
어휘	remove 제거하다 table 표, 구구단 presentation 발표 distract 주의를 산만하게 하다 distraction 주의 산만 distractedly 마음이 산란하여 distracting 주의를 산만하게 하는

5 The chief executive officer ceased production of CD players/ and invested more capital/ in producing the products that are financially _____.

  (A) promise   (B) promising   (C) promised   (D) promises

해석	그 최고경영자는 CD 플레이어 생산을 중단하고/ 더 많은 자본을 투자했다/ 재정적으로 유망한 제품을 생산하는 데에.
정답과 해설	(B) '유망한, 전도양양한'의 뜻을 가진 분사형 형용사 u.134쪽 B.번 참조
어휘	chief executive officer 최고경영자 cease 중단하다 production 생산 invest 투자하다 capital 자본 produce 생산하다 product 제품 financially 재정적으로 promising 전도유망한

6 Mr. Ch'oe sometimes feels _____// because his English isn't very good.

  (A) disappointed   (B) to be disappointed   (C) disappoint   (D) disappointing

해석	Mr. Ch'oe는 가끔 실망감을 느낀다// 자신의 영어 실력이 좋지 않아.
정답과 해설	(A) 주어가 '실망을 당하므로' 수동 u.134쪽 B.번 참조
어휘	sometimes=at times(whiles, intervals)=from time to time=once in a while 가끔 disappoint 실망시키다, 낙담시키다

7 The employees objected to abiding by the new safety regulations,// saying/ that they are too _____ to adopt.

  (A) frustrate   (B) frustrating   (C) frustrated   (D) frustration

해석	직원들은 새로운 안전 수칙을 준수하는 것을 반대하며/ 말했다// 그것들은 너무 실망스러워서 채택할 수 없다고.
정답과 해설	(B) '안전 수칙이 실망감을 주므로' 능동 u.134쪽 B.번 참조
어휘	employee 직원 object to~ing=be opposed to ~ing ~을 반대하다 safety regulation 규정, 수칙 abide by=conform to=comply with=obey 지키다, 준수하다 frustrate 좌절시키다, 실망감을 주다 adopt 채택하다

8 The operator felt _____ after working for 5 hours/ without a short break.

  (A) tire   (B) tired   (C) tiring   (D) to be tired

해석	기계 운전자는 지쳤다/ 5 시간 동안 일한 후에/ 잠깐의 휴식도 없이.
정답과 해설	(B) 운전자가 '피곤해지므로' 수동 u.134쪽 B.번 참조
어휘	operator 기계 운전자, 기계 조작자, 교환원 without a short break 잠깐의 휴식도 없이

9 The security check became _____/ with the introduction of the new law.

  (A) strong   (B) strengthened   (C) strengthening   (D) to be strengthened

해석	보안 검색이 강화되었다/ 새로운 법률의 도입으로 인해.
정답과 해설	(B) '검색이 강화되므로' 수동 u.134쪽 B.번 참조
어휘	security check 보안 검색 introduction 도입 law 법 strengthen 강화하다

10 The political situation of the region/ was so _____// that most foreign firms started to shut down their branches.

(A) discouraged   (B) discouraging   (C) encouraged   (D) encouraging

해석	이 지역의 정치 상황은/ 너무 비관적이어서// 대부분의 외국기업들은 그들의 지점을 폐쇄하기 시작했습니다
정답과 해설	(B) '주어가 낙담을 주므로' 능동 u.134쪽 B.번 참조
어휘	political situation 정치적 상황, 정세 region 지역 most 대부분의 foreign firm 외국기업 shut down=close down 폐쇄하다 branch 지사 discourage 낙담시키다 discouraging 낙담을 주는, 비관적인 encourage 용기를 주다

11 People who are _____ in finding out more about the products/ are encouraged to contact the consumer service department.

(A) interest   (B) interested   (C) to interest   (D) interesting

해석	제품에 대해 더 많은 정보를 얻는 데 관심 있는 사람들은/ 고객 서비스 부서에 연락하는 것이 좋습니다.
정답과 해설	(B) be interested in ~에 관심을 갖다 u.134쪽 B.번 참조
어휘	find out 알아내다, 발견하다 product 제품 encourage 권하다, 장려하다 contact=make contact with ~에 연락하다 consumer service department 고객 서비스 부서

12 Fifty years ago,/ it was an _____ experience to travel 40 kilometers from home.

(A) excite   (B) excited   (C) exciting   (D) excitedly

해석	50 년 전에는/ 집에서 40 킬로미터를 여행하는 것이 신나는 경험이었습니다.
정답과 해설	(C) '신나게 하므로' 능동 u.134쪽 D.번 참조
어휘	excite 신나게 하다, 흥분시키다 travel=tour=journey=make a trip(tour, journey) 여행하다

13 Dr. Johnson at Michigan United Hospital/ is the world's _____ authority/ on knee replacement surgeries.

(A) led   (B) leader   (C) leading   (D) leaders

해석	미시건 연합 병원 Johnson박사는/ 세계의 주도적인 권위자이다/ 무릎 교체 수술에 있어서.
정답과 해설	(C) authority를 꾸며주는 분사자리로서 '이끌고 있는 권위자'이므로 능동. u.134쪽 D.번 참조
어휘	leading 주도적인 leader 지도자 authority 권위/권위자 knee replacement surgery 무릎교체수술

14 The police finally found the _____ child/ after a long search of the amusement park.

(A) miss   (B) missing   (C) missed   (D) to be missed

해석	경찰은 마침내 실종 된 아이를 찾았다/ 오랫동안 놀이공원을 수색한 끝에.
정답과 해설	(B) missing이 '실종된, 행방불명된'의 뜻을 가진 형용사이니 암기해두세요. u.134쪽 D.번 참조
어휘	the police 경찰 amusement park 놀이공원 search 수색, 탐색, 검사 finally=ultimately=eventually=at last(length)=in the end(ultimate, event) 마침내

15 You can ask for an _____ report if you need one.

(A) updating   (B) updated   (C) to updating   (D) to be updated

해석	당신은 새롭게 만들어진 보고서를 요청할 수 있습니다/ 보고서가 하나 필요할 경우.
정답과 해설	(B) 보고서가 '새롭게 만들어지므로' 수동 u.134쪽 D.번 참조
어휘	ask for 요청하다 report 보고서 need 필요로 하다 update 새롭게 만들다, 최신 정보를 넣다

16 Library patrons who lose _____ materials/ are held accountable for paying the cost of replacing them.

(A) borrowing   (B) borrowed   (C) to borrow   (D) to be borrowed

해석	빌려간 자료를 잃어버린 도서관 이용자는/ 그 자료들을 대체하는 비용 지불에 대한 책임을 진다.
정답과 해설	(B) '자료가 대출 되므로' 수동 u.134쪽 D.번 참조
어휘	library 도서관 patron 고객, 이용자 materials 자료 pay 지불하다
	be held accountable(responsible) for=account(answer) for 책임지다 cost 비용 replace 대체하다

17 The Statistical Package for the Social Sciences/ is a _____ program/ for statistical analysis/ in social sciences, particularly in education and research.

(A) wide using   (B) widely using   (C) wide used   (D) widely used

해석	사회 과학을 위한 통계 패키지는/ 널리 사용되는 프로그램이다/ 통계 분석을 위해/ 사회 과학, 특히 교육 및 연구에서.
정답과 해설	(D) 프로그램이 널리 '사용되므로' 수동 u.134쪽 D.번 참조
어휘	statistical 통계적인, 통계학의 social sciences 사회 과학 analysis 분석 use 사용하다
	particularly=especially=in particular 특히 education 교육 research 연구 wide 넓은 widely 널리

18 The enclosed documents/ summarize _____ changes/ to the existing overtime regulations.

(A) propose   (B) proposed   (C) proposing   (D) to proposing

해석	동봉한 문서는/ 제안된 변경사항을 요약하고 있다/ 기존의 초과 근무 규정에 대해서.
정답과 해설	(B) 변경사항이 '제안되므로' 수동 u.134쪽 D.번 참조
어휘	enclose 동봉하다 document 문서 summarize=sum up 요약하다 existing 기존의, 현재 존재하고 있는
	overtime regulations 초과 근무 규정 propose=suggest 제안하다, 제의하다, 추천하다, 꾀하다

19 Please refer to the _____ schedule form// if you want to know further details on the conference.

(A) detached   (B) attached   (C) enclosing   (D) accompanied

해석	첨부된 일정 양식을 참조하십시오// 회의에 대한 더 자세한 내용을 알고 싶으면.
정답과 해설	(B) 일정 양식이 '첨부되므로' 수동 u.134쪽 D.번 참조
어휘	refer to 참조하다 schedule form 일정 양식 further 그 이상의 details 세부사항
	conference 회의 detached 떨어진, 분리된 attached 첨부된 enclose 동봉하다 accompany 동행하다

20 Companies looking for _____ and competent staff/ may find it difficult to do so,// especially when economic expansion leaves only the less qualified job seekers.

(A) experience   (B) experienced   (C) experiences   (D) experiencing

해석	경험 많고 유능한 직원을 찾고 있는 회사들은/ 그렇게 하기(직원 구하기)가 어렵다는 것을 알게 될 것이다.// 특히 경제신장이 자격을 덜 갖춘 구직자들만 남겨둘 때.
정답과 해설	(B) staff라는 명사를 꾸며주는 '분사형 형용사'로서 '경험이 많은'의 뜻입니다. u.134쪽 D.번 참조
어휘	company 회사 look(seek, search) for=try to find 찾다 competent 유능한 staff 직원 find 발견하다 difficult 어려운 especially 특히 leave-left-left 남기다 economic expansion 경제신장, 경제적 팽창 qualified 자격을 갖춘 job seeker 구직자

21 A _____ public accountant (CPA)/ is an accounting professional// who has been certified by a state examining board/ as having met the state's legal requirements.

(A) certify   (B) certified   (C) certifiable   (D) certification

해석	공인회계사는/ 회계 전문가이다// 그는 국가고시 위원회에 의해 국가의 법적 요건을 충족시켰다고 공인(확인)된 전문가이다.
정답과 해설	(B) 명사를 꾸며주는 분사자리로서 '공인된'이 들어가야 하므로 수동 u.134쪽 D.번 참조
어휘	certified public accountant 공인 회계사 professional 전문가 state examining board 국가고시 위원회 meet 충족시키다 state 국가, 주 legal requirement 법적 요건 certify 공인(감정, 확인)하다 certifiable 공인(감정, 확인)할 수 있는

22 To thank the clients who participated in the marketing study,// the company sent out e-mails with _____ vouchers worth a total of $100.

(A) attaching   (B) attached   (C) to be attached   (D) having attached

해석	마케팅 연구에 참여한 고객에게 감사를 표하기 위하여,// 그 회사는 총 100 달러어치 상품권이 첨부된 전자 메일을 보냈다.
정답과 해설	(B) '상품권이 첨부되므로' 수동 u.134쪽 D.번 참조
어휘	thank 감사하다 client 고객 participate in=take part in 참여하다 study 연구 company 회사 send-sent-sent 보내다 attach 첨부하다 voucher 상품권, 숙박권 worth 값어치가 있는 a total of $100 총 100 달러

23 Last Friday, three of our trucks were returned in an _____ condition.

(A) absolutely damaged   (B) absolutely damaging

(C) absolute damaged   (D) absolute damaging

해석	지난 금요일, 우리 트럭 중 세 대가 완전히 망가진 상태로 돌아왔다.
정답과 해설	(A) 부사는 앞에서 뒤에 오는 분사나 형용사를 꾸며주고, 상태가 '망가졌으므로' 수동 u.134쪽 D.번 참조
어휘	last Friday 지난 금요일 return 돌려주다, 반환하다 absolutely damaged 완전히 망가진

24 The New York Times revealed an _____ result of the survey// that most Americans were in favor of wars against Afghanistan.

(A) expecting   (B) expectant   (C) unexpecting   (D) unexpected

해석	뉴욕 타임스는 예상치 못한 조사결과를 발표했다//대부분의 미국인들이 아프가니스탄과의 전쟁에 찬성한다는 [결과를].
정답과 해설	(D) '결과가 동작을 받으므로' 수동 u.134쪽 D.번 참조
어휘	reveal=disclose=divulge=expose=lay bare=give away=let on 밝히다, 누설하다 be in favor of=stand by=stand(stick) up for 찬성하다 result=outcome 결과 survey 조사 expect 기대하다 expectant 기대하고 있는, 기다리고 있는 unexpected 예상치 못한, 예기치 못한

25 We are a business strategy consulting firm _____ the top management of leading corporations.

(A) served   (B) serving   (C) are serving   (D) to be serving

해석	저희는 선도적인 기업의 최고 경영진을 위해 일하는 비즈니스 전략 컨설팅 회사입니다.
정답과 해설	(B) 뒤에서 firm를 수식하는 분사이며, '목적어가 있으므로' 능동이 되어야 하죠? u.134쪽 D.번 참조
어휘	strategy 전략 top management 최고 경영진 leading 선도적인 corporation 기업 serve ~을 위해 일하다, 섬기다, 봉사하다

26 Construction of new dwellings _____ land/ rose 1.2 percent last year.

(A) exclude   (B) excluding   (C) excluded   (D) to exclude

해석	토지를 제외한 신규 주택 건설은/ 지난해 1.2 % 증가했다.
정답과 해설	(B) '목적어 land가 있으므로' 능동 u.134쪽 D.번/143쪽 참조
어휘	construction 건설 dwellings 주택 land 토지 rise-rose-risen 오르다 last year 작년에 exclude=leave out 제외하다

27 Island Heat Smoothie Hut/ is one of New Zealand's most popular smoothie stores// _____ various blends of fruits and diverse kinds of fresh-baked bread.

(A) sell   (B) sold   (C) selling   (D) to sell

해석	Island Heat Smoothie Hut은/ 뉴질랜드에서 가장 인기 있는 스무디 가게 중 하나이다/ 다양한 과일 블랜드(섞은 과일)와 다양한 종류의 갓 구운 빵들을 판매하는.
정답과 해설	(C) '과일과 빵을 판매하므로' 능동 u.134쪽 D.번 참조
어휘	smoothie 바나나 등의 과일을 믹서로 우유나 얼음에 섞은 걸쭉한 음료 various=diverse=a variety(diversity) of 다양한 blend 혼합물, 섞은 음료 fresh-baked 갓 구운, 방금 구운

28 All the employees _____ in the project/ were invited to attend the seminar.

(A) interesting   (B) interested   (C) were interested   (D) who interested

해석	그 프로젝트에 관심 있는 모든 직원들은 세미나에 참석하라는 요청을 받았다.
정답과 해설	(B) 동사 were가 이미 존재하므로 앞 명사를 꾸며주는 분사가 필요하며, 'interest'가 '흥미를 주다'의 뜻이므로 수동인 'interested in(~에 관심 있는)'이 들어가야 합니다. u.134쪽 D.번 참조
어휘	employee 직원 be interested in ~에 관심을 갖다 invite 요청하다, 초대하다 attend 참석하다

29 Please use the parking spaces _____ for visitors.

    (A) designating   (B) designated   (C) to be designating   (D) were designated

해석	방문객을 위해 지정된 주차 공간을 이용해 주십시오.
정답과 해설	(B) 주차 공간이 '지정 되므로' 수동 u.134쪽 D.번 참조
어휘	parking space 주차 공간 visitor 방문객 designate=assign 지정하다

30 The manager plans to get some new ideas _____ at the annual meeting.

    (A) present   (B) presenting   (C) presented   (D) having presented

해석	경영자는 연례 회의에서 발표되는 일부 새로운 아이디어들을 받아드릴 계획이다.
정답과 해설	(C) '아이디어가 발표되므로' 수동 u.134쪽 D.번 참조
어휘	manager 경영자, 관리자 plan to ~할 계획이다 annual meeting 연례회의 present 발표하다

31 To place your order,/ simply fill out the attached order form/ and send it,/ along with your payment,/ in the reply envelope _____ in your catalog.

    (A) provide   (B) providing   (C) provided   (D) to be providing

해석	주문을 하시려면,/ 간단히 첨부된 주문 양식을 작성하여/ 보내세요/ 지불액과 더불어/ 카탈로그에 제공된 회신 봉투에 담아.
정답과 해설	(C) 봉투가 '제공되므로' 수동 u.134쪽 D.번 참조
어휘	place an order 주문하다 simply 간단히 fill out=fill in=complete 작성하다 attached order form 첨부된 주문 양식 along with=coupled with ~와 더불어 send-sent-sent 보내다 payment 지불액 reply envelope 회신봉투 provide 제공하다

32 Almost thirty percent of the products _____ / were found to be defective.

    (A) to inspect   (B) inspecting   (C) inspected   (D) to be inspected

해석	검사 된 제품의 거의 30%가/ 결함이 있는 것으로 밝혀졌다.
정답과 해설	(C) '제품이 검사되므로' 수동 u.134쪽 D.번 참조
어휘	almost=nearly=practically=virtually=all but=next to=well-nigh 거의 product 제품 defective 결함이 있는

33 At Shilla Department Store,// soft music, attractive decorations, and pleasant aromas/ are coordinated/ into an environment _____ to enhance the shopping experience.

    (A) engineer   (B) engineering   (C) engineered   (D) to engineer

해석	신라백점에서는/ 부드러운 음악, 매력적인 장식, 그리고 쾌적한 향기가 조화를 이루어/ 쇼핑 경험을 향상시키기 위해 공학적으로 설계된 환경이 된다.
정답과 해설	(C) 환경이 '설계가 되므로' 수동 u.134쪽 D.번 참조
어휘	department store 백화점 attractive=appealing=charming=fascinating 매력적인 decoration 장식 pleasant 상쾌한 aroma 향기 coordinate 조정하다, 조화시키다 environment 환경 enhance=improve=better 향상시키다 engineer 공학적으로 설계하다

34 Providing you give us at least seven days' notice,// you won't lose any interest on the amount _____.

(A) to withdraw   (B) withdrawn   (C) withdrawing   (D) to be withdrawn

해석	당신이 적어도 7일 전에 통보한다면,// 당신은 인출된 금액에 대해서 어떤 이자도 잃지 않을 것입니다.
정답과 해설	(B) 금액이 '인출되므로' 수동 u.134쪽 D.번 참조
어휘	providing=provided=suppose=supposing=in case ~한다면 at least=not less than 적어도, 최소한 notice 통보, 통지 lose-lost-lost 잃다 interest 이익, 이자 amount 금액, 액수 withdraw 인출하다, 철회하다, 철수하다, 취하하다

35 We are in receipt of a check _____ by the Bank of Singapore.

(A) been issued   (B) to issue   (C) issued   (D) having been issued

해석	우리는 싱가포르 은행에서 발행한 수표를 받았다.
정답과 해설	(C) 수표가 '발행되므로' 수동 u.134쪽 D.번 참조
어휘	be in receipt of=have received 받은 상태이다 check 수표 issue 발행(발급)하다

36 The price list _____ in this advertising brochure/ has already been fixed by some credible criteria.

(A) provide   (B) providing   (C) provided   (D) is provided

해석	이 광고용 소책자에 제공된 가격표는/ 이미 일부 신뢰할만한 기준에 의해 정해졌다.
정답과 해설	(C) '가격표가 제공되므로' 수동 u.134쪽 D.번 참조
어휘	price list 가격표 advertising brochure 광고용 소책자 already 이미, 벌써 fix 정하다, 고정하다 credible 신뢰할만한 criteria 기준(criterium의 복수형)

37 You are required to present the credit card _____ the ticket// during check-in at the airport.

(A) using to purchase   (B) used to purchase

(C) used to purchasing   (D) was used to purchase

해석	당신은 항공권을 구입할 때 사용한 신용 카드를 제시해야합니다.// 공항에서 탑승 수속을 할 때.
정답과 해설	(B) 'be used to + 동사원형 ~하는 데 사용되다' 인데 앞 명사를 꾸며주므로 분사만 남았어요. u.134쪽 D./223쪽 참조
어휘	be required to ~해야 한다 present 제시하다, 소개하다, 발표하다 credit card 신용카드 check-in 탑승 수속 airport 공항 purchase 구입하다

38 Job applicants should be reminded// that false information _____ in the interview/ may result in automatic dismissal.

(A) give   (B) given   (C) giving   (D) was given

해석	구직자들은 알아야 한다// 면접시험에서 제공되는 허위 정보는/ 자동해고를 가져올 수 있다는 것을.
정답과 해설	(B) '정보가 제공되므로' 수동 u.134쪽 D.번 참조
어휘	job applicant 구직자, 취업 지원자 remind 상기시키다, 일깨워주다, 알리다 false information 거짓 정보 interview 면접시험 dismissal 해고, 추방, 기각 result(end) in=conduce(lead) to=bring on(about, forth)=effect 가져오다, 초래하다

39 The Franchisee shall keep the equipment/ in the same condition as when _____// and shall make all necessary repairs/ in order to maintain such condition.

(A) deliver　　　(B) delivering　　　(C) delivered　　　(D) delivery

해석	가맹점은 그 장비를 유지해야 한다/ 배달되었을 때와 동일한 상태로,// 그리고 필요한 모든 수리를 해야 한다/ 그런 상태를 유지 하기 위해.
정답과 해설	(C) '장비가 배달되므로' 수동태 u.140쪽 [5]번 참조
어휘	Franchisee 가맹점 equipment 장비 make repairs=repair=mend=do(fix) up 수리하다 necessary 필요한 in order to ~하기 위하여 maintain 유지하다 deliver 배달하다 delivery 배달

40 _____ some six metres above the motorway,// the sports fields are enclosed/ by one of the largest canvases in Europe.

(A) Locate　　　(B) Locating　　　(C) Located　　　(D) To be located

해석	차로에서 약 6미터 정도 상부에 위치한// 그 운동장은 둘러싸여 있다/ 유럽에서 가장 큰 캔버스 중 하나로.
정답과 해설	(C) 운동장이 '위치가 정해지므로' 수동태로서 과거분사 절이 되어야 함 u.140쪽 [5]번 참조
어휘	some=about=around=approximately 대략 motorway 차로, 고속도로 sports fields 운동장 enclose 에워싸다 canvas 덮개 locate 위치를 정하다, 위치를 찾다 be located in ~에 위치하고 있다

41 _____ by the product demonstration last week,// the operations manager has decided to order several of the appliances.

(A) Impressing　　　(B) Impressed　　　(C) Impressive　　　(D) Impression

해석	지난주의 제품 시연에 감명을 받은// 운영 관리자(업무 팀장)는 그 제품 중 몇 개를 주문하기로 결정했다.
정답과 해설	(B) '운영 관리자가 감명을 받으므로' 수동태로서 과거분사 절이 되어야 함 u.140쪽 [5]번 참조
어휘	product demonstration 제품 시연 last week 지난주 decide=determine=settle 결정하다 operations manager 운영 관리자, 업무 팀장 order 주문하다 several 몇 개 appliances 제품, 장치

42 The study _____,// the scientists made a conclusion/ that there was a serious hazard in the area.

(A) finishing　　　(B) finished　　　(C) is finished　　　(D) was finished

해석	연구가 끝나자,// 과학자들은 결론을 내렸다/ 그 지역에 심각한 위험이 있다고
정답과 해설	(B) '연구가 마무리 되므로' 수동 u.140쪽 [5]번/141쪽 (1)번 참조
어휘	study 연구 scientist 과학자 make a conclusion 결론을 내리다 serious=grave 심각한 hazard=danger=jeopardy=peril=risk 위험 area 지역 finish=complete 끝마치다, 끝나다

43 In spite of its vast assortment of attractive new features,// Belta's latest smartphone/ is reasonably priced// _____ to similar items produced by competitors.

(A) compare   (B) comparing   (C) compared   (D) to be compared

해석	매력적인 새로운 기능이 다양하게 갖추어져 있음에도 불구하고,// Belta의 최신 스마트 폰은/ 합리적으로 가격이 책정되어 있다// 경쟁 업체가 생산한 유사한 제품들과 비교해볼 때.
정답과 해설	(C) '주어가 비교되므로' 수동태로서 과거분사 절이 되어야 함 u.140쪽 [5]번 참조
어휘	vast=huge=immense=enormous=tremendous 엄청난, 방대한 assortment 분류, 구색 feature 특징, 기능 latest 최근(최신)의 attractive=charming==fascinating 매력적인 compared to ~에 비해서 reasonably 합리적으로 competitor 경쟁사, 경쟁자

44 _____ its production rates at an all-time low,// the CEO of the company/ decided to employ a few new factory managers.

(A) At   (B) By   (C) With   (D) For

해석	생산율이 사상 최저치를 유지하자,// 그 회사의 CEO는/ 몇몇 새로운 공장 관리자들을 고용하기로 결정했다.
정답과 해설	(C) 부대상황을 나타내는 전치사는 with이므로 u.141쪽 [8]번 참조
어휘	production rate 생산율 an all-time low 사상 최저치 CEO=chief executive officer 최고 경영자 company 회사 decide=make up one's mind 결심하다 employ=hire 고용(채용)하다 a few=some 몇몇 factory manager 공장 관리자

45 With ski season fast _____,// investors are wondering// whether the ski lodge will be completed/ by the first snow fall.

(A) to approach   (B) approaching   (C) approached   (D) having approached

해석	스키시즌이 빠르게 다가옴에 따라,// 투자자들은 궁금해 하고 있다// 과연 스키어 편의시설이 완성될지/ 첫눈이 내릴 때까지.
정답과 해설	(B) with+목적어+현재분사: 스키 시즌이 자연스럽게 '다가오므로' 자동사 u.141쪽 [8]번 참조
어휘	investor 투자자 wonder+의문사절 ~할까 궁금해 하다 complete 완성하다 ski lodge 스키어 편의 시설 by+시간 ~까지 approach 다가오다 investor 투자자

46 The general manager will go on a vacation/ after _____ the project.

(A) complete   (B) completed   (C) completion   (D) completing

해석	총지배인은 휴가를 떠날 예정이다/ 그 프로젝트를 마친 후에.
정답과 해설	(D) 주어가 없으면서 '목적어가 있으므로' 동명사 u.147쪽 참조
어휘	general manager 총지배인, 총괄관리자 go on a vacation 휴가를 떠나다 complete 완성하다, 마치다

47 The national security adviser/ has urged/ the President/ not to sign the peace treaty//
before thoroughly _____ the details.

(A) reviewed   (B) to review   (C) reviewing   (D) being reviewed

해석	국가 안보 보좌관은/ 촉구했다/ 대통령에게/ 평화 조약에 서명하지 말 것을/ 세부 사항을 철저히 재검토하기 전에.
정답과 해설	(C) before 다음에 주어가 없으며 목적어가 있으므로 ing형태가 와야 합니다. u.147쪽 참조
어휘	national security adviser 국가 안보 보좌관 urge 촉구하다 President 대통령 peace treaty 평화조약 review 재검토하다 details 세부사항 through 통과하여 thorough 철저한 thoroughly=downright=in depth=every bit=every inch 철저히 roughly 대충

48 The board of directors/ had the president _____ to the plan.

(A) agree   (B) to agree   (C) agreed   (D) be agreed

해석	이사회는/ 사장에게 그 계획에 동의하도록 했다.
정답과 해설	(A) '사장이 동의하므로' 원형 u.150쪽 (1)번 참조
어휘	board of director 이사회 president 사장, 회장, 대통령 agree(assent, consent) to 동의하다 plan 계획

49 Why don't we have the computer _____ / since it is broken?

(A) repairing   (B) repaired   (C) to repair   (D) to be repaired

해석	컴퓨터가 고장 났으니 수리하는 게 어때요?
정답과 해설	(B) '컴퓨터가 수리 되므로' 수동(p.p) u.150쪽 (1)번 참조
어휘	Why don't we...? ~하는 게 어때? repair=mend=fix=do up 고치다 be broken 고장 나다

50 I will have my secretary _____ my schedule/ and get back to you with the exact time.

(A) check   (B) checked   (C) checking   (D) to check

해석	제 비서에게 제 일정을 확인하게 한 다음/ 정확한 시간을 당신께 알려드리겠습니다.
정답과 해설	(A) '목적어가 동작을 하므로', 즉 '비서가 확인하므로' 원형 u.150쪽 (1)번 참조
어휘	secretary 비서 schedule 일정 get back to 다시 알려주다 exact 정확한

51 The directors agreed to have the old offices _____.

(A) remodel   (B) remodeling   (C) remodeled   (D) to be remodeled

해석	이사들은 낡은 사무실을 개조하기로 합의했다.
정답과 해설	(C) '사무실이 보수 되므로' 수동(p.p) u.150쪽 (1)번 참조
어휘	director 이사, 중역, 감독 agree 합의(동의)하다 remodel 개조(보수)하다, 고치다

52 During the meeting,/ the executive had the main points _____ by his secretary.

(A) transcribe   (B) transcribed   (C) transcribing   (D) will transcribe

해석	회의 도중,/ 그 임원은 요점들을 그의 비서에게 베끼게 했다.
정답과 해설	(B) '요점이 베껴지므로' 수동(p.p) u.150쪽 (1)번 참조
어휘	executive 임원, 이사, 중역 the main point 요지, 요점 secretary 비서, 사무관 transcribe 베끼다, 번역하다, 편곡하다

53 My line manager wants the meeting _____ at once.

(A) arrange   (B) arranged   (C) to arrange   (D) to be arranging

해석	내 라인 매니저는 회의를 즉시 준비하길 원한다.
정답과 해설	(B) '회의가 준비되므로' 수동(p.p) u.150쪽 (1)번 참조
어휘	want 원하다 meeting 회의 arrange 준비(주선)하다 at once=immediately=directly=instantly=off hand=out of hand=in no time 즉시

54 If you want a task _____ right, you had better do it for yourself.

(A) to do   (B) done   (C) doing   (D) have done

해석	여러분이 어떤 일이 제대로 이뤄지기를 원한다면/ 직접 그것을 하는 편이 낫다.
정답과 해설	(B) '일이 행해지므로' 수동(p.p) u.150쪽 (1)번 참조
어휘	task 일, 작업, 사업, 과업 right 올바른, 정확한, 적절한, 곧은 had better=may as well ~하는 편이 낫다 for oneself=on one's own=without others' help=independently 직접, 자력으로

55 The company will not let/ its employees _____ vacation/ for more than ten days.

(A) take   (B) to take   (C) took   (D) be taking

해석	회사는 허용하지 않는다/ 직원들이 휴가를 얻는 것을/ 10일 넘도록.
정답과 해설	(A) '목적어가 동작을 하므로', 즉 '직원이 휴가를 취하므로' 원형 u.150쪽 (2)번 참조
어휘	company 회사 let 허락하다 employee 직원 take vacation 휴가를 얻다

56 The sales manager will let the president _____ / that William is one of the best qualified clerks in the sales department.

(A) know   (B) knowing   (C) known   (D) to know

해석	영업부장은 사장에게 알릴 예정이다/ 윌리엄이 영업부에서 가장 우수한(훌륭한 자격을 갖춘) 직원 중 한 명이라는 것을.
정답과 해설	(A) 목적어가 동작을 하므로 let+목적어+동사원형 u.150쪽 (2)번 참조
어휘	sales manager 영업부장 president 사장, 총장, 대통령 the best qualified 가장 우수한 clerk 직원 sales department 영업부

57 The extra order made/ the assembly line employees/ _____ on the weekend.

(A) work   (B) worked   (C) to work   (D) be working

해석	추가 주문은 만들었다/ 조립 라인 직원들이/ 주말에 일하도록.
정답과 해설	(A) '목적어가 동작을 하므로', 즉 '직원들이 일을 하므로' 원형 u.150쪽 (3)번 참조
어휘	extra order 추가 주문 assembly 조립 employee 직원 on the weekend 주말에

58 His eloquent speech/ made the audience _____ to tears.

(A) move   (B) moving   (C) moved   (D) to move

해석	그의 유창한 연설은/ 관중들을 감동받아 눈물을 흘리게 했다.
정답과 해설	(C) '관중들이 감동을 받으므로' 수동(p.p) u.150쪽 (3)번 참조
어휘	eloquent 유창한 speech 연설 audience 관중 move 감동시키다 tears 눈물 be moved to tears 감동받아 눈물을 흘리다

59 The city has a wealth of attractions/ that make it _____.

(A) appeal   (B) appealing   (C) appealingly   (D) appealed

해석	그 도시는 많은 명소들을 갖고 있다/ 그 도시를 매력적으로 만드는 (명소들을).
정답과 해설	(B) '매력적인'의 뜻을 가진 분사형 형용사 u.150쪽 (3)번 참조
어휘	city 도시 a wealth of 많은, 풍요로운 attractions 명소 appeal 호소하다, 매력을 주다 appealing=attractive=alluring=charming=captivating=enchanting=enticing=fascinating 매력적인

60 Much effort is being made/ to keep abreast of current trends in packaging/ to make the product _____ to the customers.

(A) attract   (B) attractive   (C) attraction   (D) attractively

해석	많은 노력이 기울여지고 있다/ 포장의 현 추세에 보조를 맞추기 위해/ 제품을 고객들에게 매력적으로 보이도록.
정답과 해설	(B) 목적어 the product가 매력적이므로, 목적격 보어로서 '형용사'가 되어야죠. u.150쪽 (3)번 참조
어휘	make much effort 많은 노력을 하다 keep abreast of=keep up with=keep(hold) pace with 보조를 맞추다 current 현재의 trend 추세 package 포장(하다) product 제품 customer 고객 attract 끌다, 끌어당기다 attractive=charming=enchanting=fascinating 매력적인 attraction 매력 attractively 매력적으로

61 My car broke down yesterday, so I got the mechanic _____ it.

(A) repair   (B) repaired   (C) to repair   (D) to have repaired

해석	내 차가 어제 고장이 났다. 그래서 나는 정비공에게 그것을 수리해 달라고 했다.
정답과 해설	(C) '정비공이 수리하므로' get+목적어+to 원형 u.151쪽 (4)번 참조
어휘	break down=go wrong 고장 나다 repair=fix=do up 고치다

62 My dentist always stresses the importance of getting my teeth _____ regularly.

(A) to be scaled   (B) scaling   (C) to scale   (D) scaled

해석	내 치과 의사는 항상 내 치아를 정기적으로 치석을 제거하는 것이 중요하다는 것을 강조합니다.
정답과 해설	(D) '이빨이 치석제거가 되므로' 수동 u.134쪽 (4)번 참조
어휘	dentist 치과의사 stress=emphasize=accentuate=underline 강조하다
	importance 중요성 teeth 이빨 regularly 정기적으로 scale 치석을 제거하다

63 Most of the financing companies/ keep their complete and accurate sets of records _____ for two years.

(A) maintain   (B) maintaining   (C) maintained   (D) to maintain

해석	대부분의 금융 회사는/ 그들의 완전하고 정확한 일련의 기록들을 2년 동안 보관합니다.
정답과 해설	(C) '기록이 보관 되므로' keep+목적어+p.p u.151쪽 (8)번 참조
어휘	most of the financing companies 대부분의 금융 회사
	complete 완전한 accurate 정확한 sets of 일련의 maintain 유지(보관, 보존, 관리)하다

64 Sales representatives/ always need to keep their customers _____ and aware/ of what is going on.

(A) inform   (B) informing   (C) informed   (D) informative

해석	영업 담당자는/ 항상 그들의 고객들에게 정보를 제공해주고 알려줘야 한다/ 진행되고 있는 상황에 대해서.
정답과 해설	(C) '고객들이 정보제공을 받으므로' keep+목적어+p.p u.151쪽 (8)번 참조
어휘	sales representatives 영업 담당자, 판매원, 외판원
	go on=happen=arise=break out=crop up=come about=come to pass 발생하다
	what is going on 일어나고 있는 일, 진행 상황 customer 고객 be aware(cognizant) of ~을 알다

65 A Paris-bound passenger train/ derailed March 13 in northern France,// killing 80 people and leaving 100 people seriously _____.

(A) injured   (B) injuring   (C) to injure   (D) being injured

해석	파리 행 여객 열차가/ 3월 13일 프랑스 북부에서 탈선하여,// 80명이 사망하고 100명이 중상을 입었다.
정답과 해설	(A) '사람들이 부상을 당하므로' leave+목적어+p.p u.151쪽 (8)번 참조
어휘	Paris-bound 파리 행 passenger train 여객 열차 derail 탈선하다
	March 3월 northern 북쪽의 kill 죽이다 leave 남겨두다 seriously injured 중상을 입은

66 You will find the time you spend at Hilton Country Club _____.

(A) reward   (B) rewarding   (C) rewarded   (D) to be rewarded

해석	당신은 힐튼 컨트리클럽에서 보내는 시간이 보람 있다는 것을 알게 될 것입니다.
정답과 해설	(B) '가치 있는, 보람 있는'의 뜻을 가진 분사형 형용사로서 목적격 보어 u.152쪽 참조
어휘	reward ~에게 보답(보상)하다, 포상 rewarding 가치 있는, 보람 있는

9. 동명사 문제 (유니크 쏙쏙 영문법 9과)

* 전치사 다음에는 언제나 (동)명사가 오며, 동명사의 의미상 주어는 소유격임을 명심하세요.(157쪽)
* 동명사를 목적어로 취하는 동사와 to 부정사를 목적어로 취하는 동사가 가장 자주 출제됩니다.(162쪽)
* 동사 뒤에서 동명사가 오느냐 to 부정사가 오느냐에 따라 의미가 달라지는 동사에 유의하세요.(167쪽)
* to 다음에 ing가 오는 관용적 용법이 항상 출제됩니다.(168–181쪽)

1 _____ a successful IT company/ requires/ a lot of capital and a deep knowledge of business practices.

   (A) Run   (B) Running   (C) To running   (D) To be running

해석	성공적인 IT 회사를 운영하는 것은/ 요구한다/ 많은 자본과 사업 관행에 대한 깊은 지식을.
정답과 해설	(B) 주어로 쓰이는 동명사 u.155쪽 (1)번 참조
어휘	successful 성공적인 company 회사 require=call(ask) for 요구하다 a lot of=lots of=plenty of 많은 capital 자본 a deep knowledge 깊은 지식 practice 관행

2 Higher fuel prices/ forced the _____ company/ to increase its retail price.

   (A) manufacture   (B) manufacturing   (C) manufactured   (D) manufacturer

해석	높아진 연료비는/ 그 제조회사가/ 소매가를 인상하게 했다.→연료비 인상으로 인해/ 그 제조회사는 소매가를 인상해야 했다.
정답과 해설	(B) 제조회사'manufacturing company'를 나타내는 동명사이므로 u.156쪽 참조
어휘	force(oblige, compel, impel, bind, drive, coerce) A to B A로 하여금 B를 하도록 강요하다 fuel prices 연료비 company 회사 increase 인상하다 retail price 소매가격 manufacture 제조하다 manufacturer 제조업자

3 He denied _____ all those letters for him.

   (A) me typing   (B) the typing by me   (C) my typing   (D) I typed

해석	그는 내가 그를 위해 그 모든 편지를 타이핑한 것을 부인했다.
정답과 해설	(C) 동명사의 의미상의 주어는 소유격이므로 u.157쪽 B.번 참조
어휘	deny 부인하다

4 I wonder/ if he wouldn't mind _____ with us one more day.

   (A) stay   (B) to stay   (C) staying   (D) to be staying

해석	나는 궁금해/ 그가 우리와 함께 하루 더 머물기를 꺼려하지 않을지.
정답과 해설	(C) mind ∼ing ∼하는 것을 꺼려하다 u.162쪽 [5]번 참조
어휘	wonder 궁금해 하다 stay 머무르다 one more day 하루 더

5 I enjoy _____ to the beach/ as often as possible/ during the summer.

   (A) going   (B) to go   (C) having gone   (D) to have gone

해석	나는 강변에 가는 것을 즐긴다/ 가능한 한 자주/ 여름에.
정답과 해설	(A) enjoy ∼ing ∼하는 것을 즐기다 u.162쪽 [5]번 참조
어휘	enjoy 즐기다 beach 강변, 해변 as often as possible 가능한 한 자주 during 동안에 summer 여름

6 Health experts don't advise _____ right after eating.

(A) to swim   (B) swimming   (C) of swimming   (D) on swimming

해석	건강 전문가들은 식사 직후 수영하는 것을 권하지 않는다.
정답과 해설	(B) advise ~ing ~하라고 권하다 u.162쪽 [5]번 참조
어휘	health expert 건강 전문가 right after ~직후에

7 Continue reading/ and the meaning of these sentences will become clear to you,/ and you can avoid _____ words and phrases.

(A) having read   (B) rereading   (C) to reread   (D) to have reread

해석	계속 읽으세요./ 그러면 이 문장들의 의미가 여러분에 분명해질 것이며/ 여러분은 단어와 구들을 다시 읽는 것을 피할 수 있어요.
정답과 해설	(B) avoid ~ing ~하기를 피하다 u.162쪽 [5]번 참조
어휘	continue 계속해서 ~하다 meaning 의미 sentence 문장 become clear 분명해지다 phrase 구, 구절

8 The secretary should finish _____ the E-mail soon.

(A) answer   (B) answering   (C) to answer   (D) by answering

해석	비서는 곧 전자 메일에 답변하는 것을 끝마쳐야한다.
정답과 해설	(B) finish ~ing ~하는 것을 마치다 u.162쪽 [5]번 참조
어휘	secretary 비서 should ~해야 한다 finish 끝마치다 soon=before long=in time=be and by=sooner or later 곧, 조만간

9 The mechanic admitted _____ to repair my car on time.

(A) fail   (B) failed   (C) failing   (D) to fail

해석	그 정비공은 제 때에 내 차를 수리하지 못한 것을 인정했다.
정답과 해설	(C) admit ~ing ~한 것을 인정(시인)하다 u.162쪽 [5]번 참조
어휘	mechanic 정비공 admit(confess) (to) ~ing ~한 것을 인정(시인)하다 fail to ~하지 못하다 repair=mend=fix=do up 고치다 on time 제 때에, 정각에

10 She recommended _____ a train rather than a flight.

(A) taking   (B) to take   (C) to taking   (D) on taking

해석	그녀는 비행기보다는 기차를 타라고 권했다.
정답과 해설	(A) recommend ~ing ~하라고 권하다 u.162쪽 [5]번 참조
어휘	B rather than A: A보다는 B

11 Responsibilities of the sales director/ include/ _____ all earnings and expense reports and managing administrative staff.

(A) review   (B) reviewing   (C) reviewed   (D) to review

해석	영업 이사의 책임은/ 포함한다/ 모든 수입 및 지출 보고서를 재검토하고 행정직원들을 관리하는 것을.
정답과 해설	(B) include ~ing ~을 포함하다 u.162쪽 [5]번 /531쪽 참조
어휘	responsibility 책임 sales director 영업 이사 include=involve=incorporate=encompass=embody=contain 포함하다 review 재검토하다 earnings and expense reports 수입 및 지출 보고서 manage 관리하다 administrative staff 행정직원

12 This procedure involves _____ each sample twice.

(A) testing   (B) to test   (C) in testing   (D) with testing

해석	이 절차는 각 샘플을 두 번 시험하는 것을 포함한다.
정답과 해설	(A) involve ~ing ~하는 것을 포함하다 u.162쪽 [5]번 참조
어휘	procedure 절차 twice 두 번

13 This review procedure/ entails _____ the test.

(A) to repeat   (B) repeating   (C) with repeating   (D) on repeating

해석	이 검토 절차는/ 시험을 반복하는 것을 수반한다.
정답과 해설	(B) entail ~ing ~하는 것을 수반(필요로)하다 u.162쪽 [5]번 참조
어휘	review 검토 procedure 절차 repeat=reiterate 반복하다

14 She suggested _____ at farmers' markets instead of grocery stores.

(A) shop   (B) shopping   (C) to shop   (D) to shopping

해석	그녀는 식료품점 대신 농산물 직판장에서 쇼핑을 하자고 제안했다.
정답과 해설	(B) suggest ~ing ~하자고 제안하다 u.162쪽 [5]번 참조
어휘	farmers' markets 농산물 직판장 instead of=in place of=on behalf of ~대신에 grocery stores 식료품점

15 We should consider/ _____ a special membership/ to foreign customers.

(A) grant   (B) granting   (C) to grant   (D) to have granted

해석	우리는 고려해야한다/ 특별한 회원 자격을 부여하는 것을/ 외국 고객들에게 .
정답과 해설	(B) consider ~ing ~할 것을 고려하다 u.162쪽 [5]번 참조
어휘	consider=contemplate=weigh=allow(bargain) for=make allowances for=take account of =take into account(consideration) 고려하다 grant 부여하다 special 특별한 membership 회원 자격 foreign 외국의 customer 고객

16 I decided _____ him some money// when I heard of the situation he was in.

(A) lending   (B) to lend   (C) by lending   (D) to lending

해석	나는 그에게 돈을 빌려 주기로 결심했다// 그가 처한 상황에 대해 들었을 때 .
정답과 해설	(B) decide to ~하기로 결심하다 u.162쪽 [6]번 참조
어휘	decide=determine=resolve=make up one's mind 결심하다 situation 상황 lend-lent-lent 빌려주다

17 Ms. Najar wants _____ the project by tomorrow.

(A) finalizing   (B) to finalize   (C) having finalized   (D) to have finalized

해석	Najar씨는 내일까지 그 프로젝트를 마무리하고 싶어 한다.
정답과 해설	(B) want to 동사원형 ~하기를 원하다, ~하고 싶어 하다 u.162쪽 [6]번 참조
어휘	Ms. 미혼, 기혼의 구별이 없는 여성의 존칭 finalize 마무리하다 by tomorrow 내일까지

18 I expect _____ you tomorrow.

(A) to see   (B) seeing   (C) to seeing   (D) for seeing

해석	나는 내일 너를 만나기를 기대한다.
정답과 해설	(A) expect to+동사원형 ~할 것을 기대(고대)하다 u.162쪽 [6]번 참조
어휘	expect to+동사원형=look forward to ~ing ~할 것을 기대(고대)하다

19 The consultants promised _____ more considerately.

(A) to work   (B) working   (C) having worked   (D) would work

해석	상담사들은 더욱 사려 깊게 일하겠다고 약속했다.
정답과 해설	(A) promise to+동사원형 ~하겠다고 약속하다 u.162쪽 [6]번 참조
어휘	consultant 상담사. 자문 위원 promise 약속하다 considerately 사려 깊게

20 She refused _____ with the team any longer.

(A) cooperating   (B) to cooperate   (C) to cooperating   (D) on cooperating

해석	그녀는 더 이상 그 팀과 협력하기를 거부했다.
정답과 해설	(B) refuse to+동사 원형 ~하기를 거부하다 u.162쪽 [6]번 참조
어휘	any longer 더 이상 cooperate(collaborate, team up) with ~와 협력하다

21 The team threatened _____ their research.

(A) stopping   (B) to stop   (C) to stopping   (D) on stopping

해석	그 팀은 연구를 중단하겠다고 위협했다.
정답과 해설	(B) threaten to+동사 원형 ~하겠다고 위협하다 u.162쪽 [6]번 참조
어휘	threaten=menace=browbeat=intimidate=blackmail=scare=terrify 위협하다 research 연구

22 Katie chose _____ work that day.

(A) staying away from   (B) to stay away from

(C) to staying away from   (D) in staying away from

해석	Katie는 그날 일을 멀리하기로(피하기로) 결정했다.
정답과 해설	(B) choose to+동사 원형 ~하기로 결정(선택)하다 u.162쪽 [6]번 참조
어휘	stay(keep) away from=stay(keep) clear of=avoid=eschew 피하다, 멀리하다

23 Many smaller companies/ simply can not afford _____ health insurance for employees and remain in business.

(A) buying   (B) to buy   (C) to buying   (D) for buying

해석	많은 소규모 회사들은/ 직원들을 위한 건강 보험을 구입하고 사업을 계속할 여력이 전혀 없다.
정답과 해설	(B) afford to+동사 원형 ~할 여력(능력)이 있다 u.162쪽 [6]번 참조
어휘	simply 부정문에서 「전혀」 health insurance 건강 보험 employee 직원, 종업원 remain in business 사업을 계속하다

24 After much persuasion// he agreed _____ his resignation.

(A) to withdraw   (B) withdrawn   (C) withdrawing   (D) to be withdrawn

해석	많은 설득 끝에// 그는 사직을 철회하기로 동의했다.
정답과 해설	(A) agree to+동사 원형 ~하기로 동의하다 u.162쪽 [6]번 참조
어휘	persuasion 설득 resignation 사직, 사임, 사직서 withdraw 철회하다, 돈을 인출하다

25 The tennis player failed _____ the Wimbledon Final this year.

(A) to reach   (B) reaching   (C) to reaching   (D) to have reached

해석	그 테니스 선수는 올해 윔블던 결승에 진출하지 못했다.
정답과 해설	(A) fail to+동사 원형 ~하지 못하다, ~하는데 실패하다 u.162쪽 [6]번 참조
어휘	Final 결승전 this year 올해 reach 도달하다, 진출하다

26 When you have finished reading the novel,// _____ put it back on the shelf.

(A) never fail to   (B) don't avoid to   (C) never miss to   (D) fail not to

해석	그 소설을 다 읽고 나면,// 반드시 책꽂이에 다시 꽂아놓아라.
정답과 해설	(A) never fail to=be sure to 반드시 ~하다 u.162쪽 [6]번 참조
어휘	finish 끝마치다 novel 소설 put back 제자리에 갖다 놓다 shelf 책꽂이, 선반

27 They attempted to _____ the administrative procedures/ to fix the work-related problems.

(A) streamline   (B) streamling   (C) streamlined   (D) to streamline

해석	그들은 행정 절차를 간소화하려고 (시도를) 했다/ 업무와 관련된 문제를 바로 잡기 위해서.
정답과 해설	(A) attempt to 동사원형 ~하려고 시도를 하다 u.163쪽 [7]번 참조
어휘	attempt to+동사원형=attempt ~ing ~하려고 시도하다 administrative procedures 행정 절차 fix=mend 바로잡다 work-related 업무와 관련된 problem 문제 streamline 간소화하다

28 Planners neglected _____ future water and electricity requirements.

(A) considerate   (B) considerable   (C) to consider   (D) consideration

해석	계획을 세우는 사람들은 미래의 물과 전기 필요량을 고려하는 것을 깜박했다.
정답과 해설	(C) neglect to+동사원형=neglect ~ing: ~하는 것을 깜박하다 u.163쪽 [7]번 참조
어휘	planner 입안자, 계획을 세우는 사람 future 미래 requirements 요구량, 필요량 considerate 사려 깊은 considerable 상당한 consider=contemplate=allow for 고려하다 consideration 고려, 참작

29 You must remember _____ the letter registered.

(A) get   (B) to get   (C) getting   (D) to have gotten

해석	당신은 그 편지를 등기로 부칠 것을 명심하세요.
정답과 해설	(B) remember to ~할 것을 명심(기억)하다 u.167쪽 (1)번/151쪽 (4)번 참조
어휘	register 등기로 부치다, 등기하다

30 The city has been trying/ _____ low visitation rates to the waterfront area.

(A) increasing   (B) to increase   (C) to increasing   (D) to be increasing

해석	시는 노력해 오고 있다/ 해안가 지역에 대한 낮은 방문률을 높이기 위해.
정답과 해설	(B) try to ~하려고 애를 쓰다, 노력하다 u.167쪽 (2)번 참조
어휘	low visitation rate 낮은 방문률 waterfront 해안 지구, 해안의 거리 area 지역

31 I regret to _____ you// that your order will be delayed by 3 weeks.

(A) say   (B) speak   (C) report   (D) inform

해석	말씀드리기 죄송하지만// 당신의 주문은 3주 정도 늦춰질 것이다.
정답과 해설	(D) inform A that B: A에게 B를 알리다 u.167쪽 (3)번 참조
어휘	I regret to inform(tell) you that=I regret to say that 말씀드리기 죄송하지만 delay=defer=suspend=shelve=postpone=prolong=put off 늦추다 order 주문 by 정도, 비율

32 The American Commerce Authority/ is seeking _____ the imports of foreign-made textiles and garments.

(A) limiting   (B) to limit   (C) limitation   (D) to have limited

해석	미국 상무부는/ 외국에서 만든 직물과 의류의 수입을 제한하려고 애를 쓰고 있다.
정답과 해설	(B) seek to+동사원형 ~하려고 노력하다/애를 쓰다 u.167쪽 (2)번 참조
어휘	commerce 상업, 통상 authority 당국 Commerce Authority 상무부 seek to=try to ~하려고 노력하다/애를 쓰다 limit 제한하다 import 수입 foreign-made 외국산, 외국에서 만든 textiles 직물 garments 의류

33 The Green Party/ is dedicated _____ the environment.

(A) protecting   (B) to protect   (C) to protecting   (D) to be protecting

해석	녹색당은/ 환경을 보호하는 데에 전념하고 있다.
정답과 해설	(C) be dedicated to ~ing ~에 전념(헌신, 몰두)하다 u.168쪽 (2)번 참조
어휘	the Green Party 녹색당 environment 환경

34 The government/ remains committed _____ Green Belt areas.

(A) protecting   (B) to protect   (C) to protecting   (D) to be protecting

해석	정부는/ 그린벨트 지역을 보호하는 데에 전념하고 있다.
정답과 해설	(C) remain committed to ~ing ~에 전념(헌신, 몰두)하다 u.168쪽 (2)번 참조
어휘	government 정부 protect 보호하다

35 The incumbent government/ is firmly devoted _____ unemployment rate.

(A) reducing   (B) to reduce   (C) to reducing   (D) to be reducing

해석	현 정부는/ 실업률을 줄이는 데에 확고하게 전념하고 있다.
정답과 해설	(C) be devoted(dedicated) to ~ing ~에 전념(헌신, 몰두)하다 u.168쪽 (2)번 참조
어휘	incumbent 현재의, 의지하는 government 정부 firmly 확고히 unemployment rate 실업률

36 The company is _____ on expanding its oil and gas production business.

(A) intended   (B) intent   (C) intensive   (D) intention

해석	그 회사는 석유와 가스 생산 사업을 확장하는데 열중하고 있다.
정답과 해설	(B) be intent(bent, keen) on ~에 전념하다 u.168쪽 (2)번 참조
어휘	company 회사 expand 확장하다 production 생산 intend 의도하다 intent 법적인, 계획성이 강한 의도 intention 일상의 가벼운 의도 intensive 집중적인, 집약적인

37 Employers will not hire those who are not skilled _____ helping customers make choices.

(A) at   (B) with   (C) on   (D) over

해석	고용주들은 고객의 선택을 돕는데 능숙하지 않은 사람들을 고용하려 하지 않는다.
정답과 해설	(A) be skilled at ~ing ~에 능통하다 u.168쪽 (3)번 참조
어휘	employer 고용주 will not ~하려하지 않다 hire=employ 고용하다 those who ~한 사람들 customer 고객 make choices=choose=select 선택하다

38 China is so big that there are many places worth _____ .

(A) visiting   (B) to visit   (C) for visiting   (D) having visited

해석	중국은 아주 커서/ 가볼만한 곳이 많다.
정답과 해설	(A) be worth ing 「~할 만한 가치가 있다」 u.169쪽 (6)번 참조
어휘	so ~ that 너무 ~해서 visit=pay a visit to=call at 방문하다

39 _____ chairing our local steering committee,// Mr. Smith is very active in other charities.

(A) In addition to   (B) Otherwise   (C) Also   (D) As long as

해석	우리 지역 운영 위원회의 의장직을 맡고 있는 것 외에도,// 스미스 씨는 다른 자선 단체에서 대단히 활동적이다.
정답과 해설	(A) in addition to ~ing=besides ~ing ~이외에도, ~뿐만 아니라 u.170쪽 (7)번 참조
어휘	chair 의장, 의장직을 맡다 local steering committee 지역 운영 위원회 active 활동적인 charity 자선, 자선단체 otherwise 그렇지 않으면 also 또한 as long as ~한다면, ~동안에, ~때문에

40 Notwithstanding I was angry,/ I could not help _____ at his excuse.

(A) to laugh   (B) laughing   (C) only laugh   (D) being laughed

해석	나는 화가 났지만,/ 그의 핑계를 듣고 웃지 않을 수 없었다.
정답과 해설	(B) cannot help ~ing ~하지 않을 수 없다 u.171쪽 (10)번 참조
어휘	notwithstanding=although=though=even though ~이지만 angry 화난 excuse 변명

41 Due to the students with nut allergies,// when bringing shared food to school,/ please _____ from bringing food that contains nuts of any kind.

(A) result   (B) benefit   (C) refrain   (D) succeed

해석	견과류 알레르기를 가진 학생들 때문에// 나눠먹는 음식을 학교에 가져올 때는/ 어떤 종류든 견과류를 포함한 음식물을 가져오는 것을 삼가주세요.
정답과 해설	(C) refrain(abstain) from ~ing ~을 삼가다 u.171쪽 (10)번 참조
어휘	due(owing) to=because of=on account of=on the grounds of ~때문에 contain=cover=comprise=include=involve=take in=count in 포함하다 abstain(refrain, forbear, keep) from 삼가다 result=ensue 결과로 생기다 benefit 이익을 얻다 succeed 성공(계승)하다 nut 견과류 share 나누다 kind 종류

42 I don't think I've ever had a more difficult time _____ here// than I did during the events of the past few days.

   (A) to work   (B) working   (C) at work   (D) at working

해석	나는 이곳에서 일하면서 더 힘든 시간을 보낸 적이 없었던 것 같다// 지난 며칠 동안의 행사 기간에 내가 겪었던 것 보다.
정답과 해설	(B) have a difficult time ~ing ~하느라 애를 먹다, ~하면서 힘든 시간을 보내다 u.173쪽 (15)번 참조
어휘	during ~하는 동안에 event 행사, 사건, 경기 the past few days 지난 며칠 work 일하다

43 My colleagues and I/ are looking forward _____ you sooner or later.

   (A) to see   (B) to seeing   (C) seeing   (D) to be seeing

해석	저의 동료들과 저는/ 조만간 당신을 보길 고대하고 있습니다.
정답과 해설	(B) look forward to ~ing ~하기를 고대하다 u.174쪽 (20)번 참조
어휘	colleague 동료 sooner or later=before long=in time=some time or other=in a little while 조만간

44 He anticipates _____ trouble with his supervisor.

   (A) to have   (B) to having   (C) having   (D) on having

해석	그는 상사와 문제가 있을 것으로 예상한다.
정답과 해설	(C) anticipate ~ing ~할 것으로 예상하다, 고대하다 u.174쪽 (20)번 참조
어휘	have trouble with ~와 문제가 있다 supervisor 상사, 감독관

45 Some of the points need _____ // before we submit the budget for approval.

   (A) to clarify   (B) clarifying   (C) be clarified   (D) being clarified

해석	몇 가지 항목을 명확히 해야 한다.// 우리가 승인을 위한 예산을 제출하기 전에.
정답과 해설	(B) need ~ing: ~ing 해야 한다 u.175쪽 (22)번 참조
어휘	point 항목, 요점 need(want, require)~ing=need to be p.p: ~ing 해야 한다 submit=give(turn, send, hand) in 제출하다 budget 예산 approval 승인 clarify 명확히 하다, 해명하다

46 Animal right groups/ object _____ health and beauty products on animals.

   (A) to test   (B) testing   (C) to testing   (D) having tested

해석	동물 권리 단체들은 건강 및 미용 제품을 동물들에게 테스트하는 것을 반대한다.
정답과 해설	(C) object to ~ing ~하는 것을 반대하다 u.175쪽 (23)번 참조
어휘	animal right group 동물 권리 단체 product 제품 object to ~ing=be opposed to ~ing=have an objection to ~ing ~하는 것을 반대하다

47 Never fail to use the Standard Operations checklist/ _____ time you prepare boxes for shipment.

(A) little   (B) each   (C) much   (D) several

해석	반드시 표준작업 점검표를 이용하세요/ 당신이 선적 상자를 준비할 때 마다.
정답과 해설	(B) 접속사 자리로서 each time ~할 때마다 u.176쪽 (24)번 참조
어휘	never fail to=be sure to 반드시 ~하다 standard 표준 operation 작업, 작전 checklist 대조표, 점검표 prepare 준비하다 shipment 선적, 발송 little 거의 ~하지 않다 much 많은, 많이 several 몇몇의

48 He got a job in a trading company immediately/ _____ resigning from our enterprise.

(A) upon   (B) before   (C) while   (D) since

해석	그는 무역회사에 바로 취업했다/ 우리 기업을 사임하자마자.
정답과 해설	(A) upon(on) ~ing ~하자마자 u.177쪽 참조
어휘	get a job 취업하다 immediately=directly=instantly=promptly=right away 즉시 a trading company 무역회사 resign from ~로부터 사임하다 enterprise 기업 while ~하는 동안에, ~하면서, ~하다가, ~이지만, ~인 반면에 since ~이래로

49 The general manager/ will go on a vacation/ on _____ of the project.

(A) complete   (B) completing   (C) completion   (D) completed

해석	총지배인은/ 휴가를 떠날 예정이다/ 그 프로젝트를 완성하면.
정답과 해설	(C) on(upon)+동작 동사의 명사형=on(upon) ~ing ~하자마자, ~하고 나면 u.177쪽 참조
어휘	general manager 총지배인 go on a vacation 휴가를 떠나다 on completion of ~이 완성되면 complete 완성(완료)하다 completion 완성, 완료, 수료

50 _____ termination of this Agreement,// the Franchisee shall at its own expense return the equipment/ to the Franchisor/ at the Franchisor's place of business/ in the same condition as when received.

(A) At   (B) In   (C) For   (D) Upon

해석	이 계약이 종료되자마자,// 가맹점은 자비로 그 장비를 반환해야 한다/ 가맹점주에게/ 가맹점의 사업장으로/ 배달되었을 때와 동일한 상태로.
정답과 해설	(D) upon(on)+동작 동사의 명사형=upon(on) ~ing ~하자마자, ~하고 나면 u.177쪽 참조
어휘	upon termination 종료되자마자 agreement 계약, 협정, 동의 franchisee 가맹점 shall ~해야 한다 at its own expense 자비로 return 반환하다 equipment 장비 franchisor 가맹점주 place of business 사업장 in the same condition 동일한 상태로

51 Upon _____ of your résumé,// one of our skilled recruiters will review it/ to determine the most suitable position for you.

(A) receiving   (B) received   (C) receipt   (D) receiver

해석	당신의 이력서를 받자마자,// 우리의 숙련된 채용 담당자 중 한 명이 그것을 재검토하여/ 당신에게 가장 적합한 근무처를 결정할 것입니다.
정답과 해설	(C) upon(on)+동작 동사의 명사형=upon(on) ~ing ~하자마자, ~하고 나면 u.177쪽 참조
어휘	resume 이력서 skilled 숙련된, 노련한 receive 받다 ⓝ receipt 수령, 영수 recruiter 채용 담당자 review 재검토하다 determine=decide 결정하다 the most 가장 suitable=suited=fit=fitted=proper=pertinent 적합한 position 직책, 근무처, 자리, 위치

52 The federal government/ _____ a large amount of money/ on the reconstruction project.

(A) spent   (B) gave   (C) accorded   (D) afforded

해석	연방정부는/ 거액의 돈을 썼다/ 재건축 프로젝트에.
정답과 해설	(A) spend+돈+on 명사 ~에 돈을 사용하다 u.178쪽 (27)번 참조
어휘	federal government 연방정부 a large amount of 거액의 reconstruction 재건축 accord 일치하다 spend-spent-spent 소비하다 afford 주다, 제공하다, 감당하다, ~할 경제적/시간적/정신적 여유가 있다

53 I can use a computer,// but when it comes to _____ them,/ I don't know a thing.

(A) repair   (B) repairing   (C) be repairing   (D) be repaired with

해석	나는 컴퓨터를 사용할 수 있지만,// 그것들을 수리하는 것에 관해서는/ 아무것도 모른다.
정답과 해설	(B) when it comes to ~ing ~에 관한 한 u.179쪽 (30)번 참조
어휘	when it comes to ~ing=as concerns(regards, respects) ~에 관한 한 repair=mend=do(fix) up 수리하다 don't know a thing 하나도 모르다

54 _____ my opinion,/ it would be better to send them by express delivery.

(A) For   (B) In   (C) To   (D) As

해석	내 생각에는,// 그것들을 속달로 보내는 것이 좋을 것 같다.
정답과 해설	(B) in my opinion 내 생각에는 u.179쪽 (31)번 참조
어휘	in my opinion(view)=to my mind=as for me=for my part 내 생각에는 send-sent-sent 보내다 by express delivery 속달로 would be better to ~하는 게 낫다

• fabric	직물	• farm	농장, 농사짓다	• fee	수수료
• facility	시설	• farmer	농부	• feed	먹이다
• factor	요인	• fat	뚱뚱한, 지방	• female	여성
• factory	공장	• fate	운명	• fiber	섬유
• faculty	능력, 교수진	• fault	잘못, 결함	• fortune	행운, 재산
• fade	탈색하다	• favor	은총, 호의	• foundation	단체, 재단, 협회
• fair	시장, 박람회	• flee	도망치다	• founder	창설자
• fairly	꽤	• flesh	살, 식육, 수육	• framework	뼈대, 기초구조
• field	분야, 들판	• flight	항공편	• free	무료, 무료의
• figure	숫자, 인물, 모양	• floor	층, 바닥	• freeze	얼다
• final	최종적인	• flow	흐르다, 흐름	• frequency	빈도
• finance	제정, 자금 조달	• focus	초점을 맞추다	• frequent	빈번한
• financial	재정상의	• following	다음의	• frequently	자주
• finding	조사(연구) 결과	• foreign	외국의	• friendly	다정한
• fine	벌금, 미세한	• forest	숲	• frustration	좌절
• firm	회사	• forever	영원히	• fuel	연료
• fit	건강한, 적합한	• former	이전의	• fully	충분히
• fitness	건강	• favorite	특히 좋아하는	• function	기능(을 하다)
• fix	고치다, 수리하다	• fear	두려움	• fund	자금(을 조달하다)
• false	거짓의, 그릇된	• feature	특징(을 지우다)	• funding	자금 조달
• familiar	친숙한, 익숙한	• federal	연방의	• fundamental	근본적인
• gain	얻다	• generate	생산하다	• grade	등급, 학년
• gap	격차, 차이	• generation	생산, 세대	• gradually	점차
• garage	차고, 주차장	• gently	점잖게, 상냥하게	• graduate	졸업하다
• garlic	마늘	• gift	선물	• grand	웅장한, 큰
• gather	모으다, 모이다	• gifted	재능 있는	• grant	수여하다
• gear	장치, 장비, 도구	• given	~을 고려해볼 때	• grocery	식료품
• gender	성	• goal	목표	• guarantee	보증하다
• general	일반적인	• government	정부	• guideline	지침
• generally	일반적으로	• governor	주지사	• guilty	유죄의
• habit	습관	• helpful	유익한	• horizon	시야, 수평선
• habitat	서식지	• heritage	유산	• horror	공포
• handle	다루다	• hide	숨다, 숨기다	• hospital	병원
• happen	발생하다	• highway	고속도로	• host	집주인
• hardly	거의 ~하지 않다	• hill	언덕	• household	가사의, 가족의
• headquarters	본사, 본부	• holiday	공휴일, 휴가	• however	그러나
• healthy	건강한	• homeless	집이 없는	• huge	거대한
• height	신장, 높이	• honor	명예, 체면	• hurt	상처를 주다
• identity	정체성	• income	수입	• institution	기관, 제도, 단체
• identify	확인하다	• incorporate	포함(편입)하다	• institutional	제도적인
• identification	신분 증명	• increase	증가(시키다)	• instruction	사용법
• ignore	무시하다	• increasingly	점차	• instructor	강사
• ill	아픈	• incredible	엄청난	• instrument	도구
• illness	질병	• indeed	참으로, 실로	• insurance	보험
• illegal	불법적인	• indicate	가리키다	• intellectual	지적인
• illustrate	설명하다	• indication	암시, 징후	• intelligence	지능
• immediately	즉시	• industry	산업, 공업	• intense	강렬한
• immigrant	이주민	• industrial	산업의, 공업의	• intensity	강도
• immigration	이주, 이민	• infection	감염	• intention	의도

01 With the soaring costs of producing meat and feedstuffs for cattle,// the animal-plant hybrids may well have a _____ future.
(A) promise
(B) promising
(C) promised
(D) promises

02 We have the right to request the passenger/ to present the credit card _____ upon purchasing.
(A) use
(B) using
(C) used
(D) to use

03 _____ with similar equipment,/ this one provides better quality at a reduced price.
(A) Compare
(B) Comparing
(C) Compared
(D) To compare

04 After carefully _____ his reports,// the managing editor decided to have only two of them published.
(A) review
(B) reviewing
(C) reviewed
(D) to review

05 Before I hand in my paper,// I am going to have a native speaker _____.
(A) checking it over
(B) check it over
(C) being checked
(D) to checked it over

06 It is reported that they had the equipment _____ yesterday.
(A) shipped
(B) was shipped
(C) ship
(D) was being shipped

07 I have been learning English/ in the hope that my boss will _____ me transfer to the new branch in London.
(A) let
(B) allow
(C) make
(D) give

08 The new package redesigned by the specialist/ is expected to make our products more _____ / to the consumers.
(A) appeal
(B) appealing
(C) appealingly
(D) appealed

09 The sales department head/ got us _____ our business trip.
(A) prepare for
(B) preparing for
(C) prepared for
(D) to prepare for

10 I will be sure to keep you _____ on any new developments/ as they occur.
(A) post
(B) posting
(C) posted
(D) to be posted

TEST 4 정답 및 해설

01 (B)	**02** (C)	**03** (C)	**04** (B)	**05** (B)
06 (A)	**07** (A)	**08** (B)	**09** (D)	**10** (C)

01
|해석| 고기와 가축을 위한 사료를 생산하는 데 드는 비용이 급증함에 따라// 동식물 교배종이 장래가 촉망되는 것은 당연하다.

|해설| '유망한, 전도양양한'의 뜻을 가진 분사형 형용사 u.134쪽 D.번 참조

|어휘| soar 치솟다 cost 비용 produce 생산하다 meat 고기 feedstuff 사료 cattle 가축 hybrid 잡종 may well ∼하는 것은 당연하다 promising 전도유망한 future 미래

02
|해석| 저희는 승객에게 요청할 권리가 있습니다/ 구매할 때 사용했던 신용카드를 제시해 달라고.

|해설| '신용카드가 사용되므로' 수동(p.p) u.134쪽 D.번 참조

|어휘| right 권리 request 요청하다 passenger 승객 present 제시하다 upon purchasing 구매할 때

03
|해석| 비슷한 장비와 비교해볼 때,/ 이 장비는 더 좋은 품질을 제공한다/ 할인된 가격으로.

|해설| '장비가 비교되므로' 수동태로서 과거분사 절이 되어야 함 u.140쪽 [5]번 과거분사절 참조

|어휘| compare 비교하다 similar 비슷한 equipment 장비 provide 제공하다 quality 품질 at a reduced price 할인 가격에

04
|해석| 그의 보고서를 신중히 재검토한 후,// 편집장은 그 중 두 개만 출판하기로 결정했습니다.

|해설| 주어가 없을 때 After는 전치사이며, '전치사 뒤에는 동명사'가 오므로 u.147쪽 A.번 참조

|어휘| carefully=with care=cautiously=circumspectively 신중히 report 보고서 managing editor 편집장 decide=make up one's mind 결심하다 publish 출판하다 review=examine formally 재검토하다

05
|해석| 나는 논문을 제출하기 전에,// 원어민에게 그것을 점검해 달라고 부탁할 거야.

|해설| '목적어가 동작을 하므로' 원형 u.150쪽 (1)번 참조

|어휘| hand(give, turn, send) in=submit 제출하다 native speaker 원어민 check over 점검하다

06
|해석| 그들이 장비를 어제 선적한 것으로 보고됩니다.

|해설| '장비가 선적되므로' 수동(p.p) u.150쪽 (1)번 참조

|어휘| report 보고하다 equipment 장비 ship 선적(수송)하다

07
|해석| 나는 영어를 배워오고 있다/ 내 고용주가 나를 런던의 새 지사로 전근을 허락해주기를 바라면서.

|해설| 뒤에 원형동사가 왔으며, 허락할 때는 let, 강제로 시킬 때는 make u.150쪽 (2)번 참조

|어휘| learn 배우다 hope 희망 transfer to ∼로 전근하다 branch 지사 allow A to B: A가 B하는 것을 허락하다 make 강요하다

08
|해석| 전문가가 새롭게 디자인 한 그 새로운 포장재는/ 우리 제품을 더욱 매력적으로 만들어 줄 것으로 예상됩니다/ 소비자들에게.

|해설| '매력적인'의 뜻을 가진 분사형 형용사 u.150쪽 (3)번 참조

|어휘| package 포장재, 포장지 redesign 새롭게 디자인하다 specialist 전문가 expect 기대(예상)하다 product 제품 appeal 매력을 주다 appealing=attractive=charming=captivating=fascinating 매력적인 consumer 소비자

09
|해석| 영업부장은/ 우리에게 출장을 준비하게 했다.

|해설| '목적어(우리)가 동작을 하므로' get+목적어+to 원형 u.151쪽 (4)번 참조

|어휘| sales department head 영업부장 prepare for 준비하다 business trip 출장

10
|해석| 새로운 전개 상황에 대해 반드시 계속해서 알려 드리겠습니다/ 그것들이 발생할 때.

|해설| '목적어가 동작을 받으므로' keep+목적어+p.p u.151쪽 (8)번 참조

|어휘| be sure to=never fail to 반드시 ∼하다 keep+목적어+posted 알리다 developments 전개 상황 occur=happen=accrue=arise=take place=break out=crop up=come up=come about 발생하다

11 The manager found her _____ on a park bench reading a book.
(A) sit
(B) sitting
(C) to sit
(D) sat

12 Cyclists are asked/ to avoid _____ at high speeds/ for the safety of pedestrians/ on Multi-use paths.
(A) ride
(B) riding
(C) to ride
(D) having ridden

13 She denied _____ the money.
(A) faking
(B) to fake
(C) being faked
(D) to have faked

14 The plumber recommended _____ a new water heater.
(A) buying
(B) to buy
(C) to buying
(D) on buying

15 Running your own business/ usually involves _____ long hours.
(A) working
(B) to work
(C) in working
(D) with working

16 Ms. Yun has suggested _____ more reservation clerks.
(A) hire
(B) hiring
(C) to hire
(D) having hired

17 Mary is considering _____ to an MBA program// so that she can improve her education.
(A) applying
(B) to apply
(C) application
(D) having applied

18 They promised _____ the new equipment.
(A) demonstrating
(B) to demonstrate
(C) to demonstrating
(D) on demonstrating

19 Congress chose _____ the president on this issue.
(A) fighting
(B) to fight
(C) to fighting
(D) in fighting

20 Mr. Johnson failed _____ the sales report/ by the due date// even though he worked overtime/ during the whole week.
(A) complete
(B) completing
(C) completed
(D) to complete

TEST 4 정답 및 해설

11	(B)	12	(B)	13	(A)	14	(A)	15	(A)
16	(B)	17	(A)	18	(B)	19	(B)	20	(D)

11

|해석| 매니저는 그녀가 공원 벤치에 앉아 책을 읽고 있는 것을 발견했다.

|해설| '그녀가 앉아있으므로' find+목적어+ing u.152쪽 참조

|어휘| find-found-found 발견하다 a park bench 공원 벤치

12

|해석| 자전거 타는 사람들은 요청받는다/ 고속 주행을 피하도록/ 보행자의 안전을 위해/ Multi−use 도로에서.

|해설| avoid ∼ing ∼하는 것을 피하다 u.162쪽 [5]번 참조

|어휘| cyclist 자전거 타는 사람 ask 요청(요구)하다 avoid 피하다 ride-rode-ridden 타다 at high speeds 고속으로 safety 안전 pedestrian 보행자 multi-use path 보행자와 자전거 타는 자들이 함께 이용하는 도로

13

|해석| 그녀는 그 돈을 위조한 것을 부인했다.

|해설| deny ∼ing ∼한 것을 부인하다 u.162쪽 [5]번 참조

|어휘| deny 부인하다 fake=counterfeit=fabricate=forge 위조하다

14

|해석| 배관공은 새 온수기를 사라고 권했다.

|해설| recommend∼ing ∼하라고 권하다 u.162쪽 [5]번 참조

|어휘| plumber 배관공 water heater 온수기

15

|해석| 자기 사업을 경영하는 것은/ 대개 오랜 시간 일하는 것을 포함한다.

|해설| involve∼ing ∼하자고 포함하다 u.162쪽 [5]번 참조

|어휘| run 경영(운영)하다 one's own business 자영업 usually=generally=in general=in the main 대개

16

|해석| 윤씨는 더 많은 예약 담당 직원을 고용하자고 제안했다.

|해설| suggest∼ing ∼하자고 제안하다 u.162쪽 [5]번 참조

|어휘| Ms. 미혼, 기혼의 구별이 없는 여성의 존칭 suggest 제안하다 hire=employ 고용하다 reservation clerk 예약 담당 직원

17

|해석| Mary는 MBA 프로그램에 지원할 것을 고려중이다// 자신의 교육을 향상시키기 위하여.

|해설| consider ∼ing ∼할 것을 고려하다 u.162쪽 [5]번 참조

|어휘| MBA=Master of Business Administration 경영학 석사 improve 향상시키다 education 교육

18

|해석| 그들은 새로운 장비를 시연 할 것을 약속했다.

|해설| promise to+동사 원형 ∼할 것을 약속하다 u.162쪽 [6]번 참조

|어휘| equipment 장비 demonstrate 시연(증명, 시위)하다

19

|해석| 의회는 이 문제에 대해 대통령과 싸우기로 결심했다.

|해설| choose to+동사 원형 ∼하기로 결정(선택)하다 u.162쪽 [6]번 참조

|어휘| Congress 의회 president 대통령 on this issue 이 문제에 대해서

20

|해석| Johnson씨는 매출 보고서를 완성하지 못했다/ 마감일까지// 비록 초과근무를 했지만/ 그 주 내내.

|해설| fail to+동사원형 ∼하지 못하다 u.162쪽 [6]번 참조

|어휘| fail to 동사원형=fail in ∼ing ∼하지 못하다 sales report 매출보고서 by the due date 마감일까지 even though=although=though ∼이지만 work overtime 초과근무하다 during the whole week 그 주 내내

21 I neglected _____ the district office of a change of address.
(A) notifying
(B) notable
(C) noticeable
(D) noteworthy

22 We regret _____ // that the plane bound for Hongkong/ will leave half an hour behind schedule.
(A) saying
(B) to say
(C) having said
(D) to have said

23 The new president said// she would dedicate herself to _____ the rights of the sick and the homeless.
(A) protect
(B) protecting
(C) be protected
(D) being protected

24 Residents/ are very committed _____ their neighborhood's problems.
(A) solving
(B) to solve
(C) to solving
(D) to be solving

25 Anything worth _____ / involves some degree of risk/ at all times.
(A) accomplish
(B) accomplishing
(C) accomplished
(D) accomplishments

26 _____ producing movies, the company also publishes magazines.
(A) In behalf of
(B) Owing to
(C) In spite of
(D) In addition to

27 Babies born to women who did not _____ from drinking during pregnancy/ tend to exhibit abnormal sleep patterns after birth.
(A) result
(B) benefit
(C) abstain
(D) succeed

28 We look forward to _____ payment for the services detailed above/ by the end of this month.
(A) receive
(B) be receiving
(C) receiving
(D) have received

29 Upon _____ of this clinical trial,// all the participants will be paid $1,000.
(A) complete
(B) completing
(C) completion
(D) completed

30 Joshua is a bit of a blowhard, but when it comes _____ sales, no one in the company is better than he is.
(A) to push
(B) to be pushing
(C) pushing
(D) to pushing

TEST 4 정답 및 해설

21 (A)	22 (B)	23 (B)	24 (C)	25 (B)
26 (D)	27 (C)	28 (C)	29 (C)	30 (D)

21

|해석| 나는 구청에 주소 변경을 통보하는 것을 깜박했다.

|해설| neglect ~ing=neglect to+동사원형: ~하는 것을 깜박하다 u.163쪽 [7]번 참조

|어휘| notify(advise, apprise, inform) A of B: A에게 B를 통보하다 district office 구청 address 주소 notable=noticeable =noteworthy=remarkable 주목할 만한

22

|해석| 말씀드리기 죄송합니다만// 홍콩 행 비행기가/ 예정보다 30분 늦게 출발하겠습니다.

|해설| we regret to say that 말하게 되어 유감이다. 말씀드리기 죄송합니다만 u.167쪽 (3)번 참조

|어휘| the plane bound for ~행 비행기 leave=start 떠나다, 출발하다 behind schedule 예정보다 늦게

23

|해석| 새 대통령은 말했다// 병자들과 노숙자들의 권리를 보호하는 데 헌신하겠다고.

|해설| dedicate(devote) oneself to ~ing ~에 전념(헌신, 몰두)하다 u.168쪽 (2)번 참조

|어휘| president 대통령 rights 권리 protect 보호하다 the sick=sick people 병자들 the homeless=homeless people 노숙자들 u.468쪽 A번 참조

24

|해석| 주민들은/ 이웃의 문제를 해결하는데 매우 헌신적이다.

|해설| be committed to ~ing ~에 전념(헌신, 몰두)하다 u.168쪽 (2)번 참조

|어휘| resident 주민 neighborhood 이웃 problem 문제

25

|해석| 성취할 가치가 있는 것은 어느 것이나/ 어느 정도의 위험을 수반한다/ 항상.

|해설| worth ~ing '~할 가치가 있는' u.169쪽 (6)번 참조

|어휘| be worth ~ing ~할 가치가 있다 involve 수반(포함)하다 some degree of 어느 정도의 risk 위험 at all times 항상 accomplish=achieve=attain=fulfill 성취하다 accomplishment 성취, 수행, 업적

26

|해석| 영화 제작하는 것 외에, 그 회사는 잡지도 발행한다.

|해설| 문맥상 '~이 외에(In addition to)'가 가장 자연스러우므로 u.170쪽 (7)번 참조

|어휘| produce 제작하다 movie 영화 company 회사 publish 발행(출판)하다 magazine 잡지 in behalf of ~을 위하여 owing(due) to ~때문에 in spite of=despite ~에도 불구하고 in addition to ~ing ~하는 것 외에

27

|해석| 임신 중에 음주를 자제하지 않은 여성에게서 태어난 아기들은/ 출생 후 비정상적인 수면 패턴을 보이는 경향이 있다.

|해설| refrain(abstain) from ~ing ~을 삼가다, 자제하다 u.171쪽 (10)번 참조

|어휘| bear-bore-born 낳다 during pregnancy 임신 중에 refrain(abstain, forbear, keep) from=eschew 삼가다 tend(trend) to=have a tendency to=have an inclination to ~하는 경향이 있다 exhibit=show 보이다. 나타내다 abnormal 비정상적인 birth 탄생. 출생 result 결과로 생기다 benefit 이익을 얻다 succeed 성공(계승)하다

28

|해석| 저희는 위에 상술한 서비스에 대한 대금을 받기를 기대합니다/ 이번 달 말까지.

|해설| look forward to ~ing ~하기를 고대하다, 기대하다 u.174쪽 (20)번 참조

|어휘| payment 대금, 지불금 detail 상술하다 above 위에 by the end of ~말까지

29

|해석| 이 임상시험이 끝나면,// 모든 참가자들은 1,000달러를 지급받게 될 것입니다.

|해설| upon(on)+동작동사의 명사형=upon(on) ~ing ~하자마자, ~하고 나면 u.177쪽 참조

|어휘| general manager 총지배인 go on a vacation 휴가를 떠나다 upon completion of ~이 완성되면 complete 완성(완료)하다 completion 완성, 완료, 수료

30

|해석| Joshua는 약간 허풍쟁이지만, 판매(영업)를 밀어붙이는 것에 관한 한, 그 회사의 누구도 그보다 더 낫지 않다.

|해설| when it comes to ~ing=as concerns(regards, respects) ~에 관한 한 u.179쪽 참조

|어휘| a bit of 약간 a blowhard 허풍쟁이, 떠버리 sales 판촉활동, 영업 company 회사 better 더 훌륭한

10. 부정사 문제 (유니크 쏙쏙 영문법 10과)

* 문장 첫 머리에 빈칸이 오고, 뒤에 comma가 온 다음 주어+동사로 이어지면 거의 to+원형동사 답입니다.
* 접속사 없이 하나의 문장 속에 두 개의 동사가 있을 수 없습니다. 이 경우 문맥에 따라 하나는 분사가 되거나 to 부정사가 되어야 하는데, 토익에서는 to+원형동사가 답인 경우가 더 많습니다.

1 It will be difficult _____ a new sales manager.

    (A) get   (B) to get   (C) for getting   (D) for having gotten

해석	새로운 판매부장을 구하기는 어려울 거야.
정답과 해설	(B) 가주어 It가 가리키는 진주어가 필요하므로. u.184쪽 (1)번 참조
어휘	difficult 어려운 get=gain=secure 얻다. 구하다 a sales manager 판매부장

2 We are looking for an individual _____ our Billing and Collections Department.

    (A) joins   (B) joining   (C) to join   (D) joined

해석	우리는 청구 및 수금 부서에 함께 할 개인을 찾고 있습니다.
정답과 해설	(C) 앞 명사를 꾸며주는 형용사적 용법이 필요하므로 u.186쪽 (1)번 참조
어휘	look(seek, search) for=try to find 찾다 individual 개인 Billing and Collections Department 청구 및 수금 부서 join 합류(함께)하다

3 Please make sure that the packages _____ sent to the trade fair in Paris are ready by Tuesday.

    (A) are   (B) were   (C) to be   (D) being

해석	파리 무역 박람회에 보낼 소포가 꼭 화요일까지 준비되도록 해주세요.
정답과 해설	(C) 이미 동사 are가 있으므로, packages를 꾸며주는 형용사적 용법이 필요함 u.186쪽 (1)번 참조
어휘	make sure that=make certain that=ensure that ~하도록 하다 package 소포 send-sent-sent 보내다 trade fair 무역 박람회 be ready 준비되다 by Tuesday 화요일까지

4 The warranty period/ is due to _____ at the end of November.

    (A) expire   (B) expiring   (C) expired   (D) be expired

해석	보증 기간은/ 11월 말에 만료될 예정이다.
정답과 해설	(A) be due to+동사 원형 ~할 예정이다 u.187쪽 (1)번 참조
어휘	be due(going, set, scheduled, slated, supposed, planning) to ~할 예정이다 expire 만료되다, 소멸하다

5 The contract between the two companies/ is _____ to expire at the end of the year.

    (A) put   (B) cut   (C) shut   (D) set

해석	두 회사 간의 계약은/ 연말에 만료될 예정이다.
정답과 해설	(D) be set to+동사 원형 ~할 예정이다 u.187쪽 (1)번 참조
어휘	contract 계약 be set(going, due, scheduled, slated, supposed, planning) to ~할 예정이다 expire 만료되다, 소멸하다

6 Harland & Wolff is _____ to show a profit,// but the future looks good.

(A) yet　　　　　　(B) already　　　　　　(C) still　　　　　　(D) never

해석	Harland & Wolff는 아직 수익을 내지 못했지만// 미래는 좋아 보인다.
정답과 해설	(A) be yet to=have yet to 아직 ~하지 않았다, 곧 ~하게 될 것이다 u.188쪽 (7)번 참조
어휘	show a profit 이익을 보이다, 이익을 내다 look good 좋아 보이다 already 이미 still 여전히 never 결코 ~이 아니다

7 The company has _____ to provide an adequate explanation for its actions.

(A) yet　　　　　　(B) already　　　　　　(C) still　　　　　　(D) never

해석	그 회사는 자사의 행동에 대해 적절한 해명을 아직 내놓지 않았다.
정답과 해설	(A) have yet to=be yet to 아직 ~하지 않았다, 곧 ~하게 될 것이다 u.188쪽 (7)번 참조
어휘	company 회사 provide 제공하다, 마련하다 adequate=appropriate=relevant=suitable 적절한 explanation 해명, 설명 action 행동 already 이미 still 여전히 never=not at all 결코 ~이 아니다

8 _____ the proper functioning of this machine,// thorough inspection should take place/ at regular intervals.

(A) Maintaining　　　(B) To maintain　　　(C) To be maintaining　　　(D) To maintenance

해석	이 기계의 적절한 기능을 유지하기 위해서는,// 철저한 검사가 이뤄져야 한다/ 정기적으로.
정답과 해설	(B) 문맥상 to 부정사의 부사적 용법(~하기 위하여)이 들어가야 하므로 u.189쪽 (1)번 참조
어휘	proper=pertinent=suitable=fit 절절한 function 작동(기능)하다 machine 기계 thorough 철저한 inspection 검사 take place=come about=come to pass 발생하다 at regular intervals=on a regular basis 정기적으로 maintain=sustain=keep up 유지하다

9 In the summer,/ most of the tourists visiting California should wear sunglasses/ _____ their eyes from sun.

(A) protect　　　　(B) protecting　　　　(C) to protect　　　　(D) to protecting

해석	여름에/ 캘리포니아를 방문하는 관광객 대부분은 선글라스를 착용해야한다/ 자신의 눈을 태양으로부터 보호하기 위해.
정답과 해설	(C) 문맥상 to 부정사의 부사적 용법(~하기 위하여)이 들어가야 하므로 u.189쪽 (1)번 참조
어휘	most 대부분 tourist 관광객 wear-wore-worn 착용하다 protect 보호하다

10 Airlines tend to make it easier _____ frequent travelers to check in their luggage onto a plane and to obtain their boarding pass.

(A) of　　　　　　(B) from　　　　　　(C) to　　　　　　(D) for

해석	항공사들은 자주 여행하는 사람들이 그들의 짐을 비행기에 싣고 탑승권을 얻는 것을 더 쉽게 만드는 경향이 있다.
정답과 해설	(D) to 부정사의 의미상의 주어는 for와 to 사이로 들어가므로 u.194쪽 (3)번 참조
어휘	Airlines 항공사 tend to=trend to=have a tendency to ~하는 경향이 있다 easy 쉬운 easier 더 쉬운 frequent 잦은, 빈번한 traveler 여행객 check in 체크인 하다 luggage=baggage 화물 plane 비행기 obtain=get=gain=come by 얻다 boarding pass 탑승권

11 Age didn't seem to _____ / to the new manager.

(A) important   (B) significant   (C) concern   (D) matter

해석	나이는 중요한 것 같지 않았다/ 새로 온 경영자에게.
정답과 해설	(D) seem to+동사 원형 ~인 것 같다, seem+형용사/seem like+명사 ~처럼 보인다 u.198쪽 A.번 참조
어휘	age 나이 matter to ~에게 중요하다, ~에게 문제가 되다 manager 경영자, 관리자 important=significant=consequential=momentous 중요한 concern 관련, 우려 ~와 관련이 있다

12 _____ use our online bill payment system,// you must first complete our registration process.

(A) In order to   (B) Before   (C) So that   (D) According to

해석	우리의 온라인 청구서 지불 시스템을 이용하려면,// 당신은 먼저 우리의 등록 절차를 완료해야 합니다.
정답과 해설	(A) 뒤에 동사의 원형이 왔으며, 문맥상 가장 자연스러우므로 u.206쪽 (9)번 참조
어휘	bill 청구서, 계산서 payment 지불 complete=fill in=fill out 작성하다 registration process 등록 절차 in order to=so as to=with a view to ~ing ~하기 위하여 so that=in order that ~하기 위하여 according to ~에 따르면

13 He was charged with possessing weapons with _____ to endanger life.

(A) intent   (B) intention   (C) association   (D) reservation

해석	그는 생명을 위험에 빠뜨릴 목적으로 무기를 소지한 혐의로 기소되었다.
정답과 해설	(A) with intent to=with the intent of=with the intention of ~할 목적으로 u.206쪽 (9)번 참조
어휘	be charged with ~으로 기소되다 possess=be possessed of 소유하다 weapon 무기 endanger 위험에 빠뜨리다 life 생명 intent 법적인(계획성이 강한) 의도 intention 일상의 가벼운 의도 association 연합, 연상, 교제 reservation 예약, 보류, 유보

14 "I never entered that bank with the _____ of harming anyone," Ms. Olson said.

(A) intent   (B) element   (C) basement   (D) development

해석	올슨씨는 "누구를 해칠 목적으로 그 은행에 들어간 적이 없다"고 말했다.
정답과 해설	(A) with the intent of=with the intention of=with intent to ~할 목적으로 u.206쪽 (9)번 참조
어휘	harm 해치다 intent 법적인, 계획성이 강한 의도 element 요소 basement 지하실 development 개발, 발달

15 He went to see the boss with the _____ of asking for a pay rise.

(A) interests   (B) sake   (C) intention   (D) advantage

해석	그는 임금 인상을 요구할 의향으로 사장을 찾아갔다.
정답과 해설	(C) with the intention of=with the intent of=with intent to ~할 의향(목적)으로 u.206쪽 (9)번 참조
어휘	ask for a pay rise 인금 인상을 요구하다 interests 이자, 이익 sake 이익 intention 일상의 가벼운 의도 advantage 장점

16 We will send you a reminder/ _____ you arrive on time for your appointment.

    (A) as   (B) in case   (C) lest   (D) in order that

해석	저희가 당신께 알림메시지를 보내드리도록 하겠습니다// 당신이 약속 시간에 정확히 도착하실 수 있도록.
정답과 해설	(D) 문맥상 'in order that(~하도록)'이 가장 자연스러우므로 u.206쪽 (9)번 참조
어휘	send-sent-sent 보내다 reminder 알림장, 독촉장 arrive 도착하다 on time 정각에, 정확히
	appointment 약속 in case ~할 경우를 대비해서 lest ~할까 두려워 in order that=so that ~하기 위해서

17 The travel expenses were _____ high this year that I was obliged to call off my vacation.

    (A) so   (B) such   (C) too   (D) very

해석	여행경비가 올해는 너무 많이 들어서 나는 어쩔 수 없이 휴가를 취소했다.
정답과 해설	(A) 형용사 high를 꾸며주는 부사이면서 동시에 that과 연결되므로: so ~that 너무 ~해서 u. 207쪽 참조
어휘	travel expenses 여행경비 this year 금년에
	be obliged(compelled, impelled, bound, forced) to 어쩔 수 없이 ~하다 call off=cancel 취소하다

18 He got up very late, _____ he missed the bus and was late for work.

    (A) that   (B) so that   (C) lest   (D) in order that

해석	그는 아주 늦게 일어났다.// 그래서 그는 버스를 놓치고 직장에 늦었다.
정답과 해설	(B) 문맥상 가장 자연스러우므로 (,so that) 그래서 u. 207쪽 참조
어휘	get up 일어나다 late 늦게 miss 놓치다 be late for work 직장에 늦다 lest=for fear that ~할까 두려워

* 조동사 다음에는 언제나 동사 원형이 오는 문제가 가장 자주 출제 됩니다.
* could/should/would/might의 의미차이를 구별하는 문제가 출제됩니다.

1 Development of tourism/ can actually _____ the local economy/ through high employment of the residents.

(A) stimulate　　(B) stimulating　　(C) stimulated　　(D) to stimulate

해석	관광 개발은/ 실제로 지역 경제를 활성화 할 수 있다/ 거주자들의 높은 고용을 통해서.
정답과 해설	(A) 조동사 다음에는 원형 동사가 오므로 u.212쪽 A번 참조
어휘	development 개발 tourism 관광 actually=really 실제로 local economy 지역 경제 through ~을 통해서 employment 고용 resident 주민, 거주민 stimulate 활성화 하다, 자극하다

2 The sales manager did everything he _____ / to avoid a reduction in sales.

(A) might　　(B) could　　(C) should　　(D) would

해석	판매부장은 자신이 할 수 있는 모든 일을 했다/ 판매 감소를 피하기 위해서.
정답과 해설	(B) 문맥상 '능력이나 가능'을 나타내므로 u.212쪽 C번 참조
어휘	sales manager 판매부장 avoid 피하다 reduction 감소 sales 판매

3 She _____ the house yet, for her car is still outside.

(A) can't have left　　(B) might have left　　(C) must have left　　(D) shouldn't have left

해석	그녀는 아직 집을 떠났을 리가 없다// 왜냐하면 그녀의 차가 아직도 밖에 있잖아.
정답과 해설	(A) 자동차가 밖에 있는 것으로 미루어 보아 can't have p.p ~했을 리가 없다 u.214쪽 I번 참조
어휘	leave-left-left 떠나다 yet 아직 for 왜냐하면 still 아직도, 여전히 outside 밖에

4 There is a chance that I _____ not be with you on your birthday.

(A) can　　(B) may　　(C) need　　(D) should

해석	내가 네 생일에 너와 함께 없을 가능성이 있어.
정답과 해설	(B) 가능성을 나타내는 조동사이므로 u.215쪽 D번/121쪽 (4)번 참조
어휘	chance=possibility=probability=feasibility=plausibility=likelihood 가능성

5 Customers may _____ merchandise within 30 days of purchase// unless original tags are removed.

(A) return　　(B) returned　　(C) be returned　　(D) to return

해석	고객은 구매 후 30일 이내에 상품을 반품할 수 있습니다// 원래 태그를 제거하지 않는 한.
정답과 해설	(A) 조동사 다음에 동사의 원형이 오며, 목적어가 있으므로 능동 u.215쪽 C번 참조
어휘	customer 고객 merchandise 집합적 상품 within 이내에 purchase 구매 unless ~하지 않는 한 original 원래의 tag 표, 태그 remove=get rid of 제거하다 return 반환하다

6 If I had known about the traffic problems, I _____ a different route.

(A) can't have taken (B) might have taken (C) must have taken (D) should have taken

> 해석　　　내가 교통 문제를 알았더라면, 나는 다른 길을 택했을지도 모른다.
>
> 정답과 해설　(B) 문맥상 'might have p.p ~했을지도 모른다'가 가장 자연스러우므로 u.216쪽 E번 참조
>
> 어휘　　　traffic problems 교통문제 different 다른 route 노선 can't have pp ~했을 리가 없다

7 He _____ the wrestling match,// but I don't know because I wasn't there.

(A) may well win (B) may not have win

(C) may not well have won (D) may well have won

> 해석　　　그가 씨름 경기에서 당연히 이겼겠지만,// 내가 거기 없었기 때문에 나는 모른다.
>
> 정답과 해설　(D) may well ~하는 것은 당연하다, ~할 가능성이 많다 u.216쪽 F번 참조
>
> 어휘　　　wrestling 씨름, 레슬링 match 시합 may(might, could) well ~하는 것은 당연하다, 당연히 ~할 수 있다

8 Look at Lilly's suntan. She _____ somewhere hot on vacation.

(A) could have gone (B) might have gone (C) must have gone (D) should have gone

> 해석　　　릴리의 선탠(피부가 탄 모습)을 봐. 그녀는 휴가를 어딘가 더운 곳으로 갔음에 틀림없다.
>
> 정답과 해설　(C) 피부가 탄 것으로 미루어 보아 must have p.p ~했음에 틀림없다 u.217쪽 C번 참조
>
> 어휘　　　suntan 볕에 그을음, 피부가 탄 모습 somewhere 어딘가 vacation 휴가
>
> 　　　　　could have p.p ~할 수 있었을 텐데 should have p.p ~했어야 했는데

9 When I was a highschool student,// I _____ all night for the exams.

(A) used to study (B) used to studying

(C) was used to study (D) was used to studying

> 해석　　　나는 고등학생이었을 때,// 시험을 위해 밤새도록 공부하곤 했다.
>
> 정답과 해설　(A) used to+동사원형 ~하곤 했다 u.223쪽 A번 참조
>
> 어휘　　　study all night 밤새 공부하다 for the exams 시험을 위해서, 시험을 대비해서

10 The new employees had a lot of difficulties at first,// but they are used _____ at night now.

(A) working (B) to work (C) to working (D) for working

> 해석　　　신입 사원들은 처음에는 많은 어려움을 겪었지만,// 지금은 밤에 일하는 데 익숙하다.
>
> 정답과 해설　(C) be used to ~ing ~하는 데 익숙하다 u.223쪽 B번 참조
>
> 어휘　　　employee 직원 a lot of=lots of=plenty of 많은 difficulty 어려움 at first 처음에는 at night 밤에

11 According to the instruction manual,// the water-proof materials should be used/ _____ the products.

   (A) wrap   (B) to wrap   (C) to wrapping   (D) to be wrapped

해석	사용 설명서에 따르면,// 방수 재질이 사용되어야한다/ 그 제품들을 포장하는 데.
정답과 해설	(B) be used to+동사원형 ~하는 데 사용되다 u.223쪽 B번 참조
어휘	according to ~에 따르면 instruction manual 사용 설명서 water-proof 방수의 materials 재질, 재료 products 제품

12 If the bus arrives at the terminal by 11:00,/ it will _____ us enough time to eat lunch// before we check into the hotel.

   (A) give   (B) giving   (C) given   (D) gave

해석	버스가 11시까지 터미널에 도착하면,/ 그것은 우리에게 점심을 먹을 충분한 시간을 줄 거야.// 우리가 호텔에 체크인하기 전에.
정답과 해설	(A) 조동사 다음에는 동사의 원형이 오므로 u.224쪽 D번/83쪽 미래시제 참조
어휘	arrive at=get to 도착하다 by ~까지 enough 충분한 lunch 점심 check into=check in 호텔에 체크인 하다

13 We asked the IT department/ when the new computers _____.

   (A) arrive   (B) will arrive   (C) would arrive   (D) was arriving

해석	우리는 IT(정보기술)부서에 물었다/ 언제 새 컴퓨터가 도착할 것인지를.
정답과 해설	(C) 주절의 시제가 과거이며 '과거에서 본 미래'를 나타내므로 u.225쪽 C번 참조
어휘	ask 묻다, 질문하다 IT=information technology 정보기술 when 언제 department 부서 arrive 도착하다

14 I would rather _____ to the dance party tonight.

   (A) not go   (B) to not go   (C) not going   (D) not to go

해석	나는 오늘 밤 댄스파티에 차라리 가지 않는 것이 좋겠어.
정답과 해설	(A) would rather 다음에 동사의 원형이 오므로 u.226쪽 F번 참조
어휘	would rather 차라리 ~하는 편이 낫다 tonight 오늘 밤

15 The board of directors/ should carefully _____ their sales goals// before the monthly meeting this week.

   (A) determine   (B) determining   (C) determined   (D) to determine

해석	이사회는/ 판매 목표를 신중하게 결정해야 한다// 이번 주 월례회의가 있기 전에.
정답과 해설	(A) 조동사 다음에는 원형 동사가 오므로 u.228쪽 A번/83쪽 참조
어휘	board of directors 이사회 carefully=with care=cautiously=discreetly 신중하게 sales goals 판매 목표 monthly 매 달의 determine=decide=settle 결정하다

16 Children _____ not be left unattended.

　(A) could　　　　　　(B) might　　　　　　(C) would　　　　　　(D) should

해석	아이들은 돌보지 않고 내버려두어서는(방치해두어서는) 안 된다.
정답과 해설	(D) 충고를 나타내는 조동사이므로 u.228쪽 A번/151쪽 (8)번 참조
어휘	leave ~unattended 방치해 두다, 돌보지 않고 내버려 두다 should ~해야 한다

17 You have studied for five consecutive days; you _____ be exhausted!

　(A) may　　　　　　(B) could　　　　　　(C) would　　　　　　(D) should

해석	너는 연속해서 5일 동안 공부했잖아. 너는 틀림없이 피곤할 거야!
정답과 해설	(D) 논리적인 결과를 나타내므로 u.228쪽 D번 참조
어휘	consecutive 연속적인 exhausted=tired out=worn out 지친, 녹초가 된
	may=might=could ~일지도 모른다, ~일 수도 있다 should=ought to 틀림없이 ~할 것이다

18 You _____ our conversation,// because it was private.

　(A) could have listened　　　　　　(B) might have listened

　(C) must have listened　　　　　　(D) shouldn't have listened

해석	너는 우리의 대화를 듣지 말았어야 했다.// 왜냐하면 그것은 사적인 대화였거든.
정답과 해설	(D) should have p.p ~했어야 했는데 u.229쪽 F번 참조
어휘	conversation 대화 private 사적인, 은밀한, 개인적인 could have p.p ~할 수 있었을 텐데
	might have p.p ~했을지도 모른다 must have p.p ~했음에 틀림없다
	shouldn't have p.p ~하지 말았어야 했는데

12. 조건문과 가정법 문제 (유니크 쏙쏙 영문법 12과: 토익 최고빈도 단원)

* 항상 다양한 조건접속사 문제가 출제됩니다.
* 가정법 현재(244쪽)는 약방의 감초처럼 항상 출제 됩니다.
* 주절의 시제를 보고 종속절의 시제를 맞추고, 종속절의 시제를 보고 주절의 시제를 맞추는 문제가 **나옵니다.**

1 If the computer develops a virus,/ then it _____ a technician.

    (A) need   (B) needs   (C) needed   (D) would need

해석	컴퓨터에 바이러스가 생기면,/ 그 때는 기술자가 필요해.
정답과 해설	(B) 무조건문이면서 3인칭 단수이므로 u.232쪽 [1]번 참조
어휘	develop a virus 바이러스가 생기다 need 필요로 하다 technician 기술자

2 _____ you are a normal person,// you require approximately eight hour's sleep every day.

    (A) As   (B) If   (C) Probably   (D) As if

해석	여러분이 정상인이라면,// 여러분은 매일 대략 8시간의 수면이 필요하다.
정답과 해설	(B) 무조건문의 접속사이므로 u.232쪽 [1]번 참조
어휘	normal person 정상인 require=need 필요로 하다 approximately=about=around=some 대략 every day 매일

3 If we don't sell all our bonds now,// we _____ lose everything.

    (A) are   (B) will   (C) did   (D) would

해석	만일 우리가 지금 모든 채권을 팔지 않으면,// 우리는 모든 것을 잃을 것입니다.
정답과 해설	(B) 제1 조건문에서 주절은 '조동사의 현재형'이므로 u.232쪽 [2]번 참조
어휘	sell-sold-sold 팔다 bonds 채권 lose-lost-lost 잃다

4 If we fail to receive financial aids from the government,// we _____ bankruptcy.

    (A) go   (B) will go   (C) would go   (D) should go

해석	정부로부터 재정 지원을 받지 못하면,// 우리는 파산 할 것이다.
정답과 해설	(B) 제1 조건문에서 주절은 '조동사의 현재형'이므로 u.232쪽 [2]번 참조
어휘	receive 받다 financial aid 재정적 지원 government 정부 go into bankruptcy=go bankrupt=go to smash 파산하다

5 _____ anyone wish to access the information on the status of his or her order,/ they should enter their password.

    (A) If   (B) Did   (C) Would   (D) Should

해석	누구든지 자신의 주문 상태에 대한 정보에 접속하려면,/ 암호를 입력해야 한다.
정답과 해설	(D) If가 생략된 제1 조건문이므로 u.233쪽 참조
어휘	wish to ~하고 싶어 하다 access 접속하다 status 상태 order 주문 enter 입력하다 password 비밀번호

6 Make sure to call me at once// should _____ have any problems accessing your computer.

(A) you (B) your (C) yours (D) yourself

해석	반드시 즉시 나에게 전화해// 컴퓨터에 접속하는 데 어떤 문제가 있으면.
정답과 해설	(A) 「if you should have...」에서 if가 생략되어 도치된 구문 u.233쪽 참조
어휘	make sure to 반드시(꼭) ~하다 call=telephone 전화하다
	at once=immediately=directly=instantly=promptly 즉시 access=have access to ~에 접속하다

7 She would not be so rude to her staff// if she _____ not the owner's daughter.

(A) was (B) were (C) would be (D) should be

해석	그녀는 그녀의 직원들에게 그토록 무례하지 않을 텐데// 만일 그녀가 소유주의 딸이 아니라면.
정답과 해설	(B) 제2 조건문(가정법 과거)이므로 u.234쪽 참조
어휘	rude=immodest=impolite=improper=impertinent=uncivil=discourteous=disrespectful 무례한
	staff 직원 owner 소유주, 주인

8 If I were you,/ I _____ consult an orthopedist.

(A) would have (B) could have (C) might have (D) would

해석	내가 너라면,/ 정형외과 전문의와 상담을 하겠어.
정답과 해설	(D) 충고할 때 if절의 시제가 '과거'이면, 주절의 시제는 '조동사의 would+동사원형' u.235쪽 참조
어휘	consult ~와 상담하다, 의사의 진찰을 받다 orthopedist 정형외과 전문의 plastic surgeon 성형외과 전문의

9 He wouldn't get good grades/ _____ he not to study harder.

(A) if (B) should (C) did (D) were

해석	그는 좋은 성적 얻지 못할 것이다/ 그가 더 열심히 공부하지 않는다면.
정답과 해설	(D) 「if he were not to study harder」에서 if가 생략되어 '도치된 구문' u.235쪽/242쪽 (3)번 참조
어휘	grade 성적, 학점, 등급, 학년 harder 더 열심히

10 If I _____ earlier that English is so easy,// I would never have given it up.

(A) knew (B) had known (C) have known (D) would have known

해석	영어가 이토록 쉽다는 것을 더 일찍 알았더라면,// 나는 결코 영어를 포기하지 않았을 텐데.
정답과 해설	(B) 제3 조건문(가정법 과거완료)의 If절 시제는 'had+p.p'이므로 u.237쪽 참조
어휘	earlier 더 일찍 easy 쉬운
	given(throw, chuck, turn, pass) up=leave(cast) off=give away=abandon=desert 포기하다

11 _____ Mr. Hampton been elected, he would have changed the social security system.

(A) If (B) Has (C) Had (D) Having

해석	Hampton 씨가 선출 되었더라면,// 그는 사회보장제도를 바꾸었을 텐데.
정답과 해설	(C) 주절의 시제가 가정법 '과거완료 시제'이므로 u.237쪽 참조
어휘	elect 선출하다 social security system 사회보장제도

12 If the job candidate hadn't been late for the interview,// she _____ the job.

(A) had got   (B) could get   (C) would get   (D) could have gotten

해석	입사 지원자가 면접시험에 늦지 않았더라면,// 그녀는 그 직업을 구할 수 있었을 텐데.
정답과 해설	(D) 제3 조건문(가정법 과거 완료)의 주절의 시제는 '조동사의 과거형+have+pp'이므로 u.237쪽 참조
어휘	job candidate 입사 지원자, 구직 희망자 late 늦은 get-got-got(gotten) 얻다, 구하다 job 직업

13 _____ he received the great news,// he would have let you know it at once.

(A) If   (B) Had   (C) Otherwise   (D) Unless

해석	만약 그가 그 좋은 소식을 들었더라면,// 그는 즉시 너에게 알려줬을 것이다.
정답과 해설	(B) 주절이 가정법 과거완료 시제이므로, 조건절도 과거 완료시제가 되어야 함: If를 생략한 구문 u.237쪽 참조
어휘	receive 받다, 소식을 듣다 great news 좋은 소식 otherwise 그렇지 않으면
	at once=immediately=directly=right away=off hand=out of hand 즉시 unless ~하지 않으면

14 We _____ Mr. Roberson's proposal in our evaluation// had the synopsis been delivered earlier.

(A) ought to have included   (B) should have included

(C) may have included   (D) might have included

해석	우리는 Roberson의 제안을 우리의 평가에 포함시켰을지도 모른다.// 만일 줄거리가 일찍 전달되었더라면.
정답과 해설	(D) 제3 조건문(가정법 과거 완료)의 주절의 시제는 '조동사의 과거형+have+pp'이므로 u.242쪽 (3)번 참조
어휘	synopsis=summery=outline 개요, 요약, 줄거리 deliver 전달(배달)하다 proposal 제안
	include=involve=encompass=embody 포함하다 evaluation=estimation=assessment=appraisal 평가

15 A few months ago/ this _____ more than enough.

(A) would be   (B) will have been   (C) would have been   (D) had been

해석	몇 달 전만 해도/ 이 정도면 충분하고도 남았을 것이다.
정답과 해설	(C) 과거(ago)를 상상했으므로 '가정법 과거완료' would have been(~했을 텐데) u.237쪽 참조
어휘	more than enough 충분하고도 남는

16 If I had worked harder in my school days,// I _____ in a comfortable office now.

(A) was working   (B) will be working

(C) would be working   (D) would have been working

해석	학창시절에 더 열심히 공부했더라면,// 나는 지금 편안한 사무실에서 일하고 있을 텐데.
정답과 해설	(C) 학창시절과 지금이 '혼합되어 있는 조건문'이므로 u.238쪽 참조
어휘	in one's school days 학창시절에 comfortable=cozy 편안한

17 He would be more successful now// _____ he had more time to study then.

(A) if   (B) had   (C) would   (D) supposed

해석	그는 지금 더 성공해 있을 텐데/ 그때 공부할 시간이 더 많이 있었더라면.
정답과 해설	(B) now와 then이 있으므로, if가 생략된 '혼합 조건문'이므로 u.238쪽 참조
어휘	successful 성공적인 now 지금 then 그때

18 The president has issued an order/ that the secretary _____ next month.

(A) resign   (B) will resign   (C) must resign   (D) have to resign

해석	대통령은 명령을 내렸다/ 비서에게 다음 달에 사임하라는 (명령을).
정답과 해설	(A) order 다음 that절에서는 '원형'이 오므로 u.244쪽 참조
어휘	president 대통령 issue an order 명령을 발표하다 secretary 비서 resign 사임(사직)하다

19 Last week, the manager suggested to the president// that he _____ a specialist to run the communication network.

(A) hire   (B) hired   (C) would hire   (D) had to hire

해석	지난주 부장은 사장에게 제안했다// 통신망을 가동할 수 있는 전문가를 고용할 것을.
정답과 해설	(A) suggest(제안하다)동사 다음 that절에서 '미래의 뜻을 나타낼 때는 원형'을 사용합니다. u.244쪽 참조
어휘	last month 지난 달 manager 부장, 관리자 suggest 제안하다 president 시장, 총장, 대통령 specialist 전문가 run 가동하다 communication network 통신망 hire=employ 고용(채용)하다

20 Have you seen my suggestion that work hours _____ reduced?

(A) is   (B) are   (C) be   (D) were

해석	근무 시간을 줄이자는 내 제안 봤어?
정답과 해설	(C) suggestion(제안) 다음 that절에서 '미래의 뜻이 올 때는 원형'이 오므로 u.244쪽 참조
어휘	suggestion 제안 work hours 근무 시간, 노동 시간 reduce=decrease=diminish=lessen=abate 줄이다

21 Hansen has proposed/ that I _____ his business partner.

(A) become   (B) became   (C) has become   (D) will become

해석	Hansen은 제안했다// 나에게 자신의 사업 파트너가 되어달라고.
정답과 해설	(A) propose(제안하다) 다음 that절에서 '미래의 뜻이 올 때는 원형'이 오므로 u.244쪽 참조
어휘	propose=suggest 제안하다 business partner 사업 파트너, 동업자

22 He made a proposal that the company _____ more land.

    (A) buy   (B) bought   (C) would buy   (D) had bought

해석	그는 회사가 더 많은 토지를 구입해야한다고 제안했다.
정답과 해설	(A) proposal 다음 that절에서는 '원형'이 오므로 u.244쪽 참조
어휘	make a proposal 제안하다 buy-bought-bought 사다 land 토지

23 The hostess insisted/ that we _____ so early.

    (A) did not leave   (B) must not leave   (C) were not to leave   (D) not leave

해석	안주인은 주장했다/ 우리에게 그렇게 일찍 떠나지 말라고.
정답과 해설	(D) insisted 다음 that절에서 '미래의 뜻이 올 때는 원형'이 오므로 u.244쪽 참조
어휘	hostess 안주인, 여주인 insist 주장하다 leave-left-left 떠나다 so early 그렇게 일찍

24 The chairman moved that the meeting _____ adjourned.

    (A) is   (B) was   (C) be   (D) would be

해석	의장은 회의를 휴회(연기)하자고 제안했다.
정답과 해설	(C) move(제안하다) 다음 that절에서는 '원형'이 오므로 u.244쪽 참조
어휘	chairman 의장 adjourn=suspend=recess=take a recess=go into recess 휴회하다, 연기하다

25 The certified public accountant requested// that the client _____ her bill at once.

    (A) pay   (B) paid   (C) must pay   (D) had to pay

해석	공인 회계사는 요청했다// 고객에게 즉시 청구서(계산서)를 지불 하라고.
정답과 해설	(A) request 다음 that절에서 '원형'이 오므로 u.244쪽 참조
어휘	certified public accountant 공인 회계사 request 요청하다 client 고객 bill 계산서, 청구서 at once=immediately=directly=promptly=right away=in no time=off hand=out of hand 즉시

26 State health inspectors have demanded// that the city _____ immediately/ to clean the water supply.

    (A) acted   (B) act   (C) acts   (D) must act

해석	주보건 조사관들은 요구했다// 시가 즉시 행동할 것을/ 급수를 정화하기 위해.
정답과 해설	(B) demand 다음 that절에서 '원형'이 오므로 u.244쪽 참조
어휘	state health inspector 주보건 조사관 demand 요구하다 immediately=instantly=at once=off hand 즉시 water supply 급수

27 He asked// that we _____ carefully to the directions// before starting the project.

    (A) listened   (B) were listening   (C) would listen   (D) listen

해석	그는 요청했다// 우리에게 지시사항을 주의 깊게 경청하도록// 프로젝트를 시작하기 전에.
정답과 해설	(D) ask 다음 that절에서는 '원형'이 오므로 u.244쪽 참조
어휘	ask 요청(요구)하다 carefully=with care=cautiously=circumspectively=discreetly 신중하게 directions 지시사항

28 The employees of the company insisted// that they _____ fully paid for working overtime.

(A) be   (B) were   (C) had to be   (D) must be

해석	그 회사의 직원들은 주장했다// 초과 근무에 대해 충분한 보수를 받아야 한다고.
정답과 해설	(A) insist 다음 that절에서 '미래의 뜻이 올 때는 원형'이 오므로 u.244쪽 참조
어휘	employee 직원 company 회사 insist 주장하다 fully 충분히, 완전히 pay-paid-paid 지불하다 work overtime=work extra hours 초과 근무하다

29 Experts have said// that it is desirable that the government _____ its current policies.

(A) change   (B) changes   (C) must change   (D) has to change

해석	전문가들은 말했다// 정부가 현재의 정책을 바꾸는 것이 바람직하다고.
정답과 해설	(A) desirable 다음 that절에서 '원형'이 오므로 u.244쪽 참조
어휘	expert 전문가 desirable 바람직한 government 정부, 내각, 정치 current 현재의 policy 정책

30 The manager was eager that his visitor _____ the new building.

(A) see   (B) saw   (C) had seen   (D) would see

해석	관리자는 방문객이 새 건물을 보기를 간절히 바랐다.
정답과 해설	(A) eager 다음 that절에서 '원형'이 오므로 u.244쪽 참조
어휘	manager 관리자 was eager that ~을 갈망하다 visitor 방문객

31 She recommended/ that I _____ Chapter 3 of the computer manual.

(A) review   (B) reviews   (C) reviewed   (D) must review

해석	그녀는 권했다/ 나에게 컴퓨터 설명서의 3 장을 재검토해보라고.
정답과 해설	(A) recommend 다음 that절에서 '원형'이 오므로 u.244쪽 참조
어휘	recommend 권장하다 review 재검토하다 chapter 장 manual 설명서

32 It is important that she _____ the meeting next Monday.

(A) attend   (B) attends   (C) will attend   (D) would attend

해석	그녀가 다음 주 월요일에 회의에 참석하는 것이 중요합니다.
정답과 해설	(A) important 다음 that절에서 '원형'이 오므로 u.244쪽 참조
어휘	important 중요한 attend 참석하다 Monday 월요일

33 It is crucial that you _____ there before Jason arrives.

(A) are   (B) be   (C) would be   (D) will be

해석	Jason이 도착하기 전에 네가 그곳에 가 있는 것은 매우 중요하다.
정답과 해설	(B) crucial 다음 that절에서는 '원형'이 오므로 u.244쪽 참조
어휘	crucial 매우 중요한 arrive=reach 도착하다

34 It's vital that the United States _____ on improving its public education system.

(A) focus   (B) focuses   (C) have to focus   (D) will focus

해석	미국은 공교육 시스템을 개선하는 데 초점을 맞추는 것이 지극히 중요하다.
정답과 해설	(A) vital 다음 that절에서는 '원형'이 오므로 u.244쪽 참조
어휘	vital 지극히 중요한, 절대 필요한 focus on ~에 초점을 맞추다 improve 개선하다 public education 공교육

35 It is imperative that the world _____ towards a solution to global warming// before the weather patterns of the world are disrupted irreparably.

(A) work   (B) works   (C) will work   (D) must work

해석	세계가 지구 온난화에 대한 해결책을 찾아 노력하는 것이 시급하다.// 세계의 기후 패턴이 돌이킬 수 없을 정도로 파괴되기 전에.
정답과 해설	(A) imperative 다음 that절에서 '원형'이 오므로 u.244쪽 참조
어휘	imperative=urgent=imminent=impending=pressing 시급한, 아주 중요한, 절박한

36 It is _____ that confidentiality agreements be signed/ at least three weeks prior to the project start date.

(A) willing   (B) imperative   (C) decisive   (D) resourceful

해석	기밀 유지 협정에 서명할 필요가 있다/ 적어도 프로젝트 시작일 3주 전에.
정답과 해설	(B) that절에 '원형 동사 be'가 왔으므로 u.244쪽 참조
어휘	confidentiality agreement 기밀 유지 협정 at least=not less than 적어도 prior to ~보다 전에
	willing 자발적인 imperative 절대 필요한 decisive 결정적인 resourceful 기략이 풍부한, 자원이 풍부한

37 It is necessary that a life guard _____ the swimming pool// while the children are taking their swimming lessons.

(A) monitor   (B) monitors   (C) have to monitor   (D) must monitor

해석	인명 구조원이 수영장을 감시할 필요가 있다.// 아이들이 수영 강습을 받는 동안 .
정답과 해설	(A) necessary 다음 that절에서 '원형'이 오므로 u.244쪽 참조
어휘	necessary 필요한 life guard 인명 구조원 monitor 감시(관찰)하다 swimming pool 수영장

38 The evidence suggests// that single fathers _____ more likely to work than single mothers.

(A) are   (B) be   (C) should be   (D) must be

해석	증거는 시사한다// 미혼부들이 미혼모들보다 일할 가능성이 더 많다고.
정답과 해설	(A) suggest가 「시사하다」의 뜻일 때는 '문맥에 맞는 시제'를 사용합니다. u.245쪽 참조
어휘	evidence 증거 suggest 시사하다 single father 미혼부
	be likely to ~할 가능성이 있다 single mother 미혼모

39 Though there are no other witnesses,// she insists// that she _____ a strange man in the yard that night.

   (A) sees   (B) saw   (C) see   (D) should see

해석	다른 목격자는 없지만,// 그녀는 주장한다// 그날 밤 마당에서 어떤 낯선 남자를 보았다고.
정답과 해설	(B) '단순한 사실'을 주장하고 있는 상황으로 '주장한 것'보다 '본 것'이 '먼저'이므로 u.245쪽 참조
어휘	though 비록 ~이지만 witness 목격자 insist 주장하다 strange 낯선 yard 마당

40 The witnesses insisted// that the traffic accident _____ on the crosswalk.

   (A) occur   (B) occurred   (C) has occurred   (D) had occurred

해석	목격자들은 주장했다// 교통사고가 횡단보도에서 발생했다고.
정답과 해설	(D) 주장한 것보다 교통사고가 '먼저 발생했으므로' 대과거 u.245/83쪽 참조
어휘	witness 목격자 insist 주장하다 traffic accident 교통사고 crosswalk 횡단보도 occur=happen=accrue=take place=break out=come about=come to pass 발생하다

41 Though we understood the reasoning behind the instruction,// it was difficult not to say anything at all to one another/ and simply go about our day/ as though nothing _____.

   (A) happened   (B) had happened   (C) was happening   (D) were happening

해석	우리는 그 지침 배경의 추론(결론 도달 과정)은 이해하였지만,//서로 아무 말도 하지 않고, 그저 하루를 지내는 것은 어려웠다// 마치 아무 일도 없었던 것처럼.
정답과 해설	(B) '과거 이전에 아무 일도 없었던 것처럼'의 뜻이므로 u.248쪽 참조
어휘	though=although=even though 비록 ~이지만 reasoning 추론 instruction 지침, 지시 not at all=never 전혀 ~하지 않다 simply 그저, 단순하게 go about one's day 하루를 지내다 as though=as if 마치 ~인 것처럼 happen=occur=accrue=arise=take place=go on 발생하다

42 If it _____ for air,// nothing could live on this planet.

   (A) was not   (B) were not   (C) had not been   (D) has not been

해석	만약 공기가 없다면,// 이 지구상에는 아무것도 살 수 없을 거야.
정답과 해설	(B) 제2 조건문(가정법 과거)의 'If절 시제'이므로 u.249쪽 참조
어휘	if it were not for~=but for=except for=save for=without 이 없다면 air 공기 planet 행성, 지구

43 _____ it not been for your assistance,// I could not have finished the task.

   (A) If   (B) Have   (C) Had   (D) Though

해석	너의 도움이 없었더라면,// 나는 그 일을 끝마칠 수 없었을 거야.
정답과 해설	(C) 제3 조건문(가정법 과거)에서 'If가 생략된 문장'이므로 u.249쪽 참조
어휘	if it had not been for ~=but(except, save) for 이 없었더라면 assistance 도움, 원조 finish=have done with 끝마치다 task 일, 과업

44 I'll be there at six as scheduled/ _____ the train is late.

  (A) besides   (B) if   (C) unless   (D) as

해석	나는 예정대로 6시에 그곳에 도착하게 될 거야/ 기차가 늦지 않는 한.
정답과 해설	(C) 주절의 내용을 바탕으로 추론하여 '~하지 않는 한'이 가장 자연스러우므로 u.251쪽 참조
어휘	as scheduled 예정대로 train 기차 late 늦은, 지각한 as ~할 때, ~때문에, ~함에 따라
	besides=moreover=furthermore=what is more=on top of that=by the same token 게다가

45 _____ the products are packed with extreme care,// they are apt to get broken.

  (A) If   (B) Granted that   (C) Unless   (D) While

해석	그 제품들은 지극히 조심스럽게 포장하지 않으면,// 깨지기 쉽습니다.
정답과 해설	(C) 주절의 내용으로 보아 '~하지 않으면'이 들어가야 하므로 u.251쪽 참조
어휘	product 제품 pack 포장하다 with extreme care 지극히 조심스럽게
	be apt(likely, liable, prone, inclined) to ~하기 쉽다 get broken 깨지다
	granted that ~하지만, ~한다 하더라도 unless ~하지 않으면 while ~하는 동안에, ~하면서

46 _____ the highway expansion project is approved,// rush hour traffic into the city/ will continue to worsen.

  (A) If   (B) Since   (C) While   (D) Unless

해석	고속도로 확장 사업이 승인되지 않는 한,// 시내로 들어가는 출퇴근 시간의 교통은/ 계속해서 악화될 것이다.
정답과 해설	(D) 문맥상 '~하지 않는 한'이 들어가야 가장 자연스러우므로 u.251쪽 참조
어휘	highway 고속도로 expansion 확장 project 사업, 공사 approve 승인하다
	rush hour 출퇴근 시간 traffic 교통 continue to=keep~ing=go on~ing 계속 ~하다
	worsen 악화되다 if ~한다면 since ~한 이래로 while ~하는 동안에 unless ~하지 않는 한

47 You should check with the manager,// _____ you might get in trouble/ for making the decision for yourself.

  (A) if   (B) unless   (C) in case   (D) otherwise

해석	부장님께 확인해 봐,// 그렇지 않으면 어려움에 처할 수도 있으니까/ 혼자 결정했다는 이유로.
정답과 해설	(D) 주절에 '어려움에 처할 수도 있다'는 내용이 나오므로 '그렇지 않으면'이 들어가야 함 u.253쪽 [21]번 참조
어휘	check with ~에게 문의(조회)하다 otherwise 그렇지 않으면 get into trouble 어려움(곤란한 상황)에 처하다 decision 결정 for oneself=on one's own=independently 혼자서 unless ~하지 않는 한 in case ~할 경우를 대비해서

48 He _____ promoted// except that he was so lazy.

  (A) can be   (B) must have been   (C) should be   (D) might have been

해석	그는 승진했을지도 모른다// 그가 그토록 게으르지 않았더라면.
정답과 해설	(D) except that절에 직설법 과거가 왔으므로 앞 절은 '가정법 과거완료' 시제가 와야 함 u.255쪽 참조
어휘	promote 승진시키다 except that ~하지 않았더라면 lazy=idle 게으른

49 They _____ badly injured,// but they were wearing seat belts.

(A) would be　　(B) must have been　　(C) should be　　(D) would have been

해석	그들은 심하게 다쳤을 것이다.// 하지만 안전벨트를 매고 있었다.
정답과 해설	(D) but 다음에 직설법 과거가 왔으므로 앞 절은 '가정법 과거완료' 시제가 와야 함 u.255쪽 참조
어휘	badly injured 심하게 다친 wear-wore-worn 착용하다 seat belt 안전벨트, 좌석벨트

50 We _____ the summit,// only the weather got bad.

(A) had reached　　(B) reached　　(C) would reach　　(D) would have reached

해석	우리는 정상에 도달했을 텐데.// 하지만 날씨가 나빠졌어(그래서 정상에 도달하지 못했어).
정답과 해설	(D) only 다음에 직설법 과거가 왔으므로 앞 절은 '가정법 과거완료' 시제가 와야 함 u.255쪽 참조
어휘	reach 도달하다 summit 정상 only=but 그러나 weather 날씨 get bad 나빠지다

51 I could have attended the meeting,// _____ it rained cats and dogs.

(A) however　　(B) but　　(C) and　　(D) otherwise

해석	나는 그 회의에 참석할 수 있었을 것이다// 하지만 비가 억수같이 내렸거든(그래서 참석 못했어).
정답과 해설	(B) 앞 절이 가정법 과거완료 시제이고, 뒤 절이 직설법 과거이므로 u.255쪽 참조
어휘	attend 참석하다 rain cats and dogs=rain very heavily 비가 억수같이 내리다

52 Liz would have run,// _____ she didn't want to appear to be in a hurry.

(A) however　　(B) except that　　(C) and　　(D) otherwise

해석	Liz는 뛰었을 것이다.// 하지만 그녀는 서두르는 것처럼 보이고 싶지 않았다.
정답과 해설	(B) 앞 절이 가정법 과거완료 시제이고, 뒤 절이 직설법 과거이므로 u.255쪽 참조
어휘	run-ran-run 달리다 appear=seem ～처럼 보이다 be in a hurry 서두르다

53 I'd invite Frances to the party,// _____ I don't want her husband to come.

(A) however　　(B) or　　(C) only　　(D) otherwise

해석	난 프란시스를 파티에 초대할 텐데.// 하지만 나는 그녀의 남편이 오는 것을 원치 않아.(그래서 초대하지 않는 거야)
정답과 해설	(C) 앞 절이 가정법 과거 시제이고, 뒤 절이 직설법 현재이므로 u.255쪽 참조
어휘	invite 초대하다 however 그러나(접속부사) or=otherwise 그렇지 않으면 only=but 그러나(접속사)

54 It is best to keep a record of all checks you have written out,// _____ it becomes necessary to substantiate a cancelled check.

(A) if　　(B) even if　　(C) even though　　(D) in case

해석	서면으로 작성한 모든 수표의 기록을 보관하는 것이 가장 좋다.// 취소 된 수표를 입증 할 필요가 있을 경우를 대비하여.
정답과 해설	(D) 주절을 바탕으로 추론하여 'in case ～할 경우를 대비해서'가 가장 자연스러우므로 u.257쪽 참조
어휘	keep 보관하다 record 기록 check 수표 write out 서면으로 작성하다 necessary 필요한 substantiate=confirm=corroborate=endorse=prove=verity=vindicate 입증하다 a cancelled check 취소된 수표

01 Last month's issue of Fashion and Style/ featured Carrie Plimpton,/ an interior decorator with a special ability _____ a client's personality in her designs.
(A) capture
(B) capturing
(C) to capture
(D) for capturing

02 His work retains a pronounced individuality and originality that has _____ to be properly acknowledged.
(A) yet
(B) already
(C) still
(D) never

03 _____ the full coverage of the benefit,// local insurance companies also insure their assets with large insurance carriers.
(A) Ensuring
(B) To ensure
(C) To be ensure
(D) To be ensured

04 Multicom is planning to take over one of its minor competitors/ _____ itself in the telecommunications industry.
(A) establish
(B) establishing
(C) established
(D) to establish

05 High seasonal demand/ make it impossible/ _____ resort guests to be accommodated without advance reservations.
(A) of　　　　　(B) for
(C) from　　　　(D) that

06 If the delivery is late, we _____ the shipping charges.
(A) paid
(B) will pay
(C) are paying
(D) have paid

07 Interested applicants/ should _____ an impressing resumé and cover letter/ to the personnel department/ by next Friday.
(A) submit
(B) submitted
(C) be submitting
(D) be submitted

08 If the company reduced its deficit by half,// it _____ more competitive again.
(A) is
(B) will be
(C) would be
(D) would have been

09 _____ that the company was suffering from a money shortage,// we would not have made a contract with it.
(A) If we knew
(B) Should we know
(C) Did we know
(D) Had we known

10 She said// that if she had worked harder,/ she _____ earlier.
(A) would promote
(B) would be promoted
(C) would have promoted
(D) would have been promoted

TEST 5 정답 및 해설

01 (C)	02 (A)	03 (B)	04 (D)	05 (B)
06 (B)	07 (A)	08 (C)	09 (D)	10 (D)

01

|해석| Fashion and Style의 지난 달 호는/ Carrie Plimpton를 실었다/ 자신의 디자인에 고객의 개성을 포착할 수 있는 특별한 능력을 갖춘 실내 장식가인 Carrie Plimpton을.

|해설| ability to 동사 ~할 수 있는 능력: to 부정사의 형용사적 용법이 필요함 u.186쪽 (1)번 참조

|어휘| issue 호, 발행 feature 싣다, 다루다 interior decorator 실내 장식가 a special ability 특별한 능력 client 고객 personality 개성 capture 포착하다

02

|해석| 그의 작품은 아직 제대로 인정받지 못한 뚜렷한 개성과 독창성을 간직하고 있다.

|해설| have yet to 아직 ~하지 않았다, 곧 ~하게 될 것이다 u.188쪽 (7)번 참조

|어휘| work 작품 retain 보유하다 pronounced 뚜렷한 individuality 개성 originality 독창성 properly 제대로 acknowledge=recognize 인정하다 already 이미, 벌써 still 여전히 never=by no means 결코 ~이 아니다

03

|해석| 혜택의 충분한 범위를 보장하기 위하여,// 지방 보험 회사들은 또한 대형 보험 회사에 그들 자산을 보험에 가입시킨다.

|해설| 지역 보험회사들이 그들 자산을 대형 회사에 보험을 드는 목적을 나타내므로(~하기 위하여)이 u.189쪽 (1)번 참조

|어휘| ensure 보장(보증, 확보)하다 full 충분한 coverage 보상 범위 benefit 혜택, 수당 local 지방의 insurance company 보험회사 insure 보험에 가입하다 asset 자산 large insurance carrier 대형 보험회사

04

|해석| Multicom은 소규모 경쟁사 중 하나를 인수할 계획이다/ 통신 업계에서 자리를 잡기 위하여.

|해설| 문맥상 to 부정사의 부사적 용법(~하기 위하여)이 들어가야 하므로 u.189쪽 (1)번 참조

|어휘| be planning to ~할 계획이다 take over 인수하다 minor 소규모의 competitor 경쟁사 establish oneself 자리를 잡다 the telecommunications industry 통신업계

05

|해석| 높은 계절적 수요는/ 불가능하게 만든다/ 리조트 손님들이 사전 예약 없이 숙박하는 것을.

|해설| impossible의 경우, 의미상의 주어는 for ~to 사이로 들어가므로 u.194쪽 (3)번 참조

|어휘| seasonal demand 계절적 수요 guest 손님 impossible 불가능한 accommodate 숙박시키다 advance reservations 사전 예약

06

|해석| 배달이 늦을 경우, 저희가 배송료를 지불하겠습니다.

|해설| 제1 조건문이므로 u.232쪽 [2]번 참조

|어휘| delivery 배달, 전달 late 늦은 shipping charge 배송료

07

|해석| 관심 있는 지원자는/ 인상적인 이력서와 자기소개서를 제출해야합니다/ 인사과에/ 다음 금요일까지.

|해설| 조동사 다음에 원형동사가 오며, 목적어가 있으므로 능동태 u.228쪽 A번 참조

|어휘| interested 관심 있는 applicant 지원자 resume 이력서 impressing 인상적인 cover letter 자기 소개서 personnel department 인사과, 인사부 by ~까지 submit=tender=give(turn, send, hand) in 제출하다

08

|해석| 회사가 적자를 절반으로 줄이면,// 다시 경쟁력을 갖게 될텐데.

|해설| 제2 조건문의 주절은 '조동사의 과거형'이므로 u.235쪽 참조

|어휘| company 회사 reduce=decrease=lessen 줄이다 deficit 적자 ↔ surplus 흑자 competitive 경쟁력 있는

09

|해석| 그 회사가 자금 부족으로 고통 받고 있음을 알았더라면,// 우리는 그 회사와 계약을 맺지 않았을 것이다.

|해설| 주절의 시제가 가정법 '과거완료 시제'이므로 u.237쪽 참조

|어휘| company 회사 suffer from 고통을 당하다 shortage 부족 make a contract with ~과 계약을 맺다

10

|해석| 그녀는 말했다// 자신이 더 열심히 일했더라면/ 더 일찍 승진했을 것이라고.

|해설| 제3 조건문(가정법 과거 완료)의 주절의 시제는 '조동사의 과거형+have+pp'이므로 u.237쪽 참조

|어휘| promote 승진(진급)시키다, 장려하다 earlier 더 일찍

11 Jane _____ a French food for us last night// had she found the proper ingredients.
(A) would cook
(B) could cook
(C) would be cooking
(D) would have cooked

12 The world would be very boring today// if the computer _____ invented.
(A) wasn't
(B) weren't
(C) hasn't been
(D) hadn't been

13 The court has the power to order that illegal copies of the movie _____ destroyed.
(A) are
(B) will be
(C) be
(D) have to be

14 I suggest// that you _____ the job/ without renegotiating the salary.
(A) not take
(B) don't take
(C) will not take
(D) must not take

15 I move that the proposal _____ accepted.
(A) be
(B) is
(C) will be
(D) have to be

16 The ship's captain requested/ that all the passengers _____ emergency procedures.
(A) review
(B) reviewed
(C) must review
(D) had to review

17 Christine demanded// that I _____ allowed to take part in the negotiations.
(A) be
(B) am
(C) was
(D) had to be

18 Before signing the contract,// we ask that you _____ some time to review the terms thoroughly.
(A) take
(B) must take
(C) have to take
(D) should be taken

19 The monk insisted// that the tourists _____ the temple// until they had removed their shoes.
(A) did not enter
(B) had not entered
(C) would not enter
(D) not enter

20 He desired that the carpenter _____ space for another bookcase.
(A) leave
(B) left
(C) would leave
(D) was leaving

TEST 5 정답 및 해설

11 (D)	12 (D)	13 (C)	14 (A)	15 (A)
16 (A)	17 (A)	18 (A)	19 (D)	20 (A)

11

|해석| Jane은 어젯밤에 우리를 위해 프랑스 음식을 요리했을 텐데,// 그녀가 적절한 재료를 발견했다면.

|해설| 제3 조건문(가정법 과거 완료)의 주절의 시제는 '조동사의 과거형+have+pp'이므로 u.237쪽 참조

|어휘| a French food 프랑스 음식 last night 어젯밤 proper= pertinent=relevant=suitable 적절한 ingredient 재료

12

|해석| 세상은 오늘 날 매우 지루할 텐데// 컴퓨터가 발명되지 않았더라면.

|해설| '혼합 조건문'이므로 u.238쪽 참조

|어휘| boring=monotonous=uninteresting=dull=drab=even =tedious=boresome=prosaic 지루한 invent 발명하다

13

|해석| 법원은 불법 복제품이 파괴되도록 명령할 수 있는 권한을 갖고 있다.

|해설| order 다음 that절에서는 '원형'이 오므로 u.244쪽 참조

|어휘| court 법원 power 권한 order 명령하다 illegal 불법적인 copy 복제물 movie 영화 destroy 파괴하다

14

|해석| 나는 제안한다// 네가 그 일을 받아들이지 말 것을/ 월급을 재협상하지 않고서.

|해설| suggest(제안하다) 다음 that절에서 '미래의 뜻이 올 때는 원형'이 오므로 u.244쪽 참조

|어휘| suggest=propose 제안하다 job 일, 일자리 renegotiate 재협상하다 salary 월급

15

|해석| 자는 그 제안을 받아들일 것을 제안합니다.

|해설| move(제안하다) 다음 that절에서는 원형이 오므로 u.244쪽 참조

|어휘| proposal 제안 accept=assent to=comply with 받아들이다

16

|해석| 그 배의 선장은 요청했다/ 모든 승객에게 비상 절차를 재검토 하라고.

|해설| request 다음 that절에서 '원형'이 오므로 u.244쪽 참조

|어휘| captain 선장 request 요청하다 passenger 승객 review 재검토하다 emergency procedure 비상 절차, 응급조처

17

|해석| Christine은 요구했다// 내가 협상에 참여하는 것을 허용해 줄 것을.

|해설| demand 다음 that절에서는 '원형'이 오므로 u.244쪽 참조

|어휘| demand 요구하다 allow 허용하다 take part in= participate(partake) in 참여하다 negotiation 협상

18

|해석| 계약서에 서명하기 전에,// 시간을 내어 계약 조건을 철저히 재검토해 주실 것을 요청합니다.

|해설| ask 다음 that절에서 '원형'이 오므로 u.244쪽 참조

|어휘| contract 계약서 take time 시간을 내다
ask 요청하다 review 재검토하다 terms 계약 조건
thoroughly=drastically=downright=out and out
=through and through=every bit=all out 철저히

19

|해석| 승녀는 주장했다// 관광객들이 사원에 들어가서는 안 된다고// 신발을 벗기 전에는.

|해설| insist 다음 that절에서 '미래의 뜻이 올 때는 원형'이 오므로 u.244쪽 참조

|어휘| monk 승려 insist 주장하다 tourist 관광객 temple 사원 remove 벗다, 제거하다

20

|해석| 그는 목수가 다른 책장을 위해 공간을 남겨 주기를 바랐다.

|해설| desire 다음 that절에서는 '원형'이 오므로 u.244쪽 참조

|어휘| desire 갈망하다 carpenter 목수 leave 남기다
space 공간 bookcase 책장

21 The board of directors strongly recommended// that the chief executive officer's term _____ to at least five years.
(A) extend
(B) be extended
(C) has to be extended
(D) will be extended

22 It is extremely important that the people of the city _____ to voice their concerns over a new hotel being built on the bay.
(A) was allowed
(B) would be allowed
(C) would be allowed
(D) be allowed

23 It is crucial that a car _____ waiting for the boss// when the meeting is over.
(A) is
(B) be
(C) would be
(D) will be

24 It is imperative that the CEO _____ the present conditions of the department.
(A) understand
(B) understands
(C) will understand
(D) has understood

25 The White House insisted// that his departure/ _____ related to any incident,/ rather it was the result of ongoing conversations between him and Trump.
(A) be not
(B) was not
(C) should not be
(D) would not be

26 _____ we find someone to take over our task,// we won't be able to attend the convention.
(A) If
(B) Unless
(C) Since
(D) As

27 Children under the age of twelve/ will not be permitted in housewares department// _____ accompanied by an adult.
(A) if
(B) unless
(C) without
(D) otherwise

28 The machine can generate electricity/ using excess heat that would _____ be wasted.
(A) in case
(B) unless
(C) provided
(D) otherwise

29 I would have carried out my plan,// _____ I was poor in health.
(A) however
(B) but
(C) and
(D) otherwise

30 I'd be happy to do it for you,// _____ don't expect it to be done before next week.
(A) however
(B) otherwise
(C) on the contrary
(D) only

TEST 5 정답 및 해설

21 (B)	22 (D)	23 (B)	24 (A)	25 (B)
26 (B)	27 (B)	28 (D)	29 (B)	30 (D)

21

|해석| 이사회는 강력히 권고했다// 최고 경영자의 임기는 최소한 5년으로 연장되어야 한다고.

|해설| recommend 다음 that절에서 '원형'이 오므로 u.244쪽 참조

|어휘| The board of directors 이사회 strongly 강력히 recommend 권고(추천)하다 chief executive officer 최고 경영자 term 임기 at least=at the very least 최소한, 적어도

22

|해석| 그 도시의 사람들이 새로운 호텔이 만 위에 지어지는 것에 대한 그들의 우려를 표명할 수 있도록 허용하는 것이 매우 중요하다.

|해설| important 다음 that절에서 '원형'이 오므로 u.244쪽 참조

|어휘| extremely 대단히, 매우 important 중요한 allow 허용하다 voice 표명(표현)하다 concerns over ~에 대한 우려 build-built-built 짓다, 건설하다 bay 만, 평지

23

|해석| 차가 사장님을 기다리고 있는 것이 중요하다// 회의가 끝났을 때.

|해설| crucial 다음 that절에서는 '원형'이 오므로 u.244쪽 참조

|어휘| crucial 매우 중요한 wait for 기다리다 boss 사장, 우두머리 be over=come to an end 끝나다

24

|해석| CEO가 그 부서의 현 상황을 이해하는 것이 시급하다.

|해설| imperative 다음 that절에서 '원형'이 오므로 u.244쪽 참조

|어휘| imperative 시급한, 아주 중요한 CEO 최고 경영자 present 현재의 condition 상황, 조건 department 부서

25

|해석| 백악관은 주장했다// 그가 떠나는 것은/ 어떤 사건과도 관련이 없으며,/ 오히려 그것은 그와 트럼프 간의 지속적인 대화의 결과라고.

|해설| insisted가 과거시제이며 '단순한 사실'을 주장하고 있으므로 같은 시제가 되어야 함 u.245쪽 참조

|어휘| The White House 백악관 insist 주장하다 departure 출발, 떠나는 것 incident 사건 be related to=be connected with ~와 관련이 있다 rather 오히려 result 결과 ongoing 지속적인

26

|해석| 우리의 일을 떠맡을 사람을 찾지 못하면,// 우리는 총회에 참석할 수 없을 것입니다.

|해설| 주절의 내용을 바탕으로 추론하여 가장 자연스러우므로 u.251쪽 참조

|어휘| take over 떠맡다 task 일, 업무 be able to ~할 수 있다 attend 참석하다 convention 정기 총회, 전당 대회 unless ~하지 않는 한 since=as=seeing that ~때문에

27

|해석| 12세 미만의 아이들은/ 가정용품 부서에 (입장이) 허용되지 않는다// 성인을 동반하지 않는 한.

|해설| unless (they are) accompanied by an adult. 「성인을 동반하지 않는 한」이 가장 자연스러우므로 u.251쪽 참조

|어휘| under the age of ~세 미만 permit 허락하다 housewares department 가정용품 부서 be accompanied by ~을 동반하다 adult 성인

28

|해석| 이 기계는 전기를 생산할 수 있다/ 그렇지 않으면 낭비될 수 있는 과도한 열을 사용하여.

|해설| 문맥상 '그렇지 않으면(otherwise)'이 들어가야 가장 자연스러우므로 u.253쪽 (21)번 참조

|어휘| machine 기계 generate 생산하다 electricity 전기 excess heat 과도한 열 waste 낭비하다 in case ~할 경우를 대비해서 otherwise 그렇지 않으면 provided=providing ~한다면

29

|해석| 나는 나의 계획을 실행했을 것이다.// 하지만 나는 건강이 좋지 않았다.

|해설| 앞 절이 가정법 과거완료 시제이고, 뒤 절이 직설법 과거이므로 u.255쪽 참조

|어휘| carry out=carry through=implement=fulfill 실행하다 plan 계획 be poor in health 건강이 나쁘다

30

|해석| 내가 기꺼이 너를 위해 그 일을 해줄게.// 하지만 다음 주 전에 그 일이 끝날 거라고 기대하지는 마.

|해설| 앞 절이 가정법 과거 시제이고, 뒤 절이 직설법 현재이므로 u.255쪽 참조 only=but 그러나(접속사)

|어휘| be happy(glad, willing) to 기꺼이 ~하다 however 그러나(접속부사) on the contrary 도리어

13. 형용사 문제 (유니크 쏙쏙 영문법 13과)

＊ 빈칸의 좌우에 명사가 있는지 형용사가 있는지 먼저 확인하세요.

＊ 명사 앞에 형용사를 찾는 문제나, 형용사 뒤에 명사를 찾는 문제가 출제됩니다.

＊ 부정형용사(272–275쪽) 문제와 293쪽 뉘앙스가 가장 자주 출제됩니다.

1 The trip to Thailand was a lot of ＿＿＿＿＿＿.

    (A) fun   (B) funny   (C) yet   (D) already

해석	태국 여행은 정말 재미있었다.
정답과 해설	(A) a lot of 다음에 명사형이 오므로 u.262쪽 참조
어휘	trip 여행 a lot of=lot of=plenty of=much 많은

2 The figure skater, Kim Yŏn-ah,/ exhibited complete ＿＿＿＿＿＿.

    (A) confidence   (B) confident   (C) confidential   (D) competent

해석	피겨스케이팅 선수 김연아는/ 완벽한 자신감을 보였다.
정답과 해설	(A) 형용사(complete: 완벽한) 다음에 명사가 오므로 u.262쪽/263쪽 ⑥번 참조
어휘	figure staker 피겨스케이팅 선수 exhibit=show 보이다 complete 완전한 confidence 자신감 confident 자신 있는 confidential 은밀한 competent 유능한

3 According to the memorandum,// all the accountants of this consulting firm/ should obtain national accounting ＿＿＿＿＿＿ within a year.

    (A) certify   (B) certified   (C) certifiable   (D) certification

해석	양해 각서에 따르면,// 이 컨설팅 회사의 모든 회계사는/ 1년 이내에 국가 회계 인증을 받아야한다.
정답과 해설	(D) obtain의 목적어로 형용사(national)다음에 명사가 들어가야 하므로 u.262쪽 참조
어휘	according to ～에 따르면 memorandum 양해 각서, 규약, 비망록 accountant 회계사 firm 회사 obtain=acquire=come by 얻다 national accounting certification 국가 회계 인증 within ～이내에 certify 보증하다, 증명서를 교부하다 certifiable 증명(보증)할 수 있는 certification 보증, 증명

4 Now under new ＿＿＿＿＿＿,// Innsmouth Fishing/ is expected to make a quick recovery.

    (A) lead   (B) leader   (C) leading   (D) leadership

해석	이제 새로운 지휘 하에서,// Innsmouth Fishing(T셔츠 회사명)은/ 빠른 회복을 할 것으로 예상됩니다.
정답과 해설	(D) 형용사 다음에 명사자리이며, 관사 'a'가 없으므로 추상명사 leadership이 와야 하죠. u.262쪽 참조
어휘	be expected to ～할 것으로 예상(기대)되다 make a quick recovery 빠른 회복을 하다 lead 이끌다 leader 지도자 leading 주도적인 leadership 지도력, 지휘

5 Mark and Tom have decided/ to open a separate _____ / for research and development.

(A) office   (B) officer   (C) official   (D) officially

해석	Mark 과 Tom은 결정했다/ 각자의 사무실을 열기로/ 연구 개발을 위해서.
정답과 해설	(A) 형용사 뒤에는 명사가 와야 하며, open이라는 동사의 목적어이므로 u.262쪽 참조
어휘	decide=determine=resolve=make up one's mind 결심하다 research 연구 development 개발 separate 따로따로의 The couple sleep in separate rooms. (딴 방에서 자다) office 사무실 officer 장교 official 공식적인 officially 공식적으로

6 Mark has a striking _____ / for the position of sales director.

(A) qualify   (B) qualifying   (C) qualified   (D) qualification

해석	Mark는 뛰어난 능력을 갖고 있다/ 영업이사직에.
정답과 해설	(D) 형용사 뒤에는 명사가 오므로 u.262쪽 참조
어휘	striking=outstanding=remarkable=conspicuous 뛰어난 position of sales director 영업이사직 qualify 자격을 주다 qualification 자격, 자질, 능력

7 I think we have to reschedule the _____ Monday morning meeting for Tuesday.

(A) regular   (B) regularly   (C) regularize   (D) regularity

해석	내 생각에 우리는 월요일 아침 정기 회의를 화요일로 재조정해야 할 것 같아.
정답과 해설	(A) 명사 앞에는 형용사가 오므로 u.262쪽 참조
어휘	have to ~해야 한다 reschedule 재조정하다 regular 정기적인, 규칙적인 regularly 규칙적으로, 정기적으로 regularize 조정하다, 질서 있게 하다 regularity 규칙성, 정기적임

8 The people stopped near the sea/ to observe the _____ fishes swimming nearby.

(A) color   (B) colorful   (C) colored   (D) coloring

해석	그 사람들은 바닷가에 멈추었다/ 다채로운 물고기들이 근처에서 수영하고 있는 것을 관찰하기 위해서.
정답과 해설	(B) 명사 앞에는 형용사가 오므로 u.262쪽 참조
어휘	near 근처에 sea 바다 observe 관찰하다 colorful 다채로운, 화려한 nearby 근처에서

9 The mayor has taken _____ measures/ to shift passenger traffic from road to rail.

(A) signify   (B) significant   (C) significantly   (D) significance

해석	시장은 중요한 조치를 취했다/ 승객의 교통을 도로에서 철도로 옮기기 위해.
정답과 해설	(B) 명사 앞에는 형용사가 오므로 u.262쪽 참조
어휘	mayor 시장 take measures 조치를 취하다 shift 옮기다, 변속하다 passenger 승객 from road to rail 도로에서 철도로 traffic 교통 signify 의미(상징)하다 significant 중요한, 상당한 significantly 의미심장하게 significance=importance=consequence=moment=account 중요성

10 NK-Tech Plus/ offers _____ cell phone service/ at low monthly rates.

(A) relying   (B) reliable   (C) reliably   (D) reliableness

해석	NK-Tech Plus는/ 신뢰할 수 있는 휴대전화 서비스를 제공한다/ 월별 저렴한 요금으로.
정답과 해설	(B) 명사 앞에는 형용사가 오므로 u.262쪽 참조
어휘	offer 제공하다 at low monthly rates 월별 저렴한 요금으로

11 The entire engineering team/ has demonstrated tremendous _____ / notwithstanding the latest cutbacks in funding.

(A) cooperate   (B) cooperative   (C) cooperatively   (D) cooperation

해석	기술 팀 전체는/ 엄청난 협력을 보였다/ 최근의 자금 삭감에도 불구하고.
정답과 해설	(D) 형용사 다음에는 명사형이 오므로 u.262쪽 참조
어휘	demonstrate=show 보여주다 notwithstanding=in spite of=despite ~에도 불구하고 cutbacks in funding 자금 삭감 latest 최근의 cooperate=collaborate 협력하다 cooperative 협조적인 cooperatively 협력하여 cooperation 협력, 협조

12 By what date do you believe that the reform of local government will be _____ ?

(A) finish   (B) finishing   (C) completing   (D) complete

해석	며칠까지 지방정부 개혁이 완료될 것으로 보십니까?
정답과 해설	(D) 서술적 용법의 complete는 finished(완료된/완성된)의 동의어입니다. u.263쪽 (8)번 참조
어휘	by what date 며칠까지 believe 믿다 reform 개혁 local government 지방정부 finish 끝내다, 끝나다 complete 완성하다, 완전한, 완성된

13 State governments and local residents/ have been _____ / in developing and financing educational programs.

(A) cooperate   (B) cooperated   (C) cooperative   (D) cooperatively

해석	주정부와 지역 주민들은/ 협력해왔습니다/ 교육 프로그램을 개발하고 자금을 조달하는 데.
정답과 해설	(C) be동사의 보어로서 형용사가 필요하므로 u.262쪽 참조
어휘	state government 주정부 local resident 지역 주민 develop 개발하다 finance 자금을 조달하다 educational 교육적인 cooperate 협력하다 cooperative 협조적인, 협력적인 cooperatively 협력적으로

14 News.com is designed to keep the industry _____ of business news and emerging trends that impact the marketplace.

(A) attentive   (B) covered   (C) in contact   (D) abreast

해석	News.com은 업계가 비즈니스 뉴스와 시장에 영향을 미치는 새로운 동향을 알리기 위해서 고안되었다.
정답과 해설	(D) keep A abreast of B: A에게 B를 알리다/보조를 맞추게 하다 u.265쪽 ⑦번 참조
어휘	design 고안하다 the industry 업계 emerging 새로 생겨나는, 출현하는 trend 동향, 추세 marketplace 시장, 장터 attentive 주의 깊은, 세심한 impact=affect=influence=have an effect(impact, influence) on ~에 영향을 미치다

15 The editor had selected an article to include in the next issue of New Generation Fashion,// but he left his office without mentioning _____ one.

(A) for   (B) any   (C) only   (D) which

해석	편집자는 신세대 패션의 다음 호에 포함시킬 기사를 선정했지만,// 어느 기사를 (선정했는지) 언급하지 않고 사무실을 떠났다.
정답과 해설	(D) which one he had selected에서 he had selected가 중복되어 생략된 구문으로 의문형용사 u.271쪽 참조
어휘	editor 편집자 select=choose=pick out 선정하다 article 기사 include=involve=encompass=contain=comprise 포함시키다 issue 호, 판, 발행물 generation 세대 leave-left-left 떠나다 without ~없이 mention=speak of 언급하다

16 Please don't forget to include _____ on your resume.

(A) all informations   (B) all your information

(C) your all information   (D) the all information

해석	이력서에 당신의 모든 정보를 포함시키는 것을 잊지 마세요.
정답과 해설	(B) 'all+한정사+명사'의 어순이며, information은 셀 수 없는 명사이므로 u.272쪽 b)번 참조
어휘	forget to ~할 것을 잊다 include=involve=incorporate=encompass=embody=count in 포함하다 resume 이력서

17 Swimmers must always perform _____ warm-up exercises/ before starting a game.

(A) few   (B) a few   (C) little   (D) much

해석	수영 선수들은 항상 약간의 준비운동을 해야 한다/ 경기를 시작하기 전에.
정답과 해설	(B) 뒤에 복수 명사가 왔으며, 긍정의 의미가 와야 하므로 u.274쪽 참조
어휘	swimmer 수영 선수 must=have to ~해야 한다 always 항상 perform 수행하다 warm-up exercise 준비 운동

18 The emergency meeting was called for 1:30 a.m.,// which left _____ time for him to get a wink of sleep.

(A) few   (B) little   (C) a few   (D) a little

해석	긴급회의는 새벽 1시 30분에 소집되었다[1시 30분 예정],// 그로 인해 그는 눈 붙일 시간이 거의 없었다(거의 한 숨도 못 잤다).
정답과 해설	(B) time이 단수 명사이며, 문맥상 '거의 못 잤다'는 내용이 되어야 하므로 u.274쪽 참조
어휘	emergency meeting 긴급회의 call 소집하다, 부르다 a.m.=ante meridiem 오전 leave-left-left 남기다 a wink of 잠간의 few+복수/little+단수: 거의 없는, a few+복수/a little+단수 약간 있는

19 Thirty years ago, _____ people experienced the dramatic development in technology that has come about.

(A) few   (B) a few   (C) little   (D) many

해석	30년 전에/ 지금까지 발생한 극적인(눈부신) 기술 발달을 경험한 사람은 거의 없었다.
정답과 해설	(A) 복수형 people을 수식하면서 동시에 부정의 의미가 되어야 하므로 u.274쪽 참조
어휘	experience=go(pass) through 경험하다 dramatic 극적인, 눈부신 development 발달 come about=come to pass=take place=break out=betide=befall=transpire 발생하다

20 There are so _____ things we disagree about.

    (A) much   (B) least   (C) little   (D) many

해석	우리가 뜻이 맞지 않는 것들이 아주 많습니다.
정답과 해설	(D) 뒤에 복수명사가 왔으므로 u.275쪽
어휘	disagree about ~에 대해 뜻이 맞지 않다, ~에 대해 동의하지 않다 much+단수 명사 little-less-least 적은

21 After _____ consideration,/ they have finally arrived at a conclusion.

    (A) many   (B) much   (C) a lot   (D) a number of

해석	많은 고려(숙고) 끝에,/ 그들은 마침내 결론에 도달했습니다.
정답과 해설	(B) 뒤에 단수명사가 왔으므로 u.275쪽 참조
어휘	finally=ultimately=eventually=at last(length)=in the end(ultimate, event) 마침내 consideration 고려, 숙고, 참작 arrive at a conclusion=reach a conclusion 결론에 도달하다 a lot 많이 a lot of=lots of=plenty of 양이나 수가 많은 a number of=many 많은

22 _____ employees/ attended the celebration party last Friday.

    (A) Much   (B) A lot   (C) A little   (D) Many

해석	많은 직원들이/ 지난 금요일에 축하 파티에 참석했다.
정답과 해설	(D) 복수 명사를 꾸며주므로 u.275쪽 참조
어휘	employee 직원 attend 참석하다 celebration party 축하 파티 much+단수: 많은 a lot 많이 a little+단수: 적은

23 There are not _____ people who dislike chocolates.

    (A) many   (B) much   (C) a lot   (D) a few

해석	초콜릿을 싫어하는 사람은 별로 없다.
정답과 해설	(A) people이 복수이므로 u.276쪽 참조
어휘	dislike=hate 싫어하다 not ~many(much) 별로 없다

24 The new McDonald's chain/ is attracting _____.

    (A) many clients   (B) much customers

    (C) a number of clients   (D) a number of customers

해석	그 새로운 맥도날드 체인점은/ 많은 고객들을 끌어들이고 있다.
정답과 해설	(D) 물건이나 식품을 사는 고객이며, 복수명사이므로 u.277쪽 참조
어휘	chain 체인점 attract 끌어들이다 customer 물건이나 상품을 가게에서 사는 고객 client 전문적 서비스를 받는 고객

25 Since the early 1990s, a great _____ of change has occurred in the global information technology industry.

(A) deal   (B) number   (C) volume   (D) quality

해석	1990년대 초반부터 세계 정보 기술 산업에 꽤 많은 변화가 일어났다.
정답과 해설	(A) a great deal of+단수 「양적으로 꽤 많은」 u.277쪽 참조
어휘	a great(good) deal of=quite a little=no little=not a little=a large amount of 꽤 많은 since the early 1990s 90년대 초부터 global information technology industry 세계 정보 기술 산업 occur=accrue=arise=take place=break out=crop up=come about=come to pass 발생하다

26 I think// all managers must help _____ subordinate develop his or her capabilities.

(A) each   (B) each of   (C) all   (D) all of the

해석	나는 생각한다// 모든 경영자는 각 부하직원이 자신의 능력을 개발하도록 도와야 한다고 생각합니다.
정답과 해설	(A) each+단수=each of the 복수 u.278쪽 E번을 꼭 참조 참고하고 기억해 두세요.
어휘	manager 경영자, 관리자 subordinate 부하직원 develop 개발하다 capability 능력

27 The temple in the forest/ is over 200 hundred _____.

(A) year-old   (B) years old   (C) old years   (D) years aged

해석	숲속에 있는 그 사원은 200년이 넘었다.
정답과 해설	(B) 복합 형용사가 서술적으로 쓰일 때는 복수형을 사용하며 하이픈을 붙이지 않으므로 u.281쪽 A번 참조
어휘	temple 사원, 절 over=more than ~이상

28 The sales manager got married five years ago/ and has a _____ old son.

(A) four years   (B) four's year   (C) four-year-   (D) four-years-

해석	영업부장은 5년 전에 결혼해서/ 4살짜리 아들이 있다.
정답과 해설	(C) 명사를 꾸며주는 복합 형용사는 하이픈을 넣고 단수가 되어야 하죠. u.281쪽 A번 참조
어휘	sales manager 영업부장 get married 결혼하다

29 The secretary made a reservation/ for a _____ suite/ at the Shilla Hotel.

(A) two-room   (B) two rooms   (C) second room   (D) second rooms

해석	비서는 예약했다/ 방이 두 개 달린 스위트룸을/ 신라호텔에 있는 (스위트룸을).
정답과 해설	(A) 복합형용사가 명사를 수식할 때는 하이픈으로 연결하고 단수형을 사용해야 합니다. u.281쪽 A번 참조
어휘	secretary 비서 make a reservation 예약하다 a suite 거실이나 응접실이 달린 호텔방

30 _____ cottage in the farming village/ is well known to everybody.

(A) A green small   (B) Small green   (C) The small green   (D) The green small

해석	농촌에 있는 그 작은 녹색 농가는/ 모든 사람들에게 잘 알려져 있다.
정답과 해설	(C) 정해진 명사 앞에는 the를 붙이고, 형용사의 순서는 '크기+색깔'의 순이므로 u.285쪽 참조
어휘	cottage 농가, 오두막, 시골집 별장 farming village 농가 green 녹색 small 작은 be well known to ~에게 잘 알려져 있다

31 Business class is sold out,// but there are still a few seats _____ in first class.

(A) available　　　　(B) availability　　　　(C) to be available　　　　(D) availed

해석	비즈니스 석은 매진되었지만// 일등석에는 아직도 구할 수 있는 좌석이 몇 개의 남아 있습니다.
정답과 해설	(A) seats를 뒤에서 수식하는 형용사이므로 u.288쪽 (3)번 참조
어휘	be sold out 매진되다 still 여전히, 아직도 a few 몇 개의 seat 좌석 first class 일등석 available 이용할 수 있는, 구할 수 있는 availability 유효성, 이용도 avail 쓸모(효력, 가치)가 있다

32 There are no convincing reasons for believing that this would have a _____ effect on economic performance.

(A) beneficent　　　　(B) benevolent　　　　(C) beneficial　　　　(D) beneficiary

해석	이것이 경제적 성과에 유익한 영향을 미칠 것이라고 믿을 만한 설득력 있는 이유는 없다.
정답과 해설	(C) 문맥상 '유익한(beneficial)'이 들어가야 가장 자연스러우므로 u.293쪽 참조
어휘	convincing 설득력 있는 reason 이유 believe 믿다 have an effect(impact, influence) on ~에 영향을 끼치다 economic performance 경제적 성과 beneficent=benevolent 자애로운 beneficial 유익한 beneficiary 수익자, 녹봉을 받는

33 From this perspective,// the rioters are not a unique group/ but rather are _____ to others in the urban underclass.

(A) comparable　　　　(B) comparative　　　　(C) comparing　　　　(D) comparison

해석	이런 관점에서 보면,// 폭도들은 독특한 집단이 아니라/ 오히려 도시 하층 계급의 다른 사람들에게 비유할 수 있다.
정답과 해설	(A) 문맥상 '비유할 수 있는(comparable)'이 들어가야 가장 자연스러우므로 u.293쪽 참조
어휘	perspective 관점 rioter 폭도 unique 독특한, 굉장한 group rather 오히려 comparable 비유할 수 있는, 동등한 others=other people 다른 사람들 urban 도시의 underclass 하층민 comparative 비교에 의한 comparison 비교, 비유

34 The research examined the _____ effectiveness of the two medical treatments.

(A) comparable　　　　(B) comparative　　　　(C) comparing　　　　(D) comparison

해석	이 연구는 두 가지 의학적 치료법의 비교(상대적) 효과를 조사했다.
정답과 해설	(B) 문맥상 '상대적/비교에 의한(comparative)'이 들어가야 가장 자연스러우므로 u.293쪽 참조
어휘	research 연구 examine 조사하다 effectiveness 효과 medical 의학적인 treatment 치료 comparable 비유할 수 있는, 동등한, 견줄만한 comparative 비교에 의한 comparison 비교, 비유

35 You will feel more _____ at the interview// because you have already achieved success.

(A) confident　　　　(B) confidential　　　　(C) confiding　　　　(D) confidant

해석	너는 인터뷰에서 더 자신감을 느낄 거야.// 왜냐하면 너는 이미 성공을 거두었으니까.
정답과 해설	(A) 문맥상 '자신 있는(confident)'이 들어가야 가장 자연스러우므로 u.293쪽 참조
어휘	already 이미 achieve success 성공을 거두다 confident 자신 있는, 확신하는 confidential 은밀한 confiding 잘 속는, 쉽사리 믿는 confidant 믿을만한 사람

36 There is a _____ amount of evidence/ to indicate that patients see communication as a crucial part of their care.

(A) considered   (B) considerate   (C) considerable   (D) considering

해석	상당한 양의 증거가 있다/ 환자가 의사소통을 치료의 중요한 부분으로 보고 있음을 나타내는 (증거가).
정답과 해설	(C) 문맥상 '상당한(considerable)'이 가장 자연스러우므로 u.293쪽 참조
어휘	amount 양 evidence 증거 indicate 나타내다, 가리키다 patient 환자 communication 의사소통 crucial 중요한 care 치료 considered 잘 생각한 considerate 사려 깊은 considerable 상당한 considering ~을 고려해 볼 때

37 The recent slowdown in the US economy/ is likely to have a _____ impact/ on the rest of the world.

(A) considerable   (B) considered   (C) considering   (D) considerate

해석	최근 미국 경제의 둔화는/ 상당한 영향을 미칠 가능성이 있다/ 세계 다른 나라들에게.
정답과 해설	(A) 문맥상 '상당한(considerable)'이 가장 자연스러우므로 u.293쪽 참조
어휘	recent 최근의 slowdown 둔화, 경기후퇴 economy 경제 be likely to ~할 가능성이 있다 have an impact(influence, effect) on=act(tell, work) on ~에 영향을 미치다 the rest 나머지 considerable 상당한 considered 잘 생각한 considering=given ~을 고려해 볼 때 considerate 사려 깊은

38 She had married Fred/ without being in love with the kind and _____ man/ who was employing her.

(A) considered   (B) considerate   (C) considerable   (D) considering

해석	그녀는 Fred와 결혼했다/ 그 친절하고 사려 깊은 남자와 사랑에 빠지지 않고/ 자신을 고용하고 있던 (남자와).
정답과 해설	(B) 문맥상 '사려 깊은(considerate)'이 가장 자연스러우므로 u.293쪽 참조
어휘	be in love with ~와 사랑에 빠지다 kind 친절한 employ=hire 고용하다 considered 잘 생각한 considerate 사려 깊은 considerable 상당한 considering ~을 고려해 볼 때

39 It was very _____ of him to help us finish the project on schedule.

(A) considered   (B) considerate   (C) considering   (D) considerable

해석	우리가 그 프로젝트를 예정대로 끝낼 수 있도록 도와주다니 그는 참 사려 깊었다.
정답과 해설	(B) 문맥상 '사려 깊은(considerate)'이 가장 자연스러우므로 u.293/196쪽 (6)번 참조
어휘	on schedule 예정대로 considered 잘 생각한 considering=given ~을 고려해볼 때 considerable=substantial 상당한

40 Given the economic situations of our country,/ borrowing money at fixed rates/ is more _____.

(A) desirous   (B) desirable   (C) desiring   (D) to be desired

해석	우리나라의 경제 상황을 고려해볼 때,/ 고정금리로 돈을 빌리는 것이 더 바람직하다.
정답과 해설	(B) 문맥상 '바람직한(desirable)'이 가장 자연스러우므로 u.293/119쪽 참조
어휘	given=considering 고려해볼 때 economic situations 경제 상황 borrow 빌리다 at fixed rates 고정 금리로 desirous 갈망하는 desirable 바람직한 desire 갈망하다

41 Let's talk about Korean _____ growth and development/ over a cup of coffee.

   (A) economic   (B) economical   (C) economy   (D) industrious

해석	한국의 경제 성장과 발달에 대해서 얘기 좀 해보자/ 커피 한 잔 하면서.
정답과 해설	(A) economic growth 경제 성장 u.293쪽 참조
어휘	talk about ~에 대해 이야기 하다 economic 경제에 관한 economy 경제 economical=thrifty=frugal 검소한 industrious=diligent=assiduous=strenuous 근면한

42 In the long run,/ hiring and training a few telemarketing staff/ is much more _____, Denis says.

   (A) economic   (B) economical   (C) economically   (D) economy

해석	장기적으로,/ 몇 명의 통신 판매원을 고용하여 훈련하는 것이/ 훨씬 더 경제적이라고, Denis는 말한다.
정답과 해설	(B) economical 경제적인, 실속 있는, 절약하는 u.293쪽 참조
어휘	in the long run=in the final(last) analysis 결국, 장기적으로 hire=employ 고용하다 much=even=far=still=yet 훨씬 telemarketing staff 통신 판매원 a few 몇 명의 economic 경제와 관련한 economically 경제적으로 economy 경제, 절약

43 Yesterday, we looked around the _____ structures// that stand for the spirits of early American pioneers.

   (A) impressive   (B) impressionable   (C) expressive   (D) expressional

해석	어제 우리는 인상적인 구조물들을 둘러보고 있다// 초기 미국 개척자들의 영혼을 상징하는 (인상적인 구조물들을).
정답과 해설	(A) 문맥상 '인상 깊은(impressive) 구조물'이 자연스러우므로 u.293쪽 참조
어휘	look around 둘러보다 structure 구조물 stand for=symbolize=represent 상징하다 spirits 정신 pioneer 개척자 impressive 인상 깊은 impressionable 감수성이 예민한 expressive 잘 표현하는, 표정이 풍부한 expressional 표현과 관련한

44 Mexico has an _____ labour force and enormous natural resources.

   (A) industry   (B) industrial   (C) industrious   (D) industrially

해석	멕시코는 근면한 노동력과 엄청난 천연 자원을 가지고 있다.
정답과 해설	(C) 명사를 꾸며주는 형용사가 필요하며, 문맥상 '근면한(industrious)'이 가장 자연스러우므로 u.293쪽 참조
어휘	labour force 노동력 enormous=immense=vast=huge=gigantic=stupendous 엄청한 natural resources 천연자원 industry 산업, 근면 industrial 산업의 industrious=laborious=diligent=assiduous=sedulous 근면한 industrially 산업적으로

45 The factory/ has developed an ingenious way/ of dealing with _____ waste.

   (A) industry   (B) industrial   (C) industrious   (D) industrially

해석	공장은/ 독창적인 방법을 개발했다/ 산업 폐기물을 처리하는.
정답과 해설	(B) 명사를 꾸며주는 형용사가 필요하며, 문맥상 '산업의(industrial)'가 가장 자연스러우므로 u.293쪽 참조
어휘	factory 공장 develop 개발하다 ingenious 독창적인, 정교한 deal(do, cope) with=treat=handle 처리하다, 다루다 waste 폐기물 industry 산업, 근면 industrial 산업의 industrious=laborious=diligent=assiduous=sedulous 근면한 industrially 산업적으로

46 Although Mark wanted to attend the class reunion,// he told them _____ that he wouldn't be able to be with them because he would be in France at that time.

(A) respectful (B) respectfully (C) respectable (D) respectably

해석	Mark는 동창회에 참석하고 싶었지만,// 그들에게 정중하게 말했다// 그들과 함께할 수 없을 것이라고/ 당시 그는 프랑스에 있을 예정이어서.
정답과 해설	(B) 동사를 수식하는 부사가 필요하며, 문맥상 '정중하게(respectfully)'가 가장 자연스러우므로 u.293쪽 참조
어휘	although=though=even though 비록 ~하지만 the class reunion 동창회 be able to=can ~할 수 있다 attend 참석하다 respectful 정중한, 공손한 respectfully 정중하게 respectable 존경할만한 respectably 훌륭하게

47 In terms of population,// California and New York rank first and second _____.

(A) respectingly (B) respectfully (C) respectively (D) respectably

해석	인구 측면에서,// 캘리포니아와 뉴욕은 각각 1위와 2위를 차지한다.
정답과 해설	(C) 문맥상 '각각(respectively)'가 들어가야 가장 자연스러우므로 u.293쪽 참조
어휘	in terms(point) of=in the light of=from the viewpoint(standpoint) of ~의 측면에서 population 인구 rank 자리(순위)를 차지하다 respectfully 정중하게 respectively 각각 respectably 훌륭하게

48 We should always try to be _____ of other peoples and cultures.

(A) respectful (B) respectfully (C) respectable (D) respectably

해석	우리는 항상 다른 민족과 문화를 존중하려고 노력해야 한다.
정답과 해설	(A) 문맥상 '존중하는(respectful)'이 들어가야 가장 자연스러우므로 u.293쪽 참조
어휘	try(seek, strive) to ~하려고 노력하다 be respectful of=respect 존중하다 a people 민족 people 사람들 culture 문화 respectfully 정중하게 respectable 존경할만한 respectably 훌륭하게

49 Tony was always in trouble with the police when he was young,// but now he has become a _____ adult.

(A) respectful (B) respecting (C) respectable (D) respective

해석	토니는 어렸을 때 항상 경찰과 문제가 있었지만,// 지금은 어엿한(존경할 만한) 성인이 되었다.
정답과 해설	(C) 명사를 꾸며주는 형용사가 필요하며, 문맥상 '어엿한(respectable)'이 가장 자연스러우므로 u.293쪽 참조
어휘	trouble 말썽, 문제, 골칫거리 the police 경찰 become-became-become 되다 adult 성인 respectful 정중한, 공손한 respect 존경하다 respectable 존경할만한, 어엿한 respective 각자의

50 The leaders met/ to discuss the problems facing their _____ countries.

(A) respecting (B) respectful (C) respective (D) respectable

해석	지도자들은 만났다/ 각자의 국가가 직면하고 있는 문제들을 논의하기 위해.
정답과 해설	(C) 문맥상 '각자의(respective)'가 들어가야 가장 자연스러우므로 u.293쪽 참조
어휘	leader 지도자 meet-met-met 만나다 discuss 논의하다 problem 문제 face=confront 직면하다 respecting ~에 관하여 respectful 정중한, 공손한 respective 각자의 respectable 존경할만한, 훌륭한

51 It's _____ to keep a note of your passport number.

(A) sensible   (B) sensitive   (C) sensual   (D) sensuous

해석	여권 번호를 기록해 놓는 것은 현명한 일이다.
정답과 해설	(A) 문맥상 '현명한(sensible)'이 가장 자연스러우므로 u.293쪽 참조
어휘	keep a note of=write(put, take, jot, note) down ~을 기록해 놓다 passport 여권 sensible 현명한, 분별력 있는 sensitive 민감한, 예민한 sensual 관능적인, 육감적인 sensuous 감각적인

52 The administration claims// that the documents contain information of a highly _____ political nature.

(A) sensible   (B) sensitive   (C) sensual   (D) sensuous

해석	행정기관은 주장한다// 그 문서들이 매우 민감한 정치적 성격을 지닌 정보를 담고 있다고.
정답과 해설	(B) 문맥상 '민감한(sensitive)'이 가장 자연스러우므로 u.293쪽 참조
어휘	administration 행정, 행정기관 claim 주장하다 document 문서 contain 포함하다 information 정보 political 정치적인 highly 매우 nature 성격, 성질 sensible 현명한, 분별 있는 sensitive 민감한, 예민한 sensual 육감적인 sensuous 감각적인

53 Arthur was a highly _____ businessman.

(A) success   (B) successful   (C) successive   (D) succeeding

해석	Arthur는 매우 성공한 사업가였다.
정답과 해설	(B) 명사를 수식하는 형용사로서, 문맥상 '성공한(successful)'이 가장 자연스러우므로 u.293쪽 참조
어휘	highly 매우, 대단히 success 성공 successful 성공적인 successive 계속적인 succeed 성공하다, 계승하다

54 He won the World Championship for the third _____ year.

(A) success   (B) succession   (C) successful   (D) successive

해석	그는 세계 선수권 대회에서 3년 연속 우승했다.
정답과 해설	(D) for the third successive year 3년 연속 u.293쪽 참조
어휘	win-won-won 우승하다 success 성공 succession 계승, 연속 successful 성공적인 successive 계속적인, 계승의, 상속의

* 'as 원급 as/비교급 than/the 최상급 단수/one of the 최상급 복수'가 가장 많이 출제됩니다. (u. 298쪽)
* 빈칸의 좌우를 살펴서 원급/비교급/최상급 중 무엇이 가장 적합한지 찾아내세요.

1 The company's share price/ has _____ doubled since January.

(A) ever   (B) much more   (C) more than   (D) even more

해석	그 회사의 주가는/ 1월 이후로 두 배 이상이 되었다.
정답과 해설	(C) more than double 두 배 이상으로 증가하다—이런 표현은 암기해두세요.
어휘	share price 주가, 주식 가격 double 두 배가 되다 since 이후로 January 1월
	ever 항상 much more=still more ∞은 말할 것도 없이 more than 초과 even more 훨씬 더

2 The average Korean/ has grown _____ in recent generations.

(A) taller   (B) more tall   (C) very taller   (D) more taller

해석	한국인의 평균키는/ 최근 세대에 더 커졌다.
정답과 해설	(A) tall의 비교급은 'taller'잖아요. u.296쪽 참조
어휘	average 평균의, 표준의 grow tall 커지다 recent 최근의 generation 세대

3 Customers these days/ are _____ demanding than in the past.

(A) very   (B) much   (C) more   (D) as

해석	요즈음 고객들은/ 과거보다 더 까다롭다.
정답과 해설	(C) than 앞에 비교급이 와야 하므로 u.296쪽 참조
어휘	customer 고객 these days=nowadays 요즈음 demanding 까다로운, 요구를 많이 하는 past 과거

4 To finish the task on time,// we have to move forward _____ than usual.

(A) quicker   (B) quickly   (C) more quickly   (D) the quickest

해석	제때에 일을 끝내려면,// 우리는 평소보다 더 빨리 진행해야 합니다.
정답과 해설	(C) 뒤에 than이 왔으며, 부사의 비교급으로 quicker보다 more quickly더 흔한 표현이므로 u.296쪽 참조
어휘	finish 끝마치다 task 일 on time 정각에, 정해진 시각에
	have to=must ~해야 한다 move forward 전(진행)하다 than usual 평소보다

5 They had three daughters,/ but waited/ until their _____ daughter got married/ before moving to the suburbs.

(A) young   (B) younger   (C) youngest   (D) most young

해석	그들은 세 딸이 있었지만,/ 기다렸다/ 막내딸이 결혼할 때까지/ 그 후 교외로 이사했다.
정답과 해설	(C) 세 명 이상일 때는 최상급이 필요하므로 u.296쪽 참조
어휘	daughter 딸 marry=get married 결혼하다 move 이사하다 suburbs=outskirts 교외

6 The airport was _____ Mr. Brown had expected.

(A) the busiest   (B) busy as   (C) as busy   (D) busier than

해석	공항은 브라운씨가 예상했던 것보다 더 붐볐다.
정답과 해설	(D) as 원급 as/비교급 than이므로 u.298쪽 (1)번 참조
어휘	airport 공항 busy 붐비는, 바쁜 expect=bargain for 예상(기대)하다

7 When it comes to the interior design,// this cafe is not _____ as the one we went to last week.

(A) so better   (B) as good   (C) more better   (D) such the best

해석	실내 디자인에 관한 한,// 이 카페가 지난주에 우리가 갔던 카페만큼 좋지는 않다.
정답과 해설	(B) 뒤에 as가 왔기 때문에 u.298쪽 (1)번 참조
어휘	when it comes to=as for=as concerns(regards, respects)=concerning=regarding ~에 관한 한 as ~ as ~만큼 last week 지난주에

8 Lotte World is _____ building in Korea.

(A) the taller   (B) the tallest   (C) a tallest   (D) the most tall

해석	롯데월드는 한국에서 가장 높은 건물이다.
정답과 해설	(B) 최상급 앞에 the가 붙으므로 u.298쪽 (2)번 참조
어휘	tall 높은, 키 큰 building 건물

9 The presentation/ will focus on first quarter profits/ _____ than employee professional development.

(A) instead   (B) better   (C) rather   (D) but

해석	그 발표는/ 1/4분기 이익에 초점을 맞출 것입니다/ 직원들의 전문성 개발보다는.
정답과 해설	(C) B rather than A: A라기보다는 B u.300쪽 (5)번 참조
어휘	presentation 발표 focus on ~에 초점을 맞추다 quarter 1/4 employee 직원 professional development 전문성 개발

10 Even though she once worked at our company, Mrs. Green is _____ working here.

(A) still   (B) yet   (C) no longer   (D) not more

해석	한 때 우리 회사에서 근무했지만, Mrs. Green은 더 이상 이곳에서 일하지 않는다.
정답과 해설	(C) '더 이상 ~하지 않다'의 뜻으로 문맥상 가장 자연스러우므로 u.303쪽 (13)번 참조
어휘	even though=even if=although=though=notwithstanding 비록 ~이지만 once 한 때 company 회사 no longer=not~any longer=not~any more 더 이상 ~하지 않다

11 The faster you finish what you're doing, _____ you can go home.

(A) sooner   (B) more sooner   (C) the sooner   (D) the soonest

해석	네가 하고 있는 일을 빨리 끝낼수록, 너는 더 일찍 집에 갈 수 있다.
정답과 해설	(C) the 비교급, the 비교급: ~하면 할수록 더욱 ~하다 u.307쪽 (23)번 참조
어휘	fast 빨리, 빠른 finish 끝내다 soon 이르게, 빨리

12 In business and government/ there are countless committees, consultations, and _____ more conferences.

(A) already   (B) yet   (C) no longer   (D) much

해석	기업과 정부에는/ 수많은 위원회와 협의체와, 더욱 더 많은 회의가 있다.
정답과 해설	(B) 비교급 앞에서 훨씬, 더욱 u.309쪽 (24)번 참조: much는 복수 명사 앞에서는 사용할 수 없어요.
어휘	government 정부 countless=numberless 무수한, 수많은 committee 위원회 consultation 협의체 conference=meeting 회의 no longer=no more=not any more=not any longer 더 이상 ~하지 않다

13 Samsung Electronics is _____ the best in the world// when it comes to electronics industry.

(A) very   (B) much   (C) more   (D) most

해석	삼성 전자는 단연 세계 최고다// 전자산업에 관한 한.
정답과 해설	(B) 최상급 앞에서 '단연'의 뜻이므로 u.309쪽 (25)번 참조
어휘	when it comes to ~에 관한 한 electronics industry 전자산업

14 The audience/ thanked him/ with five standing ovations,// which was _____ remarkable/ given that the concert was almost canceled.

(A) most of   (B) all the more   (C) many more   (D) too much

해석	관객들은/ 그에게 감사를 표했다/ 다섯 차례의 기립박수로// 그리고 그것은 더욱 더 놀랄만한 일이었다/ 그 연주회가 취소될 뻔 했다는 것을 고려해볼 때.
정답과 해설	(B) all the more 더욱 더 u.310쪽 (28)번 참조
어휘	audience 관객, 청중 standing ovation 기립박수 remarkable=noticeable 놀랄만한 concert 연주회 given that=considering 고려하다 cancel=call off=go back on=abrogate=annul 취소하다 almost=nearly=practically=virtually=all but=next to=well-nigh=little short of 거의

15 The ingredients we use/ are superior _____ those used in other restaurants.

(A) to   (B) than   (C) by   (D) after

해석	우리가 사용하는 재료는/ 다른 식당에서 사용하는 재료보다 더 우수하다.
정답과 해설	(A) superior to ~보다 우수한 u.311쪽 참조
어휘	ingredient 재료 restaurant 식당 superior to=better than ~보다 더 우수한

16 Some people view American wines as inferior in quality _____ European wines.

    (A) to   (B) than   (C) by   (D) before

해석	일부 사람들은 미국의 와인이 질적인 면에서 유럽산 와인보다 못하다고 생각한다.
정답과 해설	(A) inferior to ~보다 열등한, ~보다 품질이 떨어지는 u.311쪽 참조
어휘	view(look upon, think of, regard) A as B: A를 B로 간주하다, 생각하다 quality 품질

17 EVA Air and UNI Air/ are not responsible for passengers who fail to obtain proper documentations prior _____ travel.

    (A) to   (B) than   (C) by   (D) after

해석	EVA 항공과 UNI 항공은/ 여행 전에 적합한 서류를 구하지 못한 승객에 대해 책임을 지지 않는다.
정답과 해설	(A) prior to ~이전에 u.311쪽 참조
어휘	be responsible(accountable, answerable, liable) for 책임지다 passenger 승객 fail to ~하지 못하다 obtain=get=gain=acquire=secure=procure=come by 얻다 proper=pertinent=suitable=appropriate=fit 적절(적합)한 documentations 문서 travel 여행

18 Of all the systems available,// we will have to choose _____ useful and inexpensive one.

    (A) more   (B) most   (C) the more   (D) the most

해석	구할 수 있는 모든 시스템 가운데서,// 우리는 가장 유용하고 저렴한 시스템을 선택해야 할 것입니다.
정답과 해설	(D) 앞에 'of all 복수'가 왔으므로 u.312쪽 ③번 참조
어휘	available 구할 수 있는, 이용할 수 있는 choose-chose-chosen 선택하다 useful 유용한 inexpensive 저렴한 the more 둘 중에 '더 ~한' the most 셋 이상 중에서 '가장 ~한'

19 This year,/ the company has earned twice _____ much as it did last year.

    (A) as   (B) so   (C) like   (D) too

해석	금년에/ 그 회사는 작년보다 두 배나 많이 벌었다.
정답과 해설	(A) 배수 다음에 as~as가 오므로 u.313쪽 (33)번 참조
어휘	this year 금년에 earn 벌다 last year 작년에

20 Please return to the office _____ quickly as possible.

    (A) as   (B) so   (C) very   (D) more

해석	가능한 한 빨리 사무실로 돌아와 주세요.
정답과 해설	(A) as~as possible 가능한 한 u.314쪽 (33)번 참조
어휘	return 돌아오다 office 사무실 quickly 빨리

21 In contemporary society,/ more women hold jobs in management/ _____ before.

(A) as never   (B) than ever   (C) than from   (D) comparing

해석	현대 사회에서는/ 더 많은 여성들이 관리직을 차지하고 있다/ 과거 그 어느 때 보다도.
정답과 해설	(B) than ever before 과거 그 어느 때 보다도 u.315쪽 (38)번 참조
어휘	contemporary 현재의, 당대의 society 사회 hold 유지(차지/소유)하다 job 직업 management 관리, 경영 compare 비교하다

22 This is the most expensive hotel I've _____ stayed at.

(A) once   (B) never   (C) hardly   (D) ever

해석	이곳은 내가 여태껏 묵었던 호텔 중 가장 비싼 호텔이다.
정답과 해설	(D) '경험을 나타내는 부'이므로 u.91/316쪽 (40)번 참조
어휘	the most expensive 가장 비싼 stayed at 묵다, 머무르다 once 한 번, 한 때 never 결코 ～하지 않다 hardly=scarcely 거의 ～하지 않다 ever 최상급과 더불어 여태까지, 지금까지

23 This is one of _____ movies that I have ever seen.

(A) worse as   (B) worse   (C) the worse   (D) the worst

해석	이것은 내가 지금까지 본 영화 중 최악의 영화 중 하나이다.
정답과 해설	(D) 'one of the 최상급 복수 명사'이므로 u.316쪽 (40)번 참조
어휘	one of the worst movies 최악의 영화중 하나 see-saw-seen 보다

24 This is the single _____ thing we could do to reduce costs.

(A) big   (B) bigger   (C) biggest   (D) most big

해석	이것은 비용을 줄이기 위해 우리가 할 수 있는 가장 큰 유일한 일이다.
정답과 해설	(C) 최상급 자리이므로 the single biggest/greatest/largest/most 단일 최대의
어휘	reduce=decrease=diminish=lessen=abate=attenuate=cut down on 줄이다 costs 비용

01 The Coca Cola's _____ formula/
has been patented/ in more than 100
countries/ throughout the world.
(A) special
(B) specially
(C) especial
(D) especially

02 The company has given its employees
unlimited _____ / to the main
information system.
(A) access
(B) accessing
(C) accessible
(D) accessed

03 PPE means personal _____
equipment/ or equipment you use/ to
guarantee your own safety.
(A) protecting
(B) protective
(C) protect
(D) protected

04 The company/ is trying to raise _____
funds/ for expanding its franchises to
Europe.
(A) much
(B) addition
(C) plenty
(D) additional

05 Members of the Golden Horseshoe
Farming Alliance want to maximize their
farms's _____ potential/ by diversifying
their crops.
(A) commerce
(B) commercial
(C) commercially
(D) commercializing

06 The police were in _____ control of the
situation.
(A) sturdy
(B) capable
(C) usable
(D) complete

07 The human resources department
thinks// that the benefit program
introduced recently/ is the most _____
cause of the change in the attitudes of
workers.
(A) alike
(B) likelihood
(C) unlike
(D) likely

08 After returning from a foreign trip,/ one
usually has _____ foreign coins in
one's pocket.
(A) few
(B) a few
(C) a little
(D) a lot of

09 Does John have _____ collected
information?
(A) many
(B) much
(C) a lot
(D) a few

10 All the new staff/ are required to take part
in _____ training course.
(A) two-months
(B) two-month's
(C) a two-months
(D) a two-month

TEST 6 정답 및 해설

01 (A)	02 (A)	03 (B)	04 (D)	05 (B)
06 (D)	07 (D)	08 (B)	09 (B)	10 (D)

01

|해석| 코카콜라의 특별한 공식은/ 특허를 받았다/ 100개국 이상에서/ 전 세계적으로.

|해설| 명사 앞에는 형용사가 오므로, especial보다 special을 약 600배 더 많이 사용합니다. u.262/473쪽 참조

|어휘| throughout the world=around the world=all over the world 전 세계적으로 formula 공식 patent 특허를 주다 special 특별한, 특유의, 독특한 especial 각별한, 특수한

02

|해석| 그 회사는 직원들에게 무제한 접근을 제공해 왔다/ 주요 정보시스템에 대해.

|해설| 분사 unlimited(무한한, 무제한의)가 형용사의 역할을 하므로 뒤에 명사가 와야 합니다. u.262쪽 참조

|어휘| company 회사 employee 직원 unlimited 무제한의 main 주요한 information 정보 access 접근, 접속 accessible 접근이 쉬운

03

|해석| PPE는 개인 보호 장비,/ 즉 여러분이 사용하는 장비를 의미합니다/ 여러분 자신의 안전을 보장하기 위해.

|해설| protective equipment 보호 장비 u.262쪽 참조

|어휘| guarantee 보장하다 own 자신의 safety 안전
a protective vest 방탄조끼

04

|해석| 그 회사는 추가 자금을 마련하려고 애를 쓰고 있다/ 프랜차이즈(독점 판매권)를 유럽으로 확장하기 위한 (추가 자금을).

|해설| 복수형 명사 앞에 올 수 있는 유일한 형용사이므로 u.262쪽 참조

|어휘| company 회사 try to ~하려고 애를 쓰다 raise 모금하다 expand 확장하다, 확장시키다 funds 재원, 자금 franchise 독점 판매권 additional 추가적인 addition 추가 plenty 풍부 much+단수: 양이 많은

05

|해석| Golden Horseshoe Farming Alliance 회원들은 그들 농장의 상업적 잠재력을 극대화하기를 원한다/ 농작물을 다양화함으로써.

|해설| 명사 앞에는 형용사가 오므로 u.262쪽 참조

|어휘| farming alliance 농업 연맹 maximize 극대화하다
commercial 상업적인 potential 잠재력
diversify 다양화하다 crop 농작물

06

|해석| 경찰은 그 상황을 완전히 통제하고 있었다.

|해설| be in complete control of ~을 완전히 통제하다
u.263쪽 (6)번 참조

|어휘| the police 경찰 situation 상황 sturdy 건장한 capable 유능한 usable 이용 가능한 complete 완전한, 완성된, 완성하다

07

|해석| 인사부는 생각한다// 최근 도입된 복지 프로그램이/ 근로자들의 태도에 있어서 가장 유력한 변화의 원인이라고.

|해설| 명사 앞에는 형용사가 오며, 문맥상 가장 자연스러우므로 u.262쪽 참조

|어휘| human resources department 인사부 benefit 복지, 혜택, 수당 introduce 도입(소개)하다 recently=lately=of late 최근에 the most likely 가장 유력한 cause 원인 attitude 태도 alike 똑같은 likelihood 가능성 unlike ~과는 달리

08

|해석| 해외여행에서 돌아온 후,/ 사람들은 대개 호주머니에 외국 동전을 몇 개씩 갖고 있다.

|해설| 뒤에 복수 명사가 왔으며 긍정의 의미가 되어야 하므로 u.274쪽 참조

|어휘| return 돌아오다 a foreign trip 해외여행 usually 대개 foreign coins 외국 동전 pocket 호주머니
few 거의 없는 a few 약간의 a little 약간의
a lot of=lots of=plenty of=many/much 많은

09

|해석| John은 수집된 정보를 많이 갖고 있나요?

|해설| 단수 명사를 꾸며주므로 u.275쪽 참조

|어휘| collect 수집하다 information 정보 many+복수/much+단수: 많은 a lot 많이 a few+복수: 약간의

10

|해석| 모든 신입 사원들은/ 2개월간의 연수 과정에 참가해야 한다.

|해설| 복합형용사가 명사를 수식할 때는 하이픈으로 연결하고 단수형을 사용해야 합니다. u.281쪽 A번 참조

|어휘| staff 사원, 직원(단·복수 동일형)
be required to ~해야 한다 training 연수
take part in=participate(partake) in 참가하다

11 There is no evidence that the diet pills have any _____ effect on weight loss.
(A) beneficial
(B) beneficiary
(C) benevolent
(D) beneficent

12 When she felt _____ enough,// she attempted to renegotiate her pay deal/ and was promptly fired.
(A) confident
(B) confidential
(C) confiding
(D) confidant

13 Our boss/ inherited/ a _____ amount of money/ from his father/ last month.
(A) considered
(B) considerate
(C) considerable
(D) considering

14 It was really _____ of him not to even leave a message.
(A) uncomfortable
(B) inconsiderate
(C) inconsistent
(D) inconvenient

15 The country's _____ crisis continued to deepen// as workers demonstrated against rising prices.
(A) economy
(B) economic
(C) economical
(D) economically

16 The government should encourage its people/ to buy smaller, more _____ cars with fewer toxic emissions.
(A) economy
(B) economic
(C) economical
(D) economically

17 China's _____ output dropped sharply// after floods stopped production in many factories.
(A) industry
(B) industrial
(C) industrious
(D) industrially

18 He was _____ enough/ to see that Jake was the best candidate for the job.
(A) sensible
(B) sensitive
(C) sensual
(D) sensuous

19 The company/ has launched an internal inquiry/ into the disappearance of a computer disk// which is thought to include very _____ client information.
(A) sensitive
(B) courteous
(C) affordable
(D) competitive

20 He applied for a visa three times and in the end he was _____.
(A) success
(B) successful
(C) successive
(D) succeeding

TEST 6 정답 및 해설

11 (A)	12 (A)	13 (C)	14 (B)	15 (B)
16 (C)	17 (B)	18 (A)	19 (A)	20 (B)

11

|해석| 다이어트 알약이 체중 감량에 어떤 유익한 영향을 미친다는 증거는 없다.

|해설| 문맥상 가장 자연스러우므로 u.293쪽 참조

|어휘| evidence 증거 pill 알약 have an effect(impact, influence) on=affect=impact=influence ~에 영향을 미치다 weight loss 체중 감량 beneficial 유익한 beneficiary 수익자, 녹봉을 받는 benevolent=beneficent 자애로운

12

|해석| 그녀는 충분한 자신감을 느꼈을 때,// 임금 협상을 재협상하려고 시도하다가/ 즉시 해고당했다.

|해설| 문맥상 '자신 있는(confident)'이 들어가야 가장 자연스러우므로 u.293쪽 참조

|어휘| attempt to=attempt ~ing: ~하려고 시도하다 renegotiate 재협상하다 pay deal 임금 협상 fire=dismiss 해고하다 promptly 즉시 confident 확신하는 confidential 은밀한 confiding 쉽사리 믿는 confidant 믿을만한 사람

13

|해석| 우리 상사는/ 물려받았다/ 상당한 액수의 돈을/ 자기 아버지로부터/ 지난달에.

|해설| 문맥상 '상당한(considerable)'이 가장 자연스러우므로 u.293쪽 참조

|어휘| boss 상사 inherit 물려받다 last month 지난달 considered 잘 생각한 considerate 사려 깊은 considerable 상당한 considering=given ~을 고려해볼 때

14

|해석| 메시지조차 남기지 않다니 그는 정말 배려심이 없었다.

|해설| 문맥상 '배려심이 없는(inconsiderate)'이 가장 자연스러우므로 u.293쪽/196쪽 (6)번 참조

|어휘| even 심지어 uncomfortable 불편한, 거북한 leave-left-left 남기다 inconsiderate 배려심이 없는 inconsistent 일관성 없는 inconvenient 불편한

15

|해석| 그 나라의 경제 위기는 계속 심화되었다// 노동자들이 물가 가격 상승에 반대하는 시위를 벌이면서.

|해설| economic crisis 경제 위기 u.293쪽 참조

|어휘| crisis 위기 continue to 계속해서 ~하다 deepen 심화되다 demonstrate 시위하다 against 반대하여 prices 물가 economy 경제, 절약 economic 경제와 관련한 economical 검소한 economically 경제적으로

16

|해석| 정부는 국민들에게 장려해야 한다/ 유독성 배출량이 적은 소형의, 보다 경제적인 자동차를 사도록.

|해설| 명사를 꾸며주는 형용사가 필요하며, 문맥상 '경제적인 (economical)'이 가장 자연스러우므로 u.293쪽 참조

|어휘| government 정부 encourage 장려(권장)하다 fewer 더 적은 toxic 유독한, 독성의 emission 방출, 배출

17

|해석| 중국의 산업 생산량은 급격히 하락했다// 홍수가 많은 공장의 생산을 중단시킨 후.

|해설| 명사를 꾸며주는 형용사가 필요하며, 문맥상 '산업의 (industrial)'가 가장 자연스러우므로 u.293쪽 참조

|어휘| output 생산량, 산출량 drop 하락하다 sharply 급격히 flood 홍수 production 생산, 제작 factory 공장 industry 산업, 근면 industrial 산업의 industrious=laborious=diligent=assiduous=sedulous 근면한 industrially 산업적으로

18

|해석| 그는 충분히 분별력이 있었다/ Jake가 그 일에 가장 적합한 후보자라는 것을 알 수 있을 만큼.

|해설| 문맥상 '분별력 있는(sensible)'이 가장 자연스러우므로 u.293쪽 참조

|어휘| enough 충분히 candidate 후보자 job 일, 직무 sensible 현명한 sensitive 민감한 sensual 관능적인 sensuous 감각적인, 심미적인

19

|해석| 그 회사는 내사를 시작했다/ 컴퓨터 디스크가 사라진 것에 대해// 그것은 매우 민감한 고객 정보를 포함하고 있는 것으로 생각된다.

|해설| 조사를 한 것으로 미루어 보아 '민감한' 정보가 들어 있는 것으로 여겨지죠. u.293쪽 암기하세요.

|어휘| company 회사, 중대, 동석, 교제 launch 시작(출범)하다 internal inquiry 내부조사 disappearance 사라짐, 실종 client 고객 include=involve=contain=comprise 포함하다 courteous=modest=polite=civil=respectful 정중한 sensitive 민감한 information 정보 affordable 감당할 수 있는, 적절한 competitive 경쟁적인

20

|해석| 그는 세 번 비자를 신청하여 결국 성공했다.

|해설| 문맥상 '성공한/성공적인(successful)'이 가장 자연스러우므로 u.293쪽 참조

|어휘| apply for 신청하다 in the end(ultimate, event)=in due course=in the long run 마침내 visa 입국허가증 success 성공 successful 성공적인 successive 계속적인 succeed 성공(계승)하다

21 _____ governments/ have failed to tackle the problem of international debt.
(A) success
(B) successful
(C) successive
(D) successfully

22 Consumer spending/ has _____ doubled in the last ten years.
(A) ever
(B) much more
(C) more than
(D) even more

23 Most accountants think// that the computer is _____ to use as the typewriter.
(A) easier
(B) more easy
(C) as easy
(D) the easiest

24 The government has given the car industry _____ more encouragement by halving the special tax charged on new cars.
(A) already
(B) yet
(C) no longer
(D) many

25 The guaranteed lowest prices and best selection/ make Discount Mart _____ to all other retailers in the city.
(A) improved
(B) better
(C) advanced
(D) superior

26 The study is subject to a thorough review by specialists in the field/ _____ the publication.
(A) in fact
(B) former
(C) prior to
(D) wherever

27 Passengers/ are required to fasten their seat belts as _____ as possible.
(A) tight
(B) tighter
(C) tightened
(D) tightly

28 The relative cheapness of foreign travel/ means// that more people are going abroad _____ before.
(A) as never
(B) than ever
(C) than from
(D) comparing

29 This project/ is the _____ assignment/ that our department has ever undertaken.
(A) challenged
(B) challenging
(C) most challenging
(D) more challenging

30 Overhead costs/ form one of the _____ largest expenses/ a company can incur in its operations.
(A) merely
(B) separate
(C) single
(D) solely

TEST 6 정답 및 해설

21 (C)	22 (C)	23 (C)	24 (B)	25 (D)
26 (C)	27 (D)	28 (B)	29 (C)	30 (C)

21

|해석| 잇따른 정부들은/ 국제 부채 문제를 해결하는데 실패했다.

|해설| 명사를 수식하는 형용사가 필요하며, 문맥상 '잇따른 (successive)'가 가장 자연스러우므로 u.293쪽 참조

|어휘| government 정부 fail to ～하는데 실패하다, ～하지 못하다 tackle 해결하다, 씨름하다 international debt 국제적인 부채

22

|해석| 소비자 지출은/ 지난 10년 동안 두 배 이상으로 증가했다.

|해설| more than double 두 배 이상으로 증가하다－이런 표현은 암기해두세요.

|어휘| consumer spending 소비자 지출 double 두 배가 되다 in the last ten years 지난 10년 동안 ever 항상 much more=still more ～은 말할 것도 없이 more than 초과 even more 훨씬 더

23

|해석| 대부분의 회계사들은 생각한다// 컴퓨터가 타자기만큼 사용하기 쉽다고.

|해설| 뒤에 'as'가 나왔으므로 동등비교(as ～ as) u.298쪽 [4]번 참조

|어휘| accountant 회계사 easy 쉬운 easier 더 쉬운 the easiest 가장 쉬운

24

|해석| 정부는 자동차 산업을 더욱 더 장려를 했다/ 새 자동차에 지불되는 특별세를 반으로 줄임으로써.

|해설| 비교급 앞에서 훨씬, 더욱 u.309쪽 (24)번 참조

|어휘| government 정부 industry 산업 give ～ encouragement ～을 장려하다 by ～ing ～함으로써 halve 반으로 줄이다 special tax 특별세 charge 부과하다 no longer=no more=not any more=not any longer 더 이상 ～하지 않다

25

|해석| 보장된 최저가와 최선의 선별이/ 할인 마트를 그 도시의 다른 모든 소매점보다 더 우수하게 만든다.

|해설| superior to=better than ～보다 더 우수한 u.311쪽 참조

|어휘| guarantee 보장(보증)하다 lowest price 최저가 selection 선별 retailer 소매점 improve 개선하다 advance 발전시키다

26

|해석| 그 연구는 그 분야의 전문가들에게 철저한 검증을 받아야 한다/ 출판하기 이전에.

|해설| 문맥의 흐름으로 보아 '～이전에'가 들어가야 하므로 u.311쪽 ⓒ번 참조

|어휘| be subject to ～을 받아야 한다 thorough=drastic= downright 철저한 review 검증, 재검토 specialist 전문가 former 이전의 field=scope=sphere 분야 publication 출판 in fact=as a matter of fact 사실 prior to ～이전에 wherever ～하는 곳은 어디나

27

|해석| 승객들은/ 좌석벨트를 가능한 한 단단히 매야 한다.

|해설| fasten이라는 동사를 꾸며주므로 부사가 되어야 함 u.314쪽 (33)번 참조

|어휘| passenger 승객 be required to ～해야 한다 fasten 매다, 고정하다 seat belt 좌석벨트 as ～ as possible 가능한 한

28

|해석| 외국 여행의 상대적인 저렴함은/ 의미한다// 과거 그 어느 때보다 더 많은 사람들이 해외로 가고 있다는 것을.

|해설| than ever before 과거 그 어느 때 보다도 u.315쪽 (38)번 참조

|어휘| relative 상대적인 cheapness 저렴함 foreign travel 해외 여행 mean 의미하다 go abroad 해외에 가다

29

|해석| 이 프로젝트는/ 가장 어려운 과제다/ 우리 부서가 지금까지 떠맡아 온 것 가운데.

|해설| the 최상급 that 주어 ever 지금까지 ～한 것 중에 가장 ～한 u.316쪽 (40) 참조

|어휘| assignment 과제, 임무 department 부서 undertake 떠맡다 challenging 어려운, 도전적인

30

|해석| 간접비용은/ 단일 최대 비용 중 하나를 형성한다/ 회사가 운영 중에 부담할 수 있는.

|해설| the single biggest/greatest/largest/most 단일 최대의

|어휘| overhead costs 간접비용 form 형성하다 company 회사 incur 초래하다, 부담하다 operation 운영. 경영. 작동 merely=solely=simply=just 단지 separate 분리된, 분리하다

15. 관계사 문제 (유니크 쏙쏙 영문법 15-17과)

* 관계대명사(321쪽)와 관계부사(342쪽)와 접속사(335쪽)를 구별하는 문제가 출제됩니다.
* 바로 동사가 오면 주격, 명사가 오면 소유격, 주어+타동사가 오면 목적격 관계대명사를 찾으세요.(321쪽)
* 불완전한 절을 이끌면서 선행사가 있으면 일반 관계대명사를 선택하고, 선행사가 없으면 what을 선택하세요.(335쪽)
* 뒤에 완전한 절이 오고 앞에 선행사가 있으면 관계부사, 선행사가 없으면 접속사 that를 선택하세요.(342-344쪽)

1 The employees _____ volunteered to take the project/ were dispatched first.

(A) who   (B) they   (C) whose   (D) which

해석	그 프로젝트를 맡겠다고 지원한 직원들이/ 먼저 파견되었다.
정답과 해설	(A) 선행사가 사람이고, 주어자리이므로 사람 주격 관계대명사가 와야 하죠. u.321쪽 참조
어휘	employee 직원 volunteer to ~하겠다고 지원(자원) 하다 take the project 프로젝트를 맡다 dispatch 파견(급송)하다, 신속히 죽이다

2 The supervisor knows/ that Mr. Andrew is the only employee _____ labored on the weekend.

(A) he   (B) that   (C) whose   (D) whom

해석	상사는 알고 있다/ Andrew가 주말에 일한 유일한 직원이라는 것을.
정답과 해설	(B) 선행사가 사람이고, 주어자리이므로 사람 주격 관계대명사가 와야 함 u.321쪽 참조
어휘	supervisor 상사, 감독관 the only 유일한 employee 직원 labor 일하다, 노동하다 on the weekend 주말에

3 Many foreign students _____ from all over the world/ attend this university.

(A) coming   (B) who comes   (C) that has come   (D) come

해석	전 세계에서 온 많은 외국인 학생들이/ 이 대학에 다니고 있다.
정답과 해설	(A) 주어가 복수이며 이미 attend라는 동사가 있으므로 분사가 되어야 함 u.145쪽 (1)번 참조
어휘	foreign 외국의 from all over the world 전 세계로부터 attend 다니다, 출석하다 university 종합대학교

4 The conference _____ was scheduled for next week/ has been postponed.

(A) it   (B) who   (C) whose   (D) that

해석	다음 주로 예정되었던 회의가/ 연기되었다.
정답과 해설	(D) 선행사가 사물이고, 주어자리이므로 사물 주격 관계대명사가 와야 함 u.321쪽 참조
어휘	conference 회의 be scheduled for ~로 예정되다 postpone=put off=procrastinate=prolong=delay=defer=suspend=shelve=waive 연기하다

5 The doctor said// that I shouldn't eat anything _____ contains a lot of fat.

(A) that   (B) what   (C) whatever   (D) whichever

해석	의사는 말했다// 나는 지방이 많이 들어 있는 것은 어떤 것도 먹어서는 안 된다고.
정답과 해설	(A) 선행사가 사물이고, 주어자리이므로 사물 주격 관계대명사가 와야 함 u.321쪽 참조
어휘	should ~해야 한다 contain 포함하다 a lot of fat 많은 지방 whatever ~한 것은 무엇이다 whichever ~한 것은 어느 것이나

6 The man _____ position was head of department/ has been promoted to executive director.

   (A) who   (B) whose   (C) whom   (D) that

해석	자신의 직책이 부장이었던 사람이/ 전무이사로 승진되었다.
정답과 해설	(B) 뒤에 명사가 왔으므로 소유격 자리(his position→whose position) u.321쪽 참조
어휘	position 직책, 위치 head of department 부장
	promote 승진(증진)시키다. 홍보하다 executive director 전무이사

7 The investment products of Sunrise Financial, _____ clients are mostly young executives,// have been highly profitable for many years.

   (A) that   (B) who   (C) whose   (D) which

해석	고객이 대부분 젊은 임원인 Sunrise Financial(미국의 투자은행)의 투자 상품은// 수년간 높은 수익률을 보여 왔다.
정답과 해설	(C) 뒤에 명사가 왔으므로 소유격 자리(its clients→whose clients) u.321쪽 참조
어휘	investment product 투자 상품 client 고객
	mostly 대부분, 주로 executive 임원, 중역 highly 대단히 profitable 수익성 있는

8 The greatest writer _____ I have ever met/ was Neil Smith.

   (A) who   (B) that   (C) which   (D) whose

해석	내가 지금까지 만난 가장 위대한 작가가/ Neil Smith였다.
정답과 해설	(B) 선행사가 사람이며, 주어+타동사가 왔으므로 사람 목적격이 와야 함 u.321쪽/328쪽 (2)번 참조
어휘	the greatest 가장 위대한 writer 작가

9 The accountant _____ I believed to be honest/ deceived me.

   (A) whose   (B) what   (C) whom   (D) which

해석	내가 정직하다고 믿었던 그 회계사가/ 나를 속였다.
정답과 해설	(C) 선행사가 사람이며, 주어+타동사가 왔으므로 사람 목적격이 와야 함 u.321쪽/329쪽 [12]번 참조
어휘	accountant 회계사 believe 믿다 honest 정직한
	deceive=cheat=dupe=trick=swindle=fool=take advantage of 속이다

10 He managed to get an appointment with the executive director, _____ was very busy.

   (A) that   (B) who   (C) which   (D) what

해석	그는 전무이사와 겨우 약속을 잡았다. 왜냐하면 그가 무척 바빴기 때문에.
정답과 해설	(B) 선행사가 사람이고, 뒤에 동사가 왔으므로 주격관계대명사 자리이며 계속적 용법이므로 u.324쪽 [6]번 참조
어휘	manage to 겨우 ~하다 get an appointment with ~와 약속을 잡다
	executive director 전무이사 busy 바쁜

11 Mr. Jenkins speaks some Spanish, _____ will often be an asset in his position/ as communications manager of Western Europe.

   (A) that   (B) which   (C) what   (D) whichever

해석	Jenkins 씨는 스페인어를 조금 한다.// 이것은 그의 위치에서 종종 자산이 되곤 한다/ 서유럽의 통신 관리자로서.
정답과 해설	(B) 앞 문장 전체가 선행사이며, 앞에 comma가 있는 계속적 용법이므로 u.324쪽 [6]번 참조
어휘	Spanish 스페인어 will often 종종 ~하곤 한다. asset 자산 position 위치, 자리, 지위 communications manager 통신 관리자

12 There are plenty of snack bars in Paris,// _____ serve excellent food.

   (A) many of them   (B) many of which   (C) many of who   (D) many of whom

해석	파리에는 스낵바가 많이 있는데,// 그 중 많은 것들이 훌륭한 음식을 제공한다.
정답과 해설	(B) 선행사가 사물이고, 전치사 다음에는 목적격이 와야 하므로 u.326쪽 참조
어휘	plenty of=a lot of=lots of 많은 serve 제공하다 excellent 훌륭한 food 음식

13 The catering company employs more than 1,000 people,// most of _____ are Mexican Americans.

   (A) who   (B) whom   (C) them   (D) which

해석	그 음식물 조달 회사는 1,000명이 넘는 직원을 고용하고 있는데,// 그들 대부분은 멕시코계 미국인이다.
정답과 해설	(B) 선행사가 사람이며 전치사 뒤에는 목적격이 오므로 u.326쪽 참조
어휘	catering company 음식물 조달 회사 employ 고용하다 most 대부분 Mexican Americans 멕시코계 미국인

14 The man to _____ Linda spoke/ was her Spanish teacher.

   (A) who   (B) that   (C) whose   (D) whom

해석	Linda가 말을 건넨 그 남자는/ 그녀의 스페인어 선생님이었다.
정답과 해설	(D) 전치사 다음에는 목적격이 오므로 u.327쪽 [10]번 참조
어휘	speak to=talk to ~에게 말을 건네다 Spanish 스페인어, 스페인의

15 This is the manual book/ _____ every employee is talking these days.

   (A) about   (B) about which   (C) which   (D) which about

해석	이것이 사용설명서입니다/ 요즘 모든 직원들이 이야기하는.
정답과 해설	(B) every employee is talking about it.에서 about it를 about which로 전환한 문장 u.327쪽 [10]번/321쪽 참조
어휘	manual book 사용 설명서 every employee 모든 직원 talk about ~에 대해 얘기하다 these days=nowadays 요즘

16 The good luck _____ he owed his success/ was more than he had expected.

   (A) which   (B) of which   (C) to which   (D) to that

해석	그가 성공의 덕을 입은 행운은[그의 성공의 원인이 되었던 행운은]/ 기대했던 것 이상이었다.
정답과 해설	(C) owe A to B: A는 B의 덕택이다 u.327쪽 [10]번 참조
어휘	good luck 행운 success 성공 more than 이상 expect=bargain for 기대하다, 예상하다

17 This is the course/ in _____ we learned the history of England.

(A) where   (B) that   (C) which   (D) who

해석	이것이 과정이다/ 우리가 영국의 역사를 배운.
정답과 해설	(C) 전치사 다음에 목적격이 오며 사물이므로. 전치사 다음에 관계대명사 that은 사용불가. u.327쪽 [10]번/321쪽 참조
어휘	course 과정 learn 배우다 history 역사

18 The subject _____ I am interested/ is Business Administration.

(A) in that   (B) in which   (C) for which   (D) in what

해석	내가 관심 있는 과목은/ 경영학이다.
정답과 해설	(B) I am interested in it.에서 in it를 in which로 전환한 문장. 전치사 뒤에 that은 올 수 없음 u.327쪽 [10]번/321쪽 참조
어휘	subject 과목 be interested in ~에 관심 있다 Business Administration 경영학

19 When writing work e-mails,// always ensure// that the name of the recipient _____ the correspondence is addressed/ is spelled correctly.

(A) which   (B) that   (C) to which   (D) to whom

해석	업무용 이메일을 쓸 때는// 항상 확인하세요// 서신이 전달되는 수신인의 이름이 철자가 정확하게 되어 있는지.
정답과 해설	(D) 선행사가 사람이고 '~에게 전달되다'가 'be addressed to' 이므로 u.327쪽 [10]번/321쪽 참조
어휘	ensure 확인하다 recipient 수신인 correspondence 서신 address A to B: A를 B에게 보내다 correctly 정확하게 spell 철자를 쓰다

20 In order to comprehend _____ corporate clients need,// you must put yourself in their shoes.

(A) that   (B) which   (C) what   (D) why

해석	회사의 고객들이 무엇을 필요로 하는지 이해하기 위해서는,// 그들의 입장에 서봐야 한다.
정답과 해설	(C) 목적어로서 문맥상 '무엇'이 들어가야 하므로. u.335쪽 [17]번 참조
어휘	in order to=so as to=with intent to~ing=with a view to~ing ~하기 위해서 corporate 회사의 client 고객 comprehend=understand=make(figure) out=make sense of 이해하다 put oneself in someone's shoes ~의 입장에 서보다

21 _____ happens in a particular period/ does not have any significant effects/ on the long-term investors in the stock market.

(A) That   (B) What   (C) Which   (D) Anything

해석	특정 기간에 일어나는 일은/ 아무런 큰 영향을 미치지 않습니다/ 주식 시장의 장기 투자자들에게.
정답과 해설	(B) 주어 역할을 하면서 동시에 선행사를 포함하고 있는 관계대명사가 필요하므로 u.335쪽 [17]번 참조
어휘	happen=take place=come about=come to pass 발생하다, 일어나다 particular period 특정한 기간 have significant effects on 중대한 영향을 끼치다 long-term 장기적인 investor 투자자 stock market 주식 시장

22 Recent economic indicators suggest// _____ private spending,/ slowly recovering from a three-year slump,/ is gaining momentum.

(A) for   (B) that   (C) what   (D) how

해석	최근의 경제 지표들은 시사한다// 개인의 소비가,/ 3년간의 침체에서 서서히 회복되면서,/ 탄력을 받고 있음을.
정답과 해설	(B) 뒤에 완전한 절, 즉 문장이 들어 있으며 목적절을 이끄는 접속사 자리이므로 u.335쪽 [19]번 참조
어휘	recent 최근의 economic indicators 경제지표 suggest 시사하다 private 개인의 spending 소비 recover from ~로부터 회복하다 slump 경기 침체 gain=obtain=acquire=secure=procure=come by 얻다 momentum 동력, 추진력, 탄력

23 We anticipate// _____ the first phase of the project/ will take approximately three weeks to complete.

(A) that   (B) which   (C) what   (D) when

해석	우리는 예상한다// 그 프로젝트의 첫 단계는 완성하는 데 약 3주 걸릴 것이라고.
정답과 해설	(A) 뒤에 완전한 절, 즉 문장이 들어 있으며 목적절을 이끄는 접속사 자리이므로 u.335쪽 [19]번 참조
어휘	anticipate 예상하다 phase=stage 단계 complete 완성하다 approximately=about=around=some=roughly=or so=something like 대략

24 December 24th is the date _____ we meet every year.

(A) on which   (B) in which   (C) by which   (D) where

해석	12월 24일은 우리가 매년 만나는 날이다.
정답과 해설	(A) 날짜 앞에는 on이 오므로 on which나 when을 사용해야 함 u.342쪽 (1)번 참조
어휘	December 12월 date 날짜 every year=year in and year out=annually 매년

25 The hotel _____ we stayed/ was built 50 years ago.

(A) there   (B) that   (C) which   (D) where

해석	우리가 숙박했던 호텔은/ 50년 전에 지어졌다.
정답과 해설	(D) stay가 자동사이므로 at which나 where를 사용해야 합니다. u.343쪽 (2)번 참조
어휘	stay at=lodge at=put up at ~에 머무르다, 묵다, 숙박하다

26 The apartment _____ Mr. Carter lives/ is not very large.

(A) that   (B) there   (C) where   (D) when

해석	Carter 씨가 사는 아파트는/ 그다지 크지 않다.
정답과 해설	(C) live가 자동사이며, 아파트 안에 사니까 in which나 where를 사용해야 합니다. u.343쪽 (2)번 참조
어휘	live in=reside in ~에서 살다 large 큰

27 Diets that are high in saturated fat/ clog up our arteries,/ _____ reducing the blood flow to our hearts and brains.

(A) so that   (B) such that   (C) thereby   (D) which

해석	포화지방이 많은 식단은/ 동맥을 막고/ 그로 인해 심장과 뇌로 흘러가는 혈류를 감소시킨다.
정답과 해설	(C) '그리하여'의 뜻을 가진 부사로서 뒤에 ing를 취할 수 있으므로 u.343쪽 (4)번 참조
어휘	diet 식단 saturated fat 포화지방 clog up 막다, 방해하다 artery 동맥 reduce=decrease=diminish= lessen 줄이다 blood flow 혈류, 피의 흐름 heart 심장 brain 뇌 so that ~하기 위하여 such that 대단해 서 thereby 그로 인해, 그리하여

28 These decisions should be left// for _____ takes over Clara's job.

(A) whoever   (B) whomever   (C) whatever   (D) whichever

해석	이 결정은 남겨둬야 한다// 클라라의 일을 맡는 사람을 위해.
정답과 해설	(A) 뒤에 'take over(떠맡다)'라는 동사가 왔으므로 사람주어가 필요합니다. u.349쪽 (1)번 참조
어휘	decision 결정 leave-left-left 남겨두다 take over=undertake 떠맡다

29 Jennifer will often share her big bag of mixed nuts// with _____ sits beside her in the cafeteria.

(A) whoever   (B) whatever   (C) whichever   (D) wherever

해석	Jennifer는 종종 그녀의 견과류가 섞인 큰 봉지를 함께 나눠먹는다// 식당에서 그녀 옆에 앉아있는 사람과 함께.
정답과 해설	(A) 뒤에 'sits(앉다)'라는 동사가 왔으므로 사람주어가 필요합니다. u.349쪽 (1)번 참조
어휘	share A with B: A를 B와 함께 나누다 nut 견과류 beside 옆에 cafeteria 구내식당

30 You can recommend _____ you want/ for the cashier position.

(A) whoever   (B) whomever   (C) whatever   (D) whichever

해석	당신은 당신이 원하는 사람을 추천해도 됩니다/ 출납원 직책을 위해.
정답과 해설	(B) 뒤에 '주어+타동사'가 왔으므로 목적격이 와야 합니다. u.349쪽 (1)번 참조
어휘	recommend 추천하다 cashier 출납원 position 직책

31 Sherry will often share quite a bit of gossip// with _____ she comes across in the cafeteria.

(A) whoever   (B) whomever   (C) whosever   (D) whatever

해석	Sherry는 종종 많은 잡담을 나누곤 한다// 그녀가 카페테리아에서 마주치는 사람은 누구와도.
정답과 해설	(B) 뒤에 '주어+타동사구'가 왔으므로 목적격이 와야 합니다. u.349쪽 (1)번 참조
어휘	share A with B: A를 B와 함께 나누다 quite a bit of 많은 cafeteria 구내식당 come(stumble) upon(across)=run(bump) into(across)=encounter 우연히 마주치다

32 We've got to get to the airport in time,// no matter _____ happens.

(A) when   (B) how   (C) where   (D) what

해석	우리는 공항에 제 시간에 도착해야 한다.// 무슨 일이 있어도.
정답과 해설	(D) happens라는 동사가 왔으므로 주어로서 명사가 필요합니다. u.349쪽 (2)번 참조
어휘	have got to=have to=must ～해야한다 get to=reach 도착하다 in time 제시간에
	no matter what happens 무슨 일이 있어도

33 _____ party wins the election, it will not make any difference to me.

(A) However   (B) Whoever   (C) Whatever   (D) Whichever

해석	어느 당이 선거에서 이기든, 그것은 나에게 중요하지 않아.
정답과 해설	(D) 선택을 나타낼 때는 whichever를 사용합니다. u.350쪽 (2)번 참조
어휘	party ～당 election 선거 make a difference=matter=concern ～에게 중요하다

34 _____ I am in trouble,// I consult him.

(A) Whoever   (B) Whenever   (C) Wherever   (D) Whomever

해석	나는 곤경에 처할 때는 언제나,// 그에게 의논한다.
정답과 해설	(B) 뒤에 완전한 절이 왔으므로 복합관계부사가 필요하며, 문맥상 'whenever'가 가장 자연스러우므로 u.351쪽 B.번 참조
어휘	be in trouble 곤경에 처하다 consult 의논하다, 상담하다

35 _____ many times you explain things,// you can never get him to understand.

(A) Whoever   (B) Whichever   (C) However   (D) Whenever

해석	네가 상황을 아무리 여러 번 설명한다 해도,// 너는 그를 이해시킬 수는 없다.
정답과 해설	(C) many times라는 빈도부사를 수식하므로 부사가 필요합니다. u.352쪽 C.번 참조
어휘	no matter how=however 아무리 ～한다 하더라도
	explain=expound=account for=give an account of 설명하다 get A to B: A를 B하게 하다

36 No matter _____ abundant natural resources may seem,// they are limited/ and bound to be exhausted.

(A) how   (B) what   (C) who   (D) when

해석	천연 자원이 아무리 풍부해 보일지라도,// 그들은 제한되어 있으며/ 반드시 고갈 될 것이다.
정답과 해설	(A) abundant라는 형용사를 수식하므로 부사가 필요합니다. u.352쪽 C.번 참조
어휘	no matter how=however 아무리 ～한다 하더라도 abundant 풍부한 natural resources 천연자원
	limited 제한된, 한정된 be bound(certain) to 반드시 ～하다 exhaust=use up=run out of 고갈시키다

• impact	영향(을 끼치다)	• inflation	통화 팽창	• international	국제적인
• implement	실행하다	• influence	영향(을 끼치다)	• intervention	개입, 조정
• imply	의미(함축)하다	• inform	알리다	• introduce	소개(도입)하다
• implication	함축, 내포, 관련	• ingredient	원료, 재료, 성분	• introduction	소개, 도입
• impose	부과하다	• initial	처음의, 초기의	• invest	투자하다
• impress	감명을 주다	• initially	처음에	• investigate	조사하다
• impression	감명, 인상	• initiative	발의, 주도권	• investigation	조사
• impressive	감동적인	• inquiry	조사, 질문, 탐구	• investment	투자
• improve	개선하다	• inside	안쪽에	• investor	투자자
• improvement	개선, 향상	• insight	통찰력	• involve	포함하다
• incentive	장려책	• insist	주장하다	• involvement	연루, 관여
• include	포함하다	• inspire	영감을 주다	• issue	문제, 쟁점
• including	포함하여	• install	설치하다	• item	품목
• job	직업, 일	• journalist	언론인	• judgment	판단, 판결
• joint	합작의, 합동의	• journey	여행	• jury	집합적 배심원
• journal	정기 간행물	• judge	판단하다, 판사	• justice	정의, 사법부
• kitchen	부엌	• knee	무릎	• knowledge	지식
• lab	실험실	• lead	이끌다	• license	면허증
• labor	노동	• leadership	지도력	• likely	가능성 있는
• laboratory	실험실	• leading	주도적인	• limitation	제한, 한정
• lack	부족하다	• leather	가죽	• literally	글자 그대로
• landscape	풍경, 경치, 조망	• leave	떠나다	• literature	문학
• lap	허리에서 무릎까지	• legacy	유산, 유증	• loan	대출, 융자
• largely	주로	• legal	법적인	• local	지역의, 현지의
• later	후에, 나중에	• legislation	입법	• locate	위치를 찾다
• launch	출범하다	• legitimate	합법적인	• location	위치
• law	법	• length	길이	• long-term	장기적인
• lawsuit	소송, 고소	• liberal	자유로운	• loose	느슨한
• lawyer	변호사	• library	도서관	• lovely	사랑스런
• machine	기계	• matter	물질, 문제	• mixture	혼합, 혼합물
• magazine	잡지	• maybe	아마도, 어쩌면	• moderate	적당한
• mail	우편물	• mayor	시장	• modern	현대의
• main	주요한	• meaning	의미	• modest	겸손한
• mainly	주로	• meanwhile	한편	• monitor	감시(관찰)하다
• maintain	유지하다	• measure	측정하다	• moreover	게다가
• maintenance	유지, 보수	• measurement	측정, 치수	• mostly	주로
• male	남성의	• mechanism	장치	• motivation	동기부여, 자극
• manage	관리하다	• medication	의약품	• movement	이사, 이동, 움직임
• management	관리	• medicine	약물, 약	• movie	영화
• manufacturer	제조업자	• minister	장관, 목사	• multiple	다수의
• margin	가장자리, 수익	• mirror	거울, 반영하다	• muscle	근육
• market	시장	• missile	미사일	• museum	박물관
• marketing	시장거래	• mistake	실수	• mutual	상호간의
• naked	벌거벗은	• necessary	필요한	• nomination	지명, 추천
• narrative	이야기	• necessarily	반드시	• nonetheless	그럼에도 불구하고
• narrow	폭이 좁은	• negotiate	협상하다	• normal	정상적인
• national	국가의, 국민의	• negotiation	협상	• normally	정상대로
• natural	당연한, 천연의	• nervous	초조한	• notice	주목하다

01 The employees _____ participate in this special training/ will be promoted first.
(A) who
(B) whose
(C) whom
(D) which

02 All the passengers _____ transfer the planes/ should report to the transfer desk/ immediately upon arrival in New York.
(A) they
(B) that
(C) which
(D) whom

03 About 30% of the patients _____ come to the Hanguk Hospital Emergency Room// have only minor injuries.
(A) who
(B) whose
(C) whom
(D) who are

04 The robots _____ are used in this production facility/ are made in Germany.
(A) which
(B) they
(C) who
(D) what

05 The actress _____ picture I have on my wall/ will star in a brand new play in New York City next month.
(A) who
(B) whose
(C) whom
(D) that

06 The professor _____ classes many students take/ is going to be on a TV talk show tomorrow.
(A) who
(B) whose
(C) which
(D) his

07 Any analyst _____ research paper is chosen for publication in a journal// will be granted more benefits.
(A) who
(B) whose
(C) whom
(D) which

08 Soccer is the sport _____ I like the most.
(A) who
(B) that
(C) whom
(D) whose

09 Depp divorced his wife,/ _____ accused the actor/ of persistent verbal and physical abuse.
(A) who
(B) that
(C) she
(D) whom

10 Please deliver the equipment to Ms. Jackson, _____ is in charge of the personnel department.
(A) he
(B) which
(C) who
(D) that

TEST 7 정답 및 해설

01 (A)	02 (B)	03 (A)	04 (A)	05 (B)
06 (B)	07 (B)	08 (B)	09 (A)	10 (C)

01

|해석| 이 특별 연수에 참가하는 직원들이/ 먼저 승진할 것이다.

|해설| 선행사가 사람이고, 주어자리이므로 사람 주격 관계대명사가 와야 하죠. u.321쪽 참조

|어휘| employee 직원 participate(partake) in=take part in 참가하다 special 특별한 training 연수 promote 승진시키다

02

|해석| 비행기를 갈아타는 모든 승객은/ 환승 창구에 알려야 한다/ 뉴욕에 도착하는 즉시.

|해설| 선행사가 사람이고, 주어자리이므로 사람 주격 관계대명사가 와야 함 u.321쪽 참조

|어휘| passenger 승객 transfer 환승(하다), 갈아타다 plane 비행기 report 알리다 desk 창구, 책상 immediately upon arrival 도착 즉시

03

|해석| 한국병원 응급실에 오는 환자 가운데 약 30%는// 단지 경미한 부상을 갖고 있다.

|해설| 선행사가 사람이고, 주어자리이므로 사람 주격 관계대명사가 와야 함 u.321쪽 참조

|어휘| about=around=approximately=some=roughly 대략 patient 환자 hospital 병원 emergency room 응급실 only 단지, 불과, 겨우 minor 경미한, 시시한 injury 부상, 상처

04

|해석| 이 생산 시설에서 사용되는 로봇들은/ 독일에서 만들어진다.

|해설| 선행사가 사물이고, 주어자리이므로 사물 주격 관계대명사가 와야 함 u.321쪽 참조

|어휘| use 사용하다 production facility 생산 시설 make-made-made 만들다 Germany 독일

05

|해석| 내가 벽에 사진을 걸어둔 여배우는(배우의 사진을 걸어둔 상황)/ 다음 달 뉴욕의 새로운 연극에서 주연을 맡게 될 것이다.

|해설| 뒤에 명사가 왔으므로 소유격 자리(her picture→whose picture) u.321쪽 참조

|어휘| actress 여배우 picture 사진 wall 벽 star 주연을 맡다 brand new 새로운 play 희곡, 연극

06

|해석| 많은 학생들이 수강하는 그 교수는/ 내일 TV 토크쇼에 출연할 예정이다.

|해설| 학생들이 그 '교수의 강좌'를 수강하므로 소유격 자리(his classes→whose classes) u.321쪽 참조

|어휘| professor 교수 take classes 수강하다 be going(due, scheduled, supposed, set) to ~할 예정이다 tomorrow 내일

07

|해석| 연구 논문이 저널에 게재되도록 선정되는 분석가는 누구나// 더 많은 혜택(수당)을 받게 될 것이다.

|해설| 뒤에 명사가 왔으므로 소유격 자리(his research paper →whose research paper) u.321쪽 참조

|어휘| analyst 분석가 research paper 연구 논문 choose-chose-chosen 선정(선발, 선택)하다 publication 게재, 출판 journal 학회 간행물, 정기 간행물, 잡지 grant 수여하다, 주다 benefit 혜택, 수당, 연금

08

|해석| 축구는 내가 가장 좋아하는 스포츠야.

|해설| 선행사가 사물이며, 주어+타동사가 있으므로 사물 목적격이 와야 함 u.321쪽 참조

|어휘| soccer 축구 sport 스포츠 like the most 가장 좋아하다

09

|해석| Depp은 그의 아내와 이혼했다.// 그런데 그녀는 그 배우(Depp)를 고소했다/ 지속적인 언어 및 신체적 학대 혐의로.

|해설| 선행사가 사람이고, 뒤에 동사가 왔으므로 주격관계대명사 자리이며 계속적 용법이므로 u.321쪽 [6]번 참조

|어휘| divorce 이혼하다 accuse A of B A를 B의 혐의로 고소하다(u.78) actor 남자 배우 persistent 지속적인 verbal 언어인인 physical abuse 신체적 학대 John Christopher Depp II 미국인 배우 이름

10

|해석| 그 장비를 Jackson씨에게 배달해 주세요.// 그가 인사를 담당하고 있거든요.

|해설| 선행사가 사람이고, 뒤에 동사가 왔으므로 주격관계대명사 자리이며 계속적 용법이므로 u.321쪽 [6]번 참조

|어휘| deliver 배달하다, 구조하다, 분만하다 equipment 장비 be in charge of=take charge of 책임지다, 담당하다 personnel department 인사부

11 The chairman comes from Columbia,//
_____ is a Spanish speaking
country located in South America.
(A) that
(B) which
(C) who
(D) what

12 Susan dressed carelessly to work,/ _____
drew unfavorable attention of the boss.
(A) that
(B) while
(C) what
(D) which

13 Students were told to stay at home/ on
the day the snowstorm was expected,//
_____ was regarded as good
advice.
(A) who
(B) which
(C) what
(D) that

14 The restaurant experienced several
outbreaks of food poisoning,// _____ is
why it lost many of its regular customers.
(A) that
(B) what
(C) which
(D) whichever

15 Mr. Jenkins speaks some Spanish, _____
will often be an asset in his position/ as
communications manager of Western
Europe.
(A) that
(B) which
(C) what
(D) whichever

16 The new medicine was developed by
six scientists,// most of _____ had
participated directly in the research.
(A) who
(B) which
(C) them
(D) whom

17 The physician _____ Mr. Taylor
talked/ was very helpful/ in his recovering
from the illness.
(A) to that
(B) to who
(C) whom
(D) to whom

18 _____ we had done for the last six
months/ was a great achievement.
(A) That
(B) What
(C) When
(D) Where

19 _____ they all have in common/
is that their loose lips cost them their
dream jobs.
(A) That
(B) Which
(C) What
(D) Why

20 Although most workers would like to be
in a managerial position, few understand
_____ this extra responsibility
actually involves.
(A) that
(B) which
(C) of which
(D) what

TEST 7 정답 및 해설

11 (B)	12 (D)	13 (B)	14 (C)	15 (B)
16 (D)	17 (D)	18 (B)	19 (C)	20 (D)

11

|해석| 의장은 컬럼비아 출신인데, 그 나라는 남미에 위치하고 있는 스페인어를 사용하는 나라이다.

|해설| 선행사가 사물이고, 주어자리이며 계속적 용법이므로 u.324쪽 [6]번 참조

|어휘| chairman 의장, 회장 Spanish speaking country 스페인어를 사용하는 나라 be located in ~에 위치하다 South America 남미

12

|해석| Cathy는 아무렇게나 옷을 입고 출근했다./ 그런데 그것이 상사의 비우호적인(좋지 못한) 관심을 끌었다.

|해설| 앞 문장 전체가 선행사이고, comma가 있는 계속적 용법이므로 u.321쪽 [6]번 참조

|어휘| carelessly 아무렇게나 draw-drew-drawn 끌다. 당기다 unfavorable 비우호적인 attention 관심. 주의

13

|해석| 학생들은 집에 머물러 있으라는 말을 들었다/ 눈보라가 예상되는 날에,// 그리고 그것은 좋은 충고로 간주되었다.

|해설| 앞 문장 전체가 선행사이고, comma가 있는 계속적 용법이므로 u.324쪽 [6]번 참조

|어휘| tay at home 집에 머무르다 snowstorm 눈보라 expect 예상하다 regard A as B: A를 B로 간주하다 advice 충고

14

|해석| 그 식당은 여러 차례 식중독이 발생하는 일을 겪었다.// 그로 인해 그 식당은 많은 단골손님을 잃었다.

|해설| 앞 문장 전체가 선행사이고, comma가 있는 계속적 용법이므로 u.321쪽 [6]번 참조

|어휘| experience 겪다 several outbreak 여러 차례의 발생 food poisoning 식중독 lose-lost 잃다 regular customer 단골손님

15

|해석| Jenkins 씨는 스페인어를 조금 한다.// 그것은 그의 위치에서 종종 자산이 되곤 한다/ 서유럽의 통신 관리자로서.

|해설| 앞 문장 전체가 선행사이며, 앞에 comma가 있으므로 u.321쪽 [6]번 참조

|어휘| Spanish 스페인어 will often 종종 ~하곤 하다 asset 자산 position 위치, 지위 communications manager 통신 관리자

16

|해석| 그 신약은 6명의 과학자들에 의해 개발되었는데,// 그들 대부분은 그 연구에 직접 참여하였다.

|해설| 선행사가 사람이며 전치사 뒤에는 목적격이 오므로 u.326쪽 참조

|어휘| new medicine 신약 develop 개발하다 scientist 과학자 most 대부분 participate directly in ~에 직접 참여하다 research 연구

17

|해석| Taylor 씨가 상담한 그 내과 의사는/ 큰 도움이 되었다/ 그가 병으로부터 회복하는 데.

|해설| 전치사 다음에 that이 올 수 없으며, 목적격 whom이 와야 하므로 u.327쪽 [10]번/321쪽 목적격 관계대명사 참조

|어휘| physician 내과 의사 talk to ~와 상담하다 helpful 도움이 되는 recover=get well 회복하다 illness 질병

18

|해석| 우리가 지난 6개월 동안 했던 일은/ 위대한 성취였다.

|해설| 주어 역할을 하면서 동시에 선행사를 포함하고 있는 관계대명사가 필요하므로 u.335쪽 [17]번 참조

|어휘| do-did-done 하다 for the last six months 지난 6개월 동안 a great achievement 위대한(대단한) 성취

19

|해석| 그들 모두가 공통적으로 갖고 있는 것은/ 그들의 가벼운 입이 그들의 꿈의 직장을 잃게 만들었다는 것이다.

|해설| 주어 역할을 하면서 동시에 선행사를 포함하고 있는 관계대명사가 필요하므로 u.335쪽 [17]번 참조

|어휘| have in common 공유하다. 공통적으로 갖다 loose lips 가벼운 입 cost 희생시키다. 잃게 하다 dream 꿈

20

|해석| 대부분의 근로자들이 관리직에 들어가고 싶어 하지만, 이 추가적 책임이 실제로 무엇을 수반하고 있는지 이해하는 사람은 거의 없다.

|해설| 목적어로서 문맥상 '무엇'이 들어가야 하므로 u.335쪽 [18]번 참조

|어휘| although=though=even though 비록 ~하지만 would like to ~하고 싶어 하다 a managerial position 관리직 few 거의 없는 understand=comprehend 이해하다 extra 추가적, 여분의 responsibility 책임 actually 실제로 involve 수반하다

21 The sales manager said// _____ he would send us no more reports.
(A) when
(B) what
(C) how
(D) that

22 Google notified users// _____ it would restrict access/ on certain search terms.
(A) when
(B) what
(C) which
(D) that

23 Ron recommended// _____ Cathy join a committee for neighborhood planning// since she had lots of complaints about the area.
(A) which
(B) that
(C) what
(D) why

24 You must be aware// _____ most of the shops in this area/ do not open at Christmas.
(A) of
(B) that
(C) which
(D) what

25 The name of the company/ illustrates my belief// _____ sign language is a fascinating form of communication.
(A) that
(B) what
(C) when
(D) which

26 The Immigration Museum is located in the historic immigration station complex, _____ thousands of immigrants were processed before entering the United States.
(A) which
(B) when
(C) where
(D) there

27 Claire has decided/ to work at a company outside of the city _____ there are lots of trees.
(A) that
(B) which
(C) where
(D) when

28 _____ the CEO recommends/ will undoubtedly be considered for the position.
(A) Whoever
(B) Whomever
(C) Whosever
(D) Wherever

29 Quentin will work on the project/ with _____ you suggest.
(A) whoever
(B) whomever
(C) whatever
(D) whichever

30 No matter _____ expensive your car,// some day it will need to be repaired.
(A) who
(B) what
(C) which
(D) how

21	(D)	**22**	(D)	**23**	(B)	**24**	(B)	**25**	(A)
26	(C)	**27**	(C)	**28**	(B)	**29**	(B)	**30**	(D)

21

|해석| 판매부장은 말했다/ 우리에게 더 이상 보고서를 보내지 않겠다고.

|해설| 뒤에 완전한 절, 즉 타동사의 목적절을 이끄는 접속사가 필요하므로 u.335쪽 [19]번/303쪽 (13)번 참조

|어휘| sales manager 판매부장 report 보고서
no more=not ~any more 더 이상 ~하지 않다

22

|해석| 구글은 사용자들에게 통보했다// 접속을 제한하겠다고/ 특정한 검색 용어에 대해서.

|해설| 뒤에 완전한 절, 즉 문장이 들어 있으며 목적절을 이끄는 접속사 자리이므로 u.335쪽 [19]번 참조

|어휘| notify 통지(공고, 발표)하다 restrict 제한하다 access 접속, 접근 certain 특정한, 일정한 term 용어, 조항, 임기

23

|해석| Ron은 권했다// Cathy에게 이웃 기획위원회에 가입할 것을// 그녀가 그 지역에 대한 불만을 많이 갖고 있었기 때문.

|해설| 뒤에 완전한 절, 즉 문장이 들어 있으며 목적절을 이끄는 접속사 자리이므로 u.335쪽 [19]번 참조

|어휘| recommend 권하다, 추천하다 join 가입하다 committee 위원회 neighborhood 이웃 planning 기획 since=seeing that=now that=in that ~때문에 lots of=a lot of=plenty of=many 많은 complaint 불만 area 지역

24

|해석| 당신은 알아야 합니다// 이 지역의 대부분의 가게는/ 크리스마스 때 문을 열지 않는다는 것을.

|해설| 목적절을 이끄는 접속사이므로 u.335쪽 [19]번 참조

|어휘| must=have to ~해야 한다 be aware of+명사/be aware that+주+동 ~을 알다 most of 대부분의
at Christmas 크리스마스 때

25

|해석| 회사의 이름은/ 나의 믿음을 보여준다.// 수화가 매력적인 형태의 의사소통이라는 (나의 믿음을).

|해설| 뒤에 완전한 절, 즉 문장이 들어 있으며 앞에 명사 belief가 있으므로 동격 접속사가 필요함 u.335쪽 [19]번 참조

|어휘| company 회사 sign language 수화 belief 믿음
illustrate 설명하다, 삽화를 통해 보여주다
fascinating=attractive=alluring=charming=enchanting
=enticing 매력적인 communication 의사소통

26

|해석| 이민 박물관은 역사적으로 중요한 이민국 단지에 위치해 있는데,// 그곳에서 수많은 이민자들이 절차를 밟았다/ 미국에 입국하기 전에

|해설| 앞에 '이민국 단지'라는 장소가 오고, 뒤에 완전한 문장이 왔으므로 장소 관계부사 'where'자리 u.346쪽 [4]번 참조

|어휘| The Immigration Museum 이민 박물관 be located (situated) in ~에 위치하다 historic 역사적으로 유명한, 유서 깊은 immigration station complex 이민국 단지 thousands of 수많은 immigrant 이민자 process 처리하다 the United States 미국

27

|해석| Claire는 결정했다/ 도시 외곽에 있는 회사에서 일하기로/ 나무가 많은 (회사에서).

|해설| 완전한 절이 왔으며, 회사라는 장소에 나무가 많이 있기 때문에 u.343쪽 (2)번 참조

|어휘| decide=determine=make up one's mind 결정(결심)하다 company 회사 outside of ~의 외곽에

28

|해석| CEO가 추천하는 사람은 누구나/ 의심할 여지없이 그 직책을 위해 참작될 것이다.

|해설| 뒤에 '주어+타동사'가 왔으므로 목적격이 와야 함 u.349쪽 (1)번 참조

|어휘| recommend 추천하다 undoubtedly 의심할 여지없이 consider 참작하다, 고려하다 position 직책, 위치

29

|해석| Quentin은 그 프로젝트를 진행할 것입니다/ 당신이 권하는 사람과 함께.

|해설| 뒤에 '주어+타동사'가 왔으며, 함께 일할 사람이 필요하므로 사람 목적격이 와야 함 u.349쪽 (1)번 참조

|어휘| work on 매진하다, 진행하다 suggest 권하다, 제안하다

30

|해석| 네 차가 아무리 비싸다하더라도,// 언젠가는 수리를 해야 할 것이다.

|해설| expensive라는 형용사를 수식하므로 부사가 필요함 u.352쪽 C.번 참조

|어휘| no matter how=however 아무리 ~한다 하더라도 expensive=costly 비싼 some day 언젠가 repair=mend=fix(do)up 수리하다

16. 전치사 문제 (유니크 쏙쏙 영문법 18과)

* 전치사 다음에는 무조건 명사나 동명사가 와야 합니다.
* 유니크 쏙쏙 영문법 354–357쪽에서 가장 자주 출제 됩니다.

1 The measure should be taken into _____.

   (A) consider   (B) considerate   (C) consideration   (D) considerably

해석	그 조치는 고려되어야 한다.
정답과 해설	(C) 전치사 다음에는 명사형이 오므로 u.354쪽 참조
어휘	measure 조치, 측량, 법안 consider=contemplate=allow for=take~into account(consideration) 고려하다, 참작하다

2 Market research reports show// that a hotel's level of _____ is an important factor in determining guests' overall satisfaction.

   (A) clean   (B) cleanly   (C) cleaner   (D) cleanliness

해석	시장조사 보고서에 따르면// 호텔의 청결 수준이 고객의 전반적인 만족도를 결정하는 데 있어서 중요한 요인이다.
정답과 해설	(D) 전치사 다음에 명사가 오며, 문맥상 「청결 수준」이 가장 자연스러우므로 u.354쪽 참조
어휘	market research report 시장조사 보고서 level of cleanliness 청결 수준 factor 요인 determine 결정하다 guest 호텔 손님 overall 전반적인 satisfaction 만족도, 만족감 clean 청결한 cleanly 깨끗하게 cleaner 청소부 cleanliness 청결, 청결함

3 These high-capacity fuel tanks/ do not need to be filled/ _____ the standard ones equipped with most vehicles.

   (A) so far   (B) even though   (C) as often as   (D) except

해석	이 대용량 연료 탱크는/ 채울 필요가 없다/ 대부분의 차량에 장착 된 표준 연료 탱크를 제외하고는.
정답과 해설	(D) 문맥상 가장 적합하며, 명사 앞에 전치사가 필요하므로 u.354쪽 참조
어휘	high-capacity 대용량 fuel 연료 need to ~할 필요가 있다 fill 채우다 standard 표준의 equip 설치하다, 갖추다 most 대부분의 vehicle 차량 so far=thus far=as yet=to date 지금까지 even though=even if=although=though ~이지만 as often as=whenever ~할 때마다 except ~을 제외하고

4 The presentation is scheduled to start/ in the conference room/ _____ 11:00 a.m. on Monday.

   (A) in   (B) for   (C) at   (D) on

해석	(신제품) 발표는 시작될 예정이다/ 회의실에서/ 월요일 오전 11시에.
정답과 해설	(C) 시각 앞에서는 at를 사용하므로 u.354쪽 (1)번 참조
어휘	presentation 발표 be scheduled(slated, planning) to ~할 예정이다 conference room 회의실 a.m.=ante meridiem 오전 Monday 월요일

5 The finance committee/ will meet again _____ the eighth of March.

(A) on   (B) to   (C) for   (D) from

해석	재무위원회는/ 3월 8일에 다시 만날 예정입니다.
정답과 해설	(A) 날짜 앞에는 on을 붙이므로 u.354쪽 (1)번 참조
어휘	finance committee 재무위원회 will ~할 예정이다 March 3월

6 The new video game "Super Junior"/ will be released _____ a month.

(A) by   (B) with   (C) from   (D) in

해석	"Super Junior"라는 새로운 비디오 게임이/ 한 달 후에 발매될 것이다.
정답과 해설	(D) in+시간 ~후에/만에/지나서 in+공간 ∽안에 354쪽 (2)번 참조
어휘	release 영화를 개봉하다, 공개(발표, 발매)하다

7 The hard work of the employees/ is sure to increase production _____ the coming year.

(A) in   (B) to   (C) for   (D) at

해석	직원들의 노고는/ 분명히 내년에 생산량을 끌어올릴 것이다.
정답과 해설	(A) 연도 앞에 사용되는 전치사이므로 u.354쪽 (1)번 참조
어휘	hard work 노고 employee 직원 be sure(certain) to 분명히(틀림없이) ~할 것이다 increase=boost=enhance 증대시키다 production 생산, 생산량 in the coming year 다가오는 해에, 내년에

8 In order to succeed,// you should make a plan/ _____ the range of time and budget.

(A) among   (B) within   (C) onto   (D) about

해석	성공하기 위해서,// 너는 계획을 세워야 한다/ 시간과 예산 범위 내에서.
정답과 해설	(B) within the range of ~의 범위 안에 u.354쪽 (2)번 참조
어휘	in order to=so as to=with intent to=with a view to~ing ~하기 위하여 make a plan=plan 계획을 세우다 range 범위, 사정거리, 산맥 budget 예산 onto ~의 위로

9 The products/ can be purchased/ _____ our qualified dealers and outlets nationwide.

(A) to   (B) from   (C) of   (D) for

해석	그 제품들은/ 구매할 수 있다/ 전국의 자격을 갖춘 대리점과 직판장으로부터.
정답과 해설	(B) purchase from ~로부터 구매하다 u.355쪽 (3)번 참조
어휘	product 제품 purchase 구매하다 qualified 자격을 갖춘, 검증절차를 거친 dealer 대리점 outlet 매장, 직판장, 거래처 nationwide 전국적으로, 전국적인

10 The manager said// that he would return to the office _____ 6 PM.

(A) by   (B) on   (C) for   (D) until

해석	부장은 말했다// 6시까지 사무실에 돌아오겠다고.
정답과 해설	(A) 동작을 완료를 나타낼 때는 by(~까지)를 사용하므로 u.355쪽 (3)번 참조
어휘	manager 부장, 관리자, 매니저 return=come back 돌아오다

11 The chief consultant/ should submit the final report/ _____ tomorrow morning.

(A) in   (B) by   (C) on   (D) for

해석	수석 컨설턴트는/ 최종 보고서를 제출해야 한다/ 내일 아침까지.
정답과 해설	(B) 동작을 완료를 나타낼 때는 by(~까지)를 사용하므로 u.355쪽 (3)번 참조
어휘	chief consultant 수석 컨설턴트 submit=give(turn, send, hand) in 제출하다 the final report 최종보고서

12 Since they must submit the annual budget report _____ the end of the month,// employees are busy calculating figures.

(A) on   (B) by   (C) till   (D) between

해석	연례 예산보고서를 월 말까지 제출해야 하기 때문에,// 직원들은 수치를 계산하느라 여념이 없다.
정답과 해설	(B) 동작을 완료를 나타낼 때는 by(~까지)를 사용하므로 u.355쪽 (3)번 참조
어휘	since=as=because=inasmuch as ~이기 때문에 submit=give(turn, send, hand) in 제출하다 by ~까지 employee 직원 annual budget report 연례 예산 보고서 be busy~ing ~하느라 바쁘다 calculate 계산(산정, 추정, 예측)하다 figure 도표, 숫자, 계산, 인물, 모습

13 After a major restructuring,// the corporation has been growing steadily _____ six months.

(A) during   (B) for   (C) from   (D) since

해석	대대적인 구조조정 끝에,// 그 회사는 6개월 동안 꾸준히 성장해 오고 있다.
정답과 해설	(B) for+숫자를 동반한 기간: ~동안에 u.355쪽 (4)번 참조
어휘	a major restructuring 대대적인 구조조정 corporation 회사, 법인 grow-grew-grown 성장하다 steadily 꾸준히

14 _____ the first three months,/ Tim's boss couldn't find any flaws in him,// but he realized// that Tim actually has a very hot temper// when he got into an argument with his co-worker.

(A) Within   (B) Onto   (C) Along   (D) For

해석	처음 3개월 동안,/ Tim의 상사는 그에게서 어떤 흠도 발견하지 못했다.// 그러나 그는 깨달았다// Tim이 실제로는 매우 성미가 고약하다는 것을// 그가 동료와 논쟁을 할 때.
정답과 해설	(D) for+숫자를 동반한 기간: ~동안에–How long...?에 대한 답변을 할 때 for를 사용함 u.355쪽 (4)번 참조
어휘	for the first three months 처음 3개월 동안 boss 상사 flaw=defect=shortcoming 흠 realize 깨닫다 actually 실제로는 hot temper 급한 성미 get into an argument with ~와 논쟁하다 co-worker 동료 직원

15 If you leave your name _____ the waiting list,// you will be served in order.

(A) in   (B) for   (C) on   (D) by

해석	대기자 명단에 당신의 이름을 남기시면,// 순서대로 접대를 받을 것입니다.
정답과 해설	(C) 표면 위를 나타낼 때는 on을 사용하므로 u.355쪽 [2]번 참조
어휘	leave 남기다 waiting list 대기자 명단 serve 접대하다 in order 순서대로, 순서에 따라

16 In case of emergency,// passengers can use the life vests which are arranged _____ the seat.

(A) between   (B) among   (C) under   (D) throughout

해석	비상시에,// 승객들은 좌석 아래에 마련된 구명조끼를 사용할 수 있다.
정답과 해설	(C) 구명조끼는 좌석의 바로 아래에 있으므로 u.355쪽 [2]번 참조
어휘	in case of emergency 비상시에 passengers 승객 life vest 구명조끼 arrange 마련(준비, 배열)하다 seat 좌석 between 둘 사이에 among 셋 이상 사이에 under ~의 아래에 throughout 도처에, 내내

17 _____ the new management,// the electrical company will go through a lot of radical changes.

(A) To   (B) Under   (C) For   (D) Between

해석	새로운 경영진 하에서,// 그 전기 회사는 많은 급진적인 변화를 겪을 것이다.
정답과 해설	(B) under ~하에서 u.355쪽 [2]번 참조
어휘	management 경영진 electrical company 전기 회사 go(pass) through=experience=undergo 겪다 a lot of=lots of=plenty of 많은 radical 급진적인

18 The laundry bag/ is _____ the cabinet.

(A) inside   (B) among   (C) within   (D) between

해석	세탁물 가방이/ 캐비닛 안에 있다.
정답과 해설	(A) 안쪽에 있으므로 u.355쪽 [2]번 참조
어휘	laundry 세탁물 inside 안쪽에 among 셋 이상 사이에 within 시간 이내에 between 둘 사이에

19 The corporate office/ is located _____ the Lily Building.

(A) on   (B) in   (C) over   (D) under

해석	회사 사무실은/ 백합건물 안에 있다.
정답과 해설	(B) 사무실은 건물의 안에 위치하고 있으므로 u.355쪽 [2]번 참조
어휘	corporate 회사의, 조직의 be located 위치하다 on 표면 위에 in 공간 안에 over 바로 위에 under 바로 아래에

20 For additional information about the hospitals _____ your place,// please refer to the Telephone Directory.

(A) close   (B) near   (C) nearly   (D) nearby

해석	여러분의 위치에서 가까운 병원에 관한 추가적 정보를 위해서는// 전화번호부를 참조하십시오.
정답과 해설	(B) 명사 앞에 사용되는 전치사로서 '가까운'의 뜻 u.356쪽 [3]번 참조
어휘	additional 추가적인 information 정보 hospital 병원 place 위치, 장소 refer to 참조하다 the Telephone Directory 전화번호부 close 친밀한, 가까운(형) near=close to 가까이 있는(전) nearly 거의(부) nearby 근처에(부), 가까운(형)

21 First flight was scheduled for December 1963// but, due to fuel tank leakage,/ the program fell well _____ schedule.

(A) behind   (B) before   (C) beyond   (D) beside

해석	1963년 12월 첫 비행이 예정되어 있었으나,// 연료 탱크 누출로 인해/ 그 프로그램은 예정보다 훨씬 뒤처졌다.
정답과 해설	(A) fall behind schedule 예정보다 뒤처지다 u.356쪽 [3]번 참조
어휘	flight 비행 be scheduled for+시각 ~로 예정되어 있다 December 12월 due(owing) to=because of=on account of ~때문에 fuel 연료 leakage 누출, 누수 beyond ~을 넘어서 beside ~옆에

22 The person who will take the meeting minutes/ will be seated _____ the president.

(A) by   (B) from   (C) next   (D) along

해석	회의록을 작성할 사람은/ 의장 옆에 앉게 될 것이다.
정답과 해설	(A) by=beside=next to ~의 옆에 u.356쪽 [3]번 참조
어휘	person 사람 take the meeting minutes 회의록을 작성하다 be seated=sit down 앉다 president 의장, 회장, 총장, 대통령

23 Unique and private beach and huge water park _____ the sea/ make the PIC in Guam the best place for family vacations.

(A) over   (B) across   (C) beside   (D) around

해석	바다 옆에 있는 독특하고도 객실 손님만을 위한 해변과 거대한 워터파크는/ 괌의 PIC를 가족 휴가를 위한 최고의 장소로 만든다.
정답과 해설	(C) 옆에 u.356쪽 [3]번 참조
어휘	unique 독특한 private beach 객실 손님만을 위한 해변 huge=gigantic=tremendous=immense=enormous=titanic=colossal=vast 거대한 vacation 휴가 over 바로 위, 너머 across 가로질러 beside=next to 바로 옆에 around 주변에, 둘레에

24 Some of my relatives arrived at the feast/ _____ 1:00 and 2.00 PM.

(A) at   (B) by   (C) before   (D) between

해석	내 친척 일부는 잔치에 도착했다/ 한 시부터 두 시 사이에.
정답과 해설	(D) 둘 사이에서 사용하는 전치사가 필요하므로. u.356쪽 [3]번 참조
어휘	relative 친척 arrive at 도착하다 feast 잔치

25 You will earn _____ £20,000 and £25,000 through the business.

(A) more than   (B) more or less

(C) approximately   (D) somewhere between

해석	당신은 그 사업을 통해 2만 파운드에서 2만 5천 파운드 가량의 수익을 올릴 것이다.
정답과 해설	(D) somewhere between A and B: A와 B사이 정도 u.356쪽 [3]번 참조
어휘	earn 벌다 through ~을 통해서 more than 이상, 초과 more or less=approximately 다소, 대략

26 Inter Coast Airlines' flight ＿＿＿＿＿＿ New York/ has been delayed.

  (A) in   (B) to   (C) at   (D) by

해석	인터코스트 항공의 뉴욕 행 항공편이/ 지연되었다.
정답과 해설	(B) a flight to 장소: ～행 항공편 u.356쪽 [4]번 참조
어휘	delay=defer=suspend=prolong=adjourn 지연시키다

27 We're moving ＿＿＿＿＿＿ a new apartment next week.

  (A) to   (B) in   (C) into   (D) over

해석	우리는 다음 주에 새로운 아파트로 이사할 예정이다.
정답과 해설	(C) move into ～으로 이사들어가다 u.356쪽 [4]번 참조
어휘	apartment=flat 아파트 next week 다음 주에

28 With its sales subsidiaries ＿＿＿＿＿＿ the world,/ the company is developing its global reputation.

  (A) along   (B) beside   (C) below   (D) around

해석	전 세계에 판매 자회사를 두고 있는,/ 이 회사는 세계적 명성을 전개하고 있다.
정답과 해설	(D) around the world 전 세계적으로 u.356쪽 [4]번 참조
어휘	around the world=throughout the world=all over the world 전 세계적으로 sales subsidiaries 판매 자회사 company 회사 develop 개발하다, 발전시키다, 전개하다 global reputation 세계적 명성 along ～을 따라서 beside=next to 바로 옆에 below 저 아래에

29 Historically,// outbreaks of hog cholera/ have been reported ＿＿＿＿＿＿＿ the world.

  (A) everywhere   (B) throughout   (C) somewhat   (D) moreover

해석	역사적으로,// 돼지 콜레라의 발병은/ 세계 전역에서 보고되어 왔다.
정답과 해설	(B) 명사 앞에 전치사가 필요하므로, 나머지는 모두 부사입니다. u.356쪽 [4]번 참조
어휘	historically 역사적으로 outbreak 발명, 발생 hog cholera 돼지 콜레라 throughout ～의 전역에서 report 보고하다 everywhere 도처에(부사), ～가는 곳마다(접속사) somewhat=more or less 다소 moreover=furthermore=what is more=on top of that=by the same token=besides 게다가

30 After receiving a warning message of possible bombing,// the flight touched ＿＿＿＿＿＿ at the nearby airport.

  (A) in   (B) through   (C) for   (D) down

해석	폭격 가능성에 대한 경고 메시지를 받은 후,// 그 비행기는 인근 공항에 착륙했다.
정답과 해설	(D) touch down=land 착륙하다 u.356쪽 [4]번 참조
어휘	receive 받다 a warning message 경고 메시지 bombing 폭격 the flight 항공편 nearby 근처에 있는 airport 공항

31 We can contact the sales manager only _____ telephone.

 (A) by   (B) in   (C) on   (D) through

해석	우리는 영업부장에게 전화로만 연락할 수 있다.
정답과 해설	(A) 「by+통신수단」이므로 u.357쪽 [5]번 참조
어휘	contact=get in contact with=make contact with 연락하다 sales manager 영업부장 only 오직 by telephone 전화로

32 Several hours later,// I was talking to Peterson _____ the phone in Manhattan.

 (A) by   (B) in   (C) on   (D) at

해석	몇 시간 후,// 나는 맨해튼에서 전화로 Peterson과 이야기하고 있었다.
정답과 해설	(C) 「on the phone」 전화상에서 u.357쪽 ⓓ번 참조
어휘	several hours later 몇 시간 후 talk to ~와 이야기하다, ~와 대화하다

33 _____ accepting a job that is offered to you,// carefully examine all possible alternatives.

 (A) After   (B) Before   (C) Since   (D) Whereas

해석	제의받은 직업을 수락하기 전에,// 가능한 모든 대안을 신중히 검토하라.
정답과 해설	(B) 직업을 수락하기 전에 대안을 검토하는 것이 논리적이므로 u.360쪽 (8)번 참조
어휘	accept 수락하다, 받아들이다 job 직업 offer 제의(제안, 제공)하다 carefully=with care=prudently=cautiously 신중하게 examine 검토하다, 살펴보다 possible 가능한 alternative 대안 after ~한 후에 since ~한 이래로 whereas=while 반면에

34 We'll be competing _____ the best companies in Europe.

 (A) to   (B) for   (C) about   (D) against

해석	우리는 유럽 최고의 기업들과 경쟁 할 것입니다.
정답과 해설	(D) 문맥상 「상대하여」가 가장 자연스러우므로 u.361쪽 (2)번 참조
어휘	compete against ~을 상대하여 경쟁하다

35 The people gathered/ to _____ the government's new tax increase.

 (A) protest against   (B) abhor   (C) riot   (D) demonstrate

해석	사람들이 모였다/ 정부의 새로운 세금인상에 항의하기 위해서.
정답과 해설	(A) 문맥상 '항의하다'가 가장 자연스러우므로. u.361쪽 (3)번 참조
어휘	protest against 항의하다 abhor=abominate=detest=disgust=loathe 혐오하다 gather 모이다 riot=start(raise) a riot 폭동을 일으키다 demonstrate 시위하다

36 The planning regulations tend to work _____ smaller companies.

(A) with   (B) for   (C) about   (D) against

해석	그 계획 규정은 중소기업에 불리하게 작용하는 경향이 있다.
정답과 해설	(D) work against ~에게 불리하게 작용하다 u.362쪽 (4)번 참조
어휘	planning regulations 계획 규정 tend(trend) to=have a tendency to ~하는 경향이 있다 company 회사

37 _____ the annual conference,// the guest speaker addressed the importance of thinking positively.

(A) To   (B) On   (C) Of   (D) At

해석	연례 회의에서// 초청 연사는 긍정적으로 생각하는 것의 중요성을 강조했다.
정답과 해설	(D) at the annual conference 연례회의에서 u.363쪽 (4)번 참조
어휘	guest speaker 초청 연사 address 강조하다, 연설하다 importance 중요성 positively 긍정적으로

38 The flight attendants were told// that the new schedule would be available/ _____ the end of this month.

(A) in   (B) on   (C) at   (D) for

해석	승무원들은 들었다// 새로운 일정을 이용할 수 있을 것이라고/ 이 달 말에.
정답과 해설	(C) at the end of this month 이달 말에 u.364쪽 (5)번 참조
어휘	flight attendant 승무원 be told 듣다 schedule 일정 available 이용 가능한, 이용할 수 있는

39 Please be aware// that noise should be kept _____ a low level// that can not be heard outside an individual's room.

(A) at   (B) in   (C) on   (D) under

해석	유의하세요// 소음은 낮은 수준으로 유지해야 한다는 점을// 개인의 방 밖에서는 들을 수 없는 (낮은 수준으로).
정답과 해설	(A) 정도를 나타내는 전치사이므로 u.364쪽 (7)번 참조
어휘	be aware 유의하다, 인식하다 noise 소음 at a low level 낮은 수준으로 outside 밖에서 individual 개인

40 The company/ plans to increase its investment on research and marketing _____ two million dollars.

(A) at   (B) by   (C) with   (D) of

해석	그 회사는/ 연구 및 마케팅에 대한 투자를 200만 달러 늘릴 계획입니다.
정답과 해설	(B) 정도나 비율을 나타내는 전치사는 by이므로 u.365쪽 (4)번 참조
어휘	company 회사 plan to ~할 계획이다 increase 늘리다, 증가시키다 investment 투자 research 연구

41 An independent voice in the parliament,/ Mr. Johnson often votes without any concern _____ public opinion.

(A) near   (B) for   (C) with   (D) from

해석	의회의 독립적인 목소리인/ Johnson 씨는 종종 여론을 전혀 개의치 않고 투표를 한다.
정답과 해설	(B) without any concern for ~을 개의치 않고, ~에 대해 아무런 관심 없이 u.367쪽 (2)번 참조
어휘	independent 독립적인 voice 목소리 parliament 의회 vote 투표하다 public opinion 여론

42 When Shane suggested to her boss// that they change the direction of their new project and come up with a totally different technology,// he was all _____ it.

(A) as   (B) for   (C) about   (D) to

해석	Shane이 상사에게 제안했을 때// 그들의 새로운 프로젝트의 방향을 바꾸고 전혀 다른 기술을 생각해 내자고,// 그는 전적으로 찬성했다.
정답과 해설	(B) be all for 전적으로 찬성하다 u.368쪽 (7)번 참조
어휘	suggest 제안하다 direction 방향 come up with=think out 생각해 내다 totally 전혀, 완전히 different 다른 technology 기술

43 To stay with local people and gain practical experience,// volunteers work an average of 3 hours per day _____ food and accommodation.

(A) in exchange for   (B) exchanging of   (C) with exchange   (D) exchanges

해석	지역주민들과 함께 머무르면서 실질적인 경험을 얻기 위하여,// 자원봉사자들은 하루 평균 3시간을 일한다/ 음식과 숙박에 대한 보답으로.
정답과 해설	(A) 명사 앞에는 '대가/보상' 전치사가 필요하므로 u.368쪽 (9)번 참조
어휘	stay 머무르다 local people 지역주민 practical experience 실질(실용)적인 경험 gain=get=obtain=acquire=win=secure=procure=garner=come by 얻다 volunteer 자원봉사자 in atonement(compensation, exchange, return, reward, recompense, repayment, payment) for ~에 대한 보답으로 average 평균 per day 하루 당

44 Most working environments/ are improved/ by the addition _____ a few plants and pictures to the office.

(A) by   (B) to   (C) of   (D) on

해석	대부분의 작업 환경은/ 개선된다/ 사무실에 약간의 식물과 그림을 추가함으로써.
정답과 해설	(C) 이 때 of뒤 명사가 앞 명사의 목적어 관계 u.369쪽 (2)번 참조
어휘	most 대부분의 working environment 작업 환경 improve 개선하다 addition of A to B: A를 B에 더하기 a few=some 약간의 plant 식물 picture 그림 office 사무실

45 If you pay on a cash basis,// you can take advantage _____ a 5 percent discount.

(A) on   (B) with   (C) from   (D) of

해석	현금으로 지불하시면,// 당신은 5% 할인 혜택을 받으실 수 있습니다.
정답과 해설	(D) 혜택이 5% 이므로 동격의 of가 필요함 369쪽 (2)번 참조
어휘	pay-paid-paid 지불하다 on a cash basis 현금으로 advantage 이익, 유리, 이점 take advantage of=avail oneself of=make capital out of 이용(활용)하다 discount 할인, 할인하다

46 _____ all those who applied for the position,// Taylor was the best candidate for the job.

(A) Of   (B) From   (C) In   (D) Against

해석	그 직책에 지원한 모든 사람들 중,// 테일러가 그 일에 가장 적합한 후보자였다.
정답과 해설	(A) 소속(~가운데)을 나타내는 전치사는 of를 사용하므로 u.369쪽 (3)번 참조
어휘	those who ~한 사람들 apply for 지원(신청)하다 position 직책, 지위, 위치 candidate 후보자 job 직업, 일 from ~로 부터 against ~에 비해서, 기대어, 반대하여

47 The senior manager has concentrated _____ the automation project for three years.

(A) in   (B) on   (C) for   (D) with

해석	선임부장은 3년 동안 자동화 프로젝트에 주력했다.
정답과 해설	(B) concentrate on ~에 전념(몰두, 주력)하다 u.372쪽 (3)번 참조
어휘	senior manager 선임부장, 수석관리자 concentrate on=be keen(intent, bent) on ~에 전념하다 automation 자동화

48 _____ the recommendation of the executive board,// the chairman made up his mind to cancel the inauguration ceremony.

(A) In   (B) On   (C) By   (D) At

해석	이사회의 권고에 따라,// 의장은 취임식을 취소하기로 결심했다.
정답과 해설	(B) on the recommendation of ~의 권고에 따라 u.372쪽 (4)번 참조
어휘	the executive board 이사회 chairman 의장 make up one's mind to 결심하다 cancel=call off=take back 철회(취소)하다 inauguration ceremony 취임식

49 As we watched carefully,// the man _____ the wall and fled his pursuers.

(A) jumped over   (B) walked across   (C) hopped about   (D) jumped across

해석	우리가 조심스럽게 지켜보고 있을 때,// 그 사람은 담을 넘어서/ 추적자들을 따 돌렸다.
정답과 해설	(A) 담을 넘으므로 over라는 전치사가 필요함. u.374쪽 (1)번 참조
어휘	watch 지켜보다, 시계 carefully=with care 조심스럽게 wall 담, 벽 flee-fled-fled (from) 도망쳐 피하다 jump over 뛰어 넘다 walk across 건너가다 hop about 깡충깡충 뛰어다니다 jump across 뛰어 건너다

50 The company has increased its production by 30 percent/ _____ the last two years.

(A) into   (B) over   (C) about   (D) throughout

해석	회사는 생산량을 30% 증가시켰다/ 지난 2년에 걸쳐서.
정답과 해설	(B) over=during(기간) …동안 (쭉), ~에 걸쳐서 u.375쪽 (5)번 참조
어휘	company 회사 increase 증가시키다 production 생산(량) for the last two years 지난 2년간 into 안으로 throughout 도처에

51 Health insurance prices/ have increased at a 17.9 percent annual rate/ _____ three months.

(A) since the last   (B) in the following   (C) periodically over   (D) over the last

해석	건강 보험료는/ 연평균 17.9 % 상승했다/ 지난 3개월 동안.
정답과 해설	(D) 시제가 현재완료시제이므로 「지난 3개월 동안」이 가장 자연스럽죠. u.375쪽 (5)번 참조
어휘	health insurance prices 건강 보험료 increase 증가하다 annual 1년의 rate 속도 over 동안에, 걸쳐서

52 We ordered take-out _____ the phone// before driving to the restaurant to pick it up.

(A) by   (B) in   (C) at   (D) over

해석	우리는 가지고 나올 음식을 전화로 주문했다// 그 다음 그것을 가지러 식당으로 차를 몰고 갔다.
정답과 해설	(D) 「over the phone」 전화로, 전화를 사용하여 u.375쪽 (7)번 참조
어휘	order 주문하다 take-out 가지고 나올 음식 drive to ~으로 차를 몰고 가다 pick up 받아오다, 가져오다, 태우러 가다

53 There will be a meeting for anyone interested in learning about the new building plans/ at 3 p.m. _____.

(A) on next Wednesday   (B) at next Wednesday

(C) in next Wednesday   (D) next Wednesday

해석	새로운 건축 계획에 대한 학습에 관심이 있는 모든 사람들을 위한 회의가 있을 것이다/ 다음 주 수요일 오후 3시에.
정답과 해설	(D) next 다음에 시간 표현이 올 때 앞에 전치사를 사용하지 않습니다. u.380쪽 (2)번 참조
어휘	be interested in ~에 관심이 있다 learning 학습 building plan 건축 계획 p.m.=post meridiem 오후

54 The Phoenix Room, our largest and most elegant banquet facility,/ allows groups of up to 150 people to enjoy meals in _____.

(A) comfort   (B) comforting   (C) comfortable   (D) comfortably

해석	우리의 가장 크고 우아한 연회 시설인 피닉스 룸(봉황실)은/ 최대 150명의 사람들이 편안하게 식사를 즐길 수 있게 해준다.
정답과 해설	(A) 전치사 다음에 명사가 오므로 in comfort=comfortably 편안하게 u.382쪽 ②번 참조
어휘	phoenix 봉황, 불사조 largest 가장 큰 elegant 우아한 banquet 연회 facility 시설 allow A to B: A가 B를 하도록 허용하다 up to ~까지, 최대 meal 식사 comfortable=at home=at ease 편안한

17. 부사 문제 (유니크 쏙쏙 영문법 19과)

* 토익에서는 형용사나, 형용사구, 과거분사나 동사를 수식하는 것으로 출제됩니다.(384쪽)
* 좌우를 살펴서 명사를 수식하면 형용사를 선택하고, 형용사나 분사나 동사를 수식하면 부사를 선택하세요.
* still/already/yet/ago/before(u.399~402쪽)를 구별하는 문제도 자주 출제됩니다.

1 It is _____ important that this company take vocational training seriously.

(A) awful   (B) terrible   (C) terribly   (D) terrifically

해석	이 회사가 직업 훈련을 심각하게 받아들이는 것은 대단히 중요하다.
정답과 해설	(C) 형용사를 꾸며주는 부사자리이므로 u.384/244쪽 참조
어휘	terribly 대단히, 몹시 important 중요한 company 회사 vocational training 직업 훈련 take~seriously 진지하게(심각하게) 받아들이다 awful 무시무시한 terrible 끔찍한 terrifically 멋지게, 소름끼칠 정도로

2 The building is _____ under renovation; therefore you are not allowed to go inside.

(A) current   (B) currently   (C) currency   (D) currenting

해석	그 건물은 현재 보수중입니다. 그래서 안으로 들어가는 것이 허용되지 않습니다.
정답과 해설	(B) 형용사구(under renovation)를 수식하므로 부사가 필요함 u.384쪽 참조
어휘	under renovation 보수중인 therefore=thus=hence 그러므로 allow=permit 허락하다 current 현재의 currently 현재 currency 화폐, 통화

3 The regional manager/ spoke quite _____/ during the sales meeting.

(A) exciting   (B) excited   (C) excitedly   (D) excitement

해석	그 지역 매니저는/ 꽤 흥분한 목소리로 말했다/ 판매 회의에서.
정답과 해설	(C) 자동사 spoke를 수식하는 부사가 필요하므로 u.384쪽 참조
어휘	regional 지역의 speak-spoke-spoken 말하다 quite 꽤 during 동안에 exciting 흥미로운, 흥분시키는 excited 신이 난, 흥분된 excitedly 흥분하여, 흥분한 어조로 excitement 흥분, 격앙, 소동

4 By hiring professional technicians,/ S-Electronics expects to raise sales _____/ within the next three years.

(A) dramatic   (B) dramatically   (C) dramatist   (D) dramatize

해석	전문 기술자를 채용함으로써./ S-전자회사는 매출을 획기적으로 끌어올릴 작정이다/ 향후 3년 이내에.
정답과 해설	(B) 동사 raise를 꾸며주는 부사가 필요하므로 u.384/387쪽 (1)번 양태부사 참조
어휘	hire=employ 채용(고용)하다 professional 전문적인 technician 기술자 expect to ~할 작정이다, ~할 것으로 예상하다 raise 올리다 sales 매출, 판매고 within 이내에 dramatic 극적인 dramatically 극적으로 dramatist 극작가 dramatize 극화하다

5 The president _____ believes// that reducing costs is highly important.

(A) strength   (B) strong   (C) strongly   (D) stronger

해석	사장은 강력히 믿는다// 비용을 줄이는 것이 매우 중요하다고.
정답과 해설	(C) 동사 believes를 꾸며주는 부사 자리므로 u.384/387쪽 (1)번 양태부사 참조
어휘	president 사장, 대통령 believe 믿다 reduce=diminish=lessen 줄이다, 절감하다 costs 비용 highly important 대단히 중요한 strength 힘, 강도, 장점 strong 강력한, 강한 strongly 강력하게 stronger 더 강한

6 If the wording of a business letter is not _____ thought out,// there can be legal consequences.

(A) caring   (B) careless   (C) careful   (D) carefully

해석	업무용 서신의 문구를 주의 깊게 생각하지 않으면,// 법적 결과가 있을 수 있다.
정답과 해설	(D) thought out이라는 분사를 수식하는 부사자리이므로 u.384쪽 참조
어휘	wording 문구, 용어, 단어 선택, 표현 방식 business letter 업무용 서신 think out=think over=consider 곰곰이 생각하다 legal 법적인 consequence 결과 careless 경솔한 careful=discreet=circumspective 신중한 carefully=with care 신중하게

7 Research funds are being reduced _____/ because of budget cutbacks.

(A) always   (B) never   (C) still   (D) every year

해석	연구 자금이 해마다 감소되고 있다/ 예산 삭감으로 인해.
정답과 해설	(D) 동사 reduce를 수식하는 부사가 필요하며, 다른 부사들을 들어갈 수가 없으므로 u.384쪽 참조
어휘	research funds 연구 자금 reduce=diminish=lessen 줄이다, 축소하다 because of=owing(due) to=on account of ~때문에 budget cutbacks 예산 삭감 always 항상 never 결코 ~이 아니다 still 여전히 every year=year in and year out=annually=yearly 해마다

8 The guest speaker talked about his dream so _____ that he inspired everyone at the ceremony to achieve more.

(A) eagerly   (B) eager   (C) eagerness   (D) more eager

해석	초청 연사는 자신의 꿈에 대해 아주 열렬히 이야기해서 식에 참석한 모든 사람들에게 더 많은 것을 이루도록 영감을 주었다.
정답과 해설	(A) 동사 talked를 꾸며주는 부사자리이므로 u.384/207쪽 참조
어휘	guest speaker 초청 연사 dream 꿈 inspire A to B: A에게 B를 하도록 영감을 주다 ceremony 식, 의식 achieve 성취하다 eagerly 열렬이 eager 열망하는 eagerness 열망

9 The unexpected operating complexity was even more serious than _____ anticipated.

(A) origin   (B) original   (C) originally   (D) originality

해석	예상치 못한 운영상의 복잡함은 처음에 예상했던 것보다 훨씬 더 심각했다.
정답과 해설	(C) 동사를 꾸며주는 부사자리이므로 u.384쪽 참조
어휘	unexpected 예상치 못한 operating complexity 운영상의 복잡함 serious 심각한 even=far=still=yet=much=a lot=a great=a great deal 훨씬 anticipate 예상하다 origin 기원, 비롯하다 original 원래의, 독창적인 originally 원래, 처음에 originality 독창성

10 We need to keep seeking potential subscribers _____ / to establish ourselves in the market.

(A) aggressive   (B) aggressively   (C) aggression   (D) aggressiveness

해석	우리는 잠재적인 가입자를 계속해서 적극적으로 찾아야 한다/ 시장에서 자리를 굳히기 위해서는.
정답과 해설	(B) 동사 seek를 수식하는 부사이므로 u.384쪽 참조
어휘	keep ~ing 계속해서 ~하다 potential 잠재적인 subscriber 가입자
	establish oneself in ~에서 자리를 굳히다 market 시장 aggressive 적극(공격)적인
	aggressively 적극적으로, 공격적으로 aggression 공격 aggressiveness 적극성, 공격성

11 Noticing that the stock value was _____ decreasing, the biggest shareholder sold all of his stocks at a reasonably low price.

(A) continuing   (B) continually   (C) continued   (D) continual

해석	주가가 계속해서 하락하고 있다는 것을 알아차리고,// 최대 주주는 그의 모든 주식을 상당히 낮은 가격에 팔았다.
정답과 해설	(B) 동사 decreasing을 수식하는 부사이므로 u.384쪽 참조
어휘	notice 알아차리다, 눈치 채다, 깨닫다 stock value 주가 decrease 하락하다 shareholder 주주
	sell-sold-sold 팔다 stock 주식 at a reasonably low price 상당히 저렴한 가격에
	continue 계속되다 continually 계속해서 continual 계속적인

12 The national security adviser/ has urged/ the President/ not to sign the peace treaty// before _____ reviewing the details.

(A) through   (B) thorough   (C) thoroughly   (D) roughly

해석	국가 안보 보좌관은/ 촉구했다/ 대통령에게/ 평화 조약에 서명하지 말 것을/ 세부 사항을 철저히 재검토하기 전에.
정답과 해설	(C) before he thoroughly reviews the details.를 구로 만든 형태이므로 u.384쪽 참조
어휘	national security adviser 국가 안보 보좌관 urge 촉구하다
	President 대통령 peace treaty 평화조약 review 재검토하다 details 세부사항
	through 통과하여 thorough 철저한 thoroughly=downright=in depth 철저히 roughly 대충

13 Justin's Packaging company _____ receives returned products// because the new machine that they purchased has been creating problems for the past couple of months.

(A) occasions   (B) occasional   (C) occasion   (D) occasionally

해석	Justin의 포장 회사는 가끔 반품을 받는다.// 그들이 구입 한 새 기계가 지난 두 달 동안 문제를 일으키고 있기 때문에.
정답과 해설	(D) receives라는 동사를 수식하므로 u.384/388쪽 (4)번 참조
어휘	package 포장하다 company 회사 receive 받다 returned product 반품, 반환된 물건 machine 기계 purchase 구입하다 create 만들다, 창조하다 problem 문제 for the past couple of months 지난 두 달 동안 occasion 경우, 때, 기회 occasional 이따금씩의, 때때로의 occasionally=on occasion=sometimes=from time to time=once in a while 가끔

14 It is _____ said/ that sense comes with age.

(A) often   (B) many   (C) usual   (D) much

15 You should _____ send the package by express mail.

(A) always   (B) daily   (C) weekly   (D) monthly

16 Sales figures need to be calculated _____.

(A) usually   (B) seldom   (C) hardly   (D) biannually

17 The condition of the equipment allowed us to come to the conclusion/ that it had _____ been used.

(A) hardly   (B) faintly   (C) vaguely   (D) dimly

18 Beginning in January,/ the water fee of the city will increase by _____ seven percent.

(A) near   (B) nearing   (C) neared   (D) nearly

19 Our sales have increased of late; _____, we are optimistic about our future.

    (A) besides   (B) nonetheless   (C) however   (D) therefore

해석	우리의 매출이 최근 증가했다. 그래서 우리는 우리의 미래에 대해 낙관적이다.
정답과 해설	(D) 문맥상 「그래서, 그 결과」가 가장 자연스러우므로 u.393쪽 ③번 참조
어휘	sales 매출, 판매고 increase 증가하다 of late=lately=recently 최근에 optimistic 낙관(낙천)적인 future 미래 besides=in addition=additionally=on top of that=by the same token 게다가 nonetheless=nevertheless=still=even so=in spite of that 그럼에도 불구하고 however 그러나 therefore=thereupon=as a result(consequence)=accordingly=consequently 그래서, 그 결과

20 Many governments intend to develop new energy-efficient transportation technology,/ _____ reducing their reliance on imported oil.

    (A) thus   (B) so that   (C) such   (D) far

해석	많은 정부들이 새로운 에너지 효율적인 운송 기술을 개발하여/ 수입 석유에 대한 의존도를 줄이려고 한다.
정답과 해설	(A) '그리하여'의 뜻을 가진 부사로서 뒤에 ing를 취할 수 있으므로 u.394쪽 C번 참조
어휘	government 정부 intend to ～하려고 하다, ～할 의도이다 develop 개발하다 energy-efficient 에너지 효율적인 transportation technology 운송 기술 reduce 줄이다 far 먼, 훨씬 reliance 의존도 import 수입하다 thus 따라서, 이렇게, 그러므로 so that ～하기 위하여 such 그런, 대단한

21 We will not have _____ time to see all the historic places of London/ owing to this tight schedule.

    (A) enough   (B) many   (C) some   (D) a lot

해석	우리는 런던의 모든 유서깊은 장소를 볼 수 있는 충분한 시간을 갖지 못할 것입니다/ 이 빡빡한 일정 때문에.
정답과 해설	(A) 뒤에 셀 수 없는 단수 명사형이 왔으며 부정문이므로 u.397쪽 A번 참조
어휘	historic 유서 깊은, 역사적인 tight schedule 빡빡한 일정 owing(due) to=on account of=as a result(consequence) of=on the grounds(score) of ～때문에

22 I don't think// employees are working _____ to finish the project on schedule.

    (A) enough fast   (B) very fast enough   (C) quite enough fast   (D) fast enough

해석	나는 생각하지 않는다// 직원들이 일정대로 프로젝트를 끝낼 수 있을 만큼 일을 빨리 하고 있다고.
정답과 해설	(D) enough가 형용사나 부사를 꾸며줄 때는 뒤에 위치하므로 u.397쪽 C번 참조
어휘	employee 직원 on schedule 일정대로 enough fast 아주 빨리

23 Michael has lived in Turkey for five years,// but he _____ doesn't understand Turkish.

    (A) yet   (B) still   (C) already   (D) no more

해석	마이클은 터키에서 5년 동안 살았지만,// 아직도 터키어를 이해하지 못합니다.
정답과 해설	(B) 「여전히, 아직도」의 뜻으로 부정문에서 조동사 앞에 사용되므로 u.399쪽 A번 참조
어휘	for 동안에 understand=comprehend=make sense of=make head or tail of 이해하다 Turkish 터키어 yet 아직, 벌써 already 이미 no more 더 이상 ～이 아니다

24 The company has not _____ been able to reach the sales goals/ set up at the beginning of this year.

(A) ago   (B) yet   (C) still   (D) already

해석	그 회사는 아직 판매 목표를 달성하지 못했다/ 올해 초에 설정한 (목표에).
정답과 해설	(B) 부정문이며 not의 뒤에 위치하므로 u.399쪽 A번 참조
어휘	company 회사 be able to ~할 수 있다 reach 도달하다 sales goals 판매 목표 set up 설정하다, 세우다 at the beginning of this year 금년 초에 ago 전에 yet 아직 still 여전히 already 이미, 벌써

25 Charlotte/ has _____ completed the report.

(A) ever   (B) yet   (C) already   (D) closely

해석	샬롯은/ 이미 보고서를 완성했다.
정답과 해설	(C) 긍정문이며, 문맥상 「이미」가 가장 자연스러우므로 u.399쪽 B번 참조
어휘	complete 완성하다 report 보고서 ever 의문문에서 지금까지 yet 아직 already 이미 closely 밀접하게, 면밀히

26 I haven't seen any movies since I saw "The Titanic" ten years _____.

(A) ago   (B) before   (C) yet   (D) then

해석	나는 어떤 영화도 본적이 없다/ 10 년 전 "타이타닉 영화"를 본 이후로.
정답과 해설	(A) since다음에 과거시제가 오며, 정확한 시간 ten years가 있으므로 u.402쪽 (15)번 참조
어휘	move 영화 since ~이후로, ~이래로 ten years ago 10년 전에

27 After moving to another state,/ they _____ visited their grandparents.

(A) hardly   (B) hardly ever   (C) hardly any   (D) hardly never

해석	다른 주로 이사한 후, 그들은 그들의 조부모님을 좀처럼 방문하지 않았다.
정답과 해설	(B) 동사를 수식하는 빈도부사가 들어가야 하므로 u.402쪽 (17)번 참조
어휘	move 이사하다 another state 다른 주 hardly=scarcely=barely 거의 ~하지 않다(정도) hardly(scarcely) ever=rarely=seldom 좀처럼 ~하지 않다(빈도) visit=call on=pay a visit to 방문하다

28 The new executive director/ _____ ever spends a day in the main office/ owing to too many business trips abroad.

(A) often   (B) hardly   (C) quite   (D) never

해석	신임 전무이사는/ 좀처럼 본사에서 하루도 보내지 않는다/ 너무 많은 해외 출장 때문에.
정답과 해설	(B) ever가 뒤에 왔으므로: hardly ever 좀처럼 ~하지 않다 u.402쪽 (17)번 참조
어휘	executive director 전무이사 main office 본사 owing(due) to=because of=on account of=in the wake of ~때문에 business trip 출장 abroad 해외로 often 종종 quite 꽤 never=not at all=by no means=in no way 결코 ~이 아니다

29 Most of them were so young/ that they had _____ experience in business.

(A) hardly   (B) hardly ever   (C) hardly any   (D) hardly never

해석   그들 대부분은 너무 어려서/ 사업 경험이 거의 없었다.

정답과 해설   (C) 뒤에 명사가 왔으므로 부사가 올 수 없고 any가 들어 있는 (C)가 답이 됩니다. u.402쪽 (17)번 참조

어휘   so ~that 너무 ~해서 hardly 거의 ~하지 않다(정도)

hardly(scarcely) ever=rarely=seldom 좀처럼~하지 않다(빈도)

hardly(scarcely) any=very little+단수/very few+복수: 거의 없는 experience 경험 business 사업

30 _____ of Picasso's contemporaries created as many works as he did.

(A) Hardly   (B) Hardly ever   (C) Hardly any   (D) Hardly never

해석   피카소의 동시대 사람들 가운데 그(피카소)만큼 많은 작품을 만든 사람은 거의 없었다.

정답과 해설   (C) 유일하게 주어가 될 수 있는 부정대명사 any가 있으므로 u.402쪽 (17)번 참조

어휘   contemporary 동시대 사람 create 창조하다, 만들다 as many ~as ~만큼 많은 works 작품

hardly 거의 ~하지 않다(정도) hardly(scarcely) ever=rarely=seldom 좀처럼 ~하지 않다(빈도)

hardly any 거의 없는

01 The bus will leave promptly/ _____ 10:00 o'clock sharp.
(A) at
(B) to
(C) for
(D) until

02 All travel arrangements must be completed _____ January 20.
(A) by
(B) for
(C) in
(D) with

03 We regret to tell you// that the products cannot be shipped _____ next Tuesday.
(A) from
(B) at
(C) in
(D) until

04 The stapler is _____ the desk.
(A) into
(B) on
(C) without
(D) through

05 Because the pipe system of the building is installed right _____ the parking garage floor,// it's very important to make sure that the weight limit is not exceeded.
(A) outside
(B) over
(C) under
(D) away

06 Their social and economic development is so far _____ the rest of the world// that they can never compete on equal terms.
(A) behind
(B) before
(C) beyond
(D) beside

07 You can expect to pay _____ $1,200 and $2,000 per month/ for an apartment in that part of the city.
(A) more than
(B) more or less
(C) approximately
(D) somewhere between

08 We can contact the personnel director only _____ telephone.
(A) by
(B) in
(C) on
(D) through

09 He was _____ the phone// when I arrived at the office.
(A) by
(B) in
(C) on
(D) through

10 The building is _____ significant to the community; therefore, most of the residents do not want it to be converted into a hotel.
(A) history
(B) historic
(C) historical
(D) historically

| **01** (A) | **02** (A) | **03** (D) | **04** (B) | **05** (C) |
| **06** (A) | **07** (D) | **08** (A) | **09** (C) | **10** (D) |

01

|해석| 버스는 즉시 출발할 것이다/ 10시 정각에.

|해설| 시각 앞에서는 at를 사용하므로 u.354쪽 (1)번 참조

|어휘| promptly=directly=instantly=at once 즉시
leave-left-left 떠나다 sharp 정각에

02

|해석| 모든 여행 일정은 1월 20일까지 완료해야합니다.

|해설| 동작의 완료를 나타낼 때는 by(~까지)를 사용하므로
u.355쪽 (3)번 참조

|어휘| travel arrangements 여행 일정 complete 완성하다
must=have to ~해야 한다 by ~까지

03

|해석| 말씀드리기 죄송하지만// 제품을 다음 주 화요일까지는
배송할 수가 없습니다.(화요일이 되어서야 배송할 수 있습
니다.)

|해설| not~until: until 뒤 해서야 비로소 until 앞 하다
u.355쪽 (3)번/125쪽 참조

|어휘| regret to ~하게 되어 유감이다 tell 말하다 product 제품
ship 배송하다

04

|해석| 호치키스가 책상 위에 있습니다.

|해설| 표면 위를 나타낼 때는 on을 사용하므로 u.355쪽 [2]번 참조

|어휘| stapler 호치키스 desk 책상 into ~안으로 on ~위에
without ~없이 through ~를 통과하여

05

|해석| 건물의 파이프 시스템이 주차장 바로 밑에 설치되어 있기
때문에,// 중량 제한을 초과하지 않도록 하는 것이 매우
중요하다.

|해설| 문맥상 가장 자연스러우므로 u.355쪽 [2]번 참조

|어휘| install=establish=set up 설치하다 parking garage 주
차장 floor 바닥 make sure that 주어+동사 ~하도록 하
다 right 바로 weight limit 중량 제한 exceed 초과하다
outside 밖에 over 위에 under 아래에 away 떨어져서

06

|해석| 그들의 사회적, 경제적 발전은 세계의 다른 나라들에 비해
너무 뒤떨어져 있어서// 결코 동등한 조건에서 경쟁할 수
없다.

|해설| 문맥상 '뒤쳐져 있는(behind)'이 들어가야 가장 자연스러
우므로 u.356쪽 [3]번 참조

|어휘| social 사회적인 economic 경제상의 development 발
달 so ~ that 너무 ~해서 compete 경쟁하다 on equal
terms 동등한 조건에 beyond ~을 넘어서 beside ~옆에

07

|해석| 너는 매달 1,200달러에서 2,000달러 가량의 돈을 지불할
것으로 예상해도 된다/ 그 도시의 그 지역에 있는 아파트
에 대해서.

|해설| somewhere between A and B: A와 B사이 정도
u.356쪽 [3]번 참조

|어휘| expect 예상하다 pay 지불하다 per month 매달 more
than 이상, 초과 more or less=approximately 다소, 대략

08

|해석| 우리는 인사부장에게 전화로만 연락할 수 있다.

|해설| 「by+통신수단」이므로 u.357쪽 [5]번 참조

|어휘| contact=get in contact with=make contact with 연락하
다 personnel director 인사부장 only 오직 by telephone
전화로

09

|해석| 그는 전화를 하고 있었다// 내가 사무실에 도착했을 때.

|해설| 「be on the phone」통화중 u.357쪽 [5]번 참조

|어휘| arrive at=get to=reach ~에 도착하다

10

|해석| 그 건물은 역사적으로 지역사회에 중요하다. 그래서 대부
분의 주민들은 이 건물이 호텔로 개조되는 것을 원하지
않는다.

|해설| 형용사 significant를 꾸며주는 부사이므로 u.384 쪽 참조

|어휘| significant=important=momentous=meaningful 중요한
community 지역사회 therefore=so=thus=hence 그러므
로 most of 대부분의 resident 주민 convert A into B: A
를 B로 개조(전환)하다 history 역사 historic 역사적으로
유명한, 유서 깊은 historical 역사에 관한 historically 역사
적으로

11 Wilson runs _____ fast,/ so I cannot keep pace with him/ when we exercise together.
(A) unusual
(B) extremely
(C) absolutely
(D) exactly

12 The two programs/ were developed _____ / by the company.
(A) concurrent
(B) concurrence
(C) concurrently
(D) concurrency

13 The employees working overseas/ are required to _____ submit their medical reports.
(A) routine
(B) routined
(C) routinely
(D) routinize

14 Our summer interns/ performed all their tasks _____ / even though they received only brief training.
(A) capable
(B) capably
(C) capability
(D) more capability

15 The city of Chicago launched a comprehensive yard waste program/ so as to treat its garbage as _____ as possible.
(A) efficient
(B) efficiency
(C) efficiently
(D) most efficient

16 With all several warnings,// the company is _____ dumping toxic chemicals into the Mediterranean Sea.
(A) continual
(B) continually
(C) continuous
(D) continuedly

17 Judging from the condition of the car,// it is evident that it has _____ been used.
(A) seldomly
(B) nearly
(C) hardly
(D) almost

18 This prosthesis/ have supported many people/ who thought they could _____ lead productive lives.
(A) none
(B) never
(C) ever
(D) often

19 Absenteeism/ is the practice of _____ staying away from work or school,/ usually without good reason.
(A) frequent
(B) frequently
(C) frequency
(D) frequented

20 There are _____ two weeks left/ until the end of the due date when we will have to pay the outstanding debts.
(A) barely
(B) scarcely
(C) meagerly
(D) usually

TEST 8 정답 및 해설

11	(B)	12	(C)	13	(C)	14	(B)	15	(C)
16	(B)	17	(C)	18	(B)	19	(B)	20	(A)

11

|해석| 윌슨은 매우 빨리 달린다./ 그래서 나는 그와 보조를 맞출 수가 없다/ 우리가 함께 운동할 때.

|해설| 부사 fast를 수식하는 부사이며 문맥상 가장 자연스러우므로 u.384쪽 참조

|어휘| keep(hold) pace with=keep up with=keep(go) abreast of(with) ~와 보조를 맞추다 exercise 운동하다 together 함께 unusual=extraordinary 유별난 extremely=excessively=exceedingly 대단히, 극도로 absolutely 절대적으로 exactly 정확히

12

|해석| 두 프로그램은/ 동시에 개발되었다/ 그 회사에 의해서.

|해설| 동사 develop를 수식하는 부사가 필요하므로 u.384/393쪽 ⑬번 참조

|어휘| develop 개발하다 by the company 그 회사에 의해서 concurrent 동시에 발생하는, 같은 의견의 concurrence=concurrency 동시 발생, 같은 의견 concurrently=simultaneously=synchronously =at the same time 동시에

13

|해석| 해외에서 일하는 직원들은/ 정기적으로 의료 보고서를 제출해야 한다.

|해설| 동사 submit을 수식하는 부사가 필요하므로 u.384쪽 참조

|어휘| employee 직원 overseas 해외에서 be required to ~ 해야 한다 submit=give(turn, send, hand) in 제출하다 medical reports 의료 보고서 routine 일상적인 routinely 일상적(정기적)으로 routinize 판에 박히게 만들다

14

|해석| 우리의 여름 연수생들은/ 그들의 모든 임무를 훌륭하게 수행했다/ 비록 단기간의 훈련밖에 받지 않았지만.

|해설| 동사 performed를 수식하는 부사이므로 u.384쪽 참조

|어휘| intern 연수생, 수련의 perform=implement=carry out 수행하다 task 임무 even though=though=although 비록 ~이지만 receive 받다 only=merely=nothing but 단지 brief 간단한 capable 유능한 capably 훌륭하게 capability 능력

15

|해석| 시카고시는 종합 야드 폐기물 프로그램을 시작했다/ 쓰레기를 가능한 한 효율적으로 처리하기 위해.

|해설| 동사 treat를 수식하는 부사이므로 u.384쪽 참조

|어휘| launch 시작하다 comprehensive 종합(포괄)적인 yard waste program 마당 쓰레기 처리 프로그램 garbage 쓰레기 so as to=in order to=with intent to ~하기 위하여 treat 처리(치료)하다 as ~ as possible 가능한 한 efficient 효율적인 efficiency 효율성 efficiently 효율적으로

16

|해석| 몇 차례의 경고에도 불구하고,// 그 회사는 계속해서 독성 화학 물질을 지중해에 투기하고 있다.

|해설| 동사 dumping을 수식하는 부사자리이므로 u.384쪽 참조

|어휘| with all=for all=despite=in spite of ~에도 불구하고 several warnings 몇 차례의 경고 dump 투기하다, 버리다 toxic 독성의 chemicals 화학 물질 the Mediterranean Sea 지중해 continual 끊임없는 continually 끊임없이, 계속해서

17

|해석| 자동차의 상태로 판단해 볼 때,// 그것은 거의 사용되지 않았음이 분명하다.

|해설| '정도부사'로서 문맥상 가장 자연스러우므로 u.391쪽 (5)번 참조

|어휘| judging from ~로 판단해 볼 때 condition 상태 evident=obvious=apparent 분명한 almost=nearly= practically=virtually=all but=next to=well-nigh 거의 hardly=scarcely 거의 ~하지 않다

18

|해석| 이 인공기관은/ 많은 사람들을 지탱시켜왔다/ 생산적인 삶을 결코 살 수 없다고 생각했던 [많은 사람들을]

|해설| 조동사와 본동사 사이에 들어갈 수 있는 부사이면서 문맥에 적합하므로 u.388쪽 (4)번 참조

|어휘| prosthésis (의족 · 의안 · 의치 같은) 인공 기관 support 지탱(부양)하다 lead-led-led 이끌다 productive 생산적인

19

|해석| 잦은 결석이란/ 직장이나 학교를 자주 결석하는 습관이다/ 대개 합당한 이유 없이.

|해설| 동사 stay away를 꾸며주는 부사가 필요하므로 u.384/ 388쪽 (4)번 참조

|어휘| absenteeism 잦은 결석, 장기 결석 practice 습관, 관행 stay away from 결석하다 usually=generally=commonly 대개 without ~없이 reason 이유 frequent 빈번한, 자주 방문하다 frequently 자주 frequency 빈도수

20

|해석| 겨우 2주 남았다/ 미납된 빚을 갚아야 할 만기일이 끝날 때까지.

|해설| barely+숫자=only just 겨우, 고작 u.391쪽 (5)번 참조

|어휘| leave-left-left 남기다, 떠나다 the due date 만기일 have to=must ~해야 한다 debt 빚, 부채 outstanding 미결제의, 뛰어난 scarcely 거의 ~하지 않다 meagerly 빈약하게, 불충분하게 usually 대개

21 The expansion of the natural history museum/ is most _____ the cause of significant revenue increases.
(A) probable
(B) probably
(C) probability
(D) probabilities

22 Since the agreement has been _____ approved,// the employees should get ready to resume their work.
(A) finally
(B) much
(C) highly
(D) considerably

23 The company plans to move its factory next month; _____ , it will keep sales and marketing here.
(A) therefore
(B) however
(C) as a result
(D) moreover

24 The new equipment turned out to be strong _____ to pass the safety regulation tests.
(A) enough
(B) comfortably
(C) sufficiently
(D) efficiently

25 Despite many challenges to beat them,// SK is _____ the top manufacturer in the telecommunications industry.
(A) soon
(B) still
(C) yet
(D) quickly

26 The financial executive/ has _____ arrived at the headquarters/ and will call for the emergency meeting tomorrow morning.
(A) still
(B) yet
(C) already
(D) quickly

27 Notwithstanding having five years of experience in marketing research,// Mr. Davis hadn't used a SPSS statistics tool _____ .
(A) before
(B) advanced
(C) previous
(D) last year

28 The company began to prepare for the relocation _____.
(A) two months ago
(B) in two months
(C) since two months
(D) for two months

29 Many people think// museums make lots of money on big shows,// but in truth, they _____ break even.
(A) hardly
(B) hardly ever
(C) hard ever
(D) hardly never

30 I knew _____ anybody at the party,// but Katie knew loads of people,/ nearly everybody in fact.
(A) hardly
(B) almost
(C) nearly
(D) few

21

| **해석** | 자연사 박물관의 확장이/ 아마도 상당한 수입 증대의 원인일 것이다.
| **해설** | '가능성부사'이므로 u.391쪽 (7)번 참조
| **어휘** | expansion 확장, 팽창 natural history museum 자연사 박물관 cause 원인 significant=considerable 상당한 revenue 수입, 세입 increase 증가 probable 가능성 있는 probably 아마도 probability 가능성

22

| **해석** | 계약이 최종적으로 승인되었으므로,// 직원들은 일을 재개할 준비를 해야 합니다.
| **해설** | 문맥상 「최종적으로, 마침내」가 가장 자연스러우므로 u.393쪽 ⑪번 참조
| **어휘** | since ~이므로, ~때문에 agreement 합의 approve 승인하다 employee 직원 get ready to ~할 준비를 하다 resume 재개하다

23

| **해석** | 그 회사는 다음 달에 공장을 이전할 계획이다. 하지만, 판매와 마케팅은 여기서 계속 유지할 예정이다.
| **해설** | 문맥상 「그러나」가 가장 자연스러우므로 u.395쪽 F번 참조
| **어휘** | company 회사 plan to ~할 계획이다 move 이전(이사)하다 factory 공장 keep 유지하다 sales 판매, 영업, 매출 therefore=so=thus=hence=consequently=as a result 그러므로 however 그러나 moreover=furthermore=what is more=besides 게다가

24

| **해석** | 그 새로운 장비는 안전 수칙 테스트를 통과할 만큼 충분히 강한 것으로 밝혀졌다.
| **해설** | 뒤에서 앞에 나온 형용사나 부사를 수식하는 부사이므로 u.397쪽 C번 참조
| **어휘** | equipment 장비 turn(come) out to be=prove to be 판명되다 pass 통과하다 safety regulation tests 안전 수칙 테스트 comfortably 편안히 sufficiently 충분히 efficiently 효율적으로

25

| **해석** | 그들을 이기려는 많은 도전에도 불구하고,// SK는 여전히 통신 업계에서 최고의 제조업체이다.
| **해설** | 문맥상 「여전히」가 가장 자연스러우므로 u.399쪽 A번 참조

| **어휘** | despite=in spite(despite, defiance) of=with(for) all=notwithstanding=in the face(teeth) of ~에도 불구하고 challenge 도전 beat=defeat=have(get) the better(best) of ~을 이기다, ~를 패배시키다 manufacturer 제조업체 telecommunications industry 통신 업계 soon=before long=in time=by and by 곧 still 여전히 yet 아직 quickly 신속하게

26

| **해석** | 제정담당 이사는/ 이미 본사에 도착했으며/ 내일 아침에 비상 회의를 소집할 예정이다.
| **해설** | 문맥상 「이미, 벌써」가 들어가야 가장 자연스러우며, 위치는 「be/조+뒤, 일반 동사 앞」. u.399쪽 B번 참조
| **어휘** | financial executive 금융(재정)담당 이사(임원) headquarters 본사 call for 소집(요구)하다 arrive 도착하다 emergency meeting 긴급회의 already 이미, 벌써

27

| **해석** | 마케팅 연구에서 5년간의 경험을 가지고 있지만,// 데이비스 씨는 전에 SPSS 통계 도구를 사용해본 적이 없었다.
| **해설** | 부사자리이며 과거완료 경험을 나타내므로 u.402쪽 (15)번 참조
| **어휘** | notwithstanding 비록 ~하지만 experience 경험 research 연구 statistics tool 통계도구 advanced 발전된 previous 이전의 last year 작년 SPSS(Statistical Package for the Social Sciences) 통계적 분석과 데이터 마이닝 등에 사용되는 통계 분석 프로그램 모음

28

| **해석** | 그 회사는 2달 전에 이전을 준비하기 시작했다.
| **해설** | 동사의 시제가 과거이므로. u.402쪽 (15)번 참조
| **어휘** | company 회사 begin-began-begun 시작하다 prepare for 준비하다 relocation 이전, 재배치

29

| **해석** | 많은 사람들은 생각한다// 박물관이 큰 전시로 많은 돈을 번다고,// 하지만 사실, 그들은 좀처럼 본전치기도 못한다.
| **해설** | 동사를 수식하는 빈도부사가 들어가야 하므로 u.402쪽 (17)번 참조
| **어휘** | museum 박물관 lots of=a lot of=plenty of 많은 in truth=in fact=as a matter of fact 사실 break even 본전 치기하다 hardly 거의 ~하지 않다(정도) hardly(scarcely) ever=rarely=seldom 좀처럼 ~하지 않다(빈도)

30

| **해석** | 나는 파티에서 아는 사람은 거의 없었지만,// Katie는 많은 사람들을 알고 있었다./ 사실 거의 모든 사람들을 (알고 있었다).
| **해설** | hardy any(거의 없는) u.402쪽 (17)번 참조
| **어휘** | loads of 많은 almost=nearly 거의 in fact(truth) 사실

18. 명사와 대명사 문제 (유니크 쏙쏙 영문법 20-21과)

* 명사에서 가장 많이 출제가 되는 문제는 적절한 곳에 적절한 명사를 넣는 어휘 문제입니다.
* 사람 명사와 사물 명사를 구별하여 넣는 문제가 출제됩니다.
* 대명사 편에서는 인칭대명사, 재귀대명사, 지시대명사, 부정대명사가 가장 자주 출제됩니다.(432/434/442/457쪽)

1 The top interior designer of Aztec Beauty/ used to work as an _____/ at various fashion magazine companies.

   (A) illustrate   (B) illustration   (C) illustrator   (D) illustrating

해석	Aztec Beauty의 수석 인테리어 디자이너는/ 삽화가로 일했었다/ 다양한 패션 잡지 회사에서.
정답과 해설	(C) 주어가 사람이므로 as 다음에 '직업을 나타내는 사람 명사'가 와야 하죠. u.407쪽 보통명사 참조
어휘	used to ~했었다 various=diverse=a variety(diversity) of 다양한 illustrate 설명하다, 삽화를 넣다 illustration 설명, 삽화 illustrator 삽화가

2 The accountant finally admitted// that there had been _____ in his earlier estimates.

   (A) error   (B) mistake   (C) an error   (D) erroneous

해석	회계사는 마침내 인정했다// 자신의 초기 평가에 오류가 있었음을.
정답과 해설	(C) 관사가 붙어야 하는 셀 수 있는 명사이므로 u.407쪽 보통명사 참조
어휘	accountant 회계사 finally=ultimately=eventually=at last(length)=in the end 마침내 admit=confess 인정(시인)하다 estimate 평가, 견적, 추정 error=mistake 실수, 오류 erroneous 잘못된

3 The local community/ does not have enough money to provide necessary _____ to the old school.

   (A) furnishes   (B) furniture   (C) furnitures   (D) furnishment

해석	지역 사회는/ 그 오래된 학교에 필요한 가구를 제공할 수 있는 충분한 돈이 없다.
정답과 해설	(B) 가구는 셀 수 없는 물질명사이므로 복수형이 될 수 없어요. u.408쪽 (3)번 참조
어휘	local community 지역 사회 enough=sufficient=adequate=ample 충분한 provide 제공하다 necessary=required 필요한 furnish 제공하다 furniture 가구

4 Despite experiencing many challenges,// the company made _____ overall showing.

   (A) good   (B) a good   (C) an good   (D) the good

해석	많은 난제들을 겪었음에도 불구하고,// 그 회사는 전체적으로 좋은 성과를 거두었다.
정답과 해설	(B) make a good showing 좋은 성과를 거두다: 관용구이므로 암기해두세요.
어휘	despite=in spite of ~에도 불구하고 experience=go(pass) through=undergo=suffer 겪다, 경험하다 challenge 난제, 도전 company 회사 make a good(poor) showing 좋은(나쁜) 성과를 거두다, 외관이 좋다(나쁘다) overall 전체(종합)적인

5 Factory officials reported// that with the _____ of the new machinery,/ errors during assembly have decreased by 10 percent.

  (A) install   (B) installing   (C) installment   (D) installation

해석	공장 관계자는 보고했다// 새로운 기계의 설치로 인해/ 조립 중 오류가 10% 감소했다고.
정답과 해설	(D) the 다음에 명사형이 오며, 문맥상 '설치'가 들어가야 가장 자연스러우므로 u.412쪽 h)번 참조
어휘	factory official 공장 관계자 report 보고하다 machinery 기계류 error 오류 during 동안에 assembly 조립 decrease=diminish=lessen=fall off 감소하다 install=equip=set up 설치하다 installment 할부 installation 설치

6 After fifteen _____ ground performances,// the famous baseball player has retired today.

  (A) year   (B) years   (C) year's   (D) years'

해석	15년간의 경기(운동장의 공연)를 한 후,// 그 유명한 야구 선수는 오늘 은퇴했다.
정답과 해설	(D) 시간을 나타낼 때는 무생물에도 ('s)를 붙이며, 복수형의 경우에는 s 뒤에 (')를 붙이므로, u.416쪽 (8)번 참조
어휘	ground performance 운동장의 공연, '경기'를 상징함 famous=famed=noted=renowned=celebrated=distinguished=eminent 유명한 retire 은퇴하다

7 The problem is that the city has no _____ to provide adequate funding/ to complete the project.

  (A) mean   (B) means   (C) meaning   (D) meanings

해석	문제는 도시가 충분한 자금을 제공할 재력이 없다는 것이다/ 그 프로젝트를 완성하가 위해.
정답과 해설	(B) 문맥상 '재력/재산/돈(means)'이 들어가야 하므로 u.426쪽 ㉑번 참조
어휘	provide 제공하다 adequate=affluent=bounteous=plentiful=sufficient 충분한 funding 자금 complete 완성하다 mean 의미하다 means 재력, 재산, 돈, 수단 meaning 의미

8 There must be some _____ by which wealth can be distributed more equitably.

  (A) mean   (B) means   (C) meaning   (D) meanings

해석	부를 좀 더 공평하게 분배할 수 있는 수단이 분명히 있을 것이다.
정답과 해설	(B) 문맥상 '수단(means)'이 들어가야 가장 자연스러우므로 u.426쪽 ⑳번 참조
어휘	wealth 부 distribute 분배하다 equitably 공평하게 mean 의미하다 means 재력, 자금 재산, 돈, 수단 meaning 의미

9 Large corporations/ have the _____ to pay large fines/ without suffering hardship.

  (A) mean   (B) means   (C) meaning   (D) meanings

해석	대기업들은 거액의 벌금을 낼 수 있는 충분한 자금을 갖고 있다/ 고통을 겪지 않고.
정답과 해설	(B) 문맥상 '자금(means)'이 들어가야 가장 자연스러우므로 u.426쪽 ㉑번 참조
어휘	corporate 회사, 기업 pay 지불하다 fine 벌금 without suffering hardship 고통을 당하지 않고 mean 의미하다, 의도하다, 중용 means 재력, 자금, 재산, 돈, 수단 meaning 의미

10 Many tropical countries welcome people of independent _____ as long-term residents.

(A) mean   (B) means   (C) meaning   (D) meanings

해석	많은 열대 국가들은 불로소득을 가진 사람들을 장기 거주자로 환영한다.
정답과 해설	(B) 문맥상 '자금/자산/재산(means)'이 들어가야 가장 자연스러우므로 u.426쪽 ㉑번 참조
어휘	tropical 열대의 welcome 환영하다 independent means 불로소득, 놀면서 벌 수 있는 수입 long-term 장기적인 resident 거주자 mean 의미하다, 의도하다, 중용 means 재력, 자금, 재산, 돈, 수단 meaning 의미

11 All our _____ has been carefully tested.

(A) equip   (B) equipment   (C) equipments   (D) equipping

해석	우리의 모든 장비는 세심하게 테스트되었다
정답과 해설	(B) 집합적 물질명사로서 단수형으로만 존재하므로 u.428쪽 ⓑ번 참조
어휘	carefully=with care 세심하게, 신중히 equip 갖추다, 설비하다 equipment 장비

12 Some of the older _____ breaks down as often as not.

(A) machine   (B) machines   (C) machinery   (D) machineries

해석	일부 더 오래된 기계는 자주 고장이 난다.
정답과 해설	(C) machinery(기계류, 기구, 조직)는 집합적 물질명사로서 불가산 명사이며 단수형으로만 존재하므로 u.428쪽 ⑨번 참조
어휘	break down=go wrong=go out of order 고장 나다 as often as not=more often than not=frequently 자주 machine 기계(가산 명사)

13 The supervisor _____/ advised his staff/ to attend the monthly staff development seminar.

(A) he   (B) him   (C) his   (D) himself

해석	관리자가 직접/ 자신의 직원들에게 통지했다/ 월례 직원 개발 세미나(집회)에 참석할 것을.
정답과 해설	(D) 주어를 강조하는 재귀대명사가 필요하므로 u.434쪽 (1)번 참조
어휘	supervisor 감독관, 관리자, 지도교수 advise 통지(충고, 조언)하다 staff 직원 monthly 매월의 development 개발, 발달, 진화, 발생, 전개

14 A perfectionist,/ John prefers to do everything _____ at work// because he does not trust anyone.

(A) he   (B) his   (C) him   (D) himself

해석	완벽주의자인/ 존은 직장에서 모든 것을 직접 하는 것을 선호한다// 어느 누구도 믿지 않기 때문에.
정답과 해설	(D) 주어를 강조하는 재귀대명사의 강조용법 u.434쪽 (1)번 참조
어휘	perfectionist 완벽주의자 prefer 선호하다 at work 직장에서 trust 믿다

15 In the seminar,// we will restrict _____ / to general matters relating to the world economy.

    (A) our   (B) us   (C) ourself   (D) ourselves

해석	세미나에서,// 우리는 (스스로를) 제한할 것입니다/ 세계 경제와 관련된 일반적인 문제들로.
정답과 해설	(D) 주어 자신이 다시 목적어일 때는 '재귀대명사'를 사용합니다. u.434쪽 (3)번 참조
어휘	seminar 세미나, 전문가 회의 restrict oneself to ~로 제한(국한)하다 general matters 일반적인 문제들 relating to=associated(connected, related) with ~와 관련된 the world economy 세계 경제

16 Finally, I had the computer all to _____ throughout the day.

    (A) me   (B) mine   (C) myself   (D) ourselves

해석	마침내, 나는 하루 종일 컴퓨터를 혼자 사용했다.
정답과 해설	(C) have ~to oneself=monopolize 혼자 사용하다, 독점하다 u.434쪽 (4)번 참조
어휘	finally=ultimately=eventually=after all=at last(length)=in the end 마침내 throughout the day 하루 종일

17 To make the staff questionnaire more effective,// all the company employees should fill in the answers by _____ .

    (A) themselves   (B) themself   (C) theirselves   (D) ourselves

해석	직원 설문지를 보다 효과적으로 만들기 위해서,// 모든 사원들은 스스로 답변서를 작성해야 합니다.
정답과 해설	(A) by oneself 스스로, 자력으로, 혼자서 u.434쪽 (4)번 참조
어휘	staff 직원 questionnaire 설문지 effective 효과적인 employee 직원 fill in=fill out=complete 작성하다 by oneself 스스로

18 Life in the modern times/ is very different from _____ of the previous times.

    (A) one   (B) it   (C) that   (D) those

해석	현대의 삶은/ 이전 시대의 삶과 아주 다르다.
정답과 해설	(C) 단수 명사의 반복을 피하기 위한 지시대명사는 that을 사용하므로 u.442쪽 (7)번 참조
어휘	life 삶, 인생 modern times 현대 different from ~과 다른 previous 이전의

19 The policies of the company/ are better organized than _____ of our company.

    (A) that   (B) those   (C) this   (D) these

해석	그 회사의 정책은/ 우리 회사의 정책보다 구성이 더 잘 되어 있다.
정답과 해설	(B) 복수명사의 반복을 피하기 위한 대명사는 those이잖아요. u.442쪽 (7)번 참조
어휘	policy 정책 company 회사, 동료, 동행 well(잘) - better(더 잘) - best(가장 잘) organize 구성(조직)하다

20 Among _____ recognized at the company awards ceremony/ were senior business analyst William and sales associate Peterson.

(A) who   (B) whose   (C) they   (D) those

해석	회사 시상식에서 공로를 인정받은 사람들 중에는/ 수석 비즈니스 분석가인 William과 영업 사원인 Peterson이 있었다.
정답과 해설	(D) those (who were) recognized 공로를 인정받은 사람들 u.442쪽 (8)번 참조.
어휘	recognize 공로를 인정하다 awards ceremony 시상식 senior analyst 수석 분석가 sales associate 카운터 뒤의 영업 사원

21 It was _____ long seminar/ that all the attendees missed their flight.

(A) so   (B) very   (C) too   (D) such a

해석	그것은 너무나 긴 회의여서/ 모든 참석자들이 그들의 항공편을 놓쳐버렸다.
정답과 해설	(D) '너무 ~해서'가 들어가야 하므로 u.448쪽 참조
어휘	long 긴 seminar 연구 집회, 전문가 회의 attendee 참석자, 출석자 miss 놓치다 flight 항공편

22 The class had _____ high attendance/ that the visiting professor was very pleased.

(A) very   (B) so   (C) much   (D) such

해석	그 수업은 출석률이 아주 높아서 초빙 교수는 매우 기뻐했다.
정답과 해설	(D) high attendance가 셀 수 없는 추상명사이므로 u.448쪽 참조
어휘	class 수업 attendance 출석률, 출석 상황 visiting professor 초빙교수 pleased 기뻐하는, 만족하는

23 Could you give me _____ pen, please?

(A) whose   (B) other   (C) another   (D) those

해석	펜 하나 더 주시겠습니까?/다른 펜을 주시겠습니까?
정답과 해설	(C) pen이 단수이며 '하나 더/다른'의 뜻이므로 u.449쪽 참조
어휘	another 하나 더, 한 번 더, 다른

24 Creating a book of _____ own/ can be fun and simple/ with the help of the Writer-Pro desktop publishing program.

(A) you   (B) your   (C) yours   (D) yourself

해석	여러분 자신의 책을 만드는 것은/ 재미있고 간단할 수 있다./ Writer-Pro 탁상용 컴퓨터 출판 프로그램의 도움을 받으면.
정답과 해설	(B) one's own 누구 자신의 u.452쪽 (4)번 참조
어휘	create 만들다, 창조하다 a book of your own 여러분 자신의 책 fun 재미있는 simple 간단한 with the help of ~의 도움을 받아 desktop 탁상용 컴퓨터 publish 출판하다. 공표(발표)하다

25 _____ of the people who took part in the event/ wanted to disclose their name or job.

(A) None   (B) Anyone   (C) Whoever   (D) Something

해석	그 행사에 참가한 사람들 중 아무도 자신의 이름이나 직업을 밝히고 싶어 하지 않았다.
정답과 해설	(A) 사람 주어이면서 문맥상 가장 자연스러우므로 u.454쪽 (2)번 참조
어휘	none 아무도 ~하지 않다 take part in=participate(partake) in 참가하다 event 행사 job=occupation 직업 anyone 누구나 whoever 누가 ~하든지 something 어떤 것 disclose=reveal=divulge=divulgate=betray=expose=leak=give away 누설하다, 밝히다

26 In the IT related industry,/ some companies have succeeded, while _____ have failed.

(A) other   (B) others   (C) the others   (D) another

해석	IT 관련 산업에서는/ 일부 회사는 성공한 반면, 다른 일부 회사는 실패를 했다.(성공한 기업도 있는 반면 실패한 회사도 있다.)
정답과 해설	(B) some(일부는) − others(다른 일부는) u.455쪽은 꼭 암기해두세요.
어휘	related 관련된 industry 산업 succeed 성공하다 while=whereas 반면에 fail 실패하다

27 One of your salespersons suggested a 10% discounted rate,// but _____ said// that we would have to pay the whole price.

(A) another   (B) other   (C) either   (D) the others

해석	당신의 판매원 중 한 명은 10% 할인가격을 제시했지만,// 나머지는 말했어요//. 우리가 전체 가격을 지불해야 한다고
정답과 해설	(D) 나머지 전부를 나타낼 때는 the others를 사용합니다. u.455쪽 참조
어휘	salesperson 판매원 suggest 제시(제안)하다 discounted rate 할인가격 have to=must ~해야 한다 pay 지불하다 the whole price 전체 가격

28 _____ interested/ can join in a given conversation in a chat room// and, to do so,/ must provide some personal details.

(A) Anyone   (B) Another   (C) Someone   (D) Whoever

해석	관심 있는 사람은 누구나/ 채팅방에서 주어진 대화에 참여할 수 있으며,/ 그러기 위해서는/ 몇 가지 개인적인 세부사항을 제공해야 합니다.
정답과 해설	(A) 긍정문에서 주어로 쓰이는 anyone은 양보를 나타내어 「~한 사람은 누구나」 u.457쪽 any에서 ⓑ번 참조 이때 interested는 anyone (who is) interested에서 who is를 생략하고 뒤에서 anyone을 수식하는 분사 u.330쪽 (2)번 참조
어휘	join(participate, partake) in=take part in 참여하다 a given conversation 주어진 대화 provide 제공하다 personal details 개인적인 세부사항

29 This publication is mainly recommended to _____ considering a move to an independent consulting career.

(A) you   (B) anyone   (C) them   (D) him

해석	이 출판물은 주로 독립적인 컨설팅 직으로 이동을 고려하는 사람은 누구에게나 권장된다.
정답과 해설	(B) 문맥상 가장 자연스러우므로 u.457쪽 any에서 ⓑ번 참조
어휘	publication 출판(물) mainly=chiefly=mostly=largely 주로 recommend 권장(추천)하다 consider=contemplate=weigh=allow(bargain) for=take account of 고려하다 move 이동 independent 독립적인 career 직업, 이력, 경력

30 Applications that do not have the required documents/ will not be considered,// and _____ will applicants that lack a clear career objective.

(A) too   (B) either   (C) neither   (D) both

해석	필요한 서류가 없는 신청서는/ 고려되지 않을 것이며// 또한 뚜렷한 직업 목표가 없는 지원자들도 고려되지 않을 것입니다.
정답과 해설	(C) 부정문에서 neither+조동사+주어는 '~도 그래'의 뜻 u.460쪽 (2)번 참조
어휘	application 신청(지원)서 required 필요한, 요구되는 document 서류 applicant 신청(지원)자 consider=make allowances for=take account of=take into account(consideration) 고려하다 lack=be lacking(wanting, deficient, insufficient) in=be devoid(destitute) of ~이 부족하다 clear career objective 뚜렷한 직업 목표

* 관사 문제는 항상 473쪽에서 있는 「관사/한정사+형용사+명사」 어순이 가장 자주 출제됩니다!!!

1 _____ offer our guests the finest in facilities,// we plan to build a modern well-equipped fitness center.

(A) In effort to   (B) In an effort to   (C) In the effort to   (D) In efforts to

해석	손님들에게 최고의 시설을 제공하기 위해.// 우리는 현대식 시설을 잘 갖춘 헬스클럽을 지을 계획이다.
정답과 해설	(B) in an effort to ~하기 위해서, ~하려는 노력으로: 관용적인 용법이므로 암기해두세요.
어휘	offer 제공하다 the finest 최고의 facilities 시설 plan to ~할 계획이다 modern 현대적인 well-equipped 시설을 잘 갖춘 fitness center 헬스클럽

2 Workers should be aware/ that _____ careless use of this lubricant may lead to serious accidents// since it is highly toxic.

(A) a   (B) the   (C) no   (D) none

해석	근로자들은 알아야 한다/ 이 윤활유의 부주의한 사용은 심각한 사고를 일으킬 수 있다는 것을// 그것이 대단히 독성이 있기 때문에.
정답과 해설	(B) of의 수식을 받을 경우 모든 명사에 the를 붙이므로 u.465쪽 (5)번 참조
어휘	worker 노동자, 근로자 be aware of ~을 알다 careless 부주의한 lead to=result in=bring on(about) 초래하다 lubricant 윤활유 serious=grave 심각한 accident 사고 highly 대단히, 무척 toxic 독성이 있는

3 _____ dates from an idea first conceived in the early 19th century.

(A) Computer   (B) The computer   (C) Any computer   (D) Each computer

해석	컴퓨터는 19세기 초에 처음 고안된 아이디어에서 비롯되었다.
정답과 해설	(B) 발명품 앞에는 the를 붙이므로 u.466쪽 (9)번 참조
어휘	date from=date(trace) back to 비롯되다, 거슬러 올라가다 conceive 생각을 품다, 고안하다 in the early 19th century 19세기 초에

4 Our school will be closed for the _____ of the week.

(A) remaining   (B) remainder   (C) remained   (D) remain

해석	우리 학교는 금주 나머지 동안에 문을 닫을 거야.
정답과 해설	(B) the 다음에 명사자리이므로 473쪽 (1)번 참조
어휘	close 닫다, 휴업하다 remain 남다, 남아 있다 remainder=rest 나머지, 잔여

5 A good few members/ have arrived late/ at the meeting/ for a _____ of reasons.

(A) vary   (B) various   (C) variety   (D) variation

해석	꽤 많은 회원들이 늦게 도착했다/ 회의에/ 다양한 이유 때문에.
정답과 해설	(C) a 다음에 명사형이 들어가야 하며 문맥상 '다양한'의 뜻이 되어야 하므로 u.473쪽 (1)번 참조
어휘	A good few=quite a few=a large number of 꽤 많은 arrive 도착하다 late 늦게 vary 다르다, 다양하다 variety 다양성 a variety(diversity) of=various=diverse=miscellaneous 다양한 variation 변동, 변종

6 Twenty years ago, few people experienced the _____ technological development that has come about.

(A) dramatic   (B) dramatical   (C) dramatist   (D) dramatically

해석	20년 전에는/ 지금까지 발생한 극적인(눈부신) 기술 발달을 경험한 사람은 거의 없었다.
정답과 해설	(A) 기술 발달(technical development)을 수식하는 형용사 'dramatic(눈부신)'이 적합하므로 u.473쪽 (1)번 참조
어휘	experience=suffer=undergo=go(pass) through 경험하다 come about=come to pass=crop up 발생하다 dramatical 극과 관련한 dramatist 극작가

7 We would like to thank the Emma Foundation/ for their generous _____ to our charity fund-raiser.

(A) donate   (B) donated   (C) donor   (D) donation

해석	우리는 Emma 재단에 감사를 드리고 싶습니다/ 우리의 자선 모금행사에 후한 기부를 해 주신데 대해서.
정답과 해설	(D) 형용사 generous 다음에는 명사가 와야 하므로 u.473쪽 (1)번 참조
어휘	would like to ~하고 싶다 foundation 재단 generous 후한, 푸짐한, 관대한 charity fund-raiser 자선 모금 행사 donate 기부하다 donor 기부자, 기증자 donation 기부, 기증

8 It is necessary for superiors to give a fair _____ of their workers// because it has a huge impact on their future career.

(A) evaluate   (B) evaluates   (C) evaluated   (D) evaluation

해석	상사는 직원에 대한 공정한 평가를 할 필요가 있다.// 그것이 그들 장래 직업에 커다란 영향을 주기 때문에.
정답과 해설	(D) 'a+형+명' 어순이므로 u.473쪽 (1)번 참조
어휘	necessary 필요한 superior 상사 fair 공정한 huge=vast=immense=enormous 엄청난 career 직업, 경력 have an impact(effect, influence) on ~에 영향을 끼치다 evaluate=rate=appraise=estimate 평가하다 evaluation 평가

9 The departure and arrival timings of several flights at Alpha International Airport tomorrow/ have been changed/ due to the launch of an _____ flight over the Indian Ocean.

(A) experiment   (B) experimental   (C) experiments   (D) experimented

해석	내일 Alpha 국제공항의 몇몇 항공편의 출도착 시각이/ 변경되었습니다/ 인도양 상공의 시험 비행의 발진으로 인해서.
정답과 해설	(B) 명사 앞에 형용사가 오므로(관+형+명) u.473쪽 (1)번 참조
어휘	departure 출발 arrival 도착 flight 항공편, 비행 international airport 국제공항 launch 발진, 발사 Indian Ocean 인도양 due(owing) to=because of=on account of ~때문에 experiment 실험(하다) experimental flight 시험비행

10 The lawmakers/ made a peculiar last-minute _____/ in the wording of the agreement.

(A) change   (B) changing   (C) changes   (D) changeable

해석	국회의원들은/ 특유의 최종 변경을 했다/ 합의용어에 있어서.
정답과 해설	(A) 앞에 부정관사 'a'가 왔으므로 단수 명사가 필요함 u.473쪽 (1)번 참조
어휘	lawmaker 국회의원, 입법자 peculiar 특유의, 특이한 last-minute 최종의, 마지막 순간의 wording 용어, 어법 agreement 합의

11 Alabama Medical Research Facility/ is seeking a motivated _____/ for the upcoming medical study.

(A) volunteer   (B) volunteering   (C) voluntary   (D) voluntarily

해석	Alabama 의료 연구 시설은/ 의욕에 넘친 자원봉사자를 찾고 있습니다/ 다가오는 의학 연구를 위해서.
정답과 해설	(A) a 다음에는 단수 명사형이 오므로 u.473쪽 (1)번 참조
어휘	medical research facility 의료 연구 시설 seek 찾다 motivated 의욕에 넘친 upcoming 다가오는 volunteer 자원봉사자, 자원하다 voluntary 자발적인, 임의의 voluntarily 자발적으로

12 Heavy rain/ caused the _____ of New York City's second annual outdoor arts and crafts festival.

(A) cancel   (B) cancels   (C) cancelled   (D) cancellation

해석	폭우는/ 뉴욕시의 제2차 연례 야외 예술 및 공예 축제의 취소를 야기하였다.
정답과 해설	(D) the 다음에 명사형이 오므로 u.473쪽 (1)번 참조
어휘	heavy rain 폭우 cause=conduce(lead) to 초래하다, 야기하다 cancel=call(scratch) off=revoke= rescind 취소하다 annual outdoor arts and crafts festival 연례 야외 예술 및 공예 축제 cancellation 취소

13 The Entrepreneur's Dream internet café/ has the _____ collection of information available/ on how to launch on your own business.

(A) wide   (B) widely   (C) more widely   (D) widest

해석	Entrepreneur's Dream 인터넷 카페는/ 이용 가능한 다양한 정보가 있습니다/ 자영업을 시작하는 방법에 대해.
정답과 해설	(A) 뒤에 있는 명사 collection(수집물)을 수식하는 형용사이므로 u.473쪽 (1)번 참조
어휘	wide collection 폭넓은 수집물 information 정보 available 이용 가능한 how to ~하는 방법 launch on 시작하다

14 _____ the employees of this company/ are older than 60 years.

(A) All   (B) Every   (C) Some   (D) Most of all

해석	이 회사의 모든 직원들은/ 60세가 넘었다.
정답과 해설	(A) 'all the 명사'의 어순이므로 u.473쪽 (2)번 참조
어휘	employee 직원, 종업원 company 회사, 극단, 중대 most of all=first of all=above all=above everything else=among others 무엇보다도

15 Follow _____ the steps listed on the first page of the manual// and your username does not have to be the same as your website address.

(A) most   (B) all   (C) much   (D) almost

해석	안내책자 첫 페이지에 나열된 모든 단계를 따르세요.// 그리고 당신의 사용자명은 당신 웹사이트 주소와 동일할 필요는 없습니다.
정답과 해설	(B) 문법적으로나 문맥상으로 (B)밖에 될 수 없으므로 u.473쪽 (2)번 참조
어휘	follow 따르다 steps 단계 list 나열(열거)하다 manual 안내책자, 사용설명서 username 사용자 이름 don't have to=don't need to=need not ~할 필요 없다 address 주소, 연설, 처리하다

16 _____ financing companies/ keep their complete and accurate sets of records for two years.

(A) Almost   (B) Most the   (C) Most of   (D) Most of the

해석	대부분의 금융 회사는/ 그들의 완전하고 정확한 일련의 기록들을 2년 동안 보관합니다.
정답과 해설	(D) most of the+명사: 대부분의 u.473쪽 (2)번 참조
어휘	most of the financing companies 대부분의 금융 회사 complete 완전한 accurate 정확한 sets of 일련의

17 _____ doctors say// that more money should be spent/ on the research to help fight the epidemic.

(A) Most   (B) Almost   (C) Most of   (D) Almost all

해석	대부분의 의사들은 말한다// 더 많은 돈을 써야한다고/ 전염병 퇴치를 돕기 위한 연구에.
정답과 해설	(A) 대부분의 의사(most doctors=most of the doctors=almost all (of) the doctors) u.473쪽 (2)번 참조
어휘	spend-spent-spent 소비하다, 사용하다 research 연구 fight 싸우다, 질병을 퇴치하다 epidemic 전염병

18 The total cost to renovate the building/ was $4,750,/ _____ double the original estimate.

(A) almost   (B) mostly   (C) the most   (D) most all

해석	그 건물 총 수리비는/ 4,750 달러였다/ 최초의 견적의 거의 두 배였다.
정답과 해설	(A) 문맥상 '거의'가 가장 적절하므로 정답 u.473쪽 (2)번 참조
어휘	total cost 총 비용 renovate 수리하다/보수하다 double 정관사나 소유격 인칭 대명사 앞에서 '두 배(의)' almost=nearly=practically=virtually=all but=next to=well-nigh=close(near, nigh) upon 거의 mostly=mainly=chiefly=largely=principally=primarily 주로 the most 가장/가장 많은

* 478쪽 기본 공식과 486/488/489쪽에서 가장 자주 출제되므로 그 부분을 철저히 공부해 두세요.

1 The itinerary/ _____ with the cruise list.

(A) be filing   (B) was filed   (C) was filing   (D) has filed

해석	여행 일정은/ 크루즈 목록과 함께 철해져 있었다.
정답과 해설	(B) 동사 자리이면서 문맥상 수동이므로 u.478/489쪽 ⑱번 참조
어휘	itinerary 여행 일정, 여정 file 철하다, 정리하다, 제출하다 list 목록

2 The bird feeder/ _____ / to keep squirrels from getting to the birdseed.

(A) has designed   (B) is designed   (C) had designed   (D) has been designing

해석	새 먹이통은/ 설계된다/ 다람쥐들이 새 모이에 접근하는 것을 막아주도록.
정답과 해설	(B) 먹이통이 설계되므로 수동태 u.478/174쪽 (18)번 해석방법 참조
어휘	bird feeder 새 먹이통 design 설계(도안)하다 keep A from B~ing A가 B하는 것을 막다 birdseed 새 모이

3 Every effort/ is _____ / to solve the problems we are going through at the moment.

(A) make   (B) making   (C) being made   (D) makes

해석	모든 노력이/ 기울여지고 있다/ 우리가 현재 겪고 있는 문제들을 해결하기 위해서.
정답과 해설	(C) 노력이 기울여지므로 수동태이면서 진행형이므로 u.478쪽 참조
어휘	make every effort 온갖 노력을 기울이다 solve=resolve=settle=work out=figure out 풀다 go(pass) through=undergo=suffer=experience 겪다 at the moment=at the present 현재

4 The guides of the tourist company/ _____ to be the most knowledgeable and friendly in the tourist industry.

(A) estimated   (B) are estimated   (C) have estimated   (D) were estimating

해석	그 관광회사의 가이드들은/ 관광업계에서 가장 박식하고 친절하다고 평가받고 있다.
정답과 해설	(B) 가이드들이 평가되므로 수동태 u.478
어휘	tourist company 관광회사 knowledgeable=literate=learned=erudite 박식한 friendly 친절한 industry 산업 estimate=rate=evaluate=value=evaluate=appraise 평가하다

5 Until the necessary parts _____,// the factory wasn't able to operate at its full capacity,// which resulted in a dispute with its partner company.

(A) were installing   (B) would be installing   (C) have been installed   (D) were installed

해석	필요한 부품이 설치될 때까지는,// 공장이 풀가동할 수가 없었다,// 이것이 제휴회사와 분쟁을 초래했다.
정답과 해설	(D) 부품이 설치되므로 수동이며, 문맥상 과거시제가 되어야 하므로 u.478쪽 참조
어휘	necessary 필요한 parts 부품 factory 공장 be able to ~할 수 있다 operate at its full capacity 풀가 동하다 dispute 분쟁 result(end) in=bring on(about, forth)=lead(conduce) to=give rise to 초래하다 install=set up 설치하다

6 Even though the new tax incentives have benefited the electronics industry,// their overall impact on the economy/ _____ studied carefully/ in the upcoming months.

(A) will have   (B) will have to be   (C) will have been   (D) would have been

해석	새로운 세금 혜택은 전자 산업에 이로움을 주었지만,// 그것들이 경제에 미치는 전반적인 영향은/ 신중히 연구되어야 할 것이다 /앞으로 몇 달 동안.
정답과 해설	(B) impact(영향)가 연구할 수는 없으므로 수동태이며, 앞으로 몇 달 동안이 있으므로 미래시제 u.478쪽 참조
어휘	even though=even if=although=though 비록 ～이지만 tax incentive 세금 혜택 benefit 이로움을 주다 overall 전반적인 the electronics industry 전자 산업 impact 영향 economy 경제 carefully 신중히 in the upcoming months 앞으로 몇 년 동안

7 Amid rising international pressure,// the government has said it intends to hold elections in January,/ as _____ earlier.

(A) schedule   (B) scheduling   (C) scheduled   (D) schedules

해석	국제 사회의 압력이 고조되고 있는 가운데,// 정부는 1월에 선거를 실시 할 예정이라고 밝혔다./ 그 전에 예정했던 대로.
정답과 해설	(C) 선거가 계획되므로 수동태 as (they have been) scheduled u.478/108쪽 (4)번 참조
어휘	amid ～가운데 rising 올라가는, 고조되는 international 국제적인 pressure 압력 government 정부 intend to ～할 예정이다 hold elections 선거를 치르다 January 1월 as scheduled=as planned 예정대로 schedule 예정하다

8 The airplane is _____ to land on Inch'ŏn International Airport at 2:30 pm.

(A) suppose   (B) supposing   (C) supposed   (D) supposition

해석	비행기는 오후 2시 30 분에 인천 국제공항에 착륙 할 예정이다.
정답과 해설	(C) 비행기가 추측할 수 없으므로 수동태 u.478/187쪽 (1)번 참조
어휘	land on ～에 착륙하다 International Airport 국제공항 suppose 가정(추측, 생각)하다 be supposed(going, due, scheduled, planning, slated, set) to ～할 예정이다

9 A job fair hosted by Ridgeway Medical Center/ _____ in the Olive Branch Convention Center.

(A) holds   (B) is being held   (C) is holding   (D) has held

해석	Ridgeway Medical Center가 주최하는 취업 박람회가/ Olive Branch Convention Center에서 열리고 있다.
정답과 해설	(B) 취업 박람회가 개최되므로 수동태 u.478쪽 참조
어휘	job fair=career expo 취업 박람회 host 주최하다 hold-held-held 개최하다

10 A notice of layoffs/ _____ on the company bulletin board.

(A) post   (B) were posted   (C) is posting   (D) will be posted

해석	정리해고 공고는/ 회사 게시판에 게시될 것입니다.
정답과 해설	(D) 공고문이 게시될 것이므로 수동태 u.478쪽 참조
어휘	a notice 공고, 게시, 주의 layoff 정리해고 post 게시하다 bulletin board 게시판

11 Every previous donor to the orphanage/ _____ a letter last week/ detailing the community goals for the upcoming year.

(A) sent   (B) was sent   (C) was sending   (D) would send

해석	그 고아원의 모든 이전 기부자들은/ 지난 주 편지를 받았다/ 다가오는 해의 지역사회 목표를 상세히 설명하는.
정답과 해설	(B) 기부자가 편지를 받으므로 수동태 u.478쪽 참조
어휘	previous 이전의 donor 기부자, 기증자 orphanage 고아원 send-sent-sent 보내다 detail=specify 상세히 설명하다 community 지역사회 goal 목표 upcoming 다가오는

12 Operating hours for High Mart/ are _____ until ten in the evening/ during the Christmas shopping season.

(A) extend   (B) extension   (C) extending   (D) extended

해석	하이마트의 영업시간은/ 저녁 10시까지 연장됩니다/ 크리스마스 쇼핑 시즌 동안.
정답과 해설	(D) 영업시간이 연장되므로 수동태 u.478쪽 참조
어휘	operating hours 영업시간 during 동안에 extend 연장하다 extension 연장

13 A list of compatible software/ _____ with your new computer.

(A) includes   (B) is included   (C) is including   (D) included

해석	호환되는 소프트웨어 목록이/ 새 컴퓨터에 포함되어 있습니다.
정답과 해설	(B) 목록이 포함되어있으므로 수동태 u.478쪽 참조
어휘	list 목록 compatible 호환되는, 양립하는, 잘 어울리는 include=involve=incorporate=encompass=embody=contain=comprise=cover 포함하다

14 If a ticket is confirmed,// it can _____ up to 48 hours before the scheduled departure of the flight.

(A) cancel   (B) canceled   (C) be canceled   (D) have canceled

해석	항공권이 확정되면,// 항공편 출발 예정 시간 48시간 전까지 취소 할 수 있다.
정답과 해설	(C) 항공권이 혼자 취소할 수 없고, 승객에 의해 취소되므로 수동태 u.478쪽 참조
어휘	confirm 확정(확인, 승인)하다 up to ~까지 scheduled departure 예정된 출발, 출발 예정 시간 flight 항공편 cancel=revoke=rescind=call off 취소하다

15 The invitations/ should _____/ to the security guard at the main gate.

(A) be present   (B) be presented   (C) be presenting   (D) being presented

해석	초청장은/ 제시해야 합니다/ 정문에 있는 경비원에게.
정답과 해설	(B) 초청장이 제시되므로 수동태 u.478쪽 참조
어휘	invitations 초청장 security guard 경비원 the main gate 정문 present 제시하다, 선사하다, 제공하다

16 The information leaflets/ can _____/ next to the reception desk.

   (A) find   (B) be found   (C) be finding   (D) to be found

해석	안내 인쇄물은/ 찾아보실 수 있습니다/ 접수창구 옆에서.
정답과 해설	(B) 인쇄물이 발견되므로 수동태 u.478쪽 참조
어휘	information leaflet 안내장, 안내 인쇄물 next to ~옆에서 reception desk 접수창구

17 The staff worked in the evenings/ while the stock _____,

   (A) checked   (B) were checked

   (C) has been checked   (D) was being checked

해석	직원들은 저녁에 일을 했다.// 재고가 확인되는 동안.
정답과 해설	(D) 주절이 과거시제이고, 재고가 확인되므로 수동태 u.478쪽 참조
어휘	staff 집합적 직원(사원) in the evenings 저녁마다 while ~하는 동안에 stock 재고, 사들인 물건, 주식, 국채 check 점검하다

18 All the orders got _____ on schedule.

   (A) delivering   (B) delivered   (C) to deliver   (D) to be delivering

해석	모든 주문 상품이 예정대로 배달되었다.
정답과 해설	(B) 주문 상품이 배달되므로 수동태 u.491쪽 (17)번 동작수동태 참조
어휘	order 주문, 주문 상품, 주문서, 수주 deliver 배달하다 get delivered 배달되다 on schedule 예정대로

• naturally	당연히	• nevertheless	그럼에도 불구하고
• nearby	근처의, 가까운	• noise	소음

• object	대상, 목표	• occupy	차지(점유)하다
• objective	객관적인	• occur	발생하다
• obligation	의무	• odd	이상한
• observe	관찰(준수)하다	• odds	가능성
• observation	관찰, 준수	• offense	공격, 위반
• observer	관찰자	• offensive	공격적인
• obtain	얻다	• offer	제안(제공)하다
• obvious	분명한	• official	공식적인
• obviously	분명히	• ongoing	지속적인
• occasionally	때때로	• onto	~위로
• occupation	직업	• operate	작동(운영)하다

• participant	참가자	• plant	공장, 식물
• particular	특별한	• policy	정책
• particularly	특히	• political	정치적인
• partly	부분적으로	• politics	정치, 정치학
• partnership	제휴, 협력	• poll	여론조사
• passenger	승객	• pollution	오염
• patient	환자	• popular	인기 있는
• penalty	벌금	• portray	묘사하다
• pepper	고추, 후추	• position	직책, 위지, 자리
• perceive	지각(인식)하다	• possess	소유하다
• perception	지각, 인식	• possible	가능한
• perform	수행하다	• possibly	아마, 어쩌면
• performance	수행, 공연	• possibility	가능성
• perhaps	아마	• potential	잠재력, 잠재적인
• permanent	영구적인	• practical	실용적인
• permit	허락하다	• precisely	정확히
• permission	허락	• predict	예측(예보)하다
• personal	개인적인	• prefer	선호하다
• personality	개성	• preference	선호
• perspective	시각, 관점	• pregnant	임신한
• persuade	설득하다	• prepare	준비하다
• phenomenon	현상	• prescription	처방, 처방전
• photograph	사진(을 찍다)	• present	발표(소개)하다
• photographer	사진사, 사진 기자	• presentation	발표, 소개
• physical	육체적인	• preserve	보존하다
• physically	육체적으로	• presidential	대통령의
• physician	내과 의사	• prevent	예방하다, 막다
• plane	비행기	• previous	이전의
• planet	행성	• previously	전에는, 미리
• planning	기획, 계획	• price	가격

• qualify	자격을 주다	• quarter	4분의 1
• quality	품질	• quick	빠른

• range	범위에 걸치다	• refer	의뢰하다
• rapid	빠른	• reform	개혁하다
• rapidly	급속도로	• refuse	거절하다
• rarely	좀처럼 ~하지 않다	• regard	간주하다

• nuclear	핵의
• numerous	수많은
• operation	작동, 작업, 운영
• opinion	의견
• opportunity	기회
• oppose	반대하다
• ordinary	보통의
• organize	조직하다
• original	원래의, 독창적인
• originally	원래
• otherwise	그렇지 않으면
• outside	바깥쪽에
• overall	전반적으로
• priority	우선순위
• private	사적인, 은밀한
• probably	아마
• procedure	절차
• proceed	진행하다
• proceeds	수익금
• process	과정
• produce	생산하다
• product	제품
• production	생산, 제작
• professional	전문가
• profit	이익
• promote	홍보하다
• prompt	신속한
• proper	적당한
• properly	올바르게
• property	재산
• proportion	비율, 조화
• prospect	기대, 전망
• protein	단백질
• protect	보호하다
• protection	보호
• provide	제공하다
• provider	공급자
• provision	설비, 공급, 규정
• publish	출판하다
• publisher	출판업자
• purchase	구매하다
• purpose	목적
• pursue	추구하다
• quickly	빨리
• quit	중단하다
• remove	제거하다
• repeatedly	반복적으로
• replace	대체하다
• represent	대표하다

01 The team's performance/ has been a
_____ for the manager.

(A) disappoint

(B) disappointing

(C) disappointment

(D) disappointedly

02 The factory has some of the most up-to-
date _____ available.

(A) equip

(B) equipping

(C) equipment

(D) equipments

03 Industrial _____ and electronic
equipment/ lead the nation's export list.

(A) machine

(B) machines

(C) machinery

(D) machineries

04 Joe Jefferson, the purchasing manager,
will contact each supplier _____ / to
negotiate shipping prices.

(A) themselves

(B) itself

(C) them

(D) himself

05 As we were running short of time,/ my
boss forced me/ to stay and work late
by _____ .

(A) I

(B) me

(C) my

(D) myself

06 This particular characteristic/ will
distinguish our products from _____
of other companies.

(A) that

(B) those

(C) this

(D) these

07 Only _____ who have boarding
passes/ are permitted in the departure
lounge.

(A) they

(B) those

(C) them

(D) he

08 She was _____ capable employee
that the president would not allow her to
leave.

(A) such a

(B) such

(C) a very

(D) so

09 _____ with a valid driver's license or
state-issued photo ID/ may use the city's
historical research library.

(A) Someone

(B) Each

(C) Whoever

(D) Anyone

10 George has a remarkable _____ / for
the position of sales director.

(A) qualify

(B) qualifying

(C) qualified

(D) qualification

TEST 9 정답 및 해설

01 (C)	02 (C)	03 (C)	04 (D)	05 (D)
06 (B)	07 (B)	08 (A)	09 (D)	10 (D)

01

|해석| 그 팀의 업무 수행은/ 관리자에게는 실망이었다.

|해설| 사물주어(performance)에 대한 설명이며, a(an) 다음에 명사가 오므로 u.409쪽 A.번/473쪽 (1)번 참조

|어휘| performance 업무 수행, 공연, 연기
disappoint 실망시키다 disappointment 실망

02

|해석| 그 공장은 몇몇 최신 설비를 갖추고 있다

|해설| 집합적 물질명사로서 단수형으로만 존재하므로
u.428쪽 ⓑ번 참조

|어휘| factory 공장 the most up-to-date 최신의
available 이용 가능한 equip 갖추다 equipment 장비

03

|해석| 산업 기계 및 전자 장비가/ 국가 수출 목록을 이끌고 있다.

|해설| machinery(기계류, 기구, 조직)는 집합적 물질명사로서 불가산 명사이며 단수형으로만 존재하므로 u.428쪽 ⑨번 참조

|어휘| industrial 산업의 electronic equipment 전자 장비
lead 이끌다 nation 국가 export list 수출 목록
machine 기계(가산 명사)

04

|해석| 구매 담당자인 Joe Jefferson이 각 공급업체에 직접 연락하여/ 배송비를 협상할 것입니다.

|해설| 주어를 강조하는 재귀대명사의 강조용법 u.434쪽 (1)번 참조

|어휘| purchasing manager 구매 담당자 contact 연락하다
supplier 공급업체 negotiate 협상하다 shipping prices
배송비

05

|해석| 시간이 부족해지자,/ 내 상사는 나에게 강요했다/ 혼자 남아서 늦게까지 일을 하도록.

|해설| 관용적 용법으로 by oneself 혼자, 자력으로
u.434쪽 (4)번 참조

|어휘| run short(low) of ~이 부족하다, ~이 바닥나다
boss 상사, 사장 force=coerce 강요하다 late 늦게

06

|해석| 이 특별한 특징이/ 우리 제품을 다른 회사의 제품들과 구별시켜줄 것입니다.

|해설| 앞에 나온 복수 명사를 반복할 때는 those로 받는다는 것 알고 있죠? u.442쪽 (7)번 철저히 공부해 두세요.

|어휘| particular 특별한 characteristic 특징 distinguish A from B A와 B를 구별하다/구별시키다 product 제품

07

|해석| 오직 탑승권을 가지고 있는 사람들 만/ 출발 휴게실에 입장이 허용된다.

|해설| ~한 사람들(=those who) u.442쪽 (8)번 참조

|어휘| only 오직 boarding pass 탑승권 permit 허용하다
departure lounge 출발 휴게실

08

|해석| 그녀는 대단히 유능한 직원이어서 사장은 그녀가 떠나는 것을 허락하려 하지 않았다.

|해설| such+a+형+명 that 대단히 ~해서, 이때 would는 고집
u.448쪽 [6]번과 225쪽 A.번 참조

|어휘| capable 유능한 employee 직원 president 사장, 총장
would ~하려 했다(고집) allow 허락하다 leave 떠나다

09

|해석| 유효한 운전면허증이나 주에서 발급한 사진이 담긴 신분증을 가진 사람은 누구나/ 시의 역사 연구 도서관을 이용할 수 있다.

|해설| 문맥상 「~한 사람은 누구나」가 가장 자연스러우므로
u.457쪽 any에서 ⓑ번 참조

|어휘| valid 유효한 driver's license 운전 면허증 state-issued
주에서 발급한 ID=identification 신분증 someone 어떤 사람 historical research library 역사 연구 도서관
whoever+동사 ~한 사람은 누구나 anyone ~한 사람은 누구나

10

|해석| 조지는 훌륭한 자격을 가지고 있다/ 영업부장의 직책에 대해서.

|해설| 형용사 다음에는 명사가 오므로 u.473쪽 (1)번 참조

|어휘| remarkable=striking=outstanding=conspicuous
=noticeable=prominent 훌륭한, 주목할 만한
the position of sales director 영업부장 직
qualify 자격을 주다 qualified 자격을 갖춘
qualification 자격 (증명서)

11 They met again/ _____ end the strike and get people back to work.

(A) in effort to
(B) in an effort to
(C) in the effort to
(D) in efforts to

12 On June 4th,/ we will hold a meeting/ with the _____ of our business units.

(A) manage
(B) managing
(C) managers
(D) management

13 Thanks to the _____ of the deadline,// the construction crew was able to complete their work on time.

(A) extend
(B) extended
(C) extension
(D) extendable

14 Michigan Medical Research Facility/ is seeking motivated _____ / for the upcoming medical study.

(A) volunteers
(B) volunteering
(C) voluntary
(D) voluntarily

15 He spends _____ his holidays traveling.

(A) much
(B) almost
(C) most of
(D) almost of

16 The computer staff/ is responsible for making sure that all system files are

_____ .

(A) duplicate
(B) duplicating
(C) duplicated
(D) duplication

17 The battery life of a cell phone/ can _____ / by storing the phone in a cool environment.

(A) extends
(B) extending
(C) be extended
(D) have extended

18 Althea Corporation/ _____ by many analysts/ to be the most innovative software company/ in the industry.

(A) considered
(B) is considered
(C) has considered
(D) was considering

19 Because this is a sold-out performance,// all the attendees _____ to arrive one hour before the start of the show.

(A) requesting
(B) are requested
(C) being requested
(D) requested

20 Our office security door/ is scheduled to _____ this week,// so all staff members are required to return their security cards to the front desk.

(A) replace
(B) replaced
(C) being replaced
(D) be replaced

TEST 9 정답 및 해설

11	(B)	12	(C)	13	(C)	14	(A)	15	(C)
16	(C)	17	(C)	18	(B)	19	(B)	20	(D)

11

|해석| 그들은 다시 만났다/ 파업을 끝내고 사람들을 다시 일자리로 돌아오게 하기 위해.

|해설| in an effort to ~하기 위해서, ~하려는 노력으로: 관용적인 용법이므로 암기해두세요.

|어휘| end=put an end to 끝내다 strike 파업
get ~ back to work ~을 일자리로 돌아오게 하다

12

|해석| 6월 4일/ 우리는 모임을 가질 예정입니다/ 사업장 관리자들과.

|해설| 관사 다음에 명사가 오며, 함께 모임을 가질 사람 명사가 와야 하므로 u.473쪽 (1)번 참조

|어휘| hold a meeting 모임을 갖다, 회의를 열다 business unit 사업부서, 사업장 manage 관리하다, 조련하다, 처리하다, 해내다 manager 부장, 관리자 management 경영, 관리

13

|해석| 마감 시한의 연장 덕택에,// 건설 인부들은 그들의 일을 제시간에 마칠 수 있었다.

|해설| the 다음에 명사가 오므로 u.473쪽 (1)번 참조

|어휘| thanks to ~덕택에 extension 연장 deadline 마감 시한 construction crew 건설 인부 be able to ~할 수 있다 complete 완성하다 on time=at the appointed time 정해진 시각에 extend 연장하다 extendable 연장 가능한

14

|해석| Michigan 의료 연구 시설은/ 의욕에 넘친 자원봉사자들을 찾고 있습니다/ 다가오는 의학 연구를 위해서.

|해설| 형용사 다음에 명사형이 오므로 u.473쪽 (1)번 참조

|어휘| medical research facility 의료 연구 시설 motivated 의욕에 넘친 upcoming 다가오는 volunteer 자원봉사자 voluntary 자발적인 voluntarily 자발적으로

15

|해석| 그는 휴가 대부분을 여행하면서 보낸다.

|해설| most of+한정사+명사=대부분의 명사 u.279쪽 F번 참조

|어휘| spend+시간+~ing ~하면서 시간을 보내다 holiday 휴가 travel 여행하다 almost=nearly=practically=virtually 거의

16

|해석| 그 컴퓨터 직원은/ 모든 시스템 파일이 복제되도록 하는 책임을 지고 있다.

|해설| 파일이 복제되므로 수동태 u.478쪽 참조

|어휘| staff 직원 be responsible(accountable, answerable, liable) for=account(answer) for 책임지다 make sure=make certain=ensure 반드시 ~하도록 하다 duplicate 복제하다, 두 배로 하다 duplication 복제, 중복

17

|해석| 휴대전화의 배터리 수명은/ 연장될 수 있다/ 시원한 환경에 보관함으로써.

|해설| 수명이 연장되므로 수동태 원형 u.478쪽 참조

|어휘| life 수명 cell phone=mobile phone 휴대전화 store 보관(저장)하다 cool 시원한 environment 환경 extend 연장하다

18

|해석| Althea 주식회사는 간주된다/ 많은 분석가들에 의해/ 가장 혁신적인 소프트웨어 회사로/ 그 산업에 있어서.

|해설| 회사가 간주되므로 수동태 u.478쪽 참조

|어휘| corporation 법인, 대형회사, 주식회사 analyst 분석자 the most 가장 innovative 혁신적인 company 회사 industry 산업 consider(take, reckon, esteem, account, hold, deem) A (to be) B A를 B로 간주하다

19

|해석| 이것은 매진 된 공연이기 때문에,// 모든 참석자들은 쇼가 시작되기 한 시간 전에 도착해야한다.

|해설| 참석자들이 요청받으므로 수동태 u.478/76쪽 request 참조

|어휘| a sold-out performance 매진된 공연 attendee 참석자 request 요청하다 be requested to ~해야 한다

20

|해석| 우리 사무실 보안문이 이번 주에 교체될 예정입니다// 그러므로 모든 직원들은 자신의 보안카드를 접수창구에 제출해주시기 바랍니다

|해설| to 다음에 원형동사가 오며, 문이 교체되므로 수동태의 원형 u.478/187쪽 (1)번 참조

|어휘| security 보안, 안전 be scheduled(planning) to ~할 예정이다 replace 교체하다 staff 직원 be required to ~해 주시기 바랍니다 return 반환하다 front desk 접수창구

21 Employee loyalty _____/ when a confidential document was leaked to the press.
(A) questioned
(B) was questioned
(C) was explained
(D) was solved

22 A career expo for foreign residents/ _____/ at COEX/ on September 21st, 2018.
(A) holds
(B) will be held
(C) is holding
(D) has held

23 _____ by the product demonstration last week,// the operations manager has decided to order several of the handmade products.
(A) Impressing
(B) Impressive
(C) Impressed
(D) Impression

24 Five flights _____ canceled/ because of bad weather conditions over the Pacific Ocean.
(A) have
(B) have been
(C) has been
(D) having been

25 Peter was recently _____ to the Madrid branch office.
(A) transferring
(B) translated
(C) transmitted
(D) transferred

26 The new factory/ is _____ with the state-of-the art manufacturing facilities.
(A) equips
(B) equipped
(C) equipment
(D) equipping

27 A processing fee will _____ // when you send a large amount of money overseas.
(A) charge
(B) be charging
(C) be charged
(D) being charged

28 Those who don't have a valid ID card/ are not _____ to enter the training center.
(A) permit
(B) permitted
(C) permitting
(D) to permit

29 Those souvenirs/ are made _____ the material native to this area.
(A) of
(B) by
(C) for
(D) from

30 Work is going on round the clock// to ensure the opening night goes as _____.
(A) plan
(B) planning
(C) planned
(D) plans

21

|해석| 직원 충성도가 의심 받았다/ 기밀문서가 언론에 누출되었을 때.

|해설| 충성도라는 추상명사가 의심받으므로 수동태 u.478쪽 참조

|어휘| employee loyalty 애사심, 직원 충성도 question 의심하다
confidential 은밀한 document 문서
leak=reveal=disclose=divulge=divulgate=betray
=expose=fink=lay bare=give away 누설하다

22

|해석| 외국인 거주자를 위한 직업 박람회가/ 열릴 예정입니다/
코엑스에서/ 2018년 9월 21일.

|해설| 취업 박람회가 개최되므로 수동태 u.478쪽 참조

|어휘| job fair=career expo 취업 박람회 foreign resident 외국
인 거주자 host 주최하다 hold-held-held 개최하다

23

|해석| 지난 주 제품 시연에 감동받아// 운영 책임자는 손으로 만
든 제품 몇 개를 주문하기로 결정했다.

|해설| 주어가 감동 받으므로 수동태
u.478/140쪽 [5]번 과거분사절 참조

|어휘| product demonstration 제품 시연회 operations manager
운영 책임자 decide 결정하다 order 주문하다 several 몇
개의 handmade 손으로 만든 product 제품 impress 감동
을 주다 impressive 감동적인 impression 감동

24

|해석| 5개의 항공편이 취소되었다/ 태평양 상공의 기상 악화로
인해 .

|해설| 항공편이 취소되므로 수동태 u.478쪽 참조

|어휘| flight 항공편 cancel=call off 취소하다
because of=owing(due) to ~때문에 condition 상황
the Pacific Ocean 태평양

25

|해석| Peter는 최근 마드리드 지사로 전근되었다.

|해설| Peter가 지사로 발령되므로 수동태 u.478쪽 참조

|어휘| recently=lately=of late 최근에 branch office 지사
translate 번역하다 transmit 전달(발송)하다
transfer 전근 보내다

26

|해석| 그 새로운 공장은/ 최첨단 제조 설비가 갖추어져 있습니다.

|해설| 공장이 갖추어져 있으므로 수동태 u.478/489쪽 ㉒번 참조

|어휘| factory 공장 state-of-the art 최첨단의
manufacturing facilities 제조시설 equip 갖추게 하다

27

|해석| 수수료가 부과될 것입니다// 많은 돈을 해외로 송금 할 때.

|해설| 수수료가 부과되므로 수동태 u.478쪽 참조

|어휘| processing fee 수수료, 처리비용 overseas 해외로
a large amount of=a great deal of 거액의

28

|해석| 유효한 신분증이 없는 사람은/ 교육 센터에 입장하는 것
이 허용되지 않습니다.(입장할 수 없습니다.)

|해설| 사람이 허락을 받으므로 수동태 u.478쪽 참조

|어휘| valid 유효한 ID card 신분증 permit 허락(허용)하다
training 연수, 훈련, 교육

29

|해석| 그 기념품들은/ 이 지역 고유의 재료로 만들어진다.

|해설| 물리적 변화를 나타내므로 u.488쪽 ②번 참조

|어휘| souvenir 기념품 be made of ~로 만들어지다
material 재료 native to ~에 고유한 area 지역

30

|해석| 작업이 24시간 내내 진행되고 있습니다.//오프닝나이트가
계획대로 진행되도록 하기 위해서.

|해설| 오프닝나이트가 '계획되므로' 수동태 as (it has been)
planned u.478쪽 참조

|어휘| go on 진행되다 round the clock 24시간 내내
ensure that=make sure that ~하도록 하다
as planned(scheduled) 예정대로 plan 계획하다

* 항상 주어와 동사의 수의 일치 문제가 출제됩니다.
* 부정어, only 부사절이나 구, 보어가 문장의 첫머리에 오면 도치되는 문제가 출제됩니다.(523-525쪽)

1 Every _____/ must work from 9 am till 6 pm/ during the weekdays.

(A) work   (B) working   (C) worker   (D) workers

해석	모든 근로자는/ 오전 9시부터 오후 6시까지 근무해야합니다/ 주중에.
정답과 해설	(C) every 다음에 단수 명사가 오며, 동사가 일하다(work)이므로 주어는 사람이 되어야 하죠. u.493쪽 (7)번 참조
어휘	itinerary 여행 일정 every 모든 worker 근로자 must=have to ~해야 한다 am 오전 pm 오후 during the weekdays 주중에 file 철하다, 정리하다, 제출하다 list 목록(으로 만들다) till ~까지

2 Most of the country's _____/ engages/ in agricultural activities of one kind or another.

(A) people   (B) nature   (C) land   (D) population

해석	그 나라 인구의 대부분은/ 종사하고 있다/ 이런 저런 종류의 농업활동에.
정답과 해설	(D) 동사가 '종사하다'이므로 사람이 주어가 되어야 하며, 단수동사이므로 주어도 단수가 되어야 함 u.494쪽 (10)번 참조
어휘	most 대부분 engage in=be engaged in 종사하다 agricultural activities 농업활동 people 사람들 of one kind or another 이런저런 종류의 population 인구 nature 자연, 성질, 천성 land 땅, 착륙하다

3 Every year millions of people/ _____ their money/ to Plan International's charity drive/ for helping the starving children.

(A) contribute   (B) contributes   (C) contributors   (D) contributions

해석	매년 수백만 명의 사람들이/그들의 돈을 기부한다/ Plan International의 자선 운동에/ 굶주린 아이들을 돕기 위해.
정답과 해설	(A) people은 '사람들'이라는 뜻의 복수이므로 동사에 -s를 붙여서는 안 되죠? u.506쪽 (51)번, 26쪽 참조
어휘	every year=from year to year=yearly=annually 매년 millions of 수백만의 charity drive 자선 운동 starving 굶주린 contribute=donate 기부(기여)하다 contributor 기부자, 공헌자 contribution 기부(금)

4 A number of problems/ _____ come to pass/ at the company in recent months.

(A) is   (B) are   (C) has   (D) have

해석	많은 문제들이/ 발생했다/ 그 회사에서/ 최근 몇 달 동안.
정답과 해설	(D) A number of+복수명사=복수 u.495쪽 (12)번 참조
어휘	a number of=many 많은 in recent weeks 최근 몇 주 동안 come to pass=come about=come up=crop up=take place=break out=arise=occur 발생하다

5 The number of the vehicles produced at the company last year/ _____ up by five percent.

(A) is   (B) are   (C) was   (D) were

해석	작년에 그 회사에서 생산 된 차량 수는/ 5% 증가했다.
정답과 해설	(C) The number가 주어이므로 단수 u.495쪽 (12)번 참조
어휘	vehicle 차량 produce 생산하다 company 회사 last year 작년에

6 This is one of the most sophisticated buildings that _____ been constructed for the past few years.

(A) has   (B) have   (C) had   (D) were

해석	이것은 지난 몇 년 동안 건설 된 가장 정교한 건물들 중 하나입니다.
정답과 해설	(B) 선행사가 buildings이므로, 즉 지난 몇 년 동안 건설된 건물이 복수이므로 u.498쪽 (24)번 참조
어휘	the most sophisticated 가장 정교한 construct 건설하다 for the past few years 지난 몇 년 동안

7 There _____ an unexpected delay/ in delivery of the order.

(A) was   (B) are   (C) were   (D) being

해석	예기치 않은 지연이 있었다/주문을 배달하는 데.
정답과 해설	(A) 주어가 단수(an unexpected delay)이므로 u.503쪽 (40)번과 403쪽 (18)번 참조
어휘	unexpected 뜻밖의, 예기치 않은 delay 지연, 지체 delivery 배달, 배송 order 주문, 주문한 물건

8 _____ had the exhausted worker seated himself on the sofa/ than he collapsed.

(A) Never   (B) Hardly   (C) No sooner   (D) As soon as

해석	녹초가 된 근로자는 소파에 앉자마자/ 쓰러졌다.
정답과 해설	(C) 뒤에 than이 왔으므로: no sooner ~than ~하자마자 u.523/177쪽 참조
어휘	exhausted=worn out=dilapidated=weary 녹초가 된, 지친 seat oneself=sit down 앉다 collapse=break(fall) down=cave(fall) in=give way 쓰러지다, 붕괴하다

9 Little _____ the government authorities think// that the export would increase that much in such a short period.

(A) has   (B) had   (C) did   (D) have

해석	정부 당국은 조금도 생각지 못했다// 수출이 그렇게 짧은 기간에 그렇게 많이 증가할 것이라고.
정답과 해설	(C) 부정어 Little이 문장의 첫 머리에 오면 「조동사+주어+본동사」어순이 되므로 u.523쪽 참조
어휘	government authorities 정부 당국 export 수출 increase 증가하다 that much 그렇게 많이 period 기간

10 _____ have department stores seen such a decrease/ in sales of swimming suits/ during the long hot months of July and August.

(A) Ever   (B) Not   (C) Though   (D) Seldom

해석	백화점들은 그런 감소를 좀처럼 본적이 없다/ 수영복 판매에 있어서/ 길고 더운 7월과 8월 달에.
정답과 해설	(D) 부정어 Seldom이 문장의 첫 머리에 오면 「조동사+주어+본동사」어순이 되므로 u.523쪽 참조
어휘	department store 백화점 such a decrease 그런 감소 swimming suit 수영복 during 동안에 July 7월 August 8월

11 Never did Mr. Brown's penchant for details/ _____ with his capacity to see the whole picture// when making management decisions.

(A) interfere   (B) to interfere   (C) interfering   (D) interfered

해석	브라운 씨의 세부적인 사항에 대한 관심은/ 전체적인 그림을 볼 수 있는 능력을 결코 방해하지 않았다/ 경영상의 결정을 내릴 때.
정답과 해설	(A) 부정어 Never가 문장의 첫머리에 오면 「조동사+주어+본동사」어순이 되므로 u.523쪽 참조
어휘	penchant 강한 호감, 관심, 선호, 경향 details 세부사항 capacity 능력 the whole picture 전체적인 그림 make management decisions 경영상의 결정을 내리다 interfere with=interrupt=obstruct ~을 방해하다

12 The manufacturer/ is not responsible/ for injuries or harm caused by the wrong use of the product, _____ will they replace products broken by misuse.

(A) or   (B) nor   (C) either   (D) but

해석	제조사는/ 책임을 지지 않습니다/ 제품의 잘못된 사용으로 인해 야기된 부상이나 상해에 대해서,// 또한 오용으로 인해 파손된 제품을 교체해주지 않습니다.
정답과 해설	(B) 뒤에 도치 구문(조동사+주어+본동사)이 왔으므로 앞에 부정어가 와야 합니다. u.523쪽 참조
어휘	be responsible(accountable, answerable, liable. to blame) for ~에 대해 책임을 지다 manufacturer 제조사, 제조업체 injury 부상 harm 상해 cause 초래하다 product 제품 replace 교체하다 break-broke-broken 파손하다, 깨다 misuse 오용

13 Only lately/ _____ sales figures begun to show some growth/ in comparison to last month's total revenue.

(A) did   (B) has   (C) have   (D) are

해석	최근에서야 비로소/ 판매 수치가 약간의 성장을 보이기 시작했다/ 지난달의 총 수익과 비교하여.
정답과 해설	(C) only 부사구가 문장의 첫머리에 오면 「조동사+주어+본동사」어순이 되므로 u.524쪽 (2)번 참조
어휘	only lately 최근에서야 비로소 sales figures 판매 수치 begin-began-begun 시작하다 growth 성장 in comparison to=when compared with ~에 비해서, 비교하여 total revenue 총 수익

14 Only after a consensus was reached// did the general manager _____ to forgo/ having his employees do mandatory overtime work.

(A) decide   (B) decides   (C) decided   (D) deciding

해석	합의가 이루어진 후에야 비로소// 총지배인은 포기하기로 결정했다/ 직원들에게 의무적인 시간외 근무를 하도록 하는 것을.
정답과 해설	(A) only 부사구가 문장의 첫머리에 오면 「조동사+주어+본동사」어순이 되므로 u.524쪽 (2)번 참조
어휘	reach a consensus 합의에 이르다 general manager 총지배인 forgo=forsake=give up=abandon=desert=discard 포기하다 employee 직원 mandatory 의무적인 overtime work 초과 근무, 시간외 근무 have+목적어+원형 ~하게 하다 u.150쪽 참고

15 You need to find out the weight and dimensions of your parcel/ in order to select a delivery service. _____ then can we give you an accurate quote.

(A) And   (B) After   (C) Until   (D) Only

해석	당신은 소포의 무게와 치수를 파악해야 합니다/ 배달 서비스를 선택하기 위해서는. 그런 다음에야 저희는 당신에게 정확한 견적을 제공해드릴 수 있습니다.
정답과 해설	(D) 「only+부사구/부사절」이 문두에 오면 도치되므로 u.524쪽 (2)번 참조
어휘	need to=have to ~해야 한다 find out 알아내다, 파악하다 weight 무게 dimension 치수 parcel 소포 in order to=so as to=with intent to=with a view to ~ing ~하기 위하여 select=choose 선택하다 delivery 배달 only then 그런 다음에야, 그 때서야 give an accurate quote 정확한 견적으로 제공하다

16 Walking in a single line behind their teacher _____ several nursery school students.

(A) is   (B) was   (C) were   (D) has been

해석	몇 명의 보육원 학생들이 그들의 선생님 뒤로 한 줄로 걸어가고 있었다.
정답과 해설	(C) 분사(walking)를 강조하기 위해서 문장의 첫 머리에 배치한 도치구문으로, 주어는 students입니다. u.525쪽 (4)번 참조
어휘	in a single line 한 줄로 behind 뒤에서 several 몇 명의 nursery school 보육원, 탁아소

17 Patricia Wells applied for a transfer// as soon as the branch in Honolulu opened,/ _____ did some of her co-workers.

(A) also   (B) thus   (C) too   (D) as

해석	Patricia Wells는 전근을 신청했다// 호놀룰루 지사가 오픈하자마자// 그녀의 일부 동료들이 그러했듯이.
정답과 해설	(D) as be/do 주어 ~하듯이 u.526쪽 (7)번 참조
어휘	apply for 지원(신청)하다 transfer 전근, 전학 as soon as ~하자마자 branch 지사 co-worker 동료 직원 also 또한 thus=hence=so=therefore 그래서 too 역시 as ~하듯이

18 From the top of Lotte World Tower/ _____ the whole city of Seoul.

(A) can see   (B) can have seen   (C) can be seeing   (D) can be seen

해석	롯데월드타워 꼭대기에서/ 서울시 전체를 볼 수 있다.
정답과 해설	(D) The whole city of Seoul can be seen 'from the top of Lotte World Tower'. 라는 문장에서 부사구를 강조하기 위해서 문장의 첫머리로 보낸 도치구문입니다. 이때 서울시가 보이므로 수동태가 되는 거예요. u.528쪽 (11)번 참조
어휘	from the top of ~의 꼭대기에서 the whole city of Seoul 서울시 전체

22. 병렬구조 문제 (유니크 쏙쏙 영문법 27과)

* 등위접속사 boysfan(but, or, yet, so, for, and, nor)를 중심으로 좌우가 동일한 문법 단위를 가져야 하는 것으로 반드시 좌우 관계를 살펴서 골라야 합니다.(531쪽)

1 This is the best time to plan for future growth and _____.

(A) develop   (B) developed   (C) developing   (D) development

해석	지금이 미래의 성장과 발전을 위해 계획을 세울 가장 좋은 시기이다.
정답과 해설	(D) 전치사 for의 목적어이면서 동시에 growth와 병렬을 이루는 명사형이므로 u.531쪽 참조
어휘	the best 가장 좋은 plan 계획을 세우다 future 미래 growth 성장 develop 발전시키다, 계발하다 development 발전, 계발

2 This coverage/ will help/ you pay for _____ or replacement of your vehicle// after you pay the deductible.

(A) repair   (B) repaired   (C) repairs   (D) repairing

해석	이 보험은/ 도움을 줄 것입니다/ 당신이 차량 수리비나 교체 비용을 지불하는 데// 귀하가 공제 금액을 지불한 후에.
정답과 해설	(C) '수리비'의 뜻으로 replacement와 병렬을 이루는 명사이므로 u.531쪽 참조
어휘	coverage 보험 (계약 범위) pay for ~의 비용을 지불하다 replacement 교체 vehicle 차량 deductible 공제금액 repair 수리하다, 수리 repairs 수리비 repairing 수리하기

3 More and more people are turning to alternative therapies/ to treat a host of ailments and _____ pain.

(A) relieve   (B) relieves   (C) relived   (D) relieving

해석	점점 더 많은 사람들이 대체 요법으로 눈을 돌리고 있다/ 여러 가지 질병을 치료하고 통증을 완화하기 위해.
정답과 해설	(A) and를 중심으로 앞에 나와 있는 treat와 병렬을 이루므로 u.531쪽 참조
어휘	more and more 점점 더 많은 turn to 향하다, 눈을 돌리다, 의지하다 alternative therapy 대체 요법 treat 치료하다 a host of=an army of=a lot of=lots of=plenty of 많은 ailment 질병 pain 고통, 아픔, 통증 relieve 완화하다, 경감시키다

4 Since his family was very poor,// he had to leave public school and _____ a job in a company// when he was only thirteen years old.

(A) take   (B) took   (C) taking   (D) taken

해석	그의 가족은 매우 가난했기 때문에,// 그는 공립학교를 그만두고 회사에 취직해야만 했다// 그가 불과 13살 때.
정답과 해설	(A) and를 중심으로 leave와 병렬구조를 이뤄야 가장 자연스러우므로 u.531쪽 참조
어휘	since ~때문에 poor 가난한 leave 그만두다, 떠나다 public school 공립학교 take a job 취직하다 only=no more than=nothing more than=nothing but 불과, 단지

5 Please fill in the form,/ detach it,/ and _____ it back to us/ by mail/ as soon as possible.

   (A) send   (B) sending   (C) sending   (D) to send

해석	양식을 작성하여/ 분리한 후/ 그것을 저희에게 다시 보내주십시오/ 우편으로/ 가능한 한 빨리.
정답과 해설	(A) and를 중심으로 좌우가 병렬구조를 이뤄야 하므로 u.531쪽 참조
어휘	fill in=fill out=complete 작성하다 form 양식, 용지 detach 떼어내다, 분리하다
	send back 다시 보내다 by mail 우편으로 as soon as possible=as soon as 주어+can 가능한 한 빨리

6 Moving away from a large city and _____ in a rural area/ will be a good way to save lots of money.

   (A) rent   (B) renting   (C) to rent   (D) being rented

해석	대도시에서 벗어나 시골 지역에서 임차하는 것은/ 많은 돈을 절약할 수 있는 좋은 방법이 될 것이다.
정답과 해설	(B) and를 중심으로 앞에 있는 Moving과 병렬을 이뤄야 하므로 u.531쪽 참조
어휘	move away from 벗어나다 a rural area 시골 지역 save 절약하다
	lots of=a lot of=plenty of 많은 rent 임차(임대)하다

7 The responsibilities of a representative/ include achieving the company's sales goals and _____ the special requests of customers.

   (A) manage   (B) managing   (C) to manage   (D) management

해석	대리의 책임은/ 회사의 매출 목표를 달성하고 고객의 특별 요청을 관리하는 것을 포함한다.
정답과 해설	(B) achieving과 병렬을 이뤄야 가장 자연스러우므로 u.531쪽 참조
어휘	responsibility 책임 representative 대리 sales goals 매출 목표
	include=involve=incorporate=encompass=embody=contain 포함하다 company 회사
	achieve=accomplish=attain=fulfill 성취(달성)하다 special request 특별 요청 customer 고객

8 The new production manager/ enjoys not only fishing but _____/ during the holidays.

   (A) surf   (B) surfing   (C) surfs   (D) to surf

해석	새로운 생산 부장은/ 낚시뿐만 아니라 서핑을 즐긴다/ 공휴일에.
정답과 해설	(B) not only A but also B에서 A와 B가 병렬을 이뤄야 하므로 u.533쪽 참조
어휘	production 생산, 제작 manager 관리자, 부장 enjoy 즐기다
	not only A but (also) B=B as well as A: A뿐만 아니라 B도 holiday 공휴일

9 If you want to register to become one of our subscribers,// fill out this _____ and simple information form.

   (A) quick   (B) quickly   (C) quicker   (D) quickest

해석	구독자 중 한 명이 되기 위해 등록하고자 한다면,//이 신속하고도 간단한 정보 양식을 작성해 주세요.
정답과 해설	(A) and를 중심으로 좌우가 병렬구조를 이루는 형용사형이므로 u.531쪽 참조
어휘	register 등록하다 subscriber 구독자, 가입자, 정기 회원 simple 간단한
	fill out=fill in=complete 작성하다 form 양식 quick 신속한 quickly 신속하게

10 For many companies,// liaison offices have proven effective and _____ when establishing international connections in numerous countries.

(A) profits   (B) profiting   (C) profitable   (D) profitably

해석	많은 기업에게,// 연락 사무소는 효과적이고 수익성이 있는 것으로 입증되었다/ 여러 국가에서 국제 관계를 수립할 때.
정답과 해설	(C) prove의 보어이면서 동시에 and를 중심으로 좌우 병렬구조이므로 u.531쪽 참조
어휘	liaison office 연락 사무소 prove-proved-proven 입증되다 effective 효과적인 profitable 수익성이 있는 establish 수립하다 international connections 국제 관계 numerous=innumerable=uncountable=countless=numberless 무수한, 많은

11 With the marketing manager's impending resignation,// an opening for a highly motivated and financially _____ individual is now being advertised.

(A) drive   (B) driving   (C) driven   (D) to be driven

해석	마케팅 매니저의 사임이 임박함에 따라,// 매우 의욕적이고 재정적으로 야망에 넘친 개인을 위한 자리가/ 현재 광고되고 있다.
정답과 해설	(C) and를 중심으로 앞에 나온 motivated와 병렬을 이루므로 u.531쪽 참조
어휘	impending=imminent 임박한 resignation 사임 an opening 일자리 highly motivated 매우 의욕적인 financially 재정적으로 driven 야망에 넘친 individual 개인 advertise 광고하다

12 Your participation in _____ support of our benefit concert/ will help feed thousands of starving children.

(A) and   (B) so   (C) or   (D) however

해석	우리의 자선 공연에 대한 귀하의 참여와 지원은/ 수천 명의 굶주린 어린이들을 먹이는 데 도움이 될 것입니다.
정답과 해설	(A) '참여와 지원'이 병렬구조를 형성하므로 u.531쪽 참조
어휘	participation 참가 support 원조, 지원 benefit concert 자선 공연 feed-fed-fed 먹이다 thousands of 수천 명의 starving 굶주린 so 그래서 or 또는 however 그러나

* 문법적으로는 가능하더라도 문맥상 가장 잘 어울리는 단어를 찾는 문제로서 토익에서 가장 어렵습니다!!!
* 막강한 어휘력을 갖추고 다양한 지문과 문제를 접함으로써 문맥을 파악하는 능력을 길러야 합니다.

1 Home sizes at Timberland Ranch/ _____ from 1,200 to 8,000 square feet.

(A) cost   (B) count   (C) range   (D) weigh

해석	Timberland Ranch의 주택 규모는/ 1,200에서 8,000 제곱 피트에 이른다.
정답과 해설	(C) range from A to B 범위가 A에서 B까지이다
어휘	home size 주택 규모 square 평방, 제곱 cost 비용이 들다
	count 세다, 중요하다 weigh 무게가 나가다, 고려하다

2 The e-mail server/ will be down _____/ between 1:00 a.m and 2:00 a.m./ on Tuesday/ so that we can upgrade the software.

(A) temporarily   (B) forever   (C) at once   (D) successfully

해석	이메일 서버는/ 일시적으로 다운될 것입니다/ 새벽 한 시부터 두 시까지/ 화요일에/ 소프트웨어를 업그레이드하기 위해서.
정답과 해설	(A) 문맥상 '일시적으로/임시로(temporarily)'가 들어가야 가장 자연스럽죠? u.207쪽 해석 방법 참조
어휘	a.m 오전 p.m 오후 Tuesday 화요일 upgrade 품질을 높이다, 업그레이드하다
	so that 주어 can ~하기 위해서 temporarily=transitorily 일시적으로 successfully 성공적으로
	forever=permanently=perpetually=eternally 영원히 at once=immediately=off hand 즉시

3 The results of the tests/ were so _____// that they could not change the scientists' opinions.

(A) obvious   (B) conclusive   (C) inconclusive   (D) unpredictable

해석	테스트의 결과는/ 대단히 결정적이지 못해서// 과학자들의 의견을 바꿀 수 없었습니다.
정답과 해설	(C) 과학자들의 의견을 바꿀 수 없었으므로, 결정적이지 못했겠죠? u.207쪽 해석 방법 참조
어휘	result 결과 scientist 과학자 opinion 의견 obvious=apparent=evident=clear=definite=plain 분명한
	conclusive 결정적인 inconclusive 결정적이지 못한, 결론이 나지 않는 unpredictable 예측할 수 없는

4 Economists _____/ that the current depression might be even longer than expected.

(A) speculate   (B) imagine   (C) regard   (D) consider

해석	경제학자들은 추측한다/ 현재의 불황이 예상보다 훨씬 더 길어질 수도 있다고.
정답과 해설	(A) 문맥상 '추측하다/생각하다(speculate)'가 들어가야 가장 자연스러우므로
어휘	economist 경제학자 current 현재의 depression 불황, 우울증 even=far=still=yet 훨씬 expect 예상하다
	speculate 추측(생각)하다 imagine 상상하다 regard=consider=reckon=esteem=view=repute 간주하다

5 The author/ _____ the right to change the details/ without prior notification/ to the publishing company.

(A) reserves   (B) competes   (C) admits   (D) conserves

해석	작가는/ 세부사항을 바꿀 권한을 가지고 있다/ 사전 통보 없이/ 출판사에게.
정답과 해설	(A) 문맥상 '가지고 있다/보유하다(reserves)'가 들어가야 가장 자연스러우므로
어휘	author 작가 right 권리, 권한 details 세부사항 without prior notification 사전 통보 없이 publishing company 출판사 reserve 권한을 갖다, 비축(예약)하다 compete 경쟁하다, 경기하다, 겨루다 admit 인정(시인)하다 conserve 보존(보호)하다

6 You'd better _____ several prices and performances/ before buying a printer.

(A) compare   (B) compete   (C) control   (D) conduct

해석	너는 몇몇 가격과 성능을 비교해보는 것이 낫다/ 인쇄기를 구입하기 전에.
정답과 해설	(A) 인쇄기를 구입하기 전에 가격을 뭐해야겠어요? 당연히 비교해 봐야죠?
어휘	had better=may as well ~하는 편이 낫다 several 몇몇 price 가격 performance 성능 printer 인쇄기 compare 비교하다 compete 경쟁(경기)하다, 겨루다 control 통제(조절)하다 conduct 수행(지휘)하다

7 While she does not say so directly,// Mrs. Taylor _____ // that consumers assign value to products/ based on their perceptions of quality.

(A) discerns   (B) investigates   (C) implies   (D) characterizes

해석	그렇게 직접적으로 말은 하지 않지만,// Taylor부인은 시사한다// 소비자들은 제품에 가치를 부여한다고/ 품질에 대한 인식에 기초하여.
정답과 해설	(C) 종속절에서 '직접적으로 말하지 않는다'는 힌트가 있으므로 '시사하다(implies)가 들어가야 함
어휘	directly 직접적으로 consumer 소비자 assign A to B: A를 B에 부여(할당)하다 value 가치 product 제품 discern 구별하다 based on ~에 기초하여 perception 인식, 지각 quality 품질 investigate 조사하다 imply=suggest 암시(시사)하다 characterize ~을 특징을 지우다, ~의 성격을 나타내다

8 Please contact John Ch'oe in the HR Department// if you have any questions/ concerning the new overtime and vacation _____.

(A) minds   (B) policies   (C) ways   (D) behaviors

해석	인사과의 John Ch'oe에게 연락하세요// 어떤 질문이 있으면/ 새로운 초과근무 및 휴가 정책에 관하여.
정답과 해설	(B) '인사과에 연락하라'는 내용으로 보아 '정책(policies)'이 들어가야 하죠.
어휘	contact 연락하다 HR Department=Human Resources Department 인사과 overtime 초과근무 vacation 휴가 mind 마음, 정신 question 질문, 문의 사항 concerning=regarding=respecting=as to ~에 관하여 policy 정책 way 방법 behavior 행동

9 Many _____ / are nervous/ about the long-term financial health of the company,/ especially after last week's poor earnings report.

(A) investors (B) investments (C) the investors (D) of the investments

해석	많은 투자자들은/ 초조해 하고 있다/ 그 회사의 장기적인 제정건강에 관해서/ 특히 지난주의 형편없는 소득 보고서가 있은 후.
정답과 해설	(A) '초조해하다'라는 설명이 이어지므로 사람 명사(investors)가 와야 하지 않겠어요?
어휘	nervous 초조한, 불안한 long-term 장기적인 financial 제정적인 health 건강 company 회사 invest 투자하다 investor 투자자 investment 투자 especially 특히 poor 형편없는 earnings 소득 report 보고(하다)

10 If you describe someone or something as _____,// you mean that you cannot tell// what they are going to do/ or how they are going to behave.

(A) apparent (B) predictable (C) unpredictable (D) obvious

해석	여러분이 어떤 사람이나 사물을 예측 불가능하다고 기술한다면,// 여러분은 알 수 없다는 뜻이다// 그들이 무엇을 할 것인지,/ 또는 어떻게 처신할 것인지를.
정답과 해설	(C) 주절에 'cannot tell(알 수 없다)'가 나오므로 '예측 불가능한(unpredictable)'이 자연스럽죠.
어휘	describe=depict=portray 기술(묘사)하다 behave 처신(행동)하다 predictable 예측 가능한 unpredictable 예측 불가능한 apparent=articulate=evident=manifest=obvious=trenchant 분명한

11 Although the shipment arrived on time,/ it was _____ at customs.

(A) held up (B) held down (C) held for (D) held out

해석	선적물이 제때에 도착했지만,/ 세관에서 지체되었다.
정답과 해설	(A) 종속절에 '제때에 도착했지만'이 있으므로, 주절에는 '세관에서 지체되었다'가 들어가야 하죠.
어휘	shipment 선적, 발송 on time 정각에 hold up=hold over=hold off=put off=put over=leave over=carry over=hang up=delay=defer 지체시키다 customs 세관 hold(keep, press) down 억누르다 hold for=apply to 적용되다 hold out 내밀다

12 The manufacturer must _____ the defective products with new ones.

(A) buy (B) bring (C) repair (D) replace

해석	재조사는 결함 있는 제품을 새 제품으로 교체해줘야 한다.
정답과 해설	(D) 문맥상 결함 있는 제품을 새 제품으로 교체해줘야 하므로 'replace' 들어가야 하죠.
어휘	manufacturer 제조자 defective 결함 있는 product 제품 repair=mend=do(fix) up 고치다 replace A with B: A를 B로 교체하다

13 The corporation/ should _____ their workers/ for injuries at work.

(A) complement (B) compensate (C) compliment (D) complain

해석	회사는/ 직원들에게 보상해야 한다/ 근무 중 부상에 대해서.
정답과 해설	(B) '근무 중 부상에 대해서'라는 힌트가 나왔으므로 '보상하다(compensate)'가 가장 자연스럽죠.
어휘	corporation 회사 injury 부상, 상처 at work 근무 중 complain 불평하다 complement 보충하다 compliment 칭찬하다 compensate A for B B에 대해 A에게 보상하다

14 The schedule attached to my email/ _____ the specific delivery dates/ we require.

(A) sets   (B) places   (C) details   (D) succeeds

해석	제 이메일에 첨부되어 있는 일정표가/ 구제척인 납품 날짜를 상세히 설명하고 있습니다/ 우리가 요구하는 [납품 날짜를].
정답과 해설	(C) 문맥상 '상술하다, 상세히 설명하다'가 들어가야 가장 자연스러우므로
어휘	schedule 일정표 attach 첨부하다 detail 상세히 설명하다 specific 구체적인/상세한 delivery 납품, 배달, 분만 date 날짜 require 요구하다 set=place 놓다 succeed=make good=get somewhere 성공하다

15 If the property management company fails to _____ with its requests,// the law firm will move to another building.

(A) apply   (B) reply   (C) supply   (D) comply

해석	자산관리회사가 그것(법률회사)의 요청에 응하지 않으면,// 그 법률회사는 다른 건물로 이사할 예정이다.
정답과 해설	(D) comply with ~에 응하다, ~을 따르다
어휘	property management company 자산관리회사 fail to ~하지 않다 request 요청 law firm 법률회사 move 이사하다 apply 지원하다, 적용하다 reply 대답하다 supply 공급하다 comply with=accede(conform) to 응하다, 승낙하다

16 Director Gary Robertson's latest film, "Frontiers,"/ centers on the _____ of a young man// who traveled to the American West/ in the 1850s,/ seeking fortune and fame.

(A) story   (B) character   (C) novel   (D) book

해석	Gary Robertson 감독의 최신 영화 "Frontiers"는/ 한 젊은이의 이야기를 중심으로 다루고 있다// 그 젊은 이는 미국 서부로 여행을 갔다/ 1850년대에/ 부와 명예를 찾아서.
정답과 해설	(A) 문맥상 '이야기(story)'가 들어가야 가장 자연스러우므로
어휘	director 감독, 이사, 원장 latest 최근의, 최신의 film 영화 frontier 국경, 변경, 미개척지 center on 중점적으로 다루다 West 서부 seek-sought-sought 찾다 fortune 재산, 부, 행운 fame 명성 character 인물, 성격, 특성, 평판

17 Presumably,/ the company has trouble paying back the money which it _____.

(A) lent   (B) rented   (C) loaned   (D) borrowed

해석	아마,/ 그 회사는 빌린 돈을 갚느라 애를 먹고 있는 것 같다.
정답과 해설	(D) '갚느라 애를 먹고 있으므로' '빌리다(borrowed)'가 들어가야 하죠. u.173쪽 (15)번 해석 방법 참조
어휘	presumably=probably=feasibly=possibly 아마도 pay back 갚다 lend=loan 빌려주다 have trouble(difficulty)~ing ~하느라 애를 먹다 rent 임대(임차)하다 borrow 빌리다

18 Would you please _____ this application form/ while you wait?

(A) fill up   (B) fill out   (C) write down   (D) write off

해석	이 신청서(지원서) 좀 작성해 주시겠습니까/ 기다리시는 동안에?
정답과 해설	(B) '신청서'라는 목적어가 왔으므로 '작성하다(fill out)'가 들어가야 가장 자연스럽죠.
어휘	application form 신청서, 지원서 fill up 가득 채우다 fill out=fill in=complete 서류를 작성하다 write(put, take, jot, note) down 적어두다, 기록해 두다 write off 지우다

19 _____ the Radio Communications Directory,// there are 50 licensed radio stations currently broadcasting/ around the country.

(A) Owing to   (B) Provided by   (C) Required by   (D) According to

해석	라디오 통신 목록에 따르면,// 50개의 허가된 라디오 방송국이 현재 방송하고 있다/ 전국적으로.
정답과 해설	(D) 문맥상 '~에 따르면(according to)'가 들어가야 가장 자연스러우므로 u.403쪽 (18)번 there 용법 참조
어휘	communication 통신 directory 목록, 자료방, 인명부, 전화번호부 licensed 허가받은 station 방송국, 정거장, 역 currently 현재 broadcast 방송하다 around the country=throughout the country 전국적으로 according to ~에 따르면 owing(due) to=because of=on account of=on the grounds of=in the wake of ~때문에 provide 제공하다 require 요구하다

20 The most recent economic conditions/ _____ /that the depression is over.

(A) report   (B) relieve   (C) indicate   (D) recommend

해석	가장 최근의 경제상황은/ 암시한다// 경기 침체가 끝났다는 것을.
정답과 해설	(C) 문맥상 '암시하다(indicate)'가 들어가야 가장 자연스러우므로
어휘	The most recent 가장 최근의 economic conditions 경제상황 depression 경기침체, 불황, 불경기 be over 끝나다 report 보도(신고)하다 relieve 경감(제거)하다 indicate 시사하다, 나타내다 recommend 추천하다

21 Exchange rate, one of the _____ economic indicators,/ has remained stable this week.

(A) leaning   (B) leaping   (C) leading   (D) learning

해석	주도적인 경제지표 중 하나인 환율이/ 이번 주에는 변동이 없었다.
정답과 해설	(C) 문맥상 '주도적인(leading)'이 가장 적합하므로
어휘	exchange rate 환율 economic indicator 경제지표 remain stable 변동이 없다 this week 이번 주에 lean 기대다, 기울이다 leap-leapt 도약하다 lead-led-led 주도하다, 이끌다 learn 배우다, 학습하다

22 The auditor was asked/ to submit the _____ documents/ by this weekend at the latest.

(A) bought   (B) anticipated   (C) expected   (D) required

해석	회계감사관은 요구받았다/ 필요한 서류를 제출하라고/ 늦어도 이번 주말까지
정답과 해설	(D) '서류(documents)'를 수식하는 단어로 '필요한/요구되는(required)'이 가장 적합하므로
어휘	auditor 회계감사관 submit=give(turn, send, hand) in 제출하다 documents 서류 at the latest 늦어도 by this weekend 이번 주말까지 anticipate=expect 예상하다, 기대하다 require 요구하다, 필요로 하다

23 The financially troubled company/ is expected to sell some properties/ to _____ special funds.

(A) promote   (B) generate   (C) occur   (D) exaggerate

해석	재정적으로 어려움에 처한 그 회사는/ 일부 자산을 매각할 것으로 예상된다/ 특별 자금을 마련하기 위해.
정답과 해설	(B) 문맥상 '마련하다(generate)'가 들어가야 가장 자연스러우므로
어휘	financially 재정적으로 troubled 어려움에 처한 company 회사 be expected to ~할 것으로 예상되다 generate 마련(생산)하다 properties 자산, 재산, 소유물 special funds 특별자금 promote 홍보하다, 승진시키다 occur=arise 발생하다 exaggerate 과장하다

24 The personnel department/ decided/ to _____ to the New York Times/ from this month.

   (A) prescribe   (B) subscribe   (C) inscribe   (D) describe

해석	인사부는 결정하였다/ 뉴욕타임스를 구독하기로/이번 달부터.
정답과 해설	(B) 뒤에 the New York Times가 나와서 '구독하다(subscribe to)'가 가장 자연스럽죠.
어휘	personnel department 인사부, 인사과 decide=determine=resolve 결정하다 from this month 이번 달부터 prescribe 처방하다 subscribe to 구독하다 inscribe 새기다, 이름을 써서 증정하다 describe 기술(묘사)하다

25 The two companies/ are supposed to announce today/ that they will _____ by the end of this year.

   (A) merge   (B) merger   (C) merged   (D) emerge

해석	그 두 회사는/ 오늘 발표할 예정이다// 그들이 금년 말까지 합병할 것이라고.
정답과 해설	(A) 조동사 다음에 원형동사가 오며 문맥상 '합병하다(merge)'가 자연스러우므로 u.83쪽 참조
어휘	be supposed to ~할 예정이다 announce 발표하다 by the end of this year 금년 말까지 merger 합병 merge=amalgamate=affiliate=consolidate 합병하다 emerge=appear=show(turn) up 나타나다

26 FRB chairman, Allen Green/ will _____ a speech/ regarding the U.S. Stock Exchange.

   (A) open   (B) give   (C) take   (D) talk

해석	연방준비은행 총재 Allen Green은/ 연설할 예정이다/ 미국 증권거래소에 관하여.
정답과 해설	(B) give(make, deliver) a speech 연설하다
어휘	FRB=Federal Reserve Bank 연방 준비은행 chairman 총재, 의장 Stock Exchange 증권거래소 regarding=respecting=concerning=as concerns(regards, respects) =with regard(respect, reference) to=in terms(point) of=as touching ~에 관하여

27 ABC Corp. is involved/ in the manufacture, sale, and _____ of its own home appliances.

   (A) repetition   (B) exception   (C) distribution   (D) solution

해석	ABC회사는 관여하고 있다/ 회사 자체 가전제품의 제조와, 판매와 유통에.
정답과 해설	(C) 문맥상 가장 '유통(distribution)'이 들어가야 가장 자연스러우므로
어휘	Corp 법인, 주식회사 be involved in 관여하다, 참여하다 manufacture 제조 sale 판매 distribution 유통 home appliances 가전제품 repetition 반복 exception 예외 solution 해결

28 If Adams officially resigns,// Tom Green, president and CEO of the company,/ is expected to appoint Jefferson/ to _____ Adams.

   (A) deposit   (B) predict   (C) operate   (D) succeed

해석	Adams가 공식적으로 사임을 하면,// 회사의 사장이자 최고 경영자인 Tom Green은/ Jefferson을 임명할 것으로 예상된다/ Adams를 승계하도록(후임이 되도록).
정답과 해설	(D) 사임한 사람의 후임자를 임명하므로 'succeed'가 와야죠.
어휘	officially 공식적으로 resign 사임하다 president 사장 CEO=chief executive officer 최고경영자 company 회사, 중대 expect 기대(예상)하다 appoint 임명하다 succeed ~을 계승(승계)하다, 후임이 되다 deposit 놓다, 침전시키다, 예치하다 predict=forecast 예상하다 operate 작동(경영, 수술)하다.

29 The company spokesperson said// that the company has reported a drop in net income/ for three _____ quarters.

(A) constant   (B) following   (C) consecutive   (D) immediate

해석	회사 대변인은 말했다// 회사가 순이익 하락을 공표했다고/ 계속해서 3분기 동안.
정답과 해설	(C) 문맥상 '연속적인(consecutive)'이 가장 자연스러우므로
어휘	company 회사 spokesperson 대변인 report 공표(발표, 보고)하다 net income 순이익 following 다음의 constant=incessant=unceasing=ceaseless 부단한, 끊임없는 consecutive=successive 연속적인 immediate 즉각적인

30 The country's sluggish response to the outstanding debts/ can _____ to inflation.

(A) lead   (B) apply   (C) reach   (D) approach

해석	미지불 부채에 대한 국가의 태만한 대응은/ 물가상승을 초래할 수 있다.
정답과 해설	(A) '태만한 대응'이 주어이므로 물가상승을 '초래하다(lead to)'가 가장 자연스럽죠.
어휘	sluggish 태만한, 게으른, 부진한 response 대응, 반응 outstanding debts 미지불 부채 inflation 물가상승, 통화팽창 reach=get to=arrive at 도착하다 approach=go up to 접근하다 lead(conduce) to 초래하다 apply to=hold for=be true of(for)=be applicable to ~에 적용되다

31 Negotiation techniques/ vary widely across cultures// and sometimes the difference can _____ a breakdown in communication.

(A) lead to   (B) go for   (C) follow up   (D) come upon

해석	협상 기술은/ 문화에 따라 크게 달라서// 때로는 그 차이가 소통의 붕괴를 초래할 수 있다.
정답과 해설	(A) 문맥상 '초래하다(lead to)'가 가장 자연스러우므로
어휘	negotiation 협상 vary 다르다 widely 크게, 널리 across cultures 문화에 따라 difference 차이 sometimes=occasionally=on occasion 때때로 breakdown 붕괴, 와해 communication 소통 go for 노리다 lead(conduce) to=bring on(about, forth) 이끌다, 초래하다 follow up 추적하다 come(stumble) upon(across)=run(bump)into(across)=hit(chance) upon=encounter 우연히 마주치다

32 Make sure to _____ this stamp to the envelope.

(A) detach   (B) affix   (C) apply   (D) delete

해석	반드시 이 우표를 봉투에 붙여라.
정답과 해설	(B) affix a stamp to ~에 우표를 붙이다
어휘	make sure to=make sure to 반드시 ~하다 stamp 우표 envelope 봉투 detach 떼어내다, 분리시키다 affix(attach) a stamp to=put(place, stick) a stamp on ~에 우표를 붙이다 apply 적용하다 delete 지우다

33 Governor Smith wanted to speak to the person who was in _____ of the project.

(A) appreciation   (B) charge   (C) description   (D) apologies

해석	Smith 주지사는 그 프로젝트의 책임자와 이야기하고 싶어 했다.
정답과 해설	(B) be in charge of=take charge of 책임지다, 담당하다 u.412쪽 어휘 참조
어휘	governor 주지사 appreciation 감사, 이해, 식별, 인정, 음미 description 묘사 apology 사과

34 To prevent the cake from getting stuck in the pan,// _____ all the ingredients continuously.

   (A) stir   (B) swing   (C) solve   (D) resolve

해석	케이크가 냄비에 달라붙는 것을 막기 위해서는,// 모든 요리재료들을 계속해서 저어라.
정답과 해설	(A) 문맥상 '휘젓다'가 들어가야 가장 자연스러우므로 u.174쪽 (18)번 해석 참조
어휘	prevent(keep, stop, preclude, prohibit, inhibit, hinder, ban) A from B~ing A가 B하는 것을 막다 continuously=constantly=incessantly=without stopping=on and on 계속해서 get stuck 달라붙다 pan 납작한 냄비 ingredient 요리재료 stir 휘젓다, 섞다 swing 흔들다 solve 해결하다 resolve 녹이다

35 The FBI/ has _____ its list of potential suspects/ to those who live within easy driving distances.

   (A) given up   (B) assumed as   (C) narrowed down   (D) chosen for

해석	미국연방수사국은/ 잠재적 용의자들의 목록을 넘겨주었다/ 차를 몰고 쉽게 접근할 수 있는 거리 안에 살고 있는 사람들에게.
정답과 해설	(A) give up something to=give something up to ~에게 넘겨주다
어휘	FBI=Federal Bureau of Investigation 미국연방수사국 list 목록 potential suspect 잠재적 범죄자 those who ~한 사람들 within easy driving distances 차를 몰고 쉽게 접근할 수 있는 거리 안에 assume 가장(가정)하다 narrow down 좁히다

36 The center has an _____ Olympic swimming pool, two open Olympic swimming pools and 6 tennis courts.

   (A) encased   (B) enclosed   (C) encircled   (D) enveloped

해석	그 센터는 차단막으로 둘러싸인 올림픽 수영장과 두 개의 야외 수영장과 6개의 테니스코트를 갖추고 있다.
정답과 해설	(B) 시설이 '차단막이 되어있다'는 뜻이므로
어휘	swimming pool encase 상자에 넣어 싸다 enclose 차단막으로 에워싸다 encircle 포위하다 envelop 봉하다, 포위하다

37 The school's educational philosophy/ is based on the premise// that children can learn _____ hands-on involvement with a diversity of activities.

   (A) through   (B) with   (C) for   (D) since

해석	그 학교의 교육철학은/ 아이들이 다양한 활동에 직접 참여함으로써 배울 수 있다는// 전제에 기초하고 있다.
정답과 해설	(A) 과정을 나타내는 전치사가 'through(~을 통해서)'가 가장 자연스럽죠.
어휘	educational philosophy 교육 철학 be based(founded) on ~에 기초하다 premise 전제 through ~을 통해서 hands-on 직접적인, 직접 손으로 만질 수 있는 involvement 참여, 관여 a diversity(variety) of=diverse=various 다양한 activity 활동, 행동

38 Students are not allowed to use the _____ parking area/ owing to a shortage of parking space on campus.

(A) conserved   (B) preserved   (C) reserved   (D) deserved

해석	학생들은 예약된 주차장을 이용할 수 없다(이용하는 것이 허용되지 않는다)/ 캠퍼스의 주차 공간 부족 때문에.
정답과 해설	(C) 문맥상 가장 '예약된(reserved)'가 가장 자연스러우므로
어휘	allow=permit 허용하다 parking area=parking lot 주차장 owing(due) to=on account of=in the wake of=in consequence of ~때문에 shortage 부족 space 공간 conserve 보존하다 preserve 유지하다 reserve 마련해두다, 예약하다 deserve ~할 만하다

39 Receiving an attractive offer from the R&B corporation,// Jane decided to _____ her present job.

(A) promote   (B) retire   (C) quit   (D) lay off

해석	R&B 주식회사로부터 매력적인 제안을 받고서,// Jane은 자신의 현재의 직업을 그만두기로 결심했다.
정답과 해설	(C) 문맥상 '그만두다(quit)'가 가장 자연스러우므로 u.137쪽 분사절 해석방법 참조
어휘	receive 받다 attractive=charming=enchanting=enticing=fascinating=winning 매력적인 offer 제안 corporation 주식회사 decide 결심하다 present job 현재의 직업 promote 승진시키다 retire 은퇴시키다 quit=give(throw) up=lay aside(down)=leave off 포기하다 lay off=let go 정리해고하다

40 Make sure to _____ your return flight/ at least 48 hours prior to the scheduled departure.

(A) get   (B) assure   (C) refund   (D) confirm

해석	반드시 돌아오는 비행기 편을 확인하세요/ 최소한 예정된 출발 48시간 전에.
정답과 해설	(D) 문맥상 '확인하다(confirm)'가 가장 자연스러우므로
어휘	make sure to=make certain to=be sure to=never fail to 반드시 ~하다 return flight 돌아오는 항공편 at least=at the least=not less than 최소한 prior to=before 이전에 scheduled departure 예정된 출발 get 구입하다 assure 확신시키다 refund 환불(반환)하다 confirm 확인하다

41 The Labor Department/ _____ / unemployment figures for this quarter/ this morning.

(A) relied   (B) related   (C) released   (D) relieved

해석	노동부는 발표했다/ 이번 4분기 실업률 수치를/ 오늘 아침에.
정답과 해설	(C) 문맥상 '발표하다(released)'가 가장 자연스러우므로
어휘	Labor Department 노동부 unemployment figures 실업률 수치 this quarter 이번 4분기 this morning 오늘 아침 rely 의존하다 relate 관련시키다 release 발표하다 relieve 경감시키다, 제거하다

42 The security guards/ were required to _____ the names of the correspondents/ attending the press conference.

(A) refer   (B) check   (C) notify   (D) ensure

해석	경비원들은 특파원들의 이름을 확인하라는 요청을 받았다/ 기자회견에 참석하는 [특파원들의 이름을]
정답과 해설	(B) 문맥상 '대조/점검하다(check)'가 들어가야 가장 자연스러우므로
어휘	security guard 경비원, 경호원 require 요구(요청)하다 correspondent 특파원 attend 참석하다 press conference 기자회견 refer 위탁(위임, 회부)하다, ~의 탓으로 돌리다 check 점검하다, 대조하다 notify=inform=advise=apprise 알리다 ensure 보증하다, 확실하게 하다

43 All section managers know// that factory accidents can be _____// if all the employees are trained with proper safety procedures.

(A) kept   (B) prevented   (C) prohibited   (D) forbidden

해석	모든 부서장들은 알고 있다// 공장사고는 예방할 수 있다는 것을// 모든 직원들이 적절한 안전수칙을 훈련 받는다면.
정답과 해설	(B) 문맥상 '사고가 예방되므로'
어휘	section manager 부서장 factory accident 공장사고 employee 직원 train 훈련하다 proper 적절한 safety procedures 안전수칙, 안전 조처 prevent 예방하다 prohibit=forbid 금지하다

44 The customers usually think// that its downtown location/ is a big _____ for the department store.

(A) benefit   (B) advantage   (C) disadvantage   (D) barrier

해석	고객들은 대개 생각한다// 시내에 위치하고 있는 것이 백화점에게는 큰 이점이라고.
정답과 해설	(B) 문맥상 '이점(advantage)'가 가장 자연스러우므로
어휘	customer 고객 usually 대개 downtown location 도심지 위치 department store 백화점 benefit 혜택, 수당 advantage 장점, 이점, 편의 disadvantage 단점 barrier 장애

45 We will take your experience into _____ // when we decide who will get the job.

(A) action   (B) step   (C) answer   (D) consideration

해석	우리는 당신의 경험을 고려하겠습니다// 누가 그 일을 맡을 것인가를 결정할 때.
정답과 해설	(D) take into account 고려하다 u.143쪽 어휘 참조
어휘	experience 경험하다 decide 결정하다 job 일, 직업 take ~into consideration=take ~into account 고려(참작)하다

46 More than $3,000 will be spent/ in expanding the _____ of our computer.

(A) balance   (B) capacity   (C) price   (D) beauty

해석	3,000 달러 이상이 소비될 것이다/ 우리 컴퓨터의 용량을 확대하는 데.
정답과 해설	(B) 문맥상 컴퓨터와 관련하여 '용량(capacity)'이 들어가야 하므로
어휘	expand 확장(확대)하다 balance 균형 capacity 용량, 능력 price 가격

47 Before repairing this appliance,/ please read the basic safety _____.

(A) predictions   (B) prescriptions   (C) precautions   (D) preparations

해석	이 기기를 수리하기 전에,/ 기본 안전 수칙을 읽어보십시오.
정답과 해설	(C) 문맥상 '안전 수칙(safety precautions)'이 가장 자연스러우므로
어휘	repair=mend=fix=do up 고치다 appliance 기기, 장비, 제품 basic 기본적인 preparation 준비 safety precautions 안전 수칙, 안전 예방 조치 prediction 예측, 예견, 예상 prescription 처방

48 Paris is proud of its fine public _____ systems/ including 13 lines of subway.

   (A) transportable   (B) transporter   (C) transported   (D) transportation

해석	파리는 그것의 멋진 대중교통 시스템을 자랑스러워한다/ 13개 노선의 지하철을 포함하여.
정답과 해설	(D) public transportation이 '대중교통'이라는 뜻이므로
어휘	be proud(vain, boastful) of=take pride in=pride(plume, flatter) oneself on 자랑하다 include=involve=incorporate=encompass=embody=embrace=contain 포함하다 subway 지하철 transportable 운송할 수 있는 transporter 운송자, 운반기, 대형트럭 transportation 운송, 수송, 교통

49 Several _____ were awarded/ to the action movie 'Gladiator'/ at last year's Academy Awards.

   (A) prizes   (B) successes   (C) triumphs   (D) conquests

해석	몇 개의 상이 주어졌다/ 액션 영화 'Gladiator(검투사)'에게/ 작년 아카데미 시상식에서.
정답과 해설	(A) 시상식에서 주어지는 것은 '상(prizes)'이므로
어휘	several 몇 개의 award 주다, 수여하다 last year 작년 Academy Awards. prize 상, 경품, 현상금, 소중히 여기다 success 성공 triumph 승리 conquest 정복, 극복

50 We will send a _____ notice/ to all policy holders/ at least two months before the expiration date.

   (A) warning   (B) reminder   (C) calender   (D) memorandum

해석	저희는 알림 통지서를 보낼 예정입니다/ 모든 보험계약자들에게/ 적어도 만기일 2달 전에.
정답과 해설	(B) 문맥상 '알림통지서(reminder notice)'가 가장 적절하므로
어휘	reminder notice 알림 통지서, 독촉장 policy holder 보험 계약자 at least=at the very least=not less than 적어도 expiration date 만기일 warning 경고 calender 달력 memorandum 비망록, 메모, 회보, 외교 각서

51 The country has gotten an excellent _____ / to cut down on its budget deficit.

   (A) popularity   (B) regularity   (C) celebrity   (D) opportunity

해석	그 나라는 절호의 기회를 얻었다/ 나라의 예산 부족을 줄일 수 있는 (절호의 기회를).
정답과 해설	(D) an excellent opportunity 절호의 기회 u.33쪽 뉘앙스 해석 참조
어휘	cut down on=decrease=diminish=lessen=reduce 줄이다 deficit 부족, 결손, 적자 budget 예산, 예산안, 경비, 가계 popularity 인기 regularity 규칙성 celebrity 유명인사

52 One of the most important _____ of the plenary session/ is to select the products adapted to foreign customers.

   (A) foundations   (B) beliefs   (C) aims   (D) reasons

해석	본 회의의 가장 중요한 목적 중 하나는/ 외국 고객들에게 적합한 제품을 선택하는 것이다.
정답과 해설	(C) 문맥상 회의의 '목적(aims)'이 되어야 하므로
어휘	plenary session 본 회의, 총회 select=choose 고르다 adapted to foreign customers 외국 고객들에게 적합한 foundation 창설, 기초, 토대 belief 믿음 aim 목적, 계획, 과녁, 표준 reason 이유 product 제품

53 The Senate/ was divided into two groups/ in the _____ of the survey result.

(A) mention   (B) resolution   (C) interpretation   (D) communication

해석	상원은 두 그룹으로 나뉘었다/ 그 조사 결과의 해석에 있어서.
정답과 해설	(C) 문맥상 '해석(interpretation)'이 들어가야 가장 자연스러우므로 u.478쪽 참조
어휘	The Senate 상원 divide 나누다 survey result 조사 결과 mention 언급하다 resolution 결심, 해결 interpretation 해석

54 The city council/ decided to plant more trees/ on the streets/ as a part of beautification

_____ .

(A) prospect   (B) project   (C) proposal   (D) system

해석	시의회는/ 더 많은 나무를 심기로 결정했다/ 도로에/ 미화작업의 일환으로.
정답과 해설	(B) 문맥상 '미화 작업(project)'이 가장 자연스러우므로
어휘	the city council 시의회 decide 결정하다 plant 심다 as a part of beautification project 미화작업의 일 환으로 prospect 전망, 조망, 예상, 기대 project 계획, 설계, 과정, 작업 proposal 제안, 결혼신청. 청혼

55 Improvements in sanitary conditions/ will have a dramatic _____ on the employees' health.

(A) influence   (B) affect   (C) instruction   (D) introduction

해석	위생 상태의 개선은/ 극적인 영향을 끼칠 것이다/ 직원들의 건강에.
정답과 해설	(A) have an influence on ~에 영향을 끼치다
어휘	improvement 개선, 향상 sanitary condition 위생 상태 dramatic 극적인, 인상적인 have an influence(impact, effect) on=affect=influence=impact ~에 영향을 끼치다 employee 직원, 종업원 health 건강 instruction 지시, 제품 사용법 introduction 소개, 도입

56 According to the new _____ schedule,// our team has to work overtime/ at least twice a week.

(A) producing   (B) product   (C) productive   (D) production

해석	새로운 생산 일정에 따라,// 우리 팀은 초과 근무를 해야 합니다/ 최소한 일주일에 두 번.
정답과 해설	(D) new라는 형용사 다음에 명사가 와야 하며 '생산(production) 일정'이 가장 자연스러우므로
어휘	according to ~에 따라 schedule 일정, 계획 work overtime 초과 근무하다 produce 생산하다 at least=at the very least=not less than 최소한 product 제품 productive 생산적인 production 생산

57 _____ between management and union/ have developed into their final stage/ after overcoming several obstacles.

(A) Arguments   (B) Negotiations   (C) Statements   (D) Investigations

해석	경영진과 노조간의 협상은/ 최종단계로 발전했다/ 몇 차례의 장애를 극복한 후에.
정답과 해설	(B) 노사간의 '협상(negotiations)'이 가장 자연스러우므로
어휘	management 관리자, 경영진 union 노동조합 develope into ~으로 발전하다 final stage 최종 단계 overcome=get(tide, prevail) over 극복하다 several 몇 번의 obstacle 장애 argument 주장 negotiation 협상 statement 진술, 성명 investigation 조사

58 The board of directors/ approved the _____/ by a large majority,// although some members were against it.

(A) advice   (B) intention   (C) indication   (D) proposal

해석	이사회는/ 그 제의를 승인했다/ 다수결로// 비록 일부 회원들이 그것을 반대했지만.
정답과 해설	(D) 문맥상 '제안/제의(proposal)'가 가장 자연스러우므로
어휘	The board of directors 이사회 approve 승인하다 by a large majority 다수결로 although=though=even though 비록 ~이지만 be against 반대하다 advice 충고 intention 의도 indication 암시, 시사, 징조, 지표 proposal 제안, 제의, 청혼

59 You are sure to greatly appreciate/ warm personal service and Greek _____ extended to you/ when you board our cruise liner.

(A) selfishness   (B) altruism   (C) cultivation   (D) hospitality

해석	당신은 틀림없이 인식할 것입니다/ 당신에게 베푸는 따뜻한 접대와 그리스인의 환대를/ 당신이 크루즈 여객선을 탑승 하시면.
정답과 해설	(D) 따뜻한 '접대와 병렬을 이루는 뜻'이므로 u.531쪽 참조
어휘	be sure(certain) to 틀림없이 ~할 것이다 appreciate 절실히 느끼다, 감사(감상, 이해, 식별, 인정, 음미)하다 personal service 손님 접대 Greek 그리스의, 그리스인의 extend 베풀다, 펼치다, 확장하다, 연장하다 board 탑승하다 cruise liner 크루즈 여객선 selfishness 이기심 altruism 이타심 cultivation 교양, 수양, 경작 hospitality 환대

60 _____ records/ will be considered one of the most important factors/ in the annual performance evaluation.

(A) Attend   (B) Attentive   (C) Attention   (D) Attendance

해석	출근 기록은/ 가장 중요한 요소 가운데 하나로 여겨지는 경향이 있다/ 연간 업무 수행 평가에 있어서.
정답과 해설	(D) attendance records 출근 기록
어휘	attendance record 출근 기록 consider=reckon=esteem=account=deem 간주하다 factor 요소, 요인 annual 일 년의, 해마다 performance evaluation 업무 수행 평가 attend 출석하다, 주의하다 attentive 주의 깊은 attention 주의, 배려 attendance 출석

61 Medical _____ in research and treatment/ are giving hope/ to those affected by a serious disease.

(A) advances   (B) indications   (C) mistakes   (D) demands

해석	연구와 치료에 있어서 의학적 발전은/ 희망을 주고 있다/ 중병에 걸린 사람들에게.
정답과 해설	(A) 문맥상 의학적 '발전(advances)'이 가장 자연스러우므로
어휘	medical advances 의학적 발달 research 연구 treatment 치료 those affected by a serious disease 중병에 걸린 사람들 affect 병에 걸리다 indication 시사, 암시, 지표, 징후 mistake 실수, 오류 demand 수요, 요구, 독촉

62 The tax auditors should do their _____/ to find out the missing money.

    (A) job   (B) better   (C) utmost   (D) most

해석	회계감사는 최선을 다해야 한다/ 없어진 돈을 찾아내기 위해서.
정답과 해설	(C) do one's utmost 최선을 다하다 u.189쪽 (1)번 참조
어휘	tax auditor 회계감사 do(try) one's utmost(best) 최선을 다하다 find out 찾아내다 missing money 없어진 돈, 사라진 돈 job 일, 직업 better 더 잘, 더 나은 most 가장, 가장 많은

63 The newly renovated sports _____/ includes an Olympic sized swimming pool/ as well as two indoor tennis courts.

    (A) complex   (B) corner   (C) complexity   (D) complication

해석	새로 개조 된 스포츠 복합단지는/ 올림픽 규모의 수영장을 포함하고 있다/ 2개의 실내 테니스장뿐만 아니라.
정답과 해설	(A) sports complex 스포츠 복합단지 u.128쪽 as well as 참조
어휘	renovate 개조하다, 원기를 회복시키다 sports complex 스포츠 단지 include=involve=incorporate=embody=embrace=contain 포함하다 sized 크기의, 규모의 B as well as A: A뿐만 아니라 B도 indoor 실내의 complexity 복잡성 complication 합병증

64 The executives came to know/ that Dr. Grisson's final reports were _____.

    (A) in error   (B) in an error   (C) in mistake   (D) by mistake

해석	이사들은 알게 되었다/ Grisson 박사의 최종 보고서가 잘못되었다는 것을.
정답과 해설	(A) in error=incorrect 잘못 된: 관용적 표현 u.382쪽 ⑬번 참조
어휘	executive 이사, 간부, 임원 come(get, learn, grow) to ~하게 되다 in mistake 오인 받아서 by mistake=mistakenly 실수로

65 The computer had been switched off/ _____.

    (A) in error   (B) in an error   (C) in mistake   (D) for mistake

해석	컴퓨터가 의도치 않게 꺼져버렸다.
정답과 해설	(A) in error=not deliberately 의도치 않게 u.478쪽 과거완료 수동태형 참조
어휘	switch(turn) off 끄다 ↔ switch(turn) on 켜다

66 I think I entered the information twice _____.

    (A) by mistake   (B) by a mistake   (C) by the mistake   (D) in an error

해석	제가 실수로 정보를 두 번 입력한 것 같아요.
정답과 해설	(A) by mistake 실수로 u.382쪽 ⑬번 참조
어휘	enter 입력하다 information 정보 twice 두 번 by mistake=mistakenly=in error 실수로

67 Apart from making strategies about company policies,// the new executive director had to give _____ to the employees.

(A) courage   (B) encourage   (C) encouraging   (D) encouragement

해석	회사 정책에 관한 전략을 수립하는 것 외에도// 그 새 임원은 직원들을 격려해야 했다.
정답과 해설	(D) 동사 다음에 목적어로서 명사가 와야 하며 'give encouragement to ~을 격려하다'의 뜻이므로
어휘	apart from=aside from=in addition to=besides ~이 외에도, ~뿐만 아니라 make a strategy 전략을 세우다 company policy 회사 정책 executive director 임원, 이사 employee 직원, 종업원 courage 용기 encourage=stimulate 격려하다 encouragement 격려

68 Engineers should be aware// that the _____ of their work/ depends on the thorough understanding of the manufacturing process.

(A) effect   (B) effective   (C) effectiveness   (D) efficient

해석	기술자들은 알아야 한다// 작업의 효과(효율성)는/ 제조 과정의 철저한 이해에 달려있다는 것을.
정답과 해설	(C) 주어자리로서 명사가 오며, 문맥상 '효과/효율성(effectiveness)'이 가장 적절하므로 78쪽 참조
어휘	engineer 기술자, 기사 should ~해야 한다 be aware(cognizant) ~을 알다 depend(rely, count, rest, hinge, figure) on ~에 달려있다 effect 영향 effective 효과적인 effectiveness 효율성 efficient 능률적인 thorough 철저한 manufacturing process 제조과정

69 An _____ is an individual or institution// that offers wages or a salary to the workers/ in exchange for the worker's work or labor.

(A) employer   (B) employee   (C) employing   (D) employment

해석	고용주는 개인 또는 기관이다// 근로자에게 임금이나 봉급을 제공하는/ 근로자의 일이나 노동의 대가로.
정답과 해설	(A) '고용주(employer)'에 대한 설명이므로
어휘	individual 개인 institution 기관 offer 제공하다 wage 임금 salary 봉급 in exchange(indemnity, return, reward, repayment, payment, recompense) for ~의 대가로 labor 노동 employer 고용주 employee 종업원, 피고용인 employ 고용하다 employment 고용, 채용

70 An _____ is an individual who works part-time or full-time/ under a contract of employment,/ whether oral or written.

(A) employer   (B) employee   (C) employing   (D) employment

해석	피고용인(직원)은 시간제나 전임제로 근무하는 개인이다/ 고용계약 하에서/ 구두이든 서면이든 (상관없이).
정답과 해설	(B) '피고용인(employee)'에 대한 설명이므로 u.59쪽 H번 해석방법 참조
어휘	individual 개인 work part-time or full-time 시간제나 전임제로 근무하다 contract of employment 고용계약 whether oral or written 구두이든 서면이든 (상관없이) employer 고용주, 사용자 employee 종업원, 피고용인 employment 고용, 사용, 직업, 일자리

71 Meetings are held/ to update employees/ whenever new information become _____.

(A) approachable   (B) available   (C) permissible   (D) considerable

해석	회의는 열린다/ 직원들에게 알리기 위해서/ 새로운 정보를 입수될 때마다.
정답과 해설	(B) become available 입수되다, 이용할 수 있게 되다 u.288쪽 (3)번 참조
어휘	be held 열리다 update 최신 소식을 알리다 employee 직원 whenever=everytime=as often as~할 때마다 available 입수 가능한, 이용할 수 있는 approachable 접근할 수 있는 permissible 허용할 수 있는 considerable=substantial 상당한

72 Modern equipped gymnasium/ is _____ to all the guests/ free of charge.

(A) approachable   (B) available   (C) permissible   (D) considerable

해석	현대적인 시설을 갖춘 체육관을/ 모든 손님들이 이용할 수 있습니다/ 무료로
정답과 해설	(B) A is available to B: A를 B가 이용할 수 있다 u.288쪽 (3)번 참조
어휘	approachable 접근할 수 있는 permissible 허용할 수 있는 considerable=substantial 상당한 free of charge(cost)=for free=without charge(payment, cost)=at no cost=cost-free 공짜로

73 Business class is sold out,// but there are still a few seats _____ in first class.

(A) available   (B) capable   (C) liable   (D) occupied

해석	비즈니스 클래스는 매진되었지만,// 일등석에는 아직 구할 수 있는 좌석이 몇 개 남아 있습니다.
정답과 해설	(A) 문맥상 '구할 수 있는(available)'이 들어가야 가장 자연스러우므로 u.288쪽 (3)번 참조
어휘	be sold out 매진되다 still 아직도 a few 몇 개의 seat 좌석 available 구할 수 있는, 이용 가능한 capable 능력 있는 liable 책임을 져야하는 occupied 점령된, 차지된

74 In _____ to offer our guests the finest in facilities,// we plan to build a modern well-equipped fitness center.

(A) an effect   (B) an effort   (C) an order   (D) a trial

해석	고객들에게 최고의 시설을 제공하기 위해서// 우리는 현대적인 시설을 갖춘 피트니스 센터(헬스클럽)를 건설 할 계획입니다.
정답과 해설	(B) in an effort(attempt) to ~하기 위해서: 관용적인 표현
어휘	offer 제공하다 guest 고객, 손님 the finest 최고의 facility 시설 plan to ~할 계획이다 build 건설하다 modern 현대적인 well-equipped 시설을 잘 갖춘 fitness center 헬스클럽

75 I reminded my aunt/ to _____ the fantastic paintings on the ceiling of King Louis XIV's chamber.

(A) inform   (B) notify   (C) notice   (D) assure

해석	나는 숙모에게 일깨워 주었다/ 루이 14세의 방 천장에 있는 환상적인 그림을 눈여겨보라고.
정답과 해설	(C) 문맥상 '눈여겨보다(notice)'가 들어가야 가장 자연스러우므로
어휘	remind 상기시키다 aunt 숙모, 고모, 이모 fantastic 환상적인 ceiling 천장 chamber 방, 응접실 inform=notify=advise=apprise 알리다 notice=pay(give) attention(heed) to 주목하다, 눈여겨보다 assure=convince=persuade 확신시키다

76 Financial advisors at Bishop Investment/ give _____ suggestions/ for saving money and planning budgets in everyday life.

(A) constructive　　(B) instructive　　(C) destructive　　(D) corruptive

해석	Bishop Investment의 재정 고문은/ 건설적인 제안을 한다/ 돈을 저축하고 일상생활에서 예산을 세우기 위한 (제안을).
정답과 해설	(A) 문맥상 '건설적인(constructive)'가 들어가야 가장 자연스러우므로
어휘	financial advisor 재정 고문, 재무 고문 investment 투자 suggestion 제안 save 저축(절약)하다 plan 계획하다 budget 예산 everyday life=daily life 일상생활

77 The employees and the members of their immediate families/ are not _____ for the prize sweepstakes.

(A) eligible　　(B) allowable　　(C) reliable　　(D) dependable

해석	직원과 직계 가족 구성원들은/ 경품 행사에 참가할 자격이 없다.
정답과 해설	(A) be eligible for ~에 대한 자격이 있다
어휘	employee 직원 immediate family 직계 가족 prize sweepstakes 경품 행사 allowable 허용할 수 있는 reliable=dependable 믿음직한, 믿을만한, 신빙성 있는

78 To be _____ for the store associate position,// applicants are required to hold a high school diploma and list three professional references.

(A) considerable　　(B) conceivable　　(C) eligible　　(D) capable

해석	매장 직원 직책 자격을 갖추려면,// 지원자는 고등학교 졸업장을 보유하고 세 명의 추천인을 기재해야합니다.
정답과 해설	(C) be eligible for ~에 대한 자격을 갖추다
어휘	store associate 매장 직원 position 직책 applicant 지원자 be required to ~해야 한다 hold=retain=possess 보유하다 diploma 졸업장 list 기재(열거)하다 professional reference 추천인, 추천장 considerable 상당한 conceivable 상상할 수 있는 be eligible(qualified) for ~에 대한 자격을 갖추다

79 Two _____ tickets to Broadway theaters will be provided/ for the students who enroll in the class through the internet this week.

(A) obligatory　　(B) mandatory　　(C) complementary　　(D) complimentary

해석	브로드웨이 극장 무료입장권 2장이 제공될 것입니다/ 이번 주 인터넷을 통해 수강신청을 하는 학생들에게.
정답과 해설	(D) 문맥상 '무료의(complimentary)'가 들어가야 가장 자연스러우므로
어휘	theater 극장 provide 제공하다 enroll in the class 수강신청하다 obligatory=compulsory=mandatory 의무적인 complementary=supplementary 보충하는 complimentary=free 무료의, 칭찬하는, 아첨하는

80 _____ / is an active way of discussing the objectives, strategies, and tasks that we need to accomplish.

(A) A plan   (B) Planning   (C) A strategy   (D) Work

해석	기획이란/ 우리가 성취해야 할 목표, 전략 및 과제에 대해 토론하는 적극적인 방법이다.
정답과 해설	(B) planning(기획)에 대한 설명이므로
어휘	active 적극적인 discuss=talk about=talk over 토론하다 objective 목표 strategy 전략 task 과제, 과업 accomplish=achieve=attain=fulfill 성취하다 plan 계획 planning 기획 strategy 전략

81 About three hundred employees/ have accepted/ voluntary severance packages and _____ retirement offers.

(A) early   (B) fast   (C) quick   (D) mature

해석	약 300명의 직원들이/ 받아들였다/ 자발적인 퇴직금과 조기 퇴직 제안을.
정답과 해설	(A) early retirement 조기 퇴직, 명예퇴직
어휘	about=around=approximately=some=roughly=or so 대략 employee 직원 accept 받아들이다 voluntary 자발적인 retirement 은퇴 severance packages 퇴직금 offer 제안, 제공 early 조기의, 시기가 이른 fast=quick 동작이 빠른 mature 성숙한, 심사숙고한

82 If the loyalty payment is _____,// you will have to pay some interest on the outstanding balance.

(A) overdue   (B) quick   (C) sluggish   (D) prompt

해석	로열티 지급이 연체되면,// 미결제 잔액에 대해 약간의 이자를 지불해야 할 것입니다.
정답과 해설	(A) 주절에 '이자를 지불해야 한다'는 내용이 나왔으므로, 조건 절은 '연체되면'이 되어야 자연스럽죠.
어휘	payment 지급 interest 이자 outstanding balance 미결제 잔액, 미지불 잔고, 체납액 overdue 기한이 지난, 연체된 quick=prompt 신속한 sluggish 게으른, 동작이 느린

83 The passengers were advised/ to _____ a long delay.

(A) wait   (B) accept   (C) except   (D) expect

해석	승객들은 통보를 받았다/ 긴 연착을 각오하고 있으라는.
정답과 해설	(D) 문맥상 '각오하다(expect)'가 가장 자연스러우므로
어휘	passenger 승객 advise 통지(통보, 충고, 조언)하다 delay 연착, 지연 accept 수락하다 except 제외하고 expect (안 좋은 일을) 각오하다, 예상하다, 기대하다, 기다리다 wait 기다리다

84 We _____ / that space travel is not an impossible dream.

(A) thank   (B) thankful   (C) grateful   (D) appreciate

해석	우리는 인식하고 있다/ 우주여행이 불가능한 꿈이 아님을.
정답과 해설	(D) 동사 자리이면서 문맥상 '인식하다(appreciate)'가 더 자연스러우므로
어휘	space travel 우주여행 impossible dream 불가능한 꿈 thank 감사하다 thankful=grateful 감사하는 appreciate 인식하다, 이해하다, 인정하다, 감사하다, 감상하다, 음미하다

85 A side _____ of globalization/ is environmental pollution.

(A) effect   (B) affect   (C) result   (D) factor

해석	세계화의 부작용은/ 환경오염이다.
정답과 해설	(A) a side effect 부작용
어휘	side effect 부작용 globalization 세계화, 국제화 environmental pollution 환경오염
	affect=have an effect(impact, influence) on ~에 영향을 끼치다 result=outcome 결과 factor 요인

86 People are unwilling to express/ how they _____/ about the new corporate policy.

(A) feel   (B) say   (C) work   (D) think

해석	사람들은 표현하기를 꺼려한다/ 그들이 새로운 회사 정책에 대해서 어떻게 생각하는지를.
정답과 해설	(A) ~에 대해 어떻게 생각하세요?=How do you feel about ~? u.56쪽 참조 간접의문문의 어순
어휘	be unwilling(reluctant) to ~하기를 꺼리다 corporate policy 회사정책

87 The new manager/ made a good _____/ on his staff.

(A) idea   (B) feeling   (C) expression   (D) impression

해석	새로 온 부장은/ 좋은 인상을 주었다/ 직원들에게.
정답과 해설	(D) make a good impression on ~에게 좋은 인상을 주다
어휘	staff 직원 feeling 감정 expression 표현, 표정

88 The on-campus stationery/ is entirely run by students/ under the _____ of a few faculty members.

(A) attendance   (B) sight   (C) provision   (D) supervision

해석	캠퍼스내의 문구점은/ 전적으로 학생들에 의해 운영된다/ 몇몇 교직원들의 관리 하에서.
정답과 해설	(D) under the supervision of ~의 감독(관리) 하에 u.478쪽 참조
어휘	on-campus 캠퍼스 내의, 교내의 stationery 문구점
	entirely 전적으로 run=operate 운영하다 a few 몇 명의 faculty 교직원, 교수진
	attendance 출석, 참석, 시중 sight 시력, 시야, 견해, 조망 provision 준비, 공급, 조항

89 NeonHorizon is a small friendly web design company/ based in Milton Keynes,// which specializes in clear and _____ web sites for small businesses.

(A) grade   (B) feet   (C) pertinent   (D) spot

해석	NeonHorizon은 소규모의 친근한 웹디자인 회사이다/ Milton Keynes에 기반을 두고 있는// 그리고 그 회사는 소규모 기업을 위해 산뜻하고도 적합한 웹사이트를 전문으로 하고 있다.
정답과 해설	(C) web sites를 꾸며주는 형용사자리이면서, clear와 병렬을 이루므로 u.531쪽과 261쪽 어휘 suitable 참조
어휘	company 회사 base ~에 기지를 두다, ~에 근거를 두다
	specialize in 전문으로 하다 clear 산뜻한, 명료한 small businesses 소규모 기업들 spot 지점, 발견하다
	pertinent=relevant=suitable=fit=adequate=befitting=proper=to the point(purpose) 적적할, 적합한

90 Our agency/ is _____ with the responsibility of gathering all pertinent information.

(A) appointed   (B) hired   (C) obligated   (D) charged

해석	우리 대행사가/ 관련된 모든 정보를 수집하는 책임을 지고 있다.
정답과 해설	(D) be charged with 책임지다 u.412쪽 어휘 참조
어휘	agency 대행사 be charged with=be responsible for=account for 책임지다 responsibility 책임 gather=collect 모으다 pertinent=relevant=proper 관련된 information 정보 appoint 임명하다 hire=employ 고용하다 obligate ~에게 의무를 지우다

91 A generation ago,/ no one could have predicted// that the Internet would be as _____ as they are today.

(A) late   (B) continuous   (C) prevalent   (D) incessant

해석	1세대 전에는/ 아무도 예상하지 못했을 것이다// 인터넷이 오늘날처럼 널리 퍼질 것이라고.
정답과 해설	(C) 문맥상 '널리 퍼진(prevalent)'이 들어가야 하므로 u.258쪽 [26]번 해석방법 참조
어휘	generation 세대 predict 예상하다 recent 최근의 continuous=constant=incessant 계속적인 prevalent=current=omnipresent=prevailing=pervading=pervasive=rampant=ubiquitous=widespread 널리 퍼진, 보편화 된

92 The company/ always sends invoices _____/ from the book orders// unless requested otherwise by the buyer.

(A) jointly   (B) separately   (C) diversely   (D) partially

해석	그 회사는/ 항상 물품 계산서를 따로따로(분리해서) 보낸다// 장부에 있는 주문을 보고// 구매자가 달리 요청하지 않는 한.
정답과 해설	(B) 문맥상 '따로따로(separately)'가 가장 자연스러우므로
어휘	invoice 송장, 물품 계산서 book orders 장부에 있는 주문들 request 요청하다 otherwise 달리 jointly 공동으로, 연합하여 separately 따로따로, 분리해서 diversely 다양하게 partially 부분적으로, 불공평하게 invoice=a list of things provided or work done together with their cost, for payment at a later time 송장, 물품 계산서, 물품 명세서

93 Since the agreement has been _____ approved,// the employees should be ready to resume their work.

(A) extremely   (B) finally   (C) highly   (D) considerably

해석	마침내 계약이 승인 되었으므로,// 직원들은 자신의 업무를 재개 할 준비를 해야 한다.
정답과 해설	(B) 문맥상 '마침내(finally)'가 들어가야 가장 자연스러우므로 u.393쪽 ⑪번 참조
어휘	agreement 계약 approve 승인하다 employee 직원 be ready to ~할 준비를 하다 resume 재개하다 extremely 매우, 극도로 highly 무척, 대단히 considerably 상당히 finally=ultimately=eventually=at last(length)=in the end(ultimate, event) 마침내

94 A _____ helmet, such as a bicycle helmet or construction helmet,// is designed to protect the head from accidental injury.

(A) save   (B) safe   (C) saving   (D) safety

해석	자전거 헬멧이나 건설 헬멧과 같은 안전모는// 우발적인 부상으로부터 머리를 보호하기 위해 설계되어있다.
정답과 해설	(D) safety helmet 안전을 위한 모자, 안전모
어휘	such as ~같은 bicycle 자전거 construction 건설 design 설계하다 protect 보호하다 accidental 우발적인, 우연한 injury 부상, 상처 save 구하다, 저축하다 safe 안전한 saving 절약, 절약하는 safety 안전

95 For your convenience,// we provide one hour laundry service/ at _____ prices.

(A) reasonable   (B) cheaply   (C) accountable   (D) stubborn

해석	당신의 편의를 위해,// 우리는 1시간 동안 세탁 서비스를 제공해 드립니다/ 합리적인 가격에.
정답과 해설	(A) 명사 앞에 나오는 형용사 자리이면서 '합리적인(reasonable)' 가격이 가장 자연스러우므로
어휘	convenience 편의, 편리 provide 제공하다 laundry 세탁, 세탁물 reasonable 합리적인, 적당한 cheaply 싸게 accountable 책임 있는, 설명할 수 있는 stubborn=obstinate=bigoted 고집 센, 완고한

96 Be sure to listen to the _____ side of the tape also// because it contains a lot of wonderful songs.

(A) reflex   (B) reflected   (C) reverse   (D) retired

해석	테이프의 뒷면도 꼭 들어봐.// 많은 멋진 노래가 들어 있거든.
정답과 해설	(C) reverse side 뒷면, 이면, 반대쪽
어휘	be sure to=never fail to 꼭~하다 contain=comprise=include 포함하다 a lot of=lots of=plenty of 많은 reflex 반사, 반사의 반전시키다 reflect 반사하다, 반영하다, 숙고하다 retire 은퇴하다, 은퇴시키다

97 The air fares and schedules listed in this booklet// are _____ to change without prior notice.

(A) subject   (B) subjective   (C) subjection   (D) subjecting

해석	이 책자에 수록된 항공 요금 및 일정은// 사전 통보 없이 변경 될 수 있습니다.
정답과 해설	(A) be subject to change 변경될 수 있다. u.557쪽 (4)번 해석방법 참조
어휘	air fare 항공료 list 수록(나열)하다 booklet 소책자 be subject(susceptible) to ~에 민감하다 without prior notice 사전 통보 없이 subject 복종시키다, 당하게 하다 subjective 주관적인 subjection 복종, 종속

98 John Smith, graphic designer of HP Textiles,/ was awarded the grand prize/ because of his fresh and _____ ideas.

(A) innate   (B) inoperative   (C) innovative   (D) inordinate

해석	HP Textiles(섬유회사)의 그래픽 디자이너인 John Smith는/ 대상을 수상했다/ 그의 신선하고 혁신적인 아이디어로 인해.
정답과 해설	(C) 문맥상 '혁신적인(innovative)'가 들어가야 가장 자연스러우므로
어휘	graphic 삽화 award 수여하다 grand prize 대상 fresh 신선한 innovative 혁신적인 innate 선천적인 because of=owing(due) to=on account of ~때문에 inoperative 작용하고 있지 inordinate 터무니없는

99 A recent report shows// that there is a _____ shortage of skilled web designers/ in many computer-related industry.

   (A) influential   (B) consequential   (C) essential   (D) substantial

해석	최근의 보고서에 따르면// 숙련된 웹 디자이너가 크게 부족하다/ 많은 컴퓨터 관련 업계에서.
정답과 해설	(D) 문맥상 '상당한(substantial)'이 들어가야 가장 자연스러우므로
어휘	recent 최근의 report 보고서 shortage 부족 skilled 숙련된 computer-related industry 컴퓨터 관련 업계 influential 영향력 있는 consequential 중요한 essential 필수적인 substantial=considerable 상당한, 꽤 많은, 실질적인

100 Please be sure to fasten your _____ belts/ prior to takeoff and landing.

   (A) save   (B) safe   (C) safety   (D) safeness

해석	반드시 안전벨트를 착용해주세요/ 이착륙 전에는
정답과 해설	(C) safety belt 안전벨트
어휘	be sure to=make sure to 반드시 ～하다 fasten 매다 safety belt 안전벨트 prior to takeoff and landing 이착륙 전에

101 The survey showed// that consumer concern about the economy/ was the _____ biggest factor affecting the building business in 1993.

   (A) merely   (B) separate   (C) single   (D) solely

해석	설문 조사에 따르면// 경제에 대한 소비자의 우려가/ 1993년 건축 사업에 영향을 미친 단일 최대의 요인이었다.
정답과 해설	(C) the single biggest/greatest/largest/most 단일 최대의
어휘	survey 조사 show 보여주다 consumer 소비자 concern 우려 economy 경제 factor 요인 merely=solely 단지 separate 분리된, 따로 있는, 분리하다 affect=influence=impact=have(exert) an effect(impact, influence) on ～에 영향을 끼치다

102 Korea's major commercial banks/ posted record operating profits/ this _____ year.

   (A) local   (B) fiscal   (C) historic   (D) historical

해석	한국의 주요 시중은행들은/ 기록적인 영업 이익(사상 최대의 영업 이익)을 올렸다/ 올해 회계연도에.
정답과 해설	(B) 문맥상 '회계연도(fiscal year)'가 가장 자연스러우므로
어휘	major 주요한 commercial bank 시중(상업)은행 post record operating profit 기록적인(사상 최대의) 영업 이익을 올리다 fiscal year=financial year 회계연도(국가나 지방자치단체의 세입 · 세출을 구분하기 위하여 설정되는 일정한 기간)

103 Those who want to look around this assembly line/ should wear _____ equipment.

   (A) protecting   (B) protective   (C) protect   (D) protected

해석	이 조립 라인을 둘러보고 싶은 사람들은/ 보호 장비를 착용해야 합니다.
정답과 해설	(B) '보호해주는'의 뜻을 가진 형용사로서 protective equipment는 '보호 장비' * a protective vest 방탄조끼
어휘	those who ～한 사람들 look around 둘러보다, 구경하다 assembly line 조립 라인, 생산 라인 wear-wore-worn 착용하다 protect 보호하다

104 I _____ recommend// that you use audio visual equipment/ to make a better presentation in the upcoming conference.

(A) sternly　　　　(B) strongly　　　　(C) strictly　　　　(D) stringently

해석	나는 강력히 권장합니다// 당신이 시청각 장비를 사용할 것을/ 다가오는 회의에서 더 나은 발표를 하기 위해서.
정답과 해설	(B) 동사를 수식하는 부사로서 문맥상 '강력히(strongly)'가 들어가야 가장 자연스러우므로 u.384쪽 참조
어휘	recommend 권장(추천)하다 audio visual equipment 시청각 장비 make a presentation 발표하다 upcoming 다가오는 conference 회의 sternly=strictly 엄격히 stringently 엄중히, 설득력 있게, 절박하게

105 The employees were very _____ / to learn more about the new product.

(A) interested　　　　(B) motivated　　　　(C) converted　　　　(D) bored

해석	직원들은/ 매우 의욕에 넘쳤다/ 그 신제품에 대해 더 많은 것을 알기 위해.
정답과 해설	(B) 문맥상 '의욕이 넘치는, 열의가 있는(motivated)'이 들어가야 가장 자연스러우므로
어휘	employee 직원 product 제품 be interested in ~ing ~에 관심이 있다 convert=change 바꾸다 bore 지루하게 만들다

106 The board of directors/ was _____ into two groups about the conference agenda.

(A) devised　　　　(B) decided　　　　(C) designed　　　　(D) divided

해석	이사회는/ 두 그룹으로 나누어졌다/ 회의 의제에 대해.
정답과 해설	(D) 문맥상 '나누어지다(be divided)'가 가장 자연스러우므로
어휘	the board of directors 이사회 divide 나누다 conference 회의 agenda 의제 devise 고안하다 decide 결심하다

107 Despite experiencing many challenges,// the company made _____ overall showing.

(A) good　　　　(B) a good　　　　(C) an good　　　　(D) the good

해석	많은 난제들을 겪었음에도 불구하고,// 그 회사는 전체적으로 좋은 성과를 거두었다.
정답과 해설	(B) make a good showing 좋은 성과를 거두다
어휘	despite=in spite of ~에도 불구하고 experience=go(pass) through=undergo=suffer 겪다, 경험하다 challenge 난제, 도전 company 회사 make a good(poor) showing 좋은(나쁜) 성과를 거두다, 외관이 좋다(나쁘다) overall 전체(종합)적인

108 The franchisees must pay for _____ of any kind to the rental equipment.

(A) repair　　　　(B) repairs　　　　(C) repairing　　　　(D) repaired

해석	가맹점들은 임대장비에 대한 어떤 종류의 수리비라도 지불해야 한다.
정답과 해설	(B) 전치사 for다음에 명사가 오며 문맥상 '수리비(repairs)'가 들어가야 가장 자연스러우므로
어휘	franchisee 가맹점 must ~해야 한다 pay 지불하다 of any kind 어떤 종류라도, 모든 종류의 rental equipment 임대장비 repair=mend=fix up=do up 수리하다, 수리 repairs 수리비, 수선비

109 The state government/ has subsidized the institute's _____ project/ for more than four years.

(A) research   (B) researcher   (C) researching   (D) researchment

해석	주 정부는/ 그 연구소의 연구 프로젝트에 보조금을 지급해왔다/ 4년이 넘도록.
정답과 해설	(A) 복합명사로서 '연구 프로젝트(research project)'가 가장 자연스러우므로
어휘	state government 주정부 subsidize 보조금(장려금)을 주다 institute 연구소, 학원, 협회 for more than four years 4년이 넘도록 research 연구, 연구하다 researcher 연구가

110 Notwithstanding the special coverage of the press,// the charity event ended up collecting a _____ small amount of money.

(A) recently   (B) biologically   (C) agriculturally   (D) relatively

해석	언론의 특별 보도에도 불구하고,// 자선행사는 결국 비교적 적은 액수의 돈을 모았다.
정답과 해설	(D) 형용사를 꾸며주는 부사자리이면서 동시에 '비교적'이 들어가야 가장 자연스러우므로 u.384/69쪽 참조
어휘	notwithstanding=in spite(despite, defiance) of=with(for) all=in the face(teeth) of ~에도 불구하고 special 특별한 coverage 취재, 보도 the press 언론 charity event 자선행사 end up~ing 결국 ~하게 되다 collect 모으다 relatively 비교적 a small amount of 소액의, 소량의 recently=lately=of late 최근에 biologically 생물학적으로 agriculturally 농업적으로

111 Shipping expenses/ are _____ reimbursed by the Accounting Department.

(A) usually   (B) uselessly   (C) utility   (D) untimely

해석	운송비는/ 대개 회계부에 의해 상환된다.
정답과 해설	(A) reimbursed를 꾸며주는 부사가 와야 하며, 문맥상 '대개(usually)'가 가장 자연스러우므로 u.388쪽 (4)번 참조
어휘	shipping expenses 운송비 reimburse 갚다, 상환하다, 변제하다 the Accounting Department 회계부 usually 대개, 통상, 보통 uselessly 쓸데없이, 헛되이 utility 유용성, 시설 untimely 철이 아닌, 시기상조의, 미숙의

112 This movie is _____ enjoyed by the young and the old// because the plot is good and the acting is real.

(A) equally   (B) quickly   (C) leisurely   (D) naturally

해석	이 영화는 젊은이와 노인이 똑같이 즐긴다// 줄거리가 좋고 연기가 사실적이기 때문에.
정답과 해설	(A) 문맥상 '똑같이(equally)'가 가장 자연스러우므로 u.128쪽 참조
어휘	movie 영화 the young=young people 젊은이들 the old=old people 노인들 plot 줄거리, 구정 acting 연기 real 사실적인 equally 똑같이 quickly 신속하게 leisurely 느긋하게 naturally 자연스럽게

113 _____,/ advertising agencies are willing to mark down their estimates/ to attract more retail outlets.

(A) Accordingly   (B) Consequently   (C) Increasingly   (D) Previously

해석	점차적으로/ 광고 대행사들은 그들의 견적을 기꺼이 인하하고 있다/ 더 많은 소매점을 유치하기 위해.
정답과 해설	(C) 문맥상 '점차/점진적으로(Increasingly)'가 가장 자연스러우므로 u.393쪽 참조
어휘	advertising agency 광고 대행사 be willing(glad, happy, ready) to 기꺼이 ~하다 mark down 인하하다 estimate 견적, 평가 attract 끌어들이다, 유치하다 retail outlet 소매점 accordingly=consequently=as a result(consequence) 따라서 increasingly 점차 previously 전에는

114 Kohler Brand's _____ is that all payments must be made in American dollars.

(A) adoption   (B) exhibit   (C) regard   (D) policy

해석	Kohler 브랜드의 경영방침은/ 모든 지불은 미국 달러로 이뤄져야 한다는 것이다.
정답과 해설	(D) 문맥상 '경영방침(policy)'이 가장 자연스러우므로
어휘	payment 지불 adoption 채택, 입양 exhibit 전시하다, 전시회 regard 간주하다, 존중하다 policy 경영방침, 정책, 방책

115 Companies cannot share personal information as to their customers/ without customers' _____.

(A) consent   (B) assistance   (C) interference   (D) awareness

해석	회사는 고객에 대한 개인 정보를 공유할 수 없다/ 고객의 동의 없이.
정답과 해설	(A) 문맥상 '동의(consent)'가 들어가야 가장 자연스러우므로
어휘	share 공유하다 personal information 개인 정보 as to=about=concerning=regarding=respecting ~에 관하여 customer 고객 consent 동의 assistance 도움, 원조 interference 참견, 방해 awareness 의식, 자각, 경계

116 In order to manage the production time and ensure adequate component supply,// the corporation regularly enters into _____ with contract suppliers.

(A) effects   (B) outcomes   (C) journeys   (D) agreements

해석	생산 시간을 관리하고 충분한 부품 공급을 확보하기 위해.// 그 회사는 정기적으로 계약 공급 업체들과 계약을 체결합니다.
정답과 해설	(D) enter into agreements with ~와 계약을 체결하다. 협정을 맺다
어휘	in order to=so as to=with intent to=with a view to ~ing: ~하기 위하여 manage 관리하다 production 생산, 제작 ensure 확보하다, 보장하다, 보증하다 adequate=abundant=affluent=bounteous=bountiful=plentiful=sufficient 충분한 component supply 부품 공급 corporation 회사, 법인 regularly 정기적으로, 규칙적으로 contract 계약 supplier 공급업체 effect 효과, 영향, 결과 outcome=result 결과 journey 여행

117 If you are not fully satisfied with your purchase,// simply return it to us/ for an immediate _____ or refund.

    (A) receipt   (B) bargain   (C) complaint   (D) replacement

해석	만약 구매하신 물건에 대해 충분히 만족하지 않는다면,// 그냥 저희에게 반환하세요./ 즉각적인 교환이나 환불을 위해.
정답과 해설	(D) 문맥상 '교환(replacement)'이 들어가야 가장 자연스러우므로
어휘	fully 충분히, 완전히 be satisfied with 만족하다 purchase 구매, 구매품 simply 그냥, 단순히 return 반환하다 immediate 즉각적인 refund 환불 receipt 영수증 bargain 매매, 싼 물건 complaint 불평 replacement 교환, 대체, 교체

118 In order to increase overall customer _____,// the department store allowed returns and exchanges of purchases/ for up to 30 days.

    (A) delight   (B) pleasure   (C) relaxation   (D) satisfaction

해석	전반적인 고객 만족도를 높이기 위해,// 그 백화점은 구매물건의 반품과 교환을 허용했다/ 최대 30일 동안.
정답과 해설	(D) 문맥상 '만족도(satisfaction)'가 들어가야 가장 자연스러우므로
어휘	in order to=for the purpose(sake, benefit, advantage, profit) of ~ing: ~하기 위하여 increase 증가시키다, 높이다 overall 전반적인, 전체적인 customer satisfaction 고객 만족도 department store 백화점 allow 허용하다 return 반품 exchange 교환 purchase 구매, 구매 물건 for up to 30 days 최대 30일 동안 delight=pleasure 기쁨 relaxation 여가, 휴양

119 He said/ he _____ that profits would rise steadily/ over the next three years.

    (A) assumed   (B) assembled   (C) assigned   (D) attempted

해석	그는 말했다/ 수익이 꾸준히 증가할 것으로 추정한다고/ 앞으로 3년 동안.
정답과 해설	(A) 문맥상 '추정하다(assumed)'가 가장 자연스러우므로
어휘	profit 수익, 이익, 이윤 rise-rose-risen 오르다 steadily 꾸준히 over the next three years 앞으로 3년 동안 assume 추정(생각, 가장)하다 assemble=put together 조립하다, 모으다 assign 배당(할당)하다 attempt 시도하다

120 Mr. Baker was asked/ to make duplicates of the _____ documents.

    (A) alike   (B) relevant   (C) contained   (D) respecting

해석	베이커 씨는 요청을 받았다/ 관련 서류를 복제하라는 (요청을).
정답과 해설	(B) 문맥상 '관련된(relevant)'가 가장 자연스러우므로
어휘	ask 요청하다 make duplicates of=duplicate 복제하다 document 문서 alike 똑같은 relevant=related 관련된 contained=composed=self-possessed 억제(자제)하는, 침착한 respecting=regarding=concerning=as respects(regards, concerns)=as to ~에 관하여

121 E4u Education announced the second _____ of its restructuring process,// which was to reestablish the company's business objectives.

(A) speed   (B) phase   (C) extent   (D) setting

해석	E4u Education은 구조 조정 과정의 2단계를 발표했는데,// 그것은 회사의 사업목표를 다시 확립하는 것이었다.
정답과 해설	(B) 문맥상 '단계(phase)'가 가장 자연스러우므로
어휘	education 교육 announce 발표하다 restructuring 구조 조정 process 과정 reestablish 다시 확립하다 objective 목표 phase 단계, 국면 extent=degree 정도 setting 설정, 환경, 무대 장치

122 Those who circumvent safety directives on purpose/ will be _____ reprimanded/ and are subject to termination.

(A) secretly   (B) severely   (C) securely   (D) sincerely

해석	고의로 안전 지침을 회피하는 자들은/ 중징계를 받게 될 것이며/ 계약해지를 당하게 된다.
정답과 해설	(B) 문맥상 '심하게(severely)'가 가장 자연스러우므로
어휘	those who ~한 사람들 circumvent 회피하다 safety directives 안전 지침 secretly=in secret 은밀히 on purpose=purposely=by intention=intentionally=by design=designedly=deliberately=willfully =wittingly=knowingly 고의로 severely 심하게 reprimand=rebuke=reproach=scold 견책(질책)하다 be subject to termination 계약해지를 당하다 securely 안전하게 sincerely 충심(진심)으로

123 Johnson is working _____ home,/ performing the same functions that he would otherwise be doing in the office.

(A) from   (B) for   (C) into   (D) to

해석	존슨은 (회사 업무를) 집에서 일하면서,/ 그렇지 않으면 사무실에서 하고 있을 바로 그 임무를 수행하고 있다.
정답과 해설	(A) work from home 회사 일을 집에서 하다: 관용적인 표현이므로 암기하셔야 합니다.
어휘	perform=implement=carry out=carry though 수행하다 function 업무 the same ~ that 바로 그 otherwise 그렇지 않으면

124 The company thanked its clients/ for being so _____/ during the period of its renovation.

(A) understand   (B) understanding   (C) understandable   (D) understandably

해석	그 회사는 고객들에게 감사했다/ 대단히 이해를 많이 해 준 것에 대해서/ 개보수 기간 동안.
정답과 해설	(B) understanding은 '이해심이 많은'의 뜻을 가진 형용사입니다.
어휘	company 회사 thank 감사하다 client 고객 during 동안에 period 기간 renovation 개보수 understand 이해하다 understanding 이해력, 이해심 많은 understandable 이해할 수 있는 understandably 이해할 수 있게

125 One of the most disturbing developments which cropped up in the '80s/ was the growing _____ between the rich and the poor.

(A) disparity   (B) diversity   (C) distortion   (D) discrepancy

해석	80년대에 생겨난 가장 불안한 발전 중 하나는/ 빈부사이에 커져가는 격차였다.
정답과 해설	(A) 문맥상 빈부사이의 '격차(disparity)'가 가장 자연스러우므로
어휘	the most disturbing 가장 불안한 crop up=come up=come about=happen=occur 발생하다 development 발전, 발달, 전개 in the '80s 80년대에 disparity 불균형, 차이 diversity 다양성 the disparity between the rich and the poor 빈부격차 grow 커지다 distortion 왜곡 discrepancy 모순, 불일치

126 Mr. Brown, the plant manager,/ stated his support for construction of an enclosed parking area/ in the _____ possible terms.

(A) first   (B) tallest   (C) excellent   (D) strongest

해석	공장 관리자인 브라운 씨는/ 차단막으로 둘러싸여진 주차 구역의 건설을 지지한다고 말했다/ 가능한 한 가장 강력한 어조로.
정답과 해설	(D) 문맥상 '가장 강력한(strongest)'가 들어가야 가장 자연스러우므로
어휘	plant manager 공장 관리자 state 말하다, 진술하다 support 지지 enclosed parking area 울타리 있는 주차구역 construction 건설, 건축, 문장의 구성 in the strongest possible terms 가능한 한 가장 강력한 어조로 excellent=brilliant 훌륭한

127 The company has decided/ to allocate more _____/ for better goods.

(A) course   (B) courses   (C) resource   (D) resources

해석	그 회사는 결정했다/ 더 많은 재원을 배당하기로/ 더 나은 상품을 위해서.
정답과 해설	(D) resources 재원, 자원, 물자, 자력 *resource 수단, 방책, 기지, 오락
어휘	decide=determine 결정하다 allocate=allot=apportion=assign=distribute 할당(배당, 배정)하다 goods 상품

128 The building was _____ used as a bank,// but it is now being turned into a supermarket.

(A) formerly   (B) formally   (C) entirely   (D) wholly

해석	건물은 전에는 은행으로 사용되었지만,// 현재는 슈퍼마켓으로 변모 중입니다.
정답과 해설	(A) 문맥상 '전에는(formerly/previously)'이 들어가야 가장 자연스러우므로
어휘	bank 은행 turn(change, convert) A into B: A를 B로 바꾸다 formally 공식적으로 entirely=wholly 전적으로

129 A research assistant's job is to _____ all experimental data and check all of the results before making any conclusions.

(A) search　　　　(B) scrutinize　　　　(C) encircle　　　　(D) manipulate

해석	연구 보조원의 임무는 모든 실험 자료를 면밀히 검토하고/ 모든 결과를 점검하는 것이다/ 어떤 결론을 내리기 전에.
정답과 해설	(B) 문맥상 '면밀히 검토하다(scrutinize)'가 가장 자연스러우므로
어휘	research assistant 연구 보조원 job 임무, 직업, 일 is experimental data 실험 자료 check 점검하다 result 결과 making a conclusion 결론을 내리다 search 수색하다 scrutinize 면밀히 검토하다 encircle 에워싸다 manipulate 조작하다, 여론을 조종하다

130 The police tried to _____ the crowd/ who gathered to make a request for investigation upon the embezzlement.

(A) detach　　　　(B) disperse　　　　(C) displace　　　　(D) dispatch

해석	경찰은 군중을 해산시키려고 애를 썼다/ 횡령에 대한 수사를 요청하기 위해 모인 (군중을).
정답과 해설	(B) 문맥상 '해산시키다(disperse)'가 들어가야 가장 자연스러우므로
어휘	the police 경찰 try to ~하려고 애쓰다 crowd 군중 gather 모이다, 모으다 make a request for 요청(요구)하다 investigation 조사, 수사 detach 분리시키다 embezzlement=seizure=usurpation=appropriation 횡령 disperse=scatter 해산시키다 displace 옮기다, 추방하다, 면직하다 dispatch 급파(급송, 파병)하다, 신속히 처형하다, 급파

131 Solar energy/ could become a feasible _____ to conventional electricity in the near future// if solar panels were manufactured on a large scale.

(A) change　　　　(B) means　　　　(C) way　　　　(D) alternative

해석	태양 에너지는/ 가까운 장래에 기존 전기에 대한 편리한 대안이 될 수 있을 것이다// 태양 전지판이 대규모로 제조된다면.
정답과 해설	(D) 문맥상 전기에 대한 '대안(alternative)'이 가장 자연스러우므로
어휘	solar 태양의 feasible 편리한, 실행 가능한, 그럴듯한 conventional 재래식의, 전통적인, 상투적인 electricity 전기 in the near future=in the short term=in the short run 가까운 장래에 panel 전지판, 집열판 manufacture 제조하다 on a large scale 대규모로 change 변화 means 수단, 재산 way 방법 alternative 대안

132 The market surveys conducted last month/ _____/ a strong preference for gas stoves over electric ranges,/ particularly in areas where gas fuel is less expensive.

(A) allowed　　　　(B) admitted　　　　(C) extended　　　　(D) revealed

해석	지난달 실시된 시장 조사는/ 보여주었다/ 전기 레인지보다 가스난로에 대한 강한 선호도를,/ 특히 가스 연료가 덜 비싼 지역에서.
정답과 해설	(D) 문맥상 '보여주다(revealed)'가 가장 자연스러우므로
어휘	market survey 시장조사 conduct 시행하다, 실지하다 preference for ~에 대한 선호도 stove 난로 over ~보다, ~에 비해 particularly=especially=in particular=above all=most of all 특히 area 지역 fuel 연료 less expensive 덜 비싼 allow 허락하다 admit 인정(시인)하다 extend 내밀다, 연장하다 reveal=disclose=divulge=betray=expose 밝히다, 폭로하다

133 Alcoholism and chemical _____ treatment/ helps/ [someone who has a problem with both alcohol and drugs] get his or her life back on track.

(A) dependable   (B) dependency   (C) dependent   (D) depending

해석	알코올 중독과 화학물질 의존성 치료는/ 도움을 준다/ 술과 마약문제를 가진 사람이 자신의 삶을 정상궤도로 되돌릴 수 있도록.
정답과 해설	(B) chemical dependency treatment 화학물질 의존성 치료 u.151쪽 (7)번 해석방법 참조
어휘	alcoholism 알코올 중독 chemical dependency 화학물질 의존, 약물 중독 both A and B: A와 B 둘 다 drug 마약 get one's life back on track 삶을 정상궤도로 되돌리다 dependable 믿을만한 dependency 의존, 의존성 dependent 의존하는 treatment 치료 problem 문제

134 A chemical _____ or dependency treatment center/ is a facility that offers a safe and supportive environment/ for anyone addicted to or dependent on drugs or alcohol.

(A) addict   (B) addictive   (C) addiction   (D) addicting

해석	화학물질 중독 또는 의존 치료 센터는/ 안전하고 도움이 되는 환경을 제공하는 시설이다/ 마약이나 알코올에 중독되어 있거나 의존하는 사람은 누구에게나.
정답과 해설	(C) 주어자리이면서 중독과 의존이 병렬구조를 이루므로 명사형이 되어야 합니다. u.531쪽 참조
어휘	chemical 화학물질, 화학적인 dependency 의존성 treatment 치료 facility 시설 offer 제공하다 supportive 도움이 되는 be addicted to ~에 중독되어 있다 be dependent on ~에 의존하다 environment 환경 drug 마약 addict 중독 시키다, 중독자 addictive 중독성 있는 addiction 중독

135 The houses are far enough _____ for privacy but close enough to feel connected.

(A) apart   (B) along   (C) beside   (D) beyond

해석	그 집들은 사생활을 위해 충분히 멀리 떨어져 있지만, 서로 연결되어 있다고 느낄 정도로 가깝다.
정답과 해설	(A) 문맥상 '떨어져 있는(apart)'가 들어가야 가장 자연스러우므
어휘	privacy 사생활 close 가까운 connected 연결된, 이어진 far enough apart 충분히 멀리 떨어진 along ~을 따라서 beside ~의 옆에 beyond ~을 넘어서

136 How far _____ from people you should sit or stand/ when holding a conversation/ is mainly determined by the culture.

(A) next   (B) beside   (C) apart   (D) between

해석	대화를 할 때/ 사람들로부터 얼마나 멀리 떨어져 앉아 있거나 서 있어야 하는지는/ 주로 문화에 의해 결정된다.
정답과 해설	(C) 문맥상 '떨어져서(apart)'가 가장 자연스러우므로
어휘	stand 서다 hold a conversation 대화를 하다 mainly=chiefly=mostly=largely 주로 determine 결정하다 culture 문화 next 다음의 beside 옆에 apart 떨어져서 between 둘 사이에

137 How _____ you should stand next to someone when you talk to them/ is mainly determined by the culture.

(A) close   (B) closely   (C) closed   (D) closing

해석	대화할 때 사람과 얼마나 가까이 서 있어야 하는지는/ 주로 문화에 의해 결정된다.
정답과 해설	(A) 문맥상 '물리적으로 가까이'의 뜻을 가진 'close'가 가장 자연스러우므로
어휘	next to 옆에 mainly=chiefly=mostly=largely 주로 determine 결정하다
	culture 문화 close 가까이, 가까운 closely 면밀하게 closed 폐쇄된 closing 폐쇄, 종결

138 Newspapers and magazines from around the world/ are available/ in the bookstore _____ just to the right of the Victoria Hotel.

(A) stored   (B) directed   (C) located   (D) pointed

해석	전 세계의 신문과 잡지는/ 구할 수 있다/ 빅토리아 호텔 바로 오른쪽에 위치해 있는 서점에서.
정답과 해설	(C) 문맥상 '위치하고 있는(located)'이 가장 자연스러우므로
어휘	newspaper 신문 magazine 잡지 around the world 전 세계의
	available 구할 수 있는 bookstore 서점 just to the right of ~의 바로 오른 쪽에
	store 저장(비축, 보관)하다 direct 지시(감독)하다 locate 위치를 정하다 point 가리키다

139 Even unpleasant customers/ should be spoken to _____ all the time.

(A) politely   (B) bluntly   (C) shortly   (D) enjoyably

해석	심지어 불쾌한 손님들에게도/ 항상 공손하게 말해야 한다.
정답과 해설	(A) 문맥상 '공손하게(politely)'가 가장 자연스러우므로
어휘	even 심지어 unpleasant 불쾌한 customer 고객 speak to 말을 건네다
	all the time=at all times=always 항상 politely=respectfully=courteously 정중하게
	bluntly=brusquely=curtly=abruptly=shortly 무뚝뚝하게 enjoyably=pleasantly 즐겁게, 유쾌하게

140 The best way for professionals to intensify their own strengths/ is to draw _____ from their fellow workers.

(A) proof   (B) feedback   (C) subject   (D) dimensions

해석	전문가들이 그들 자신의 장점을 강화하는 가장 좋은 방법은/ 동료들로부터 피드백을 끌어내는 것이다.
정답과 해설	(B) 문맥상 '피드백/의견(feedback)'이 들어가야 가장 자연스러우므로
어휘	professional 전문가 intensify=fortify=strengthen=reinforce=step(build) up 강화하다
	strengths 장점, 강점 draw 끌어내다 fellow worker 동료 proof 증거 feedback 반응, 의견
	subject 주제 dimension 차원, 치수, 양상

141 The motorists who are caught driving without a valid driver's license/ shall be subject to a substantial _____.

(A) fine   (B) tax   (C) tariff   (D) fee

해석	유효한 운전면허증 없이 운전하다 적발되는 운전자는/ 상당한 벌금을 물게 된다
정답과 해설	(A) 문맥상 '벌금(fine)'이 가장 자연스러우므로문맥상 '벌금(fine)'이 가장 자연스러우므로
어휘	motorist 자동차 운전자 catch-caught-caught 붙잡다 without ~없이 valid 유효한 driver's license 운전
	면허증 be subject to 당하기 쉽다, 받기 쉽다 substantial 상당한 fine 벌금 tax 세금 tariff 관세 fee 수수료

142 That beautiful, world-famous _____ / is on exhibit at the National Art Museum right now,// and I really want to see it in person.

(A) view   (B) look   (C) appearance   (D) painting

해석	저 아름답고 세계적으로 유명한 그림이/ 지금 국립 미술관에서 전시되고 있는데,// 정말 그것을 직접 보고 싶어.
정답과 해설	(D) 미술관에 전시되는 것은 '그림(painting)'이므로
어휘	world-famous 세계적으로 유명한 on exhibit=on display 전시 중 the National Art Museum 국립 미술관 right now 바로 지금 in person 직접, 몸소 view 광경, 전망, 조망 look 외모, 안색 appearance 출현, 모습, 체면, 상황 painting 그림

143 Most of the buses scheduled to run through the city/ did not come on time,// which caused many people to complain about the current _____ system.

(A) pollution   (B) contamination   (C) information   (D) transportation

해석	시내를 통과하여 운행할 예정인 대부분의 버스들이/ 정해진 시각에 오지 않았다// 이로 인해 많은 사람들은 현재의 교통 체계에 대해 불평했다.
정답과 해설	(D) 버스 운행과 관련되어 있으므로 '교통(transportation) 체계'가 가장 자연스럽죠.
어휘	most of 대부분의 be scheduled to ~할 예정이다 on time=at the appointed time 정해진 시각에 cause A to B: A로 하여금 B를 하게 하다 complain(grumble, gripe) about ~에 대해 불평하다 current 현재의 pollution=contamination 오염 information 정보 transportation 교통, 운송, 수송

144 The executives pointed to immigration _____ the biggest drivers of the domestic market.

(A) as one of   (B) as leading   (C) resulting from   (D) rather than

해석	임원들은 이민을 국내 시장의 가장 큰 원동력 중 하나라고 지적했다.
정답과 해설	(A) point to A as B: A를 B라고 지적하다
어휘	executive 임원, 간부, 중역, 이사 point to 지적하다, 지목하다 immigration 이민, 집합적 이민자 the biggest 가장 큰 driver 원동력 domestic 국내의 result(ensue, arise) from ~로부터 발생하다 rather than ~라기 보다는

145 When we are in _____ of your check for the full balance,// we will mark your bill as paid.

(A) receipt   (B) reception   (C) receiving   (D) receivement

해석	우리가 당신의 수표를 받아서 잔고가 다 차면,// 우리는 당신의 청구서를 지불된 것으로 표시할 것입니다.
정답과 해설	(A) be in receipt of ~을 받은 상태이다
어휘	check 수표 full 가득 찬 balance 잔고, 잔액 mark 표시하다 bill 청구서 pay-paid-paid 지불하다 receipt 수령, 영수증 reception 환영, 영접, 접대

146 High-tech companies/ _____ 30% of the total value of the payrolls in the area.

(A) allow for   (B) provide for   (C) account for   (D) bargain for

해석	첨단 기술 기업들이/ 그 지역의 급여 총액의 30%를 차지한다.
정답과 해설	(C) 문맥상 '차지하다(account for)'가 가장 자연스러우므로
어휘	high-tech company 첨단 기술 기업 total value 총액, 총 가치 payroll 급여 area 지역 allow for 고려하다 provide for 대비하다 account for 차지하다, 원인이 되다, 책임지다 bargain for 기대하다

147 Rural Americans are often older than those in other parts of America// and that may _____ the slower adoption rates for internet access.

(A) allow for   (B) provide for   (C) account for   (D) bargain for

해석	농촌 미국인은 종종 미국의 다른 지역에 있는 사람들보다 나이가 많다//그리고 그것이 인터넷 접속에 대한 더 느린 이용률의 원인일 수도 있다.
정답과 해설	(C) 문맥상 '원인이 되다(account for)'가 가장 자연스러우므로 u.63쪽 ⑫번 참조
어휘	rural 시골의 slower 더 느린 adoption rate 채택률, 이용률 access 접속 allow for 고려하다 provide for 대비하다 account for 차지하다, 원인이 되다, 책임지다 bargain for 기대하다

148 The President must _____ his government's reforms.

(A) allow for   (B) provide for   (C) account for   (D) bargain for

해석	대통령이 정부의 개혁을 책임져야 한다.
정답과 해설	(C) 문맥상 '책임지다(account for)'가 가장 자연스러우므로 u.412쪽 어휘 참조
어휘	The President 대통령 government 정부 reforms 개혁 allow for=consider 고려하다 provide for 대비하다 account for 차지하다, 원인이 되다, 책임지다 bargain for 기대하다

149 You can not learn team performance/ without being part of a team that holds itself mutually _____ for achieving specific performance goals.

(A) marital   (B) martial   (C) deducible   (D) accountable

해석	우리는 팀 성과를 배울 수 없다/ 특정한 성과 목표를 달성하는 일을 공동으로 책임을 지는 팀의 일원이 되지 않고서는.
정답과 해설	(D) hold oneself accountable for ~을 책임지다 u.412쪽 어휘 참조
어휘	performance 성과 mutually 공동으로, 상호간에 achieve=accomplish=attain=fulfill 성취하다 specific 특정한, 구체적인 hold oneself accountable(answerable, liable, responsible) for ~을 책임지다 goal 목표 marital 결혼의, 부부간의 martial 전쟁의, 군사의 deducible 추론할 수 있는, 연역이 가능한

150 I can certainly _____ her professionalism,/ and whole-heartedly recommend her to any employer.

(A) allow for   (B) provide for   (C) answer for   (D) bargain for

해석	나는 분명 그녀의 전문성에 대해 책임을 질 수 있으며,/ 진심으로 그녀를 어떤 고용주에게도 추천할 수 있다.
정답과 해설	(C) 문맥상 '책임지다(answer for)'가 가장 자연스러우므로 u.412쪽 어휘 참조
어휘	certainly 분명히, 확실히 professionalism 전문성 whole-heartedly 진심으로 recommend 추천하다 employer 고용주 allow for 고려하다 provide for 대비하다 answer for 책임지다 bargain for 기대하다

151 We have to _____ the possibility that we might not finish the project on schedule.

(A) allow for   (B) depend on   (C) answer for   (D) bargain over

해석	우리는 일정대로 그 프로젝트를 끝내지 못할 가능성을 고려해야한다.
정답과 해설	(A) 문맥상 '고려하다/참작하다(allow for)'가 가장 자연스러우므로 u.143쪽 어휘 참조
어휘	have to=must ~해야 한다 possibility 가능성 might ~할 수도 있다 finish 끝내다 on schedule 일정대로 employer 고용주 allow for 고려하다 depend on 의존하다 answer for 책임지다 bargain over 흥정하다

152 I have noticed// that many staff members/ are currently not _____ to the dress code guidelines/ laid out in the employee manual.

(A) adhering   (B) complying   (C) abiding   (D) identifying

해석	저는 인지했습니다// 많은 직원들이/ 현재 복장 규정 지침을 준수하지 않고 있다는 것을/ 직원 매뉴얼에 명시된 (지침을).
정답과 해설	(A) adhere to 준수하다
어휘	notice 인지하다, 눈치 채다 staff member 직원 currently 현재, 일반적으로, 어렵지 않게 adhere(conform, stick) to=abide by=comply with 준수하다 lay out 명시하다, 정확히 배치하다 the dress code guidelines 복장 규정 지침 employee 직원, 종업원 manual 안내책자, 손으로 하는

153 Commercial builders/ downplayed _____ a bust in the superheated housing market.

(A) concerning   (B) concerns about   (C) the concern of   (D) concerned that

해석	상업용 건축업자들은/ 과열된 주택시장의 붕괴에 대한 우려를 과소평가했다.
정답과 해설	(B) 타동사의 목적어로서 명사가 필요하며, 명사 concern 다음에는 about이나 over가 뒤따라 옵니다.
어휘	commercial builder 상업용 건축업자 downplay 과소평가하다, 경시하다 bust 붕괴, 파열, 불황, 실패, 상반신 superheated 과열된 housing market 주택시장 concerning=regarding=respecting=as to ~에 관하여 concerns about ~에 대한 우려

154 He has such a whimsical personality/ that it is very difficult to _____ and reach an agreement with him.

(A) liberate   (B) imitate   (C) negotiate   (D) communicate

해석	그는 참 변덕스러운 성격을 가지고 있어서/ 그와 협상하고 합의에 이르기는 매우 어렵다.
정답과 해설	(C) 문맥상 '협상하다(negotiate)'가 가장 자연스러우므로 u.448쪽 「such+a+형+명+that」참조
어휘	such a whimsical personality 대단히 변덕스러운 성격 difficult 어려 liberate 자유롭게 하다 reach an agreement with ~와 합의에 이르다 imitate=mimic 모방하다 negotiate 협상하다 communicate 의사소통하다, 감염시키다

155 This is a good opportunity to _____ good writers/ to people who wouldn't ordinarily get a chance to see them in person.

(A) tell   (B) say   (C) inquire   (D) introduce

해석	이것은 훌륭한 작가들을 소개할 수 있는 좋은 기회다/ 평상시에 그들을 직접 볼 수 있는 기회가 없는 사람들에게.
정답과 해설	(D) 문맥상 '소개하다(introduce)'가 들어가야 가장 자연스러우므로
어휘	opportunity=chance 기회 writer 작가 ordinarily 평상시에, 보통은 in person 직접

156 The car's trunk/ is _____ enough to hold baggage for three passengers.

(A) overall   (B) inclusive   (C) spacious   (D) sufficient

해석	자동차의 트렁크는/ 3명의 승객을 위한 수화물을 실을 만큼 충분히 넓다.
정답과 해설	(C) 문맥상 '널찍한(spacious)'이 가장 자연스러우므로
어휘	hold 수용하다, 싣다 baggage=luggage 수화물 passenger 승객 overall 전체적인 inclusive 일체를 포함한 spacious 널찍한 sufficient bounteous=bountiful=plentiful=abundant 충분한

157 Team building workshops/ are designed to _____ cooperation and teamwork among employees.

(A) approve   (B) retrieve   (C) facilitate   (D) proceed

해석	팀 구성 연수회는/ 직원들 간의 협력과 팀워크를 촉진하기 위해서 설계되었다.
정답과 해설	(C) 문맥상 '촉진하다(facilitate)'가 들어가야 가장 자연스러우므로
어휘	workshop 연수회 cooperation 협력, 협동 employee 직원 approve 승인(허가, 입증)하다 retrieve 회수(회복, 구출)하다 facilitate=promote=further 조장(촉진)하다 proceed 전진(진행)하다

158 Riverdale Estates/ is a luxury condominium community that offers an excellent _____ of life.

(A) trade   (B) quality   (C) faculty   (D) position

해석	Riverdale Estates는/ 뛰어난 삶의 질을 제공하는 고급 콘도 공동체다.
정답과 해설	(B) 문맥상 '질(quality)'가 들어가야 가장 자연스러우므로
어휘	luxury 고급 community 공동체 excellent=outstanding=striking=distinguished 탁월한, 뛰어난 offers 제공하다 trade 무역, 장사, 교역 quality 품질 faculty 능력, 재력 position 위치, 입장, 근무처

159 All the laboratory employees/ make a point of taking every _____ / to avoid potential hazards.

(A) rule   (B) idea   (C) advice   (D) precaution

해석	모든 실험실 직원들은/ 모든 예방 조치를 취하는 것을 중요시 한다/ 잠재적인 위험을 피하기 위해서
정답과 해설	(D) 문맥상 '예방 조치(precaution)'가 들어가야 가장 자연스러우므로
어휘	laboratory 실험실 employee 직원 make a point of=make it a rule(point) to ~하는 것을 중요시하다/규칙으로 삼다 taking every precaution 모든 예방 조치를 취하다 avoid 피하다 potential 잠재적인 hazard 위험 rule 규칙 advice 충고

160 It is necessary that we _____ a thorough survey/ in order to obtain highly desirable sites for our new headquarters.

(A) conduct   (B) forecast   (C) negotiate   (D) acquire

해석	우리는 철저한 조사를 할 필요가 있습니다/ 새로운 본사를 위한 매우 바람직한 부지를 확보하기 위해서는.
정답과 해설	(A) conduct a survey 조사하다
어휘	necessary 필요한 thorough=drastic 철저한 survey 조사 obtain=acquire=gain=come by 얻다 highly 대단히, 매우 in order to=so as to=with intent to=with a view to ~ing ~하기 위해서 desirable 바람직한 site 부지, 터 headquarters 본사, 본부 conduct 수행(지휘, 행동, 집행, 전도)하다 forecast 예상(예측)하다 negotiate 협상(타협)하다

161 Sue is accountable for the _____ of sales and marketing activities.

(A) coordination   (B) appreciation   (C) comprehension   (D) contemplation

해석	Sue는 영업 및 마케팅 활동의 조정을 책임지고 있다.
정답과 해설	(A) 문맥상 '조정(coordination)'이 들어가야 가장 자연스러우므로
어휘	be accountable(answerable, liable, responsible) for=account(answer) for ~을 책임지다 ales 영업, 판매 activity 활동 coordination=mediation 조정 appreciation=comprehension 이해 contemplation 숙고, 고려

162 Companies wishing to apply for a noxious waste transporter license/ must submit a _____ plan for responding to any type of incident.

(A) agency   (B) contingency   (C) intimacy   (D) primacy

해석	유해 폐기물 운송업체 면허를 신청하고자하는 회사들은/ 어떤 유형의 사고에도 대응할 수 있는 비상 대책을 제출해야 합니다.
정답과 해설	(B) contingency plan=emergency plan 긴급 대책, 비상 대책
어휘	wish to ~하기를 바라다 apply for 신청(지원)하다 noxious=harmful=detrimental=deleterious 해로운, 유해한 waste 폐기물 transporter 운송업체 license 면허 submit=give(turn, send, hand) in 제출하다 respond to 대응하다 incident 사고 agency 기관, 매체, 대리점 contingency 불의의 사고, 우발적 사건 intimacy 친밀한 primacy 탁월

163 The effects of affordable housing _____ in rural areas/ will be discussed at the conference.

(A) develop   (B) developing   (C) developed   (D) development

해석	농촌 지역의 저렴한 주택 개발 효과가/ 회의에서 논의될 것이다.
정답과 해설	(D) housing development 주택 개발
어휘	effect 효과, 영향 affordable 저렴한, 합리적인 가격의 rural area 농촌 지역, 시골 지역 discuss=talk about 논의하다 conference 회의 develop 개발하다 development 개발, 발달, 전개

164 Belk Department Store is now proud to offer gift cards in various _____ from $20 to $50.

(A) rates   (B) shares   (C) volumes   (D) amounts

해석	Belk 백화점은 현재 20달러에서 50달러까지 다양한 액수의 상품권을 제공하는 것을 자랑스러워한다.
정답과 해설	(D) 문맥상 '액수(amounts)'가 들어가야 가장 자연스러우므로
어휘	department store 백화점 be proud to ~하는 것을 자랑스러워하다 offer 제공하다 gift card 상품권 various=diverse=a variety(diversity) of 다양한 rate 비율, 가격, 요금, 속도 share 몫, 주식, 나누다 volume 양, 부피 amount 액수, 금액

165 Participants in the science conference/ will have the chance to take an afternoon _____ to Central Research Park.

(A) excursion   (B) direction   (C) suspension   (D) renovation

해석	과학 회의에 참가한 사람들은/ 오후에 중앙 연구 공원으로 소풍을 갈 기회를 갖게 될 것입니다.
정답과 해설	(A) 문맥상 '소풍(excursion)이 가장 자연스러우므로
어휘	participant 참가자 science conference 과학 회의 chance 기회 direction 방향 suspension 정지, 미결정 take an excursion=go on an excursion=go on a picnic 소풍을 가다 renovation 개선, 쇄신, 원기회복

166 Most warranties on electronic items/ do not _____ damage caused by improper use of the device.

(A) decide   (B) shade   (C) reform   (D) cover

해석	전자제품에 대한 대부분의 보증서는/ 기기의 부적절한 사용으로 인한 손상은 포함하지 않는다.
정답과 해설	(D) 문맥상 '포함하다/부담하다(cover)'가 들어가야 가장 자연스러우므로
어휘	most 대부분의 warranty 보증서 electronic item 전자제품 damage 손상 cause 야기하다 improper=impertinent 부적절한 device 기기, 장치, 설비 decide 결심(결정)하다 shade 그늘지게 하다 reform 개혁(개량)하다 cover 포함(부담, 충당)하다

167 As the company's strongest competitor released a new line of fall clothing,// Levi Strauss & Co. moved _____ to introduce its new leather jackets.

(A) softly   (B) tiredly   (C) quickly   (D) regularly

해석	그 회사의 가장 강력한 경쟁사가 새로운 라인의 가을 의복을 발표하자,// Levi Strauss & Co.는 새로운 가죽 재킷을 소개하기 위해 신속하게 움직였다.
정답과 해설	(C) 문맥상 '신속하게(quickly)가 가장 자연스러우므로
어휘	as ~하자, ~함에 따라 strongest 가장 강력한 competitor 경쟁사 release 발표(출시)하다 a new line of 새로운 형태의 fall clothing 가을 의복 move 움직이다 introduce 소개(도입)하다 leather 가죽 softly 부드럽게 tiredly 피곤하게 regularly 규칙적으로

168 The job fair held in the City Center last week/ is considered the most _____ one so far,/ with over 10,000 people in attendance.

(A) overall   (B) wealthy   (C) successful   (D) delightful

해석	지난주 시티센터에서 열린 취업박람회는/ 현재까지 가장 성공적인 것으로 간주되고 있다/ 1만 명이 넘는 인원이 참석한 가운데.
정답과 해설	(C) 문맥상 '성공적인(successful)'이 가장 자연스러우므로
어휘	job fair 취업박람회 hold-held-held 열다, 개최하다 last week 지난주 consider 간주하다 the most 가장 so far=thus far=as yet=to date=up to the present=hitherto=heretofore 지금까지 in attendance 출석중인 overall 전체적인 wealthy 부유한 successful 성공적인 delightful 즐거운, 쾌적한

169 After only 1 months of use, the tires were beginning to show signs of _____.

    (A) limit   (B) wear   (C) shape   (D) increase

해석	겨우 1개월 밖에 사용하지 않았는데, 타이어들이 마모의 흔적을 보이기 시작했다.
정답과 해설	(B) 문맥상 '마모(wear)'가 가장 자연스러우므로
어휘	only=no more than=not more than 단지, 겨우, 불과 be beginning to ~하기 시작하다 signs of wear 마모의 흔적 limit 한계, 극한, 제한 shape 모양, 만들다 increase 증가(하다/시키다)

170 Many _____ scientists around the world/ were invited to the 15th annual Science Expo held in Taipei.

    (A) eminent   (B) elaborate   (C) customary   (D) definite

해석	전 세계 많은 저명한 과학자들이/ 타이페이에서 개최되는 제 15차 연례 과학 박람회에 초청받았다.
정답과 해설	(A) 문맥상 '저명한(eminent)'이 들어가야 가장 자연스러우므로 u.325쪽 어휘 편 참조
어휘	scientist 과학자 around the world 전 시계의 invite 초대하다 annual=yearly 연례의 eminent=prominent=notable=noted=renowned=celebrated=distinguished=well-known =famous=famed=salient 유명한 Science Expo 과학 박람회 customary 습관적인, 재래식의 definite 확실한, 분명한, 일정한, 한정하는 hold-held-held 개최하다 elaborate 정교한

171 This offer will only be valid for one week/ and cannot be used in _____ with any other discount or rebate.

    (A) agreement   (B) alignment   (C) conjunction   (D) relation

해석	이런 제공(할인 쿠폰)은 일주일 동안만 유효하며/ 어떤 다른 할인이나 리베이트(부분적 환불)와 함께 사용할 수 없습니다.
정답과 해설	(C) in conjunction(combination) with=along with=together with ~과 함께
어휘	offer 제공, 제안 only=merely 단지 valid=good=effective 유효한 discount 할인 rebate=partial refund 부분적 환불 agreement 합의, 동의 alignment 조정, 협력 relation 관계 conjunction 결합

172 The machine will print _____ your ticket// right after you enter your reservation number.

    (A) of   (B) out   (C) within   (D) between

해석	그 기계는 당신의 승차권을 출력할 것입니다// 당신이 예약 번호를 입력한 후 바로.
정답과 해설	(B) print out 출력하다
어휘	machine 기계 ticket 승차권, 입장권 right after ~한 직후에 enter 입력하다 reservation number 예약 번호

173 Claire ate _____ to reduce her weight,// but she noticed that she had less energy and was not as productive as before.

    (A) sweetly   (B) small   (C) minimally   (D) loose

해석	Claire는 체중을 줄이기 위해 최소한으로 식사를 했지만,// 원기가 더 줄어들고 예전처럼 생산적이지 않다는 것을 알아차렸다.
정답과 해설	(C) 문맥상 '최소한으로(minimally)'가장 자연스러우므로
어휘	eat-ate-eaten 먹다 reduce=decrease=lessen 줄이다 weight 체중 notice 알아차리다 energy 원기 as ~ as ~만큼, ~처럼 productive 생산적인 sweetly 감미롭게 small 크기가 작은 loose 흐트러진, 느슨한

174 Olivia has a reputation as an easygoing, _____ executive// who always has lunch with her employees.

(A) approachable   (B) reserved   (C) reproachable   (D) reasonable

해석	Olivia는 편안하고 다가가기 쉬운 임원으로 명성을 갖고 있다// 항상 직원들과 점심을 먹는.
정답과 해설	(A) 문맥상 '다가가기 쉬운(approachable)'이 가장 자연스러우므로
어휘	reputation 명성 as ~로서 easygoing 태평한, 편안한 executive 임원, 이사, 중역, 간부 lunch 점심 employee 직원 approachable 다가가기 쉬운 reserved 내성적인, 예약된 reproachable 비난할만한 reasonable 합리적인, 이치에 맞는

175 The employees immediately gathered/ around the _____// the boss had tacked up to the office bulletin board.

(A) utility   (B) shadow   (C) salary   (D) notice

해석	직원들은 즉시 모였다/ 공고문 주위에// 사장님이 사무실 게시판에 압정으로 붙여 놓은 (안내문 주위에).
정답과 해설	(D) 문맥상 '공고문(notice)'가 들어가야 가장 자연스러우므로 u.330쪽 (1)번 관계대명사 생략 참조
어휘	employee 직원 immediately=at once=in no time=off hand=out of hand 즉시 gather=assemble 모이다 around 주변에, 주위에 boss 상사, 사장 tack up 압정으로 붙이다 bulletin board 게시판 utility 유용성, 공익사업 shadow 그림자 salary 봉급 notice 공고문

176 Securing customers' personal information/ may be a _____ element to technology executives.

(A) handy   (B) complete   (C) key   (D) marginal

해석	고객들의 개인 정보를 안전하게 보호하는 것이/ 기술 경영진들에게 핵심 요소 일 수 있습니다.
정답과 해설	(C) key element 핵심 요소
어휘	secure 안전하게 보호하다, 확보하다, 보증하다 customer 고객 personal information 개인 정보 key element 핵심 요소 technology 기술 executive 경영진, 기술진, 간부, 이사 handy 편리한 complete 완전한 marginal 지엽적인, 변방의

177 _____ a news report,/ the fishing industry has recently generated more profits than ever before.

(A) Providing   (B) According to   (C) Because of   (D) In spite of

해석	뉴스 보도에 따르면,/ 수산업은 최근에 그 어느 때보다 더 많은 이익을 창출했다.
정답과 해설	(B) 문맥상 '~에 따르면(according to)'가 가장 자연스러우므로
어휘	report 보도 fishing industry 수산업 recently=lately=of late 최근에 generate 생산(창출)하다 profit 이익 than ever before 그 어느 때보다도 더~한 u.315 참조 providing=supposing ~한다면 according to ~에 따르면 because of=owing(due) to=on the grounds(score) of ~때문에 in spite of=despite=with all=for all=notwithstanding=in the face(teeth) of ~에도 불구하고

178 Notwithstanding the bad weather,// the outdoor concert was _____ attended by the band's excited fans.

(A) quite　　(B) many　　(C) some　　(D) well

해석	나쁜 날씨에도 불구하고,// 야외 콘서트에는 밴드의 흥분한 팬들이 아주 많이 참석했다.
정답과 해설	(D) A be well attended by B: B가 A에 아주 많이 참석하다.
어휘	weather 날씨 outdoor 야외의 excited 신이 난, 흥분된 quite 꽤, 정말 notwithstanding=despite=in spite(despite) of=with all=for all=in the face(teeth) of ~에도 불구하고 u.120쪽 참조

179 Meeting _____/ are the detailed notes that serve as an official written record of a conference.

(A) hours　　(B) minutes　　(C) seconds　　(D) times

해석	회의록은/ 회의에 대해서 글로 쓴 공식적인 기록으로서 역할을 하는 상세한 기록물이다.
정답과 해설	(B) meeting minutes가 「회의록」이라는 뜻이니 기억해 두세요.
어휘	detailed 상세한 notes 기록, 수기 serve as ~로서 역할을 하다 official 공식적인 written record 글로 쓴 기록 conference 회의 hour 시간 minute 분 minutes 의사록 second 초 time 시간 times 시대, 경험, 번, 배

180 Please visit our web site/ for more _____ and references to other investment news.

(A) infringement　　(B) franchise　　(C) information　　(D) informational

해석	저희 웹사이트를 방문해 주십시오/ 다른 투자 뉴스에 대한 더 많은 정보와 참고 사항을 위해서는.
정답과 해설	(C) 전치사의 목적어이면서, 동시에 '정보'가 들어가야 문맥상 가장 자연스러우므로
어휘	visit 방문하다 reference 참고, 문의, 조회 investment 투자 infringement 침해, 위배 franchise 독점판매권 information 정보

181 This project has been beset with problems _____ from the beginning.

(A) right　　(B) rightly　　(C) correct　　(D) much

해석	이 프로젝트는 바로 처음부터 여러 가지 문제가 있었다.
정답과 해설	(A) right from the beginning 바로 처음부터
어휘	beset-beset-beset 에워싸다, 둘러싸다, 괴롭히다 be beset with ~로 둘러싸여 있다, ~에 시달리다 rightly 정당하게, 공정하게, 적절히 correct 올바른, 수정하다

182 Bookstore chains now/ control _____ 5% of the market for hardcover trade books.

(A) every　　(B) any　　(C) each　　(D) some

해석	서점 체인점들은 이제/ 두꺼운 표지로 된 무역 서적 시장의 약 5%를 장악하고 있다.
정답과 해설	(D) some이 숫자 앞에서 사용되면 '대략'이라는 뜻입니다. u.457쪽 some의 용법 가운데 ⑤번 참조
어휘	control 지배(통제, 관리, 지배, 장악)하다 market 시장 hardcover 두꺼운 표지의 trade 무역 some=about=around=approximately=roughly=or so=something like 대략

183 ABC Airways will no longer participate in joint mileage programs with credit card companies,/ _____ March 2016.

(A) effected   (B) effective   (C) effects   (D) effect

해석	ABC 항공사는 더 이상 신용카드사와의 공동 마일리지 프로그램에 참여하지 않을 것이다/ 2016년 3월부터.
정답과 해설	(B) effective+시점 ~부터 u.116쪽 (11)번 참조
어휘	Airways 항공회사 no longer=not ~any longer=not ~any more 더 이상 ~하지 않다 participate in=take part in 참여하다 joint 공동의 effective March 2016: 2016년 3월부터 effect 영향, 결과, 효과, 취지, 초래하다

184 _____ tomorrow, the store will be open until 7:00 p.m. every day.

(A) As for   (B) As of   (C) As to   (D) As regards

해석	내일부터 매장은 매일 오후 7시까지 문을 연다.
정답과 해설	(B) as of+시점=effective(starting)+시점 ~부터 u.116쪽 (11)번 참조
어휘	tomorrow 내일 store 가게 p.m. 오후 every day=daily=from day to day As for=as to=as regards(respects, concerns)=with regard(respect, reference) to ~에 관하여

185 _____ on Monday, October 7th, 2019,// we will be closed for renovations.

(A) Beginning   (B) To begin   (C) Being begun   (D) Having begun

해석	2019년 10월 7일 월요일부터,// 우리는 보수 공사를 위해 문을 닫을 예정입니다.
정답과 해설	(A) beginning on Monday 월요일부터 u.116쪽 (11)번 참조
어휘	be closed 문을 닫다, 영업을 중단하다 renovation 보수, 보수 공사

186 Tickets will be available for purchase _____ on Monday, the 25th of June.

(A) Starting   (B) To start   (C) Started   (D) Having started

해석	입장권은 6월 25일 월요일부터 구매할 수 있습니다.
정답과 해설	(A) starting on Monday 월요일부터 u.116쪽 (11)번 참조
어휘	available for purchase 구매 가능한, 구매할 수 있는

187 _____ from 2002,/ mandatory reserves are established based on the schedule/ in accordance with the Minister of Economy Decree.

(A) Starting   (B) To start   (C) Started   (D) Having started

해석	2002년부터/ 의무 준비금은 일정을 기초로 하여 수립된다./ 경제 부처 장관 령에 따라서.
정답과 해설	(A) starting from 2002: 2002년부터 u.116쪽 (11)번 참조
어휘	mandatory(required) reserves 은행들이 연방 은행에 예치해두어야 하는 액수

188 Written permission is required/ to reproduce, _____ whole or in part, the material contained in this newsletter.

(A) to   (B) as   (C) of   (D) in

해석	서면 허가가 필요하다/ 이 회보에 포함된 자료를 전체 또는 부분적으로 복제(재생)하려면.
정답과 해설	(D) in whole or in part 전부 또는 일부: 숙어이니 암기해 두세요.
어휘	written permission 서면 허가 require 요구하다 reproduce 복제(재생, 재판)하다 material 자료 a newsletter=a printed document with information about the activities of a group, sent regularly to members 회보 contain=include=involve=incorporate=encompass=embody 포함하다

189 _____ accounts/ will allow you to keep your money in a safe place while it earns a small amount of interest each month.

(A) save   (B) safe   (C) saving   (D) savings

해석	보통 예금은/ 당신이 당신의 돈을 안전한 곳에 보관할 수 있게 해 드릴 것입니다/ 매달 소량의 이자를 벌어들이면서.
정답과 해설	(D) savings account는 '보통 예금'이라는 뜻을 가진 복합 명사이니 기억해 두세요.
어휘	account 계좌, 거래 allow A to B: A가 B하는 것을 허용하다 keep 보관하다, 지키다 safe 안전한 while ~하면서 earn 벌다, 벌어들이다 a small amount of 소량의 interest 이자 each month 매달 save 구하다, 저축하다 saving 검소한

190 Heavenly Life's free weekly magazine/ offers tips and techniques/ that you can _____ apply/ to live a more productive and satisfying life.

(A) suddenly   (B) recently   (C) immediately   (D) carefully

해석	Heavenly Life의 무료 주간 잡지는/ 팁과 기술을 제공합니다// 여러분이 즉시 적용할 수 있는/ 더 생산적이고 만족스러운 삶을 살기 위해.(더 생산적이고 만족스러운 삶을 살기 위해/ 여러분이 즉시 적용할 수 있는/ 팁과 기술을 제공합니다.)
정답과 해설	(C) 문맥상 '즉시(immediately)'가 가장 자연스러우므로
어휘	heavenly 천상의, 천국과 같은 free 무료의 weekly magazine 주간 잡지 apply 적용하다 productive 생산적 satisfying 만족스러운 suddenly=on a sudden=all of a sudden 갑자기 offer 제공하다 technique 기술 carefully=with care=prudently=circumspectively 신중하게 recently=lately=of late 최근에 immediately=directly=instantly=promptly=at once 즉시

191 In spite of the introduction of paternity leave for new fathers,// very few men are _____ to take advantage of the system.

(A) willing   (B) unwilling   (C) reluctant   (D) unhappy

해석	신참 아빠들을 위한 육아 휴직의 도입에도 불구하고,// 이 제도를 기꺼이 이용하려는 남성들은 거의 없다.
정답과 해설	(A) be willing to 기꺼이 ~하다
어휘	in spite(despite) of=despite=with all=for all=notwithstanding ~에도 불구하고 introduction 도입 paternity leave 육아 휴직 very few 거의 없는 take advantage of=make use of=avail oneself of 이용하다 be willing(glad, happy, ready, pleased) to 기꺼이 ~하다 unwilling=reluctant 꺼려하는 unhappy 불행한

192 All the employees/ are requested to attend the dinner party/ in _____ of this year's success.

(A) progress   (B) approval   (C) celebration   (D) encouragement

해석	모든 직원들은/ 만찬 파티에 참석해주시기를 요청하는 바입니다/ 올해의 성공을 축하하기 위해.
정답과 해설	(C) in celebration of ~을 축하하여 u.201쪽 어휘 참조
어휘	employee 직원 request 요청하다 attend 참석하다 in celebration(honor, commemoration) of ~을 축하하여 progress 발전, 진보 approval 찬성, 승인 encouragement 격려, 장려, 촉진, 권장, 권유

193 Car renters have no _____ to pay for any damage done to the vehicles prior to their rental.

(A) obligation   (B) promise   (C) engagement   (D) assurance

해석	차를 빌린 사람은 빌리기 전에 차량에 가해진 어떠한 손상에 대해서도 돈을 지불할 의무가 없다.
정답과 해설	(A) 문맥상 '의무(obligation)'이 가장 자연스러우므로
어휘	renter 임차인 have no obligation to ~할 의무가 없다 pay 지불하다 damage 손상, 손해, 피해 vehicle 차량 prior to=before ~이전에 rental 임차, 임대 promise 약속 engagement 약속, 약혼, 고용 assurance 보증, 보장, 확신

194 It is relatively _____ for new shops in this area to take a year or more// before having a regular flow of customers.

(A) common   (B) equal   (C) even   (D) genuine

해석	이 지역의 신규 점포들이 1년 이상 걸리는 것은 비교적 흔한 일이다// 정기적으로 고객들이 밀려들어오기 전에.
정답과 해설	(A) 문맥상 '흔한(common)'이 가장 자연스러우므로
어휘	relatively 비교적 shop 가게, 점포 area 지역 a year or more 1년 이상 common 흔한 a regular flow of customers 고객들의 정기적인 흐름 equal 동일한 even 균등한 genuine 진정한

195 The city had to _____ a wildfire prevention plan/ before the upcoming dry season.

(A) carry   (B) erase   (C) implement   (D) spend

해석	그 시는 산불 예방 계획을 시행해야 했다/ 다가오는 건기 전에(건기가 다가오기 전에).
정답과 해설	(C) 문맥상 '시행하다(implement)'가 들어가야 가장 자연스러우므로 u.187쪽 어휘 참조
어휘	a wildfire prevention plan 산불 예방 upcoming 다가오는 dry season 건기 carry 운반하다 erase 지우다 implement=enforce=carry out(through)=fulfill 실행(시행, 실천)하다 spend 소비하다

196 Various projects for constructing new schools/ are under _____ in the region.

(A) construction   (B) obstruction   (C) implementation   (D) destruction

해석	새로운 학교들을 건설하기 위한 다양한 프로젝트들이/ 그 지역에서 시행되고 있다.
정답과 해설	(C) under implementation 시행중
어휘	various 다양한 construct 건설하다 region 지역 construction 건설 obstruction 방해 destruction 파괴

197 Local authority officials will check// that the work is being _____ according to the plans submitted.

(A) executed   (B) exempted   (C) extinguished   (D) exterminated

해석	지방 당국 관계자들은 점검할 것이다// 일이 제출된 계획에 따라 실행되고 있는지를.
정답과 해설	(A) 문맥상 '실행되다(executed)'가 들어가야 가장 자연스러우므로
어휘	local 지방의, 현지의 authority official 당국 관계자 check 점검하다 according to ~에 따라서 plan 계획 submit=give(turn, send, hand) in 제출하다 execute=enforce=implement=carry out=give effect to 시행하다 exempt 면제하다 extinguish=put out 불을 끄다 exterminate=extirpate=wipe(root, blot, smooth) out 근절하다

198 Guy Fawkes was _____ for treason/ after he took part in a plot to blow up the British Parliament building.

(A) extirpated   (B) executed   (C) persecuted   (D) disciplined

해석	Guy Fawkes는 반역죄로 처형당했다// 영국 의회 건물을 폭파하려는 음모에 가담한 후에.
정답과 해설	(B) 문맥상 '처형되다(executed)'가 들어가야 가장 자연스러우므로
어휘	treason 반역 take part in=participate(partake, join) in 가담하다 plot=conspiracy=intrigue= machination 음모, 계략 blow up=blast=explode 폭파하다 the British Parliament 영국 의회 extirpate=wipe(root, blot, smooth) out 근절하다 execute=enforce=implement=carry out 시행하다 persecute=maltreat=mistreat=ill-treat 학대(박해)하다 discipline 훈육하다

199 By merging with Alpha Electronics,/ ABC will stay in the top _____ among flat TV manufacturers.

(A) position   (B) order   (C) schedule   (D) record

해석	Alpha Electronics와 합병함으로써,// ABC는 평면 TV 제조업체 중에서도 최고의 위치에 머무를 것입니다.
정답과 해설	(A) stay in the top position 최고의 위치에 머무르다
어휘	by ~ing ~함으로써 merge(amalgamate, affiliate, consolidate) with ~와 합병하다 among ~가운데 flat 평평한 manufacturer 제조업체 order 순서, 명령, 주문 schedule 일정 record 기록

200 All the _____ from the concert/ will go to charity.

(A) process   (B) progress   (C) proceeds   (D) proceed

해석	콘서트에서 나오는 모든 수익금은/ 자선단체에 기부될 것이다.
정답과 해설	(C) proceeds가 하나의 명사형으로 「수익금」이라는 뜻이며, 언제나 복수 취급합니다.
어휘	go to charity 자선단체에 기부되다 process 과정, 진행 proceeds=earnings 수입금 progress 진행, 진보 proceed 전진하다

201 He was _____ to his wife's plans for divorce.

(A) conscious   (B) scheming   (C) secret   (D) oblivious

해석	그는 자기 아내의 이혼 계획을 <u>모르고 있었다.</u>
정답과 해설	(D) be oblivious to(of) ~을 알아차리지 못하다
어휘	plan 계획 divorce 이혼 be conscious of ~을 의식하다 scheming 계획적인, 교활한 secret 비밀 be oblivious(unaware, unconscious, unmindful, mindless, heedless, ignorant) of ~을 알아차리지 못하다

202 Absorbed in her work, she was totally _____ of her surroundings.

(A) sensitive   (B) scheduled   (C) secret   (D) oblivious

해석	일에 몰두한 나머지, 그녀는 자신의 주변 환경을 전혀 의식하지 못했다.
정답과 해설	(D) be oblivious to(of) ~을 알아차리지 못하다, ~을 의식하지 못하다
어휘	be absorbed(indulged, immersed, soaked, lost, caught up) in ~에 전념(몰두)하다 be oblivious(unaware, unconscious, unmindful, mindless, heedless, ignorant) of ~을 알아차리지 못하다 surroundings 주변 환경 be sensitive to ~에 민감(예민)하다 totally 전혀 be scheduled to ~할 예정이다 secret 비밀

203 The _____ looking clouds which mean a typhoon is just around the corner/ are particularly common in the Plains states of the United States.

(A) ominous   (B) mysterious   (C) menace   (D) trouble

해석	태풍이 임박했다는 것을 의미하는 불길한 모양의 구름은/ 특히 미국의 대평원으로 이뤄진 주에서 흔하다.
정답과 해설	(A) ominous-looking 불길한 모양의, 불길하게 생긴
어휘	cloud 구름 mean 의미하다 typhoon 태풍 just around the corner 임박한 particularly=in particular 특히 common 흔한 the Plains states 대평원으로 이뤄진 주 the United States 미국 mysterious 신비스런 menace=threaten 위협하다 trouble 어려움

204 All the _____ to Columbia University/ were advised to apply as early as possible/ by their guidance counselors.

(A) applications   (B) applicants   (C) applicators   (D) applicabilities

해석	콜롬비아 대학의 모든 지원자들은/ 가능한 한 빨리 지원하라는 조언을 받았다/ 그들의 지도 상담사들로부터.
정답과 해설	(B) 동사가 「조언을 받았다」는 뜻이 나오므로 '주어는 사람 명사'가 되어야 합니다.
어휘	advise 조언하다, 권하다 apply 지원하다 as early as possible 가능한 한 빨리 guidance counselor 지도 상담사 application 지원, 신청, 응용, 적용 applicant 지원자, 신청자 applicator 바르는 기구 applicability 적응성, 응용성, 적절성

205 An organization's future/ depends on/ which direction the _____ of the organization is heading.

(A) position   (B) leader   (C) role   (D) pilot

해석	조직의 미래는/ 달려 있다/ 조직의 지도자가 어느 방향으로 나아가느냐에.
정답과 해설	(B) 문맥상 가장 '지도자(leader)'가 들어가야 가장 자연스러우므로
어휘	organization 조직 future 미래 depend(rely, count, trust, fall back) on 달려있다 direction 방향 leader 지도자 heading 향하다 position 입장, 위치 role 역할 pilot 조종사

206 Because John has _____ moved and hasn't reported it to the district office,// he hasn't been able to receive any of his mail for a month.

(A) recently   (B) initially   (C) highly   (D) usually

해석	John은 최근에 이사를 와서 구청에 신고하지 않기 때문에,// 한 달 동안 우편물을 전혀 받지 못했다.
정답과 해설	(A) 문맥상 '최근에(recently)'가 들어가야 가장 자연스러우므로 u.388쪽 (3)번 참조
어휘	move 이사하다 report 신고하다 district office 구청 be able to ~할 수 있다 receive 받다 mail 우편물 recently=lately=of late 최근에 initially 처음에 highly 대단히, 매우 usually 대개, 보통

207 The _____ of a company/ is measured/ by both the increase in the amount of sales and the increase in the number of employees each year.

(A) capacity   (B) growth   (C) grew   (D) growing

해석	기업의 성장은/ 측정된다/ 매년 매출액 증가와 직원 수 증가로.
정답과 해설	(B) '주어자리'이므로 '명사형'이 되어야 하며, 문맥상 '성장(growth)'이 들어가야 자연스러우므로
어휘	company 회사 measure 측정하다 both A and B: A와 B 둘 다 increase=increment 증가 employee 직원 the amount of sales 매출액 each year=annually 매년 capacity 수용능력 growth 성장 grow-grew-grown 성장하다

208 The operations manager/ _____/ every part of the factory/ twice a day/ in order to make sure that there are no malfunctions.

(A) performs   (B) inspects   (C) functions   (D) revises

해석	작업 관리자는/ 검사한다/ 공장의 모든 부분을/ 하루에 두 번씩/ 오작동이 없는지 확인하기 위하여.
정답과 해설	(B) 문맥상 '검사하다(inspects)가 들어가야 가장 자연스러우므로
어휘	operations manager 작업 관리자 factory 공장 twice a day 하루에 두 번 in order to=so as to ~하기 위하여 make sure that 확인하다 malfunction 오작동 perform 수행(공연)하다 inspect 조사(검사)하다 function 기능하다 revise 개정(복습)하다

209 First quarter revenues/ _____ $34.2 billion/ from $33.5 billion a year earlier.

(A) rose to   (B) increased by   (C) expanded at   (D) declined from

해석	1분기 매출 소득은/ 342억 달러로 증가했다/ 1년 전의 335억 달러에서.
정답과 해설	(A) rise to ~으로 오르다 u.32쪽 ⑤번 참조, 355쪽 ⑶번 from A to B 참조
어휘	first quarter 1분기 revenues 매출 소득 rise-rose-risen 오르다 billion 10억 a year earlier 1년 전 increase=augment=step up 증가시키다, 증가하다 expand 팽창하다, 확장하다 decline 감소하다(=decrease), 거절하다(=reject=refuse)

210 _____ its overwhelming debt load,// the government decided to increase interest rates/ in order to discourage loans and promote savings.

(A) In response to   (B) As a result   (C) As opposed to   (D) In place of

해석	과도한 부채 부담에 대응하여,// 정부는 금리를 올리기로 결정했다/ 대출을 억제하고 저축을 촉진하기 위해.
정답과 해설	(A) 문맥상 '대응하여(in response to)'가 가장 자연스러우므로
어휘	overwhelming 압도적인 debt load 부채 부담 government 정부 decide 결정하다 increase 인상하다 interest rates 금리 in order to=so as to ~하기 위해서 discourage 억제하다, 단념시키다 loan 대출 promote 촉진하다 savings 저축 in response to ~에 대응하여 as a result(consequence) 그 결과 as opposed to ~과 대조적으로 in place of=instead of=on behalf of ~대신에

211 Now I've got hospital bills/ _____ our usual expenses.

(A) in addition   (B) furthermore   (C) along with   (D) also

해석	이제 나는 병원비를 마련했어/ 평상시의 경비와 함께.
정답과 해설	(C) along with=in addition to ~과 함께, ~과 더불어 u.493쪽 ⑹번 참조
어휘	hospital bills 병원비 usual expenses 평상시의 경비 in addition=furthermore=what is more=moreover 게다가

212 Jane is _____ with making the business a success.

(A) scored   (B) granted   (C) charged   (D) credited

해석	Jane은 그 사업을 성공시킨 공로를 인정받고 있다.
정답과 해설	(D) be credited with ~한 공로를 인정받다
어휘	score 득점하다 grant 수여하다, 허가해주다 charge 비난하다 credit 공을 인정하다

213 It is not possible to reduce costs without _____ altering the quality of the product.

(A) significantly   (B) importantly   (C) momentously   (D) consequentially

해석	제품의 품질을 크게 바꾸지 않고는 비용을 절감할 수 없다.
정답과 해설	(A) 문맥상 '눈에 띄게/상당히(significantly)'가 들어가야 가장 자연스러우므로
어휘	reduce=decrease=lessen=curtail=cut down on 줄이다, 절감하다 costs 비용 alter=change 바꾸다 significantly=conspicuously=notably=noticeably=remarkably=outstandingly 눈에 띄게, 상당히 quality 품질 product 제품 importantly=momentously=consequentially=significantly 중요하게

214 In order to _____ the purchase of its new products,// the company spent a great deal on advertising.

(A) obligate   (B) afford   (C) promote   (D) compliment

해석	신제품의 구매를 촉진하기 위해서,// 그 회사는 광고에 많은 돈을 썼다.
정답과 해설	(C) 문맥상 '촉진하다(promote)'가 들어가야 가장 자연스러우므로
어휘	in order to=so as to=with intent to=with the intent of ~하기 위해서 purchase 구매 product 제품 company 회사 a great(good) deal=a lot of=lots of=plenty of=much 많은 advertising 광고 afford 감당하다 promote=expedite=further=step(gear) up 촉진하다 obligate ~에게 의무를 지우다 compliment=praise=applaud=extol=eulogize 칭찬하다

215 An ideal candidate should not only perform well under tight deadline pressure/ but also have a good _____ with technical standards.

(A) prospect   (B) promise   (C) familiarity   (D) insight

해석	이상적인 지원자는 촉박한 마감 시한 압력 하에서도 업무수행을 잘 할 뿐만 아니라/ 기술 표준에 대해 잘 알고 있어야합니다.
정답과 해설	(C) have a good familiarity with ~을 잘 알다, ~에 정통하다
어휘	ideal 이상적인 candidate 지원자, 후보자 not only A but also B: A뿐만 아니라 B도 perform=conduct 수행하다 under tight deadline pressure 촉박한 마감 시한 압력 하에서도 technical standard 기술 표준 prospect 전망, 가망, 기대 promise 약속, 전망 insight 통찰력

216 David also _____ the importance of predictability and ritual/ in maintaining a stable pattern of mutual trust.

(A) evaluated   (B) emphasized   (C) enclosed   (D) employed

해석	데이비드는 또한 예측 가능성과 의식의 중요성을 강조했다/ 상호 신뢰의 안정적인 유형을 유지하는 데 있어서.
정답과 해설	(B) 문맥상 '강조하다(emphasized)'가 들어가야 가장 자연스러우므로
어휘	predictability 예측 가능성 ritual 의식 maintain=keep up 유지하다 stable 안정적인 pattern 유형 mutual trust 상호 신뢰 evaluate=value=rate=estimate=appraise 평가하다 emphasize=stress=underscore 강조하다 enclose=surround 에워싸다 employ=hire 고용하다

217 Demand in the region/ is more than _____ to warrant expansion.

(A) sure   (B) enough   (C) innumerable   (D) capable

해석	이 지역의 수요는/ 확장을 보증하기에 충분하고도 남는다.
정답과 해설	(B) more than enough 충분하고도 남는
어휘	demand 수요 region 지역 warrant 보증(보장)하다 expansion 확장, 확대, 팽창 innumerable=uncountable=countless=numberless=numerous 무수한 capable 유능한

218 The Commission has more than _____ trained officials to take on this task.

(A) big   (B) capable   (C) sure   (D) enough

해석	위원회는 이 일을 맡을 수 있는 훈련된 직원들을 넉넉히 보유하고 있다.
정답과 해설	(D) more than enough 충분하고도 남는
어휘	The Commission 위원회 trained official 훈련된 직원 take on 떠맡다 task 일 capable 유능한

219 All the respondents who answered the corporate service survey/ rated the new cafeteria to be "excellent" without any _____.

(A) medication   (B) separation   (C) transgression   (D) exception

해석	기업 서비스 조사에 응답한 모든 응답자들은/ 새 구내식당을 예외 없이 '우수'라고 평가했다.
정답과 해설	(D) without any exception 예외 없이
어휘	respondent 응답자 corporate service survey 기업 서비스 조사 rate=appraise=assess=estimate=evaluate=value=rate 평가하다 cafeteria 구내식당 excellent 우수한 medication 약품 separation 분리 transgression=violation=infringement 위반

220 While waiting for the _____ of the product that she had ordered a month before,// Cathy realized// that what she had ordered was actually not the one that the company needed.

(A) release   (B) delivery   (C) deliverance   (D) resource

해석	한 달 전에 주문한 제품의 납품을 기다리는 동안 // Cathy는 깨달았다// 자신이 주문한 것이/ 실제로는 회사가 필요로 하는 것이 아니라는 것을.
정답과 해설	(B) 문맥상 '납품/배달(delivery)'이 들어가야 가장 자연스러우므로
어휘	wait for=await 기다리다 product 제품 order 주문(명령)하다 realize 깨닫다 what ~한 것 actually=in point of fact 사실은, 실제로는 company 회사 need 필요로 하다 release 석방, 발매, 개봉 deliverance 구조, 석방 resource 자원, 재원, 재주

221 Being in the military/ is very challenging/ not only because of the _____ training,/ but also the harsh treatment.

(A) rigorous   (B) various   (C) spacious   (D) prosperous

해석	군에 있다는 것은/ 매우 도전적이다/ 혹독한 훈련뿐만 아니라/ 가혹한 대우 때문에.
정답과 해설	(A) 문맥상 '혹독한/엄격한(rigorous)'이 들어가야 가장 자연스러우므로
어휘	the military 군대 challenging 도전적인 not only A but also: A뿐만 아니라 B도 because of=owing(due) to=on the grounds(score) of=in the wake of ~ 때문에 harsh=brutal=relentless 가혹한 treatment 대우 prosperous=thriving 번창하는 various=diverse=a range(variety, diverse) of 다양한 spacious=roomy 널찍한

222 Every new drug has to pass a series of _____ safety checks/ before it is put on sale.

(A) rigorous   (B) ustainable   (C) mundane   (D) reluctant

해석	모든 신약은 일련의 엄격한 안전 점검을 통과해야 한다/ 그것이 판매되기 전에.
정답과 해설	(A) 문맥상 '엄격한(rigorous)'이 들어가야 가장 자연스러우므로
어휘	new drug 신약 pass 통과하다 a series of 일련의 safety check 안전 점검 be put on sale 판매되다 rigorous 엄격한, 혹독한 sustainable 지속가능한 mundane 세속적인, 보통의 reluctant 마지못해서 하는

223 The database allows you to _____ the sales figures in a number of ways.

(A) access   (B) approach to   (C) go   (D) come into

해석	그 데이터베이스는 당신이 여러 가지 방법으로 매출액에 접속할 수 있게 해준다.
정답과 해설	(A) the sales figures라는 '목적어를 취하는 타동사'가 필요하죠.
어휘	allow A to B A가 B하는 것을 허용하다 sales figures 매출액 a number of=plenty of=many 많은 access 접근, 접속, 접근(접속)하다

224 Bank customers/ can _____ their checking accounts instantly/ through the new electronic system.

(A) succeed   (B) achieve   (C) access   (D) fulfill

해석	은행 고객들은/ 자신의 수표 계좌에 즉시 접속할 수 있다. / 새로운 전자 시스템을 통해.
정답과 해설	(C) their checking accounts 라는 목적어를 취할 수 있는 가장 자연스러운 동사이므로
어휘	bank customer 은행 고객 instantly 즉시 through ~을 통해서 access 접근, 접속, 접근(접속)하다 achieve=fulfill 성취하다 checking account=an account at a bank against which checks can be drawn by the account depositor 수표 인출 계좌

225 The doctor will give you a _____ to a specialist in your area.

(A) refer   (B) referral   (C) referring   (D) reference

해석	의사는 당신을 당신 지역의 전문의에게 보낼 것입니다.
정답과 해설	(B) give A a referral to B: A를 B에게 보내다(의뢰하다)
어휘	specialist 전문의 area 지역 refer 의뢰하다, 조회하다, 위탁하다, 보내다, 참조시키다 referral 의뢰, (적극적으로 권하는) 추천, 의뢰서 reference 관련, 문의, 언급, 참조, (평가를 위한) 추천서(recommendation)

226 Employees applying for the training/ have to get a _____ from their supervisor.

(A) refer   (B) referral   (C) referring   (D) reference

해석	연수를 신청하는 직원들은/ 자신의 상사로부터 추천서를 받아야 한다.
정답과 해설	(B) 문맥상 '추천서(reference)'가 들어가야 가장 적절하므로
어휘	employee 직원 apply for 신청(지원)하다 training 연수, 훈련 supervisor 상관, 감독관

227 In an effort to install management control,// Gutfreund created a _____ of new titles.

(A) wealth   (B) whole   (C) deal   (D) amount

해석	관리 통제 기능을 설치하기 위해,// Gutfreund는 많은 새로운 직함을 만들었다.
정답과 해설	(A) a wealth of=a lot of=a quantity of 수나 양이 풍부한, 많은 u.277쪽 참조
어휘	in an effort to ~하려고, ~하려는 노력에서 install 설치하다 management 관리 control 통제 Gutfreund 미국의 은행가 이름 create 만들다 title 직함 deal 거래 amount 양

228 The July savings figures/ have been _____ / to include projections from managers.

(A) added   (B) increased   (C) updated   (D) outdated

해석	7월 저축 수치는/ 업데이트되었다/ 관리자의 예상치를 포함하도록.
정답과 해설	(C) 관리자들의 예상치를 포함하기 위해서는 '업데이트가 되어야' 하겠죠?
어휘	include=involve=incorporate=encompass=embody=contain=cover=comprise 포함하다 savings figures 저축 수치 projections 예상치 increase=add to=augment 증가시키다 update 최신 것으로 하다, 업데이트하다 outdated=outmoded=old-fashioned 구식의

229 These staff have responsibility for _____ the database.

(A) updating   (B) outsourcing   (C) explaining   (D) outlining

해석	이 직원들이 데이터베이스를 업데이트할 책임을 지고 있습니다.
정답과 해설	(A) 문맥상 'updating'이 가장 자연스러우므로
어휘	staff 직원(단.복수 동일형) have responsibility for 책임지다 outsource 하청하다 update 최신 것으로 하다, 업데이트하다 explain 설명하다 outline 윤곽을 그리다, 개요를 말하다

230 Regulations _____// how long maintenance crews can work.

(A) specify   (B) testify   (C) magnify   (D) personify

해석	규정은 명시하고 있다// 정비 요원들이 얼마나 오래 일할 수 있는지를.
정답과 해설	(A) 문맥상 '명시하다(specify)'가 가장 자연스러우므로
어휘	regulation 규정 maintenance crew 정비 요원 specify 명시하다, 구체적으로 말하다(쓰다) testify 증명(증언)하다 magnify 확대(과장)하다 personify 상징(의인화, 구체화)하다

231 The work must be completed/ within the _____ period agreed in the contract.

(A) specified   (B) testified   (C) magnified   (D) personified

해석	그 일은 완료되어야 한다/ 계약서에 합의된 명시된 기간 내에.
정답과 해설	(A) 문맥상 '명시된(specified)'이 가장 자연스러우므로
어휘	complete 완료하다 period 기간 agree 합의하다 specify 명시하다, 구체적으로 말하다(쓰다) contract 계약, 계약서 testify 증명(증언)하다 magnify 확대(과장)하다 personify 상징(의인화, 구체화)하다

232 It is the student's responsibility to arrange for payment in full before _____.

    (A) complaint   (B) inventory   (C) entreaty   (D) enrollment

해석	등록하기 전에 지불금 전액을 마련하는 것은 학생의 책임이다.
정답과 해설	(D) 문맥상 '등록(enrollment)'이 가장 자연스러우므로
어휘	responsibility 책임 arrange for 마련하다, 주선하다 payment in full 전액 지불 complaint 불평 inventory 물품 명세서 entreaty 탄원, 애원, 간청 enrollment 등록, 입학, 입대

233 Mark flew out to Taipei/ to _____ the details of the deal.

    (A) create   (B) contract   (C) sign   (D) finalize

해석	Mark는 타이페이로 날아갔다/ 거래의 세부 사항을 마무리 짓기 위해.
정답과 해설	(D) 문맥상 '마무리 짓다(finalize)'가 들어가야 가장 자연스러우므로
어휘	fly-flew-flown 날다, 비행하다 details 세부 사항 deal 거래 create 창작하다 contract=make a contract with 계약하다 finalize 마무리 짓다

234 The meeting has been postponed// until travel arrangements are _____.

    (A) hosted   (B) contracted   (C) signed   (D) finalized

해석	회의가 연기되었다.// 여행 일정이 최종 확정될 때까지.
정답과 해설	(D) 문맥상 '최종 확정되다(finalize)'가 들어가야 가장 자연스러우므로
어휘	postpone=procrastinate=prolong=put off=put over=hold over=adjourn=delay=defer=suspend 연기하다 travel arrangement 여행 일정 host 개최하다 contract=make a contract 계약하다 finalize 마무리 짓다

235 Price will be a crucial _____ in the success of this new product.

    (A) base   (B) role   (C) factor   (D) agency

해석	가격은 이 신제품의 성공에 중요한 요소가 될 것이다.
정답과 해설	(C) 문맥상 'factor(요인)'이 가장 자연스러우므로
어휘	price 가격 crucial=decisive 중요한, 결정적인 success 성공 product 제품 base 기반 role 역할 agency 매개체, 기관, 대리점

236 Once we make the _____ for inflation,// the fall in interest rates will be quite small.

    (A) developments   (B) announcements   (C) adjustments   (D) commitments

해석	일단 우리가 통화 팽창(물가 상승)에 대한 조정을 하면,// 금리 하락은 아주 미미할 것입니다.
정답과 해설	(C) 문맥상 '조정(adjustments)'이 들어가야 가장 자연스러우므로
어휘	inflation 통화 팽창, 물가 상승 fall in interest rates 금리 하락 quite small 아주 미미한 development 발달, 전개 announcement 발표 adjustment 조정, 심리적 적응 commitment 헌신, 약속, 범행

237 The country's unemployment rate declined to 7.5% in June from 7.6% in May,/ as a result of a _____ increase in employment.

(A) instrumental   (B) complemental   (C) marginal   (D) original

해석	그 나라의 실업률은 5월의 7.6%에서 6월에는 7.5%로 감소했다./ 미미한 고용 증가로 인하여
정답과 해설	(C) 문맥상 '미미한(marginal)'이 들어가야 가장 자연스러우므로
어휘	unemployment rate 실업률 decline=decrease 감소하다 June 6월 May 5월 as a result(consequence) of=owing(due) to ~때문에 marginal 미미한, 약간의 increase 증가 employment 고용 instrumental 쓸모 있는, 악기의 complemental=complementary=supplementary 보충하는 original 독창적인, 원래의

238 The new system is only _____ more efficient than the old one.

(A) remarkably   (B) marginally   (C) noticeably   (D) conspicuously

해석	새로운 시스템은 단지 이전 시스템보다 약간 더 효율적일 뿐이다.
정답과 해설	(B) 문맥상 '약간/조금(marginally)'이 가장 자연스러우므로
어휘	efficient 효율적인 marginally 약간, 조금 remarkably=noticeably=conspicuously 눈에 띄게, 현저하게, 대단히

239 As professionals,// nurses are more _____ educated and accountable for their actions/ than they used to be.

(A) high   (B) highly   (C) higher   (D) highest

해석	전문가로서,// 간호사들은 더 높은 교육을 받고 그들의 행동에 대해 더 많은 책임을 진다/ 예전에 그랬던 것 보다.
정답과 해설	(B) 과거분사 'educated'를 수식하는 부사가 필요하므로 u.384쪽 참조
어휘	as ~로서 professionals 전문가 nurse 간호사 educated 교육받은 be accountable(answerable, liable, responsible) for 책임지다 action 행동, 작용, 조처 used to ~하곤 했다, 전에는 ~했었는데 (지금은 아니다) high 높은, 높이 highly 대단히

240 As a result,// the wage gap between _____ and highly skilled workers/ has widened sharply.

(A) low   (B) lowly   (C) lower   (D) lowest

해석	그 결과,// 숙련도가 낮은 노동자와 고도로 숙련된 노동자의 임금 격차가/ 급격히 확대되었다.
정답과 해설	(B) 'skilled'라는 과거분사를 수식하는 부사이며, 동시에 'highly의 상대적인 단어'이므로 u.384쪽 참조
어휘	as a result(consequence)=consequently=therefore 그 결과 wage 임금 gap 격차 highly skilled 고도로 숙련된 low 낮은 lowly 낮게, 천하게, 천한 widen 넓어지다 sharply 급격히

241 To _____ the increasing number of tourists who visit the museum,// the National Arts Museum has decided to build a bigger parking lot by next month.

(A) justify   (B) encounter   (C) accommodate   (D) accomplish

해석	박물관을 찾는 늘어나는 관광객을 수용하기 위해,// 국립 미술 박물관은 다음 달까지 더 큰 주차장을 짓기로 결정했다.
정답과 해설	(C) 문맥상 '수용하다(accommodate)'가 들어가야 가장 자연스러우므로
어휘	increase 증가하다 tourist 관광객 visit 방문하다 museum 박물관 the National Arts Museum 국립 미술 박물관 decide 결정하다 build 짓다 parking lot 주차장 by ~까지 justify 정당화하다 encounter 마주치다 accomplish 성취하다

242 Contrary to popular opinion,// the ship was equipped with excellent _____ and many modern conveniences for both crew and passengers.

(A) accommodation   (B) recommendation   (C) indemnification   (D) communication

해석	널리 알려진 견해와는 반대로,// 그 배는 훌륭한 숙소와 승무원과 승객 모두를 위한 많은 현대식 편의 시설을 갖추고 있었다.
정답과 해설	(A) 문맥상 '숙소/숙박 시설(accommodation)'이 들어가야 가장 자연스러우므로
어휘	contrary to ~과는 반대로 popular opinion 널리 알려진 의견 be equipped with ~을 갖추다 excellent 훌륭한 modern 현대식의 conveniences 편의 시설 both A and B: A와 B 둘 다 crew 승무원 passenger 승객 accommodation 숙소, 숙박 시설 recommendation 추천, 권고 indemnification 보상, 배상 communication 의사소통, 통신

243 The cost of the six-day trip/ includes meals and hotel _____.

(A) accommodations   (B) recommendations
(C) indemnifications   (D) communications

해석	6일간의 여행비용에는/ 식사와 호텔 숙박비가 포함되어 있다.
정답과 해설	(A) 문맥상 '숙소/숙박 시설(accommodations)'이 들어가야 가장 자연스러우므로
어휘	cost 비용 trip 여행 meal 식사 accommodation 숙소, 숙박 시설 include=involve=incorporate=contain=cover=comprise=count in 포함하다 recommendation 추천, 권고 indemnification 보상, 배상 communication 의사소통, 통신

244 Among other matters,// the city council _____ more funds for additional police officers.

(A) recognized   (B) theorized   (C) authorized   (D) emphasized

해석	다른 문제들 가운데,// 시의회는 특별 경찰관들을 위해 더 많은 재원을 승인했다.
정답과 해설	(C) 문맥상 '승인했다(authorized)'가 들어가야 가장 자연스러우므로
어휘	among ~가운데 matter 문제(가 되다) city council 시의회 funds 재원 additional 특별한, 추가적인 police officer 경찰관 recognize 인식(인정)하다 theorize 이론을 세우다 authorize=approve 승인하다 emphasize=stress=underscore 강조하다

245 Sales have been regulated since 1906,// when merchants were required to get _____ from the mayor to liquidate their inventories.

(A) recognition   (B) theorization   (C) authorization   (D) realization

해석	판매는 1906년부터 규제되어 왔다.// 당시에는 상인들은 재고를 정리를 위해 시장으로부터 허가를 받아야 했다.
정답과 해설	(C) 문맥상 '승인(authorization)'이 들어가야 가장 자연스러우므로
어휘	sale 판매 regulate 규제하다 merchant 상인 be required to ~해야 한다 mayor 시장 liquidate 제거(정리)하다 inventory 재고 recognition 인식, 인정 theorization 이론 구성 authorization=approval 승인 realization 깨달음, 현실화

246 The computer's memory has a _____ of over 500 megabytes.

(A) ability   (B) capability   (C) capacity   (D) power

해석	컴퓨터의 메모리는 500 메가바이트가 넘는 용량을 갖고 있다.
정답과 해설	(C) 문맥상 '용량(capacity)'가 들어가야 가장 자연스러우므로
어휘	over=more than ~보다 많은 ability=capability 능력 capacity 용량, 능력, 재능, 자격

247 The right person for the job/ must show a _____ to work independently.

(A) capacity   (B) perseverance   (C) location   (D) condition

해석	그 일에 적합한 사람은/ 독립적으로 일할 수 있는 능력을 보여주어야 한다.
정답과 해설	(A) 문맥상 '능력(capacity)'이 들어가야 가장 자연스러우므로
어휘	right 적합한, 알맞은 show 보여주다 independently 독립적으로, 자주적으로 capacity 능력 perseverance=endurance=tolerance 인내 location 위치 condition 상황, 상태, 조건

248 Your business plans will not always go as _____.

(A) planning   (B) to be planned   (C) being planned   (D) planned

해석	너의 사업계획이 항상 계획대로 되지는 않을 것이다.
정답과 해설	(D) go as planned '계획대로 되다'라는 뜻을 가진 관용적 표현
어휘	not always 항상 ~한 것은 아니다

249 The movie _____ James Dean as a disaffected teenager.

(A) contemplates   (B) expounds   (C) features   (D) weighs

해석	그 영화는 James Dean을 불만으로 가득 찬 십대로 등장시킨다.
정답과 해설	(C) 문맥상 '등장시키다(features)'가 가장 자연스러우므로
어휘	disaffected 불만으로 가득 찬 teenager 10대 contemplate 숙고하다 expound 해설하다 weigh 무게를 두다, 고려하다

250 Sales have gone up/ for items _____ on money-off coupons.

(A) contemplated　　(B) expounded　　(C) featured　　(D) weighed

해석	판매가 증가했다/ 할인 쿠폰에 특별히 다루어진 품목에 대해서.
정답과 해설	(C) 문맥상 '특별히 다루어진(featured)'이 들어가야 가장 자연스러우므로
어휘	sale 판매, 매출 go up 증가하다, 오르다 item 품목 feature 특별히 다루다 money-off coupon 할인 쿠폰 contemplate 숙고하다 expound 해설하다 weigh=consider=contemplate=allow(bargain) for=take into account 무게를 두다, 고려하다

251 The Health Secretary spends all his time/ understanding the very _____ developments in heart transplants.

(A) late　　(B) later　　(C) last　　(D) latest

해석	보건부 장관은 자신의 모든 시간을 보낸다/ 심장 이식의 가장 최근의 진전 상황을 이해하는데.
정답과 해설	(D) the very + 최상급 (단연 ~한), the very latest 가장 최근의 u.309쪽 (25)번 참조
어휘	Health Secretary 보건부 장관 developments 진전 상황 heart transplant 심장 이식 late 늦은 later 더 늦게 last 마지막

252 The results show an unacceptably wide difference/ between the performance of the _____ best and that of the very worst.

(A) very　　(B) few　　(C) more　　(D) far

해석	그 결과는 용납할 수 없을 정도로 넓은 차이를 보여준다./ 최상의 성과와 최악의 성과 사이에.
정답과 해설	(A) the very +최상급 (단연 ~한), the very best 단연 최상 u.309쪽 (25)번 참조
어휘	result 결과 show 보여주다 unacceptably 용납할 수 없을 정도로 wide 넓은 difference 차이 between A and B: A와 B 사이에 performance 성과, 수행 능력 the very worst 단연 최악

253 Employees are not _____ to give their reasons for leaving.

(A) bound　　(B) raised　　(C) contained　　(D) obtained

해석	직원들은 떠나는 이유를 제시 할 의무가 없다.
정답과 해설	(A) be bound(forced, obliged, compelled, impelled, coerced) to 억지로 ~하다
어휘	employee 직원 reason 이유 leave-left-left 떠나다 raise 기르다, 올리다 contain=comprise 포함하다 obtain=acquire=win=secure=procure=garner=come by 얻다

254 When you deal with so many patients,/ mistakes are _____ to happen.

(A) bound　　(B) raised　　(C) contained　　(D) obtained

해석	그렇게 많은 환자들을 다루면, 실수가 일어나기 마련이다.
정답과 해설	(A) be bound(certain) to 반드시 ~하다, ~하기 마련이다
어휘	deal(do, cope) with=treat=handle=manage=manipulate=address 다루다, 대처하다 patient 환자 mistake 실수 happen=occur=arise=break out=take place=crop up 발생하다

255 The results of the survey are presented in three sections,// each of which begins with a _____ of its major findings.

(A) operation   (B) distraction   (C) contribution   (D) summary

해석	조사의 결과는 세 부분으로 나뉘어 제시되어 있는데,// 각 부분은 주요 조사 결과에 대한 요약으로 시작됩니다.
정답과 해설	(D) 문맥상 '요약(summary)'이 가장 자연스러우므로
어휘	result 결과 survey 조사 present 제시하다 section 부분, 구역 major 주요한 findings 조사 결과, 연구 결과 operation 작업, 수술, 작전 distraction 방심, 주의 산만 contribution 기부, 기여, 기고 summary 요약, 개요

256 She was highly _____ / for having handled of the situation excellently.

(A) promised   (B) commanded   (C) contested   (D) commended

해석	그녀는 그 상황을 훌륭하게 처리했다고 대단히 찬사를 받았다.
정답과 해설	(D) 문맥상 '칭찬하다(commended)'가 들어가야 가장 자연스러우므로
어휘	highly 대단히 handle=deal(do) with 다루다 situation 상황 excellently 훌륭하게 promise 약속(보증)하다 command=order 명령하다 contest 겨루다, 논쟁하다 commend=praise 칭찬하다

257 The task proved to be _____ more difficult than I had expected.

(A) rarely   (B) rather   (C) frequently   (D) seldom

해석	그 일은 내가 예상했던 것보다 다소 더 어려운 것으로 판명되었다.
정답과 해설	(B) 문맥상 '다소(rather)'가 들어가야 가장 자연스러우므로
어휘	task 일 prove(turn out, come out) to be ~판명되다 difficult 어려운 expect 예상(기대)하다 rarely=seldom 좀처럼 ~하지 않다 rather 다소, 꽤 frequently=more often than not=as often as not 자주

258 He gave a talk at a career-development seminar/ to the top executives and his then-employer,// who were evaluating his career _____.

(A) insight   (B) account   (C) potential   (D) contemplation

해석	그는 직업 개발 세미나에서 강연을 했다/ 최고 경영진과 당시 고용주에게.// 그런데 그(고용주)가 그의 직업 잠재력을 평가하고 있었다.
정답과 해설	(C) 문맥상 '잠재력(potential)'이 들어가야 가장 자연스러우므로
어휘	give a talk 강연하다 career 직업, 경력 development 개발 executive 경영진, 이사 then-employer 당시 고용주 evaluate=estimate=rate=assess=appraise 평가하다 insight 통찰력 account 계좌, 설명, 이유 potential 잠재력 contemplation 심사숙고, 의도

259 He has the management _____ required to make the department more productive.

(A) profession   (B) expertise   (C) expense   (D) background

해석	그는 그 부서를 더 생산적으로 만드는 데 필요한 경영 전문지식을 갖고 있다
정답과 해설	(B) 문맥상 '전문지식(expertise)'이 들어가야 가장 자연스러우므로
어휘	management 경영, 관리 require 요구하다 department 부서 productive 생산적인 profession 직업, 고백, 선언 expense 비용, 지출, 경비 background 배경, 바탕, 원인, 경력

260 He was arrested by a police officer// while driving his car after the _____ of his driver's license.

(A) expiration   (B) beginning   (C) explanation   (D) duty

해석	그는 경찰관에 의해 체포되었다// 운전면허가 만료된 후 차를 운전하다가.
정답과 해설	(A) 문맥상 '만료(expiration)'이 가장 자연스러우므로
어휘	arrest 체포하다 police officer 경찰관 while ~ing ~하다가 driver's license 운전면허(증) expiration 만료, 만기 explanation 설명 duty 의무

261 Unfortunately/ he bought a printer that was not _____ with his computer.

(A) reasonable   (B) familiar   (C) compatible   (D) comfortable

해석	안타깝게도/ 그는 컴퓨터와 호환되지 않는 프린터를 구입했다.
정답과 해설	(C) be compatible with ~과 호환되다
어휘	unfortunately 안타깝게도, 불행히도, 유감스럽게도 reasonable 합리적인 familiar 친숙한 compatible= agreeable=amicable=congenial=consistent=harmonious 호환되는, 양립하는 comfortable 편안한

262 Measures to protect the environment/ are essentially _____ with economic growth.

(A) unreasonable   (B) unfamiliar   (C) incompatible   (D) uncomfortable

해석	환경을 보호하기 위한 조치는/ 경제 성장과 본질적으로 양립할 수 없다.
정답과 해설	(C) be incompatible(inconsistent) with ~와 양립할 수 없다
어휘	measures 조치, 조처 protect 보호하다 essentially 본질적으로 economic growth 경제 성장 environment 환경 unreasonable 비합리적인, 이치에 맞지 않는 unfamiliar 익숙지 않은 uncomfortable 불편한

263 The _____ method of inquiry/ is analysis of company records and other contemporary sources.

(A) mystical   (B) principal   (C) ethical   (D) logical

해석	주요한 조사 방법은/ 회사 기록과 기타 현대 자료의 분석입니다.
정답과 해설	(B) 문맥상 '주요한(principal)'이 가장 자연스러우므로
어휘	method 방법 inquiry 조사 analysis 분석 contemporary 현대의 sources 자료, 출처 mystical 신비스런 principal=main=chief=central 주요한 ethical 윤리적인 logical 논리적인

264 Each month/ a small amount is _____/ from her salary/ for the pension plan.

(A) deducted   (B) deposited   (C) succumbed   (D) replaced

해석	매달/ 소액이 공제된다/ 그녀의 임금으로부터/ 연금 제도를 위해서
정답과 해설	(A) 문맥상 '공제되다(deducted)'가 들어가야 가장 자연스러우므로
어휘	amount 액수 salary 임금 pension plan 연금 제도 deduct 공제하다 deposit 예금하다 succumb 굴복하다 replace 대체하다

265 The business community recognizes// that those enterprises deemed to be successful/ are those which are _____ to market changes.

(A) comprehensive   (B) responsive   (C) impressive   (D) extensive

해석	재계는 인정한다// 성공한 것으로 간주되는 기업들은/ 시장 변화에 잘 대응하는 기업들이라는 것을.
정답과 해설	(B) 문맥상 '잘 대응하는(responsive)'이 들어가야 가장 자연스러우므로
어휘	business community 재계, 사업 공동체 recognize 인정(인식)하다
	deem A to be B: A를 B로 간주하다 u.79쪽 (5)번 참조 enterprise 기업
	successful 성공적인 comprehensive 포괄적인 impressive 인상적인 extensive 광범위한

266 Public areas and buildings are now more _____ to people with disabilities.

(A) accessible   (B) permissible   (C) responsible   (D) comprehensible

해석	공공장소와 건물들은 이제 장애인들이 더 쉽게 접근할 수 있게 되었다.
정답과 해설	(A) 문맥상 '접근하기 쉬운(accessible)'이 들어가야 가장 자연스러우므로
어휘	public area 공공장소 disability 장애, 불구, 무능 accessible 접근하기 쉬운, 입수하기 쉬운
	permissible 허용할 수 있는 responsible 책임감 있는 comprehensible 이해할 수 있는

267 Mexico has become a popular vacation spot/ because of its _____ to California.

(A) closure   (B) proximity   (C) simplicity   (D) similarity

해석	멕시코는 유명한 휴양지가 되었다/ 캘리포니아와 가깝기 때문에.
정답과 해설	(B) 문맥상 '근접성(proximity)'가 들어가야 가장 자연스러우므로
어휘	popular 인기 있는 vacation spot 휴양지
	because of=owing(due) to=on account of=on the grounds(score) of ~ 때문에
	closure 폐쇄, 휴업, 종결 proximity=nearness 근접성 simplicity 소박함, 단순함 similarity 유사성

268 Should you decide to _____ with the treatment,// you should contact the hospital.

(A) matter   (B) subscribe   (C) proceed   (D) implement

해석	네가 혹시 치료를 계속하기로 결정하면,// 너는 병원에 연락해야 한다.
정답과 해설	(C) proceed with 계속하다, 계속하여 행하다: If you should decide에서 If가 생략된 도치 구문
	u.233쪽 참조
어휘	decide 결정(결심)하다 treatment 치료 contact 연락하다 matter 중요하다
	subscribe 구독하다 implement=enforce=conduct=carry out=execute=perform 실행하다

269 The merger is _____ according to schedule/ and should be complete by July.

(A) supplementing   (B) subscribing   (C) proceeding   (D) implementing

해석	합병은 일정에 따라 진행되고 있으며/ 틀림없이 7월까지는 마무리될 것이다.
정답과 해설	(C) 문맥상 '진행되다(proceed)'가 들어가야 가장 자연스러우므로
어휘	merger 합병 according to schedule 일정에 따라
	should 틀림없이 ~할 것이다 complete=finished 마무리 된

270 He's a very _____ young actor who's as happy in highbrow dramas as in TV comedies.

(A) whimsical   (B) changeable   (C) versatile   (D) volatile

해석	그는 TV 코미디 못지않게 고상한 드라마에서도 연기를 잘하는 다재다능한 젊은 배우이다.
정답과 해설	(C) 문맥상 '다재다능한(versatile)'이 들어가야 가장 자연스러우므로
어휘	actor 배우 as ~ as ~만큼, ~못지않게 be happy in ~에 있어서 잘하다 highbrow 고상한, 고품격의 whimsical=changeable=volatile 변덕스러운 versatile 다재다능한, 다양한 용도로 쓰이는, 용도가 넓은

271 It is a _____ insecticide known to control a wide range of insects.

(A) whimsical   (B) changeable   (C) versatile   (D) volatile

해석	그것은 광범위한 곤충을 방제하는 것으로 알려진 다용도 살충제다.
정답과 해설	(C) 문맥상 '다용도의(versatile)'가 들어가야 가장 자연스러우므로
어휘	insecticide=pesticide 살충제 control 방제(통제)하다 a wide range of=a wide swath of=far-reaching 광범위한 insect 곤충 whimsical=changeable=volatile 변덕스러운 versatile 다재다능한, 다양한 용도로 쓰이는

272 It may be _____ at this point to raise the question of how the new department will be funded.

(A) pertinent   (B) prominent   (C) eminent   (D) convenient

해석	이 시점에서 새로운 부서가 어떻게 자금조달을 받을 것인지 의문을 제기하는 것이 적절할 수도 있다.
정답과 해설	(A) 문맥상 '적절한(pertinent)'이 가장 자연스러우므로
어휘	may be ~할 수도 있다, ~일지 모르다 at this point 이 시점에서 raise=pose 제기하다 question 의문, 질문 department 부서 fund 자금을 조달하다 pertinent=proper=relevant 적절한 prominent=eminent=salient 유명한 convenient 편리한

273 The police department is appealing for any information that may be _____ to this inquiry.

(A) pertinent   (B) prominent   (C) eminent   (D) convenient

해석	경찰국은 이 조사와 관련 있을지도 모르는 어떤 정보라도 제공해 달라고 호소하고 있다.
정답과 해설	(A) be pertinent(relevant) to ~과 관련이 있다
어휘	the police department 경찰국 appeal for ~을 달라고 호소하다 may be ~할 수도 있다, ~일지 모르다 inquiry 조사 prominent=eminent=celebrated=distinguished=salient=illustrious 유명한, 저명한

274 The success of a company/ depends on building up and _____ a good relationship with its customers.

(A) containing   (B) maintaining   (C) remaining   (D) retaining

해석	회사의 성공은/ 고객들과의 좋은 관계를 구축하고 유지하는 데 달려있다.
정답과 해설	(B) 문맥상 '유지하다(maintaining)'가 들어가야 가장 자연스러우므로
어휘	success 성공 company 회사 depend(rely, hinge, fall back) on ~에 달려있다 build up 구축하다, 쌓다 relationship 관계 customer 고객 contain=comprise=involve 내포하다 remain 남아있다 retain=hold 보유하다

275 Critics _____ // that these reforms will lead to a decline in educational standards.

(A) contain   (B) maintain   (C) sustain   (D) retain

해석	비평가들은 주장한다// 이러한 개혁은 교육 수준의 하락을 가져올 것이라고.
정답과 해설	(B) 문맥상 '주장하다(maintain)'가 들어가야 가장 자연스러우므로
어휘	critic 비평가 reform 개혁 lead(conduce) to=result in 초래하다, 가져오다 educational standard 교육 수준 decline 하락 contain=comprise 내포하다 maintain=insist 주장하다 sustain=maintain=keep up 유지(부양)하다 retain 보유하다

276 We will offer you a _____ training in all aspects of the business.

(A) wasteful   (B) momentary   (C) optional   (D) comprehensive

해석	우리는 귀하에게 비즈니스의 모든 측면에 있어서 포괄적인 교육을 제공해 드릴 것입니다.
정답과 해설	(D) 문맥상 '포괄적인(comprehensive)'가 들어가야 가장 자연스러우므로
어휘	offer 제공하다 training 교육, 연수, 훈련 aspect 측면, 양상 wasteful 소모적인, 낭비하는 momentary 순간적인 optional 선택적인, 임의의 comprehensive 포괄적인, 종합적인

277 The company has enough _____ to change to meet market needs.

(A) probability   (B) feasibility   (C) capability   (D) plausibility

해석	그 회사는 시장의 요구를 충족시키기 위해 변화할 수 있는 충분한 능력을 가지고 있다.
정답과 해설	(C) 문맥상 '능력(capability)'가 들어가야 가장 자연스러우므로
어휘	company 회사 enough 충분한 meet 충족시키다 market needs 시장의 요구 probability=feasibility=plausibility=possibility=likelihood 가능성 capability 능력, 역량, 재능, 소질

278 Employees face dismissal// if they fail to match _____ the standards set by the company.

(A) as to   (B) up to   (C) near upon   (D) relative to

해석	직원들은 해고에 직면한다// 그들이 회사가 정한 기준에 부응하지 못하면.
정답과 해설	(B) match up to=live(act) up to ~에 부응하다, ~에 맞추다
어휘	employee 직원 face=confront=envisage=be faced(confronted) with 직면하다 dismissal 해고 fail to ~하지 못하다 standard 기준 set 정하다 as to ~에 관하여 near(nigh, close) upon=well-nigh=almost 거의 relative to ~에 비례하는, ~에 적합한

279 Research suggests// that _____ half of those who were prescribed the drug/ suffered side effects.

(A) up to   (B) as to   (C) pertaining to   (D) relative to

해석	연구에 따르면// 이 약을 처방받은 사람들 중 절반까지/ 부작용을 겪었다고 한다.
정답과 해설	(A) up to ~까지
어휘	research 연구 suggest 시사하다, 암시하다 prescribe 처방하다 drug 약 suffer 겪다, 경험하다 side effect 부작용 as to=concerning=regarding=respecting=pertaining to=relative to ~과 관련한

280 In the recent and great development of the iron industry,// the red hematite ores are
_____ predominant.

(A) overwhelm　　(B) overwhelmed　　(C) overwhelming　　(D) overwhelmingly

해석	최근 철광 산업이 크게 발전하면서,// 적색 철광석이 압도적으로 우위를 점하고 있다.
정답과 해설	(D) 형용사 predominant를 수식하는 '부사자리'이므로 u.384쪽 참조
어휘	recent 최근의 development 발달 iron industry 철광 산업 hematite 적철광 ore 광석 predominant=dominant=overriding 지배적인 overwhelm 압도(제압)하다, 기를 꺾다 overwhelming 압도적인 overwhelmingly 압도적으로

281 Instead of cutting benefits or coverage,// cost containment has focused _____ on
controlling fees and overall spending.

(A) overwhelm　　(B) overwhelmed　　(C) overwhelming　　(D) overwhelmingly

해석	혜택이나 보장 범위를 줄이는 대신,// 비용 절감은 수수료와 전체 지출을 통제하는 데 압도적으로 초점을 맞추었다.
정답과 해설	(D) 동사 focused를 수식하는 '부사자리'이므로 u.384쪽 참조
어휘	instead of=in place of=on behalf of ～대신에 cut 줄이다, 삭감하다 benefit 혜택, 수당 coverage 보장 범위 cost containment 비용 절감. 비용 억제 focus on ～에 초점을 맞추다 control 통제하다 fee 수수료 overall 전반적인 spending 지출 overwhelm 압도(제압)하다, 기를 꺾다

282 The public's response to the crisis appeal/ was _____ and compassionate.

(A) general　　(B) rigorous　　(C) generous　　(D) practical

해석	위기 호소에 대한 대중의 반응은/ 관대하고 동정적이었다.
정답과 해설	(C) 문맥상 '관대한(generous)'이 들어가야 compassionate와 병렬을 이루므로
어휘	the public 대중 response 반응 crisis 위기 appeal 호소 compassionate=sympathetic 동정적인 general 일반적인 rigorous 혹독한 generous=lenient 후한, 관대한, 푸짐한 practical 실용적인, 실질적인, 실제의

283 The star has _____ agreed/ to donate all the proceeds to charity.

(A) materially　　(B) generously　　(C) arguably　　(D) practically

해석	그 스타는 아낌없이 동의했다/ 모든 수익금을 자선단체에 기부하기로.
정답과 해설	(B) 문맥상 '아낌없이(generously)'가 들어가야 가장 자연스러우므로
어휘	agree to ～하기로 동의하다 donate 기부하다 charity 자선단체 proceeds 수익금(항상 복수) materially=practically 실질적으로 generously 아낌없이, 후하게, 너그럽게 arguably=feasibly 아마 틀림없이

284 The _____ discussion suggests// that the operation of Keynesian fiscal policy should pose few problems.

(A) preceding　　　(B) conceding　　　(C) receding　　　(D) pretending

해석	앞서 논의한 바와 같이// 케인즈의 재정정책 시행은 거의 문제를 야기하지 않는다.
정답과 해설	(A) 문맥상 '이전의(preceding)'가 가장 자연스러우므로
어휘	discussion 논의, 토론 suggest 시사하다 operation 시행, 운영, 경영 Keynesian 영국의 경제학자 Keynes의 형용사 fiscal 재정적인, 회계의 policy 정책 pose 야기(제기)하다 few 거의 ~하지 않는 problem 문제 precede 선행(우선)하다 concede 양보(인정)하다 recede 물러나다, 철회하다 pretend=feign=make believe ~인 체하다

285 The earthquake was _____ by a loud roar/ and lasted 20 seconds.

(A) requested　　　(B) preceded　　　(C) practiced　　　(D) advanced

해석	지진이 큰 굉음이 울린 다음 발생하여/ 20초 동안 계속됐다.
정답과 해설	(B) 지진에 앞서 굉음이 울리므로
어휘	earthquake 지진 loud=clamorous 시끄러운 roar 굉음, 포효 last=continue 계속되다 request 요청하다 precede 선행(우선)하다 practice 연습(실천)하다 advance 발전하다, 나아가다, 촉진하다

286 This matter is urgent/ and should be given _____ over others at the moment.

(A) residence　　　(B) instance　　　(C) providence　　　(D) precedence

해석	이 문제는 시급한 사안이므로/ 현재 다른 사안들보다 우선시 되어야 한다.
정답과 해설	(D) 문맥상 '우선/선행(precedence)'가 가장 자연스러우므로
어휘	matter 문제 urgent=pressing=imminent=exigent 시급한 at the moment 현재, 당장 residence 주거, 거주, 소재 instance 사례 providence 섭리, 선견지명 precedence 우선권, 선행

287 Many companies are currently giving _____ to short-term gains.

(A) residence　　　(B) instance　　　(C) providence　　　(D) precedence

해석	현재 많은 기업들은 단기적인 수익을 우선시하고 있다.
정답과 해설	(D) 문맥상 '우선시하다(give precedence to)'가 가장 자연스러우므로
어휘	currently 현재 give precedence to ~을 우선시하다, ~에게 우선권을 주다 short-term gains 단기적인 수익 residence 주거, 거주, 소재 instance 사례 providence 섭리, 선견지명 precedence 우선권, 선행

288 The road was covered with _____ of glass from the shattered window.

(A) fragments　　　(B) summaries　　　(C) shares　　　(D) excerpts

해석	도로는 부서진 창문에서 날아온 유리 조각으로 덮여 있었다.
정답과 해설	(A) 문맥상 '파편(fragments)'이 들어가야 가장 자연스러우므로
어휘	road 도로 be covered with ~으로 덮여 있다 glass 유리 shatter 산산이 부수다, 박살내다 fragment 조각(나다, 내다), 파편 summary=epitome 요약 share 몫, 분담, 할당 excerpt 발췌문, 인용문

289 It is very difficult to deal with _____ salesmen who won't take 'no' for an answer.

(A) resistant   (B) persistent   (C) assistant   (D) instant

해석	'거절'을 대답으로 받아들이려 하지 않는 끈질긴 판매원을 상대하는 것은 매우 어려운 일이다.
정답과 해설	(B) 문맥상 '끈질긴(persistent)'이 들어가야 가장 자연스러우므로
어휘	deal(do, cope) with=handle 대하다, 상대하다 take A for B: A를 B로 받아들이다 resistant 저항하는, 잘 견디는 persistent 끈질긴, 지속적인 assistant 조수, 보조원 instant 순간적인

290 Symptoms of the illness/ include a high temperature and a _____ dry cough.

(A) resistant   (B) persistent   (C) assistant   (D) instant

해석	그 질병의 증상은/ 고온과 지속적인 마른기침을 포함한다.
정답과 해설	(B) 문맥상 '지속적인(persistent)'이 들어가야 가장 자연스러우므로
어휘	symptom 증상 illness 질병 include=contain=comprise 포함하다 a high temperature 고열 dry cough 마른기침 resistant 저항하는, 반항하는, 잘 견디는 persistent 끈질긴, 지속적인

291 Guests are requested/ to _____ their rooms/ before 12 o'clock on the day of departure.

(A) take   (B) gather   (C) discharge   (D) vacate

해석	손님들은 요청 받는다/ 방을 비워달라고/ 출발 당일 12시 전에.
정답과 해설	(D) 문맥상 '퇴실하다(vacate)'가 들어가야 가장 자연스러우므로
어휘	guest 호텔 손님 request 요청하다 on the day of departure 출발 당일에 take 가져가다 gather 모으다, 모이다 discharge 석방(면제, 이행, 해고)하다, 짐을 내리다 vacate 퇴실(퇴거)하다

292 If not re-appointed at the annual general meeting,// he shall _____ office at the conclusion thereof.

(A) take   (B) gather   (C) discharge   (D) vacate

해석	연례 총회에서 재임명되지 않을 경우,// 그는 그 총회가 끝날 때 직책을 사퇴해야 한다.
정답과 해설	(D) 문맥상 '사퇴하다(vacate)'가 들어가야 가장 자연스러우므로
어휘	re-appoint 재임명하다 annual general meeting 연례총회 shall ~해야 한다(법령) office 직책 conclusion 결말 thereof 앞에 언급한 것의 take 가져가다 gather 모으다, 모이다 discharge 석방(면제, 이행, 해고)하다 vacate 사퇴(퇴실)하다

293 It is _____ stated in the sales agreement// that the buyer is to pay for any home inspection.

(A) expressly   (B) expressively   (C) impressively   (D) conveniently

해석	판매 계약서에 명시되어 있다// 구매자가 어떤 주택 검사 비용도 지불해야 한다고.
정답과 해설	(A) 문맥상 '분명히/명백하게(expressly)'가 들어가야 가장 자연스러우므로
어휘	state 진술하다 sales agreement 판매 계약서 buyer 구매자 be to ~해야 한다 u.187쪽 (1)번 참조 pay for 비용을 지불하다 inspection 검사 expressly=apparently=clearly=evidently=obviously 명백 히, 분명히 expressively 표현력 있게 impressively 인상 깊게, 감동적으로 conveniently 편리하게

294 The government _____ the aircraft industry as a strategic sector.

(A) hosted   (B) conducted   (C) designated   (D) exempted

해석	정부는 항공기 산업을 전략적 부문으로 지정했다.
정답과 해설	(C) designate A as B: A를 B로 지정하다
어휘	government 정부 aircraft industry 항공기 산업 a strategic sector 전략적 부문 host 개최하다 conduct=perform 수행하다 exempt 면하게 하다, 면제하다

295 He was unsuccessful/ in his campaign for the presidential _____ in 2008.

(A) reputation   (B) nomination   (C) registration   (D) domination

해석	그는 실패했다/ 2008년 대통령 후보 지명 캠페인에서.
정답과 해설	(B) 문맥상 '지명(nomination)'이 들어가야 가장 자연스러우므로
어휘	unsuccessful 실패한 presidential nomination 대통령 후보 지명 reputation 명성, 평판 registration 등록, 등기, 표시 domination 지배, 권세, 우월

296 Unless the government agrees to further talks,// a strike seems highly _____.

(A) probable   (B) susceptible   (C) questionable   (D) transferable

해석	정부가 추가 협상에 응하지 않는 한,// 파업이 일어날 가능성이 매우 높아 보인다.
정답과 해설	(A) 문맥상 '가능성 있는(probable)'이 들어가야 가장 자연스러우므로
어휘	unless ~하지 않는 한 government 정부 agree(assent, consent) to 동의하다 further talks 추가 협상 strike 파업 highly 대단히 probable=likely 가능성 있는 susceptible ~에 민감한, ~에 취약한 questionable 수상한 transferable 양도할 수 있는

297 Steady advances in digital memory technology/ are making mass-storage devices technologically _____ and increasingly cost-effective.

(A) feasible   (B) responsible   (C) receptible   (D) eligible

해석	디지털 메모리 기술의 꾸준한 발전은/ 대용량 저장 장치를 기술적으로 가능하게 만들고 점점 더 비용 효율적으로 만들고 있다.
정답과 해설	(A) 문맥상 '가능성 있는(feasible)'이 들어가야 가장 자연스러우므로
어휘	steady 꾸준한 advance 발전 mass-storage device 대용량 저장 장치 technologically 기술적으로 increasingly 점점 더 cost-effective 비용 효율적인 feasible=possible=probable=conceivable=likely 가능한 responsible 책임 있는 receptible 수용할 수 있는 eligible 적임의, 적격의

298 The most _____ explanation of this observation/ is an abrupt, massive, global acidification of rainwater.

(A) plausible   (B) obtainable   (C) capable   (D) usable

해석	이 관찰의 가장 그럴듯한 설명은/ 빗물의 갑작스럽고 엄청난 세계적인 산성화이다.
정답과 해설	(A) 문맥상 '그럴듯한(plausible)'이 들어가야 가장 자연스러우므로
어휘	explanation 설명 observation 관찰 abrupt=sudden 갑작스런 massive 엄청난 global 세계적인 acidification 산성화 rainwater 빗물 plausible 그럴듯한 obtainable 획득할 수 있는 capable 유능한

299 It is _____ that the different speeds of financial liberalization/ are a prime cause of world trade and savings imbalances.

(A) arguable   (B) insistent   (C) persistent   (D) comfortable

해석	금융 자유화의 다양한 속도가/ 세계 무역과 저축 불균형의 주요 원인이라고 주장할 수 있다.
정답과 해설	(A) 문맥상 '주장할 수 있는(arguable)'이 들어가야 가장 자연스러우므로
어휘	financial liberalization 금융 자유화 prime 근본적인, 가장 중요한, 첫째의 cause 원인 trade 무역 savings 저축 imbalance 불균형 arguable 주장할 수 있는 insistent 주장하는 persistent 끈질긴 comfortable 편안한

300 Draycote Water is the biggest _____ of water in the south Midlands and offers a wide range of activities.

(A) stretch   (B) extent   (C) measure   (D) degree

해석	Draycote Water는 남 미들랜드에서 가장 큰 물줄기이며 아주 다양한 활동을 제공한다.
정답과 해설	(A) 문맥상 '뻗어있는 상태/펼쳐짐(stretch)'이 들어가야 가장 자연스러우므로
어휘	Draycote Water: England의 대형 저수지이자 국립공원 offer 제공하다 a wide range of 광범위한, 다양한 activity 활동 stretch 펼쳐짐, 연속 extent=measure=manner=fashion=sort=degree 정도

301 She rarely sleeps for eight hours at a _____.

(A) stretch   (B) manner   (C) measure   (D) degree

해석	그녀는 8시간 동안 쉬지 않고 자는 일이 좀처럼 없다.
정답과 해설	(A) at a stretch=without stopping 단숨에, 쉬지 않고, 멈추지 않고
어휘	rarely=seldom=scarcely ever=hardly ever 좀처럼 ~하지 않다 stretch 단숨, 연속 manner=measure=fashion=sort=degree=extent 정도

302 I need to _____ some money from my savings account to my checking account.

(A) transfer   (B) refer   (C) prefer   (D) confer

해석	나는 약간의 돈을 저축 계좌에서 수표 계좌로 이체해야 한다.
정답과 해설	(A) 문맥상 '이체하다(transfer)'가 들어가야 가장 자연스러우므로
어휘	savings account 저축 계좌 checking account 수표 계좌 transfer 이체(이양, 전송)하다 refer 조회하다, 맡기다, 의뢰하다 prefer 선호하다 confer 증여(수여)하다

303 The technology will be very useful to companies that routinely _____ documents electronically.

(A) transfer   (B) release   (C) subscribe   (D) enforce

해석	그 기술은 일상적으로 문서를 전자 방식으로 전송하는 회사에게 매우 유용합니다.
정답과 해설	(A) 문맥상 '전송하다(transfer)'가 들어가야 가장 자연스러우므로
어휘	technology 기술 useful 유용한 routinely 늘, 습관적으로 document 문서 electronically 전자적으로 transfer=transmit 전송하다 release 석방하다, 놓다, 개봉하다 subscribe 기부(승낙, 구독)하다 enforce 집행(강행, 역설)하다

304 The military government refused to _____ power to a democratically elected civilian government.

    (A) transfer   (B) liberate   (C) emancipate   (D) delineate

해석	군사 정부는 민주적으로 선출 된 민간 정부에 권력을 이전하는 것을 거부했다.
정답과 해설	(A) 문맥상 '이양하다/넘겨주다(transfer)'가 들어가야 가장 자연스러우므로
어휘	military government 군사 정부 refuse to ~하기를 거부하다 power 권력 democratically 민주적으로 transfer=relinquish=hand over 이양하다, 넘겨주다 elect 선출하다 civilian 민간의 liberate=emancipate 해방하다 delineate 기술하다

305 It has won the endorsement of President Clinton, the overwhelming support of the House and _____ approval by the Senate.

    (A) infamous   (B) enormous   (C) elaborate   (D) unanimous

해석	그것은 클린턴 대통령의 승인과 의회의 압도적인 지지와 상원에 의한 만장일치의 찬성을 얻었다.
정답과 해설	(D) 문맥상 '만장일치의(unanimous)'가 들어가야 가장 자연스러우므로
어휘	win-won-won 얻다 endorsement 승인, 배서 President 대통령 support 지지 overwhelming 압도적인 the House 미 하원 approval 찬성, 승인 the Senate 미 상원 infamous 파렴치한, 수치스런, 평판이 나쁜 enormous 엄청난 elaborate=exquisite=delicate 정교한

306 Success is achieved/ by analyzing our market carefully, then researching and testing our products _____.

    (A) roughly   (B) generally   (C) thoroughly   (D) loosely

해석	성공은 이뤄진다/ 시장을 신중하게 분석한 다음 제품을 철저히 조사하고 테스트함으로써.
정답과 해설	(C) 문맥상 '철저히(thoroughly)'가 들어가야 가장 자연스러우므로
어휘	success 성공 achieve=fulfill 성취하다 by~ing ~함으로써 analyze 분석하다 loosely 느슨하게 carefully=with care 신중하게 then 그런 다음 research 조사하다 product 제품 roughly 대충, 거칠게 generally 일반적으로 thoroughly=exhaustively=rigorously=downright=every bit=every inch 철저히

307 Part-time students/ make up a _____ proportion of the college population.

    (A) sizable   (B) bulky   (C) wealthy   (D) profuse

해석	시간제 학생들이/ 대학 인구의 상당 부분을 구성하고 있다.
정답과 해설	(A) 문맥상 '상당한(sizable)'이 들어가야 가장 자연스러우므로: a sizable proportion 상당 부분
어휘	part-time 시간제의 make up=compose 구성하다 proportion 부분, 비율, 조화 population 인구 sizable=fairly large 대규모의, 꽤 큰 bulky 덩치(부피)가 큰 wealthy 부유한 profuse 풍부한, 사치스런

308 They complained of frequent staff changes resulting in a lack of _____ in work.

    (A) frequency   (B) consistency   (C) complacency   (D) persistency

해석	그들은 잦은 직원 교체가 일의 일관성 결여를 가져온다고 불평했다.
정답과 해설	(B) 문맥상 '일관성(consistency)'가 들어가야 가장 자연스러우므로
어휘	complain of ~을 불평하다 frequent 잦은, 빈번한 staff change 직원 교체 result in 초래하다, 가져오다 lack 결여, 결핍, 부족 frequency 빈도 complacency 안심, 자기만족 persistency 끈기, 고집, 내구성

309 Employers must provide _____ training opportunities for employees.

    (A) complementary   (B) obligatory   (C) adequate   (D) compulsory

해석	고용주는 직원들에게 충분한 연수 기회를 제공해야한다.
정답과 해설	(C) 문맥상 '충분한(adequate)'이 들어가야 가장 자연스러우므로
어휘	employer 고용주 provide 제공하다 opportunity 기회 employee 직원 complementary 보충하는 obligatory=compulsory 의무적인 adequate 충분한, 적절한

310 David left the company/ to _____ his political ambitions.

    (A) permit   (B) withdraw   (C) limit   (D) pursue

해석	David는 회사를 떠났다/ 자신의 정치적 야심을 추구하기 위해.
정답과 해설	(D) 문맥상 '추구하다(pursue)'가 들어가야 가장 자연스러우므로
어휘	leave-left-left 떠나다 company 회사 pursue 추구하다 political ambition 정치적 야망 permit 허락하다 withdraw 철회(철수, 퇴각, 인출)하다 limit 제한하다 pursue=seek after 추구하다

311 He is suffering from the _____ effects of radiation treatments.

    (A) lingering   (B) predicting   (C) towering   (D) enchanting

해석	그는 방사선 치료의 여파로 고통을 당하고 있다.
정답과 해설	(A) 문맥상 '남아있는/지속적인(lingering)'이 들어가야 가장 자연스러우므로
어휘	suffer from ~로 고통을 당하다 lingering effect 여파, 남아있는 영향 radiation treatment 방사선 치료 linger 머뭇거리다, 남아있다 predict 예측하다 tower 우뚝 솟다 enchant=entice=fascinate=charm=bewitch=allure=captivate 매혹하다

312 _____ the whole department/ I'd like to say// that we wish you well in your new job.

    (A) In despite of   (B) Depending on   (C) On behalf of   (D) By means of

해석	전체 부서를 대신해서/ 나는 말씀드리고 싶습니다// 우리는 당신이 새로운 직장에서 성공하기를 바란다고.
정답과 해설	(C) 문맥상 '대신해서/대표해서(on behalf of)'가 들어가야 가장 자연스러우므로
어휘	the whole department 전체 부서 would like to ~하고 싶다 wish someone well 성공하기를 바라다 in despite of=despite ~에도 불구하고 depending on=according to ~에 따라 by means(dint, virtue) of ~을 수단으로 해서

313 _____ you get a place at university, how are you going to finance your studies?

    (A) Rather than   (B) Hence   (C) Owing to   (D) Assuming that

해석	네가 대학에 입학한다면,/ 너는 어떻게 학자금을 조달할 거야?
정답과 해설	(D) '주어+동사'가 이어지므로 접속사가 필요한 자리이죠. u.119쪽 (1)번
어휘	get a place at university 대학에 입학하다 be going to ~할 것이다 finance 자금을 조달하다 rather than=as opposed to ~라기보다는 hence=thus=therefore 그러므로 owing(due) to ~때문에 assuming that ~한다면

314 Bell had only _____ things to say about the organization.

(A) complementary   (B) supplementary   (C) complimentary   (D) commentary

해석	벨은 그 조직에 대해 칭찬할 말밖에 없었다.
정답과 해설	(C) 문맥상 '칭찬하는/찬양하는(complimentary)'이 들어가야 가장 자연스러우므로
어휘	organization 조직, 기관 complementary=supplementary 보충(보완)하는 commentary 논평

315 Flats that are both comfortable and _____ priced/ are few and far between.

(A) reasonably   (B) purposely   (C) intentionally   (D) designedly

해석	편안하면서도 합리적으로 가격이 매겨진 아파트는/ 별로 없다.
정답과 해설	(A) 문맥상 '합리적으로(reasonably)'가 들어가야 가장 자연스러우므로
어휘	flat 아파트 both A and B: A와 B 둘 다 comfortable=cozy 편안한 price 가격을 매기다 few and far between=very few=rare 드문, 별로 없는 u.307쪽 (21)번 참조 reasonably 합리적으로 purposely=purposefully=on purpose=by intention=intentionally=by design=designedly 고의로

316 The several criticisms of the market economy are _____ accurate and certainly too serious to ignore.

(A) reasonably   (B) purposely   (C) designedly   (D) personally

해석	시장 경제에 대한 몇몇 비판은 꽤 정확하고 분명 너무 심각해서 무시할 수 없다.
정답과 해설	(A) 문맥상 '꽤/상당히(reasonably)'가 들어가야 가장 자연스러우므로
어휘	several 몇몇 criticism 비판 market economy 시장 경제 accurate 정확한 certainly 분명히 serious 심각한, 진지한 too ~to 너무 ~해서 ~할 수 없다 reasonably 꽤, 상당히, 합리적으로 ignore=neglect=disregard=slight=overlook=look(pass) over 무시하다 personally 개인적으로, 몸소

317 As a manager she deals with problems reasonably and _____, never losing her temper.

(A) equably   (B) hastily   (C) excitedly   (D) roughly

해석	경영자로서 그녀는 합리적이고 차분하게 문제를 다루며 결코 화를 내지 않는다.
정답과 해설	(A) 문맥상 '차분하게(equably)'가 들어가야 가장 자연스러우므로
어휘	manager 경영자 deal(do, cope) with 다루다, 처리하다 reasonably 합리적으로 equably 차분하게 hastily 성급히 lose her temper=get out of temper=show temper=hit the ceiling 화를 내다 excitedly 흥분하여 roughly 대충

318 The shop manager says/ that customers are few and _____ between/ owing to the economic depression.

(A) near   (B) far   (C) distant   (D) close

해석	점포 경영자는 말한다// 고객이 거의 없다고/ 경제적 불황으로 인해.
정답과 해설	(B) few and far between '거의 없는'의 뜻을 가진 관용적 표현 u.307쪽 (21)번 참조
어휘	manager 경영자, 관리자 customer 고객 few and far between=very few=rare 드문, 별로 없는 u.307쪽 (21)번 참조 owing(due) to=because of=on account of ~때문에 economic depression 경제 불황 near=close 가까운 far=distant 먼

319 Workers and management/ have reached a _____ agreement/ in relation to working hours.

(A) tentative   (B) relative   (C) positive   (D) negative

해석	근로자와 경영진은/ 잠정적인 합의에 도달했다/ 근로시간과 관련하여.
정답과 해설	(A) 문맥상 '잠정적인/임시의(tentative)'이 가장 적합하므로
어휘	management 경영진 reached an agreement 합의에 도달하다 in relation to ~과 관련하여 working hours 근로 시간 relative 상대적인, 상관적인, 비례하는 positive 긍정적인 negative 부정적인

320 The government is taking tentative steps/ towards _____ the country's economic problems.

(A) tackling   (B) suffocating   (C) subsidizing   (D) endangering

해석	정부는 잠정적인 조치를 취하고 있다/ 국가의 경제 문제를 해결하기 위해.
정답과 해설	(A) '문제'라는 목적어가 있으므로 '해결하다(tackling)'가 들어가야 가장 자연스러우므로
어휘	government 정부 tentative 잠정적인, 임시의 steps 조처, 조치 towards ~을 위해서 economic problems 경제 문제 tackle 해결하다, 해결하려고 노력하다 suffocate=choke 질식시키다 subsidize 보조금을 주다 endanger 위태롭게 하다

321 At the moment,// our _____/ is to recruit high-caliber employees to supplement the existing staff.

(A) priority   (B) minority   (C) majority   (D) facility

해석	현재// 우리의 우선순위는/ 기존의 직원을 보완 할 수 있는 우수한 직원을 선발하는 것이다.
정답과 해설	(A) 문맥상 '우선순위(priority)'가 들어가야 가장 자연스러우므로
어휘	at the moment=at the present time 현재 recruit 모집(선발)하다 high-caliber 우수한, 고품질의 employee 직원 supplement=complement 보충(보완)하다 existing 기존의 staff 직원 priority 우선순위 minority 소수 majority 다수 facility 시설

322 If the laptop is still _____ warranty,// you can have it repaired free of charge.

(A) under   (B) over   (C) before   (D) on

해석	노트북이 아직 보증 기간 중이라면,// 너는 그것을 무료로 수리 받을 수 있어.
정답과 해설	(A) under warranty 보증 기간 중인
어휘	laptop 노트북 컴퓨터 still 아직도, 여전히 have ~ repaired 수리 받다 free of charge(cost)=for free=for nothing=without payment(charge, cost) 무료로, 공짜로

323 The used car may be fairly cheap to buy,// but you've got to take _____ consideration the money you'll spend on repairs.

(A) under   (B) over   (C) into   (D) on

해석	그 중고차는 사기에는 꽤 값이 쌀 수도 있겠지만,// 수리비에 쓸 돈을 고려해야 한다.
정답과 해설	(C) take into consideration=take into account=take account of 고려(참작)하다 u.143쪽 어휘 참조
어휘	used car 중고차 may be ~일지 모른다, ~할 수도 있다 fairly=reasonably 꽤 cheap 값싼 have got to=have to ~해야 한다 spend money on ~에 돈을 쓰다 repairs 수리비

324 The builders worked on wooden platforms,// _____ by ropes from the roof of the building.

(A) depended   (B) suspended   (C) offended   (D) subtracted

해석	건축 노동자들은 목조로 된 발판 위에서 일했다// 건물의 지붕에서 밧줄에 매달린 채.
정답과 해설	(B) 문맥상 '매달린 채(suspended)'가 들어가야 가장 자연스러우므로
어휘	builder 건축업자, 건축 노동자 wooden 나무로 된 platform 발판 rope 밧줄 roof 지붕 depend 의존하다 suspend 매달다, 정지하다, 연기하다, 정학시키다 offend 불쾌하게 하다, 위반하다 subtract 공제하다

325 They have decided to _____ all the production at the factory// until safety checks are carried out.

(A) enchant   (B) subtract   (C) suspend   (D) confront

해석	그들은 공장의 모든 생산을 중단하기로 결정했다// 안전 점검이 수행 될 때까지
정답과 해설	(C) 문맥상 '중단하다(suspend)'가 들어가야 가장 자연스러우므로
어휘	decide 결정하다 production 생산 factory 공장 safety checks 안전 점검 carry out=carry through=implement 수행하다 enchant=entice=fascinate=charm=captivate 매혹하다 subtract 빼다 suspend 정지(중단)하다 confront=face 직면하다

326 Customs officers use _____ trained dogs/ for drug searches.

(A) specially   (B) especially   (C) commonly   (D) specifically

해석	세관원들은 특별히 훈련된 개를 사용한다/ 마약 수색을 위해.
정답과 해설	(A) 문맥상 '특별히(specially)'가 들어가야 가장 자연스러우므로
어휘	customs officers 세관원 train 훈련하다 drug 마약 search 수색 specially 특별히 especially=specifically=particularly=in particular 특히 commonly 평범하게, 보통으로

327 A depreciation of the dollar/ would make US exports cheaper/ and _____ so in Japan.

(A) specially   (B) especially   (C) commonly   (D) oddly

해석	달러화의 가치 하락은/ 미국 수출품을 더 값싸게/ 특히 일본에서 그렇게(값싸게) 만들 것이다.
정답과 해설	(B) 문맥상 '특히(especially)'가 들어가야 가장 자연스러우므로
어휘	depreciation 가치 하락 exports 수출품 cheap 값싼 oddly=strangely 이상하게

328 His policies won him the _____ support of middle-income voters.

(A) monotonous   (B) versatile   (C) enthusiastic   (D) elastic

해석	그의 정책으로 인해 그는 중산층 유권자들의 열렬한 지지를 얻었다.
정답과 해설	(C) 문맥상 '열렬한(enthusiastic)'이 들어가야 가장 자연스러우므로
어휘	policy 정책 win-won-won 얻어주다, 받게 하다 support 지지 income 수입 voter 유권자 monotonous=boring=dull=tedious 단조로운 versatile 다재다능한, 다용도의, 변덕스러운 enthusiastic=ardent=passionate==fervent=vehement 열렬한 elastic=resilient 탄력 있는

329 The company is operating both its plants at full capacity/ to meet the increased _____.

(A) demand   (B) supply   (C) expenses   (D) results

해석	회사는 공장 두 곳 모두 풀가동하고 있다/ 늘어난 수요를 충족시키기 위해.
정답과 해설	(A) 문맥상 '수요(demand)'가 들어가야 가장 자연스러우므로
어휘	company 회사 operate 가동하다 both 둘 다 plant 공장 at full capacity 최대 능력으로 meet=satisfy 충족시키다 increased 증가시키다, 늘어나다 demand 수요 supply 공급 expenses 지출 results 결과

330 An excess _____ of goods and services on the market/ will exert downward pressure on prices.

(A) supply   (B) expenditure   (C) commodity   (D) demand

해석	시장에 나온 상품과 용역의 과도한 공급은/ 물가에 하락 압력을 가할 것이다.
정답과 해설	(A) 문맥상 '공급(supply)'이 들어가야 가장 자연스러우므로
어휘	excess 과다(한), 초과(한) goods 상품 services 용역 market 시장 exert 가하다 downward 아래로 향한 pressure 압박 price 가격 supply 공급 expenditure 지출, 소비, 비용 commodities 생필품

331 The firm failed to _____ the 31 March deadline for submitting the report.

(A) retrieve   (B) meet   (C) withdraw   (D) remit

해석	그 회사는 3월 31일 보고서 제출 마감일을 맞추지 못했다.
정답과 해설	(B) meet a deadline 마감일을 맞추다
어휘	firm 회사 fail to ~하지 못하다 submit=present=bring forward=give(turn, send, hand) in 제출하다 March 3월 deadline 마감일 retrieve 만회(회복, 보상, 구출)하다 withdraw 철수(철회, 퇴각, 인출)하다 remit 송금(면제, 환송)하다

332 The company has attempted to meet the union _____/ in relation to their demands for pay raise.

(A) casually   (B) accidentally   (C) halfway   (D) haphazardly

해석	그 회사는 노조와 타협하려고 시도했다/ 그들의 임금 인상 요구와 관련하여.
정답과 해설	(C) meet ~halfway 타협하다, 협상하다
어휘	company 회사 attempt to ~하려고 시도하다 meet ~halfway=compromise=negotiate 타협하다 union 노조 in relation to=as concerns(regards, respects)=concerning=regarding=respecting ~와 관련하여 demand 요구, 수요, 요구하다 pay raise=pay rise 임금 인상 casually=accidentally=incidentally=haphazardly 우연히 halfway 도중에, 타협하여

333 Local residents are asking for speed humps to be _____ in their street.

(A) installed   (B) attached   (C) turned   (D) caught

해석	지역 주민들은 그들의 거리에 과속방지턱을 설치해달라고 요구하고 있다.
정답과 해설	(A) 문맥상 과속방지턱이 '설치되므로'
어휘	local resident 지역 주민 ask for 요구하다 speed hump 과속 방지턱 street 거리 install=set up 설치하다 attach 붙이다 turn 돌리다, 바꾸다 catch-caught-caught 붙잡다

334 For skilled occupations,// the supply of labour/ is _____ fairly inelastic,// because few workers are capable of doing the work.

(A) nearly   (B) almost   (C) typically   (D) unexpectedly

해석	숙련을 요하는 직업의 경우// 노동력 공급은/ 대개 꽤 탄력성이 없다.// 왜냐하면 그 일을 할 수 있는 노동자는 거의 없기 때문에.
정답과 해설	ⓒ 문맥상 '대개/전형적으로(typically)'가 들어가야 가장 자연스러우므로
어휘	skilled 숙련을 요하는, 숙련된 occupation 직업 supply 공급 labour 노동, 노동력 fairly=pretty=quite=reasonably 꽤 inelastic 신축성(탄력성, 유연성)이 없는 few 거의 없는 be capable of ~할 수 있다 nearly=almost=all but=next to=well-nigh 거의 typically 대개, 전형(특징)적으로 unexpectedly 뜻하지 않게, 예기지 않게

335 An employee is entitled to a written statement containing _____ of the terms of the employment.

(A) constitutions   (B) particulars   (C) configurations   (D) limitations

해석	직원은 고용 조건의 세부 사항을 담은 서면 진술서를 받을 권리가 있습니다.
정답과 해설	Ⓑ 문맥상 '세부사항(particulars)'이 들어가야 가장 자연스러우므로
어휘	employee 직원 be entitled to ~을 받을 권리가 있다 a written statement 서면 진술서 contain=comprise 포함하다 terms 조건, 약정, 협정 employment 고용 constitution 헌법, 구성, 체질 particulars=details=specifications 세부사항 configuration 지형, 배열, 형태 limitations 한계

336 Her boss/ did not allow her to reveal any _____/ about the scandals she had uncovered.

(A) specimens   (B) statistics   (C) gymnastics   (D) specifics

해석	그녀의 상사는/ 그녀가 구체적인 내용을 어떤 것도 밝히는 것을 허락하지 않았다/ 그녀가 발견한 부패사건에 대해서.
정답과 해설	⒟ 문맥상 '구체적인 내용(specifics)'이 들어가야 가장 자연스러우므로
어휘	boss 상사 allow 허락하다 reveal=disclose=divulge=betray=expose=lay bare 폭로하다 scandal 부패사건 uncover 발견하다, 폭로하다 specimen 표본 statistics 통계, 통계학 gymnastics 체조, 체육 specifics=details=particulars 세부사항, 구체적인 내용

337 The ambassador was typically _____// when asked whether further sanctions would be introduced.

(A) nonverbal   (B) nonaddictive   (C) nonexistent   (D) noncommittal

해석	대사는 전형적으로 말을 얼버무렸다(언질을 주지 않았다)// 추가 제재가 도입될지 질문을 받았을 때.
정답과 해설	⒟ 문맥상 '말을 얼버무린(noncommittal)'이 들어가야 가장 자연스러우므로
어휘	ambassador 대사 typically 전형적으로, 대개, 일반적으로 further sanction 추가 제재 introduce 도입하다 nonverbal 비언어적인, 말이 서툰 nonaddictive 비중독성의 nonexistent 실존하지 않는 noncommittal 어물쩍거리는

338 It is important to check this list _____ time// so that you have everything ready for the demonstration.

(A) before   (B) behind   (C) aside from   (D) ahead of

해석	미리 이 목록을 확인하는 것이 중요합니다// 시범 설명을 위해 모든 것을 준비하기 위해서는.
정답과 해설	(D) ahead of time=in advance=beforehand 미리
어휘	check 확인하다 list 목록 so that ~하기 위해서 have ~ ready 준비하다 demonstration 시연, 시범 설명 before 전에 behind time 늦은 aside(apart) from ~을 제외하고

339 The guitar manufacturer _____ almost their entire range/ to concentrate on the RG450 and JEM series.

(A) disarranged   (B) discontinued   (C) discarded   (D) disarrayed

해석	그 기타 제조업체는 거의 모든 범위의 제품 생산을 중단했다/ RG450과 JEM 시리즈에 집중하기 위해.
정답과 해설	(B) 문맥상 '중단하다(discontinued)'가 들어가야 가장 자연스러우므로
어휘	manufacturer 제조업체 almost=nearly=practically=virtually=all but=next to=well-nigh 거의 entire 전체적인 range 생산 범위나 종류 concentrate(center, focus) on 집중하다 disarrange=disarray 혼란시키다 discard 버리다, 처분하다, 해고하다

340 We have received a glowing _____ / from her former employer.

(A) testimonial   (B) certificate   (C) memorial   (D) fulfillment

해석	우리는 찬사로 가득 찬 추천서를 받았다/ 그녀의 전 고용주로부터.
정답과 해설	(A) 문맥상 '찬사로 가득 찬' 다음에는 '추천서(testimonial)'가 들어가야 가장 자연스러우므로
어휘	receive 받다 a glowing testimonial 찬사로 가득 찬 추천서 former=previous 이전의 employer 고용주 certificate 수료증, 면허증, 증명서 memorial 기념물, 각서 fulfillment 실행, 성취, 달성

341 Our advance in the face of relentless competition/ is a _____ to the commitment of our marketing division.

(A) testimony   (B) certificate   (C) memorial   (D) memorandum

해석	혹독한 경쟁에도 불구하고 우리의 발전은/ 마케팅 부서의 헌신에 대한 증거입니다.
정답과 해설	(A) 문맥상 '증거(testimony)'가 들어가야 가장 자연스러우므로
어휘	advance 발전 in the face(teeth) of=regardless(irrespective) of ~에도 불구하고 relentless 혹독한 competition 경쟁 commitment 헌신 division 부서, 국, 과, 사단, 분열 certificate 수료증, 면허증, 증명서 memorial 기념물, 각서 memorandum 메모, 회보, 비망록, 외교 각서

342 The government has increased their provision of _____ housing/ in order to make home ownership accessible to buyers/ who would otherwise be unable to buy.

(A) affordable　　　(B) expensive　　　(C) luxurious　　　(D) industrial

해석	정부는 저렴한 주택 공급을 늘렸다/ 그렇지 않으면 살 수 없을 구매자들이 주택 소유권을 가질 수 있도록.
정답과 해설	(A) 문맥상 '저렴한(affordable)'이 들어가야 가장 자연스러우므로
어휘	government 정부 increase 늘리다 provision 공급 ownership 소유권 in order to=so as to ~하기 위하여 accessible 입수(접근)할 수 있는 otherwise 그렇지 않으면 affordable 감당할 수 있는, 저렴한 expensive 비싼 luxurious 사치스런 industrial 산업(공업)의

343 Economists have stated// that any _____ of lending criteria/ is bound to have an effect on the real economy.

(A) division　　　(B) provision　　　(C) revision　　　(D) suggestion

해석	경제학자들은 주장했다// 대출 기준의 어떤 개정도/ 반드시 실물 경제에 영향을 미친다고.
정답과 해설	(C) 문맥상 '개정(revision)'이 들어가야 가장 자연스러우므로
어휘	economist 경제학자 state 주장하다, 말하다, 진술하다 revision 개정, 수정 lending criteria 대출 기준 be bound(certain) to 반드시 ~하다 have an effect(impact, influence) on ~에 영향을 미치다 real economy 실물 경제 division 부서, 국, 과, 사단, 분열 provision 공급 suggestion 제안, 암시, 시사

344 We need to raise awareness _____ the product in markets such as France and the US,// where it is less well known.

(A) of　　　(B) for　　　(C) with　　　(D) by

해석	우리는 프랑스나 미국 같은 시장에서 그 제품에 대한 인식을 높여야 한다// 그곳에서는 그 제품이 잘 알려지지 않았으니까.
정답과 해설	(A) awareness of ~에 대한 인식 *be aware(cognizant) of ~을 인식하다
어휘	need to ~해야 한다, ~할 필요가 있다 raise 높이다 product 제품 market 시장 such as ~같은 the US 미국 less 덜 well known 잘 알려진

345 The campaign aims to raise _____ of the dangers of passive smoking.

(A) awareness　　　(B) emotion　　　(C) feeling　　　(D) pleasure

해석	그 캠페인은 간접흡연의 위험성에 대한 인식을 높이는 것을 목표로 한다.
정답과 해설	(A) 문맥상 '인식(awareness)'이 들어가야 가장 자연스러우므로
어휘	aim to ~하는 것을 목표로 하다 raise 높이다 danger=peril=jeopardy=hazard=risk 위험 passive smoking=secondhand smoking 간접흡연 emotion 감정 feeling 느낌 pleasure 쾌락

346 Employees are using a heightened awareness of work flow and demand/ to cut waste, eliminate cost, and _____ quality.

(A) support   (B) degrade   (C) boost   (D) depreciate

해석	직원들은 업무 흐름과 수요에 대한 높은 인식을 사용하고 있다/ 낭비를 줄이고 비용을 절감하며 품질을 높이기 위하여.
정답과 해설	(C) '품질'이 목적어이므로 '높이다(boost)'가 들어가야 가장 자연스럽죠.
어휘	employee 직원 heighten 높이다, 강화시키다 awareness of ~에 대한 인식 work flow 업무 흐름 demand 수요 cut waste 낭비를 줄이다 eliminate=remove 없애다, 제거하다 cost 비용 support 지원(부양)하다 degrade=depreciate 격하시키다, 품질(가치)을 떨어뜨리다 quality 품질 boost=increase=enhance=heighten=raise=uplift 높이다

347 The EU has issued guidelines/ on _____ levels of pay/ for part-time manual workers.

(A) appropriate   (B) emergent   (C) subsequent   (D) vulnerable

해석	EU는 가이드라인을 발표했다/ 적절한 급여 수준에 관해서/ 시간제 근무 육체노동자들을 위하여.
정답과 해설	(A) 문맥상 '적절한(appropriate)'이 들어가야 가장 자연스러우므로
어휘	issue 발표하다 level 수준 pay 급여, 보수 part-time manual worker 시간제 근무 육체노동자 appropriate=fit=proper=pertinent 적절한 emergent=urgent=pressing 긴급한 subsequent 연이은 vulnerable 취약한

348 He lost his job/ when he was found to have _____ some of the company's money.

(A) appropriated   (B) saved   (C) economized   (D) industrialized

해석	그는 직장을 잃었다/ 회삿돈 일부를 횡령한 것으로 밝혀졌을 때.
정답과 해설	(A) 문맥상 '실직'한 것으로 보아 '횡령하다(appropriate)'가 들어가야 가장 자연스럽죠.
어휘	lose one's job 실직하다 be found to ~한 것으로 밝혀지다 appropriate=misappropriate=usurp=embezzle=seize upon 횡령하다 save 저축(절약)하다 economize 효율적으로 사용하다 industrialize 산업화(공업화)하다

349 The company cited a 12% decline in new orders/ as evidence that _____ demand for its products was falling.

(A) general   (B) overall   (C) successful   (D) sequential

해석	그 회사는 12%의 신규 주문 감소를 언급했다/ 자사 제품에 대한 전반적인 수요가 감소했다는 증거로.
정답과 해설	(B) 문맥상 '전반적인(overall)'이 들어가야 가장 자연스러우므로
어휘	company 회사 cite 언급(인용)하다 decline 감소 order 주문, 명령 evidence 증거 demand 수요 product 제품 fall-fell-fallen 떨어지다 general 일반적인 overall 전반적인 successful 성공적인 sequential=consecutive 연속적인

350 The second act was a little long,// but _____ it was a good performance.

(A) generically   (B) successively   (C) together   (D) overall

해석	제 2막은 조금 길었지만,// 전체적으로 그것은 훌륭한 공연이었다.
정답과 해설	(D) 문맥상 '전제적으로(overall)'이 들어가야 가장 자연스러우므로
어휘	act 막, 행위 a little=a trifle=kind of=sort of 약간 performance 공연 generically 일반적으로 successively=in succession 계속적으로 together 함께 overall=in all parts=as a whole 전체적으로

351 I hate to wear _____ // because they remind me of the clothes men wear on chain gangs.

(A) pants   (B) trousers   (C) overalls   (D) shirts

해석	나는 작업복 입는 것을 싫어한다.// 왜냐하면 작업복은 나에게 사슬 갱단에서 남자들이 입는 옷을 생각나게 하기 때문에.
정답과 해설	(C) 문맥상 '작업복(overalls)'이 들어가야 가장 자연스러우므로
어휘	hate to ~하기를 싫어하다 remind A of B: A에게 B를 생각나게 하다 wear-wore-worn 입다 chain gang 사슬에 매인 죄수들 pants=trousers 바지

352 Due to _____ circumstances/ the cost of the improvements has risen by 20 percent.

(A) total   (B) unforeseen   (C) whole   (D) marginal

해석	예상치 못한 상황 때문에/ 개량 공사비용이 20% 증가했다.
정답과 해설	(B) 문맥상 '예상치 못한(unforeseen/unexpected)'이 들어가야 가장 자연스러우므로
어휘	due(owing) to=on account of=in the wake of=by reason of ~때문에 circumstance 상황 cost 비용 improvement 개량 공사 rise-rose-risen 오르다 total=whole 전체의 unforeseen=unexpected 예상치 못한 marginal 변방의, 가장자리의

353 Opponents charge// that the new Internet regulations _____ to unconstitutional censorship// that would criminalize expression protected by the First Amendment.

(A) add   (B) amount   (C) fall   (D) qualify

해석	반대자들은 비난한다// 새로운 인터넷 규제는 위헌적인 검열에 해당하며/ 그것은 헌법 수정 조항 제1조에 의해 보호되는 표현을 불법화 할 것이라고.
정답과 해설	(B) amount(come, run) to ~이 되다/~에 해당하다
어휘	opponent 반대자 charge 비난(공격)하다, 부과하다, 충전하다 regulation 규제 unconstitutional 위헌적인 censorship 검열 expression 표현 criminalize 불법화 하다, 유죄로 하다 protect 보호하다 fall-fell-fallen 떨어지다 the First Amendment 헌법 수정 조항 제1조 add 더하다 qualify=entitle 자격을 주다

354 The company provides a compensation package// which amounts to an _____ to the employee's salary.

(A) addition   (B) subtraction   (C) substitution   (D) institution

해석	그 회사는 복지 수당을 포함한 급여를 제공한다// 이것은 직원의 봉급에 대한 추가에 해당한다.
정답과 해설	(A) 문맥상 '추가(addition)'이 들어가야 가장 자연스러우므로
어휘	company 회사 provide 제공하다 a compensation package 복지 수당을 포함한 급여 subtraction 빼기 employee 직원 amount to ~이 되다, ~에 해당하다 salary 보수 addition 추가 substitution 대체, 교환 institution 제도, 시설

355 _____ research is being done into the connection between the disease and poor living conditions.

(A) Extensive　　　　(B) Timely　　　　(C) Retrospective　　　　(D) Accepted

해석	질병과 열악한 생활환경 사이의 연관성에 대한 광범위한 연구가 진행 중이다.
정답과 해설	(A) 문맥상 '광범위한(extensive)'이 들어가야 가장 자연스러우므로
어휘	research 연구 connection 연관성 disease 질병 poor 열악한, 형편없는, 가난한 living conditions 생활 환경 extensive 광범위한 timely 시기적절한 retrospective 회고하는, 회상하는 accept 수락하다

356 All the new customers _____ this year/ are exempt from the annual fee for 12 months,// as are existing cardholders.

(A) invited　　　　(B) conducted　　　　(C) implemented　　　　(D) recruited

해석	올해 모집 된 모든 신규 고객들은/ 12개월 연회비가 면제됩니다// 기존 카드 소지자와 마찬가지로.
정답과 해설	(D) 문맥상 '모집된(recruited)'이 들어가야 가장 자연스러우므로
어휘	customer 고객 be exempt from ~로부터 면제되다 annual fee 연회비 as ~처럼 existing 기존의 cardholder 카드 소지자 invite 초대(요청)하다 conduct 안내(지휘, 집행, 행동)하다 implement=fulfill 실행(이행)하다 recruit 모집하다, 회복시키다

357 Controlling inflation is an _____ component of the government's economic strategy.

(A) negligible　　　　(B) slight　　　　(C) essential　　　　(D) rampant

해석	물가상승을 억제하는 것이 정부의 경제 전략의 필수 구성요소이다.
정답과 해설	(C) 문맥상 '필수적인(essential)'이 들어가야 가장 자연스러우므로
어휘	control 억제(통제, 조절)하다 inflation 물가상승, 통화팽창 component 구성요소 government 정부 economic strategy 경제 전략 negligible=slight=trivial 하찮은 essential=indispensable=requisite 필수적인 rampant=prevalent=prevailing 만연하는

358 Goods that were once considered luxuries/ are now treated as _____ by many.

(A) essentials　　　　(B) qualifications　　　　(C) particulars　　　　(D) specifics

해석	한때 사치품으로 여겼던 물품들이/ 이제 많은 사람들에게 필수품으로 취급된다.
정답과 해설	(A) 문맥상 '필수품(essentials)'이 들어가야 가장 자연스러우므로
어휘	goods 물품, 상품 once 한 때 consider=deem 간주하다 luxuries 사치품 treat 취급하다 essentials= necessities=necessaries 필수품 qualifications 자격 particulars=specifics=details 세부사항

359 Recent discoveries about corruption/ have done serious damage to the company's _____.

(A) meditation　　　　(B) reputation　　　　(C) refutation　　　　(D) repudiation

해석	최근의 부패에 대한 발각은/ 그 회사의 평판에 심각한 손상을 입혔습니다.
정답과 해설	(B) 문맥상 '평판/명성(reputation)'이 들어가야 가장 자연스러우므로
어휘	recent 최근의 discovery 발견 corruption 부패, 타락, 퇴폐 serious 심각한, 진지한 damage 손상 company 회사 meditation 명상, 묵상 reputation=fame=repute 평판, 명성 refutation 반박, 논박 repudiation 거절, 거부, 절연

360 The airline company _____ a plan/ for compensating customers hit with flight delays or cancellations.

(A) decreased   (B) solved   (C) unveiled   (D) complement

해석	그 항공사는 계획을 발표했다/ 항공편 지연이나 취소로 인해 타격을 받은 고객들에게 보상하는 (계획을).
정답과 해설	(C) 문맥상 '발표하다(unveiled)'가 들어가야 가장 자연스러우므로
어휘	airline company 항공사 plan 계획 compensate 보상하다 customer 고객 hit 타격을 입히다 flight 항공편 delay 지연 cancellation 취소 decrease 줄이다 solve 해결하다 unveil 발표하다, 밝히다 complement=supplement 보충(보완)하다

361 The Attorney General called the sentence a fair and _____ punishment for someone who had committed such a dreadful crime.

(A) only   (B) just   (C) mere   (D) simple

해석	법무장관은 그 판결을 그토록 끔찍한 범죄를 저지른 사람에 대한 공정하고 정당한 처벌이라고 말했다.
정답과 해설	(B) 문맥상 '정당한(just)'이 들어가야 가장 자연스러우므로
어휘	Attorney General 법무부 장관 call 말하다, 부르다 sentence 판결, 선고 fair 공정한 punishment 처벌 commit 저지르다 dreadful 끔찍한 crime 범죄 only 단지, 유일한 just 정당한, 타당한, 정확히, 막 mere=simple 단순한

362 The company acted _____ once it became aware of concerns// and informed its regulators at the earliest opportunity.

(A) possibly   (B) obviously   (C) lately   (D) promptly

해석	회사는 우려 사항을 인식하자마자 신속히 행동하여,// 감독 기관에 가능한 한 빨리 알렸다.
정답과 해설	(D) 문맥상 '신속히(promptly)'가 들어가야 가장 자연스러우므로
어휘	company 회사 act 행동하다 once=as soon as ~하자마자 become aware(cognizant) of 인식하다 concerns 우려 사항, 사건 regulator 감독자, 감독 기관 promptly=instantly=off hand 신속히, 즉시 at the earliest opportunity=at the first opportunity=as soon as possible 가능한 한 빨리 possibly 아마도, 어쩌면 obviously=apparently=clearly=evidently=manifestly 분명히 inform 알리다 lately=recently=of late 최근에

363 Matters of discipline/ _____ outside my area of responsibility.

(A) fall   (B) climb   (C) drop   (D) have

해석	징계 문제는/ 내 책임 범위 밖에 있다.
정답과 해설	(A) fall outside=to fail to be within some range, limit, or category 범위(영역) 밖에 있다
어휘	matter 문제 discipline 훈육, 체벌, 징계 area 영역, 분야, 범위 responsibility 책임 climb 기어오르다 drop 떨어지다

364 The government has announced// that it will fund 10,000 doctors/ in an _____ to reduce waiting times for operations.

(A) delivery   (B) attempt   (C) pursuit   (D) experience

해석	정부는 발표했다// 만 명의 의사들에게 자금을 지원할 것이라고/ 수술 대기시간을 줄이기 위해.
정답과 해설	(B) in an attempt to ~하기 위해, ~하려고
어휘	government 정부 announce 발표하다 fund 자금을 지원하다 in an attempt to=in an effort to ~하기 위해 reduce=decrease=diminish=lessen 줄이다 waiting time 대기 시간 operation 수술 delivery 배달, 분만 pursuit 추구, 추적 experience 경험

365 She applied for a card// soon after opening an account _____ the bank.

(A) with   (B) of   (C) for   (D) over

해석	그녀는 카드를 신청했다// 그 은행에 계좌를 개설 한 직후.
정답과 해설	(A) open(start) an account with ~에 계좌를 개설하다
어휘	apply for 신청하다 soon after ~한 직후에 bank 은행 account 계좌, 이유, 설명, 고려, 중요성

366 Credit bureaus/ _____ information about consumer creditworthiness/ from banks, other creditors, and public records.

(A) install   (B) compose   (C) make up   (D) compile

해석	신용 기관은/ 소비자 신용도에 관한 정보를 수집한다/ 은행, 다른 채권자 및 공공 기록으로부터.
정답과 해설	(D) 문맥상 '수집하다(compile)'이 들어가야 가장 자연스러우므로
어휘	credit bureau 신용 기관 information 정보 consumer 소비자 creditworthiness 신용도 bank 은행 creditor 채권자 public record 공공 기록 install=establish=set up 설치하다 compose=make up 구성하다 compile 수집하다, 편찬하다

367 Some workers/ are eligible for _____ unemployment benefits.

(A) complimentary   (B) momentary   (C) supplementary   (D) cooperative

해석	일부 근로자들은/ 추가 실업 수당을 받을 자격이 있다.
정답과 해설	(C) 문맥상 '추가적인(supplementary)'이 들어가야 가장 자연스러우므로
어휘	be eligible for ~을 받을 자격이 있다 unemployment benefits 실업 수당 complimentary 칭찬하는 momentary 순간의 supplementary 추가적인, 보충하는 cooperative=collaborative 협력적인

368 Both _____ have agreed to meet again on Monday/ to discuss the contract.

(A) subjects   (B) parts   (C) parties   (D) plates

해석	양 당사자는 월요일에 다시 만나기로 합의했다/ 계약을 논의하기 위해.
정답과 해설	(C) 문맥상 '당사자(parties)'가 들어가야 가장 자연스러우므로
어휘	agree(assent, consent) to ~하기로 합의하다 Monday 월요일 discuss=talk about=talk over 의논하다 contract 계약, 계약서 subject 주제, 실험대상, 국민, 과목 parts 부품, 소질 plate 접시, 평면판

369 The water company/ is under an obligation to _____ drinking water standards.

(A) enchant   (B) enable   (C) enhance   (D) encircle

해석	그 수돗물 공급업체는/ 식수 기준을 강화해야 할 의무가 있다.
정답과 해설	(C) 문맥상 '질을 높이다(enhance)'가 들어가야 가장 자연스우므로
어휘	water company 수돗물 공급업체 be under an obligation to ~할 의무가 있다 standard 기준 enchant=attract=allure=bewitch=charm=captivate=enchant=entice=fascinate 매혹하다 enable 가능케 하다 enhance=uplift 고양시키다, 질을 높이다 encircle=surround 에워싸다

370 If you have not signed a contract,// you are _____ no obligation to pay them any money.

(A) above   (B) over   (C) below   (D) under

해석	계약에 아직 서명하지 않았다면,// 너는 그들에게 어떤 돈도 지불할 의무가 없다.
정답과 해설	(D) be under an obligation to ~할 의무가 있다
어휘	sign 서명하다 contract 계약서 pay 지불하다 above=over ~위에 below=under ~아래에

371 Staffing is still a relatively unimportant _____/ compared to the other problems that we're encountering.

(A) event   (B) incident   (C) conflict   (D) issue

해석	인력 배치는 여전히 상대적으로 중요하지 않은 문제이다/ 우리가 직면하고 있는 다른 문제들에 비해.
정답과 해설	(D) 문맥상 '문제(issue)'가 들어가야 가장 자연스우므로
어휘	staff 직원(인력)을 배치하다 still 여전히 relatively 상대적으로, 비교적 unimportant=insignificant=trivial=trifling=petty=slight 사소한 compared to=when compared to=as against ~에 비해서 conflict 갈등 encounter=face=confront=come face to face with 직면하다 issue 문제, 쟁점

372 Reporters gathered on the White House lawn,// hoping that the president would _____ a statement.

(A) issue   (B) publish   (C) publicize   (D) promote

해석	기자들은 백악관 잔디밭에 모여,// 대통령이 성명을 발표하기를 기대했다.
정답과 해설	(A) 문맥상 '발표하다(issue)'가 들어가야 가장 자연스우므로
어휘	reporter 기자 gather 모이다, 모으다 the White House 백악관 hope 기대하다, 바라다 lawn 잔디 president 대통령 statement 성명, 진술 issue 발표하다 publish 출판하다 publicize 선전(광고)하다 promote 승진시키다, 장려(촉진)하다(=encourage=stimulate)

373 The company had been given permission/ to _____ up to 30 million new shares/ to more than 100,000 employees in 30 countries.

(A) issue   (B) publish   (C) publicize   (D) promote

해석	이 회사는 허가를 받았다/ 최대 3,000 만개의 신주를 발행 할 수 있도록/ 30개국의 10만 명이 넘는 직원들에게.
정답과 해설	(A) 문맥상 '발행하다(issue)'가 들어가야 가장 자연스우므로
어휘	company 회사 permission 허가, 허락 up to 최대 million 백만 share 주식 more than=over 초과 employee 직원 issue 발표하다 publish 출판하다 publicize 선전(광고)하다

374 Under the agreement,/ two nominally private organizations were established/ to _____ visas and represent the interests of the two governments.

(A) compose   (B) make   (C) issue   (D) create

해석	이 협정에 따라,/ 명목상 두 개의 민간단체가 설립되었다/ 비자를 발급하고 양국 정부의 이익을 대표하기 위해.
정답과 해설	(C) 문맥상 '발급하다(issue)'가 들어가야 가장 자연스러우므로
어휘	under the agreement 협정(합의)에 따라 nominally 명목상 private organization 민간단체 establish 설립하다 represent 대표하다 interest 이익 government 정부 compose 구성하다 issue 발급(발행, 발표)하다 create 창조하다

375 The company said/ that it will _____ the issue at the next scheduled board meeting.

(A) realize   (B) promote   (C) induce   (D) address

해석	이 회사는 밝혔다/ 다음에 예정된 이사회에서 그 문제를 다룰 예정이라고.
정답과 해설	(D) 문맥상 '다루다(address)'가 들어가야 가장 자연스러우므로
어휘	company 회사 issue 문제, 쟁점 scheduled 예정된 board meeting 이사회 realize 깨닫다 promote 승진시키다, 장려(촉진)하다 induce 권유(설득, 야기, 귀납)하다 address 다루다, 처리하다

376 A _____ of scandals over the past year/ has damaged public confidence in the administration.

(A) series   (B) happening   (C) strength   (D) frequency

해석	지난 1년 동안 일련의 부패사건들은/ 행정부에 대한 대중의 신뢰를 손상시켰다.
정답과 해설	(A) a series(train, succession, sequence, set) of 일련의
어휘	scandal 부패사건, 부정사건 over the past year 지난 1년 동안 damage 손상을 입히다 public confidence 대중의 신뢰 the administration 행정부, 정부 happening 사건 strength 힘, 장점, 강점 frequency 빈도수

377 The successful applicant/ will be working _____ with our international staff.

(A) virtually   (B) closely   (C) nearly   (D) lately

해석	합격한 지원자는/ 우리 국제 직원(해외 파견 직원)들과 긴밀히 협력해 나갈 것입니다.
정답과 해설	(B) 문맥상 '긴밀히(closely)'가 들어가야 가장 자연스러우므로
어휘	successful 시험에 합격한 applicant 지원자, 신청자 international staff 국제적인 업무를 보는 직원 virtually=nearly 거의, 사실상 closely 긴밀하게, 친밀하게, 면밀히 lately=recently=of late 최근에

378 She spied on him and watched _____ over the friendships he formed,// in order to prevent him from assuming power.

(A) almost   (B) closely   (C) nearly   (D) lately

해석	그녀는 그를 염탐하고 그가 형성한 우정을 자세히 지켜보았다.// 그가 권력을 장악하는 것을 막기 위해.
정답과 해설	(B) 문맥상 '유심히(closely)'가 들어가야 가장 자연스러우므로
어휘	spy on 염탐하다 watch over 지켜보다 closely=attentively 유심히 in order to=so as to=with intent to ~하기 위하여 friendship 우정 form 형성하다 prevent A from B~ing: A가 B하는 것을 막다 assume power 권력을 장악하다 virtually=nearly=all but=next to=well-nigh 거의, 사실상 closely 긴밀하게, 친밀하게, 면밀히 lately=recently=of late 최근에

379 The _____ in sales figures/ had a beneficial effect on the company as a whole.

(A) improvement   (B) movement   (C) pavement   (D) achievement

해석	매출 실적의 개선은/ 회사 전체에 유익한 영향을 끼쳤다.
정답과 해설	(A) 문맥상 '개선(improvement)'이 들어가야 가장 자연스러우므로
어휘	improvement 개선 sales figures 매출 실적 beneficial=helpful=wholesome 유익한 have an effect(impact, influence) on=affect=influence ~에 영향을 끼치다 company 회사 as a whole 전체적으로 movement 움직임, 동작 pavement 포장도로 achievement 성취, 업적

380 An economist said// he was _____ that September sales will show an improvement.

(A) pessimistic   (B) optimistic   (C) statistic   (D) jingoistic

해석	한 경제학자는 말했다// 9월 매출이 개선을 보일 것으로 낙관한다고.
정답과 해설	(B) 문맥상 '낙관적인(optimistic)'이 들어가야 가장 자연스러우므로
어휘	economist 경제학자 September 9월 sales 매출 an improvement 개선, 향상 pessimistic 비관적인 optimistic 낙관적인 statistic 통계, 통계상의 jingoistic 강경한, 적대적인

381 Retailers will often introduce price _____/ to attract custom away from their competitors.

(A) productions   (B) conductions   (C) institutions   (D) reductions

해석	소매상들은 종종 가격인하를 도입하곤 한다/ 경쟁업체로부터의 고객들을 끌어내기 위해.
정답과 해설	(D) 문맥상 '인하(reductions)'가 들어가야 가장 자연스러우므로
어휘	retailer 소매상 will ~하곤 하다 introduce 도입하다 price reductions 가격 인하 attract away 끌어내다 custom 집합적 고객 competitor 경쟁 상대, 경쟁 업체 production 제작 conduction 전도, 유도 institution 기관, 제도, 명물

382 As President,/ he is set to _____ public sector industry/ to prevent corruption in it.

(A) inform   (B) reform   (C) perform   (D) conform

해석	대통령으로,/ 그는 공공 부문 산업을 개혁할 예정이다/ 그곳의 부패를 막기 위하여.
정답과 해설	(B) 문맥상 '개혁하다(reform)'가 들어가야 가장 자연스러우므로
어휘	be set(going, due, scheduled, slated, supposed, planning) to ~할 예정이다 president 대통령 public sector 공공 부문 industry 산업, 공업 prevent 막다 corruption 부패 inform 알리다 perform 수행하다 conform 순응시키다, 순응하다

383 The company has shown _____ growth/ over the past two years.

(A) exceptional   (B) approximate   (C) ultimate   (D) functional

해석	그 회사는 두드러진 성장을 보였다./ 지난 2년 동안에.
정답과 해설	(A) 문맥상 '두드러진(exceptional)'이 들어가야 가장 자연스러우므로
어휘	company 회사 show-showed-shown 보이다 growth 성장 over the past two years 지난 2년 동안 approximate 근사한, 대략의 exceptional 두드러진, 빼어난, 특별한, 예외적인 ultimate 궁극적인 functional 기능성의

384 The U.S. issues a visitor visa/ on short _____/ only in exceptional circumstances.

(A) account   (B) notice   (C) warning   (D) distance

해석	미국은 방문자 비자를 발급한다/ 충분한 예고 없이/ 예외적인 상황에서만.
정답과 해설	(B) on(at) short notice 충분한 예고 없이, 급히
어휘	The U.S. 미국 issue 발급하다 visitor visa 방문자 비자 only 오직 exceptional 예외적인, 특별한 circumstances 상황 account 계좌, 계정, 설명, 원인, 고려 notice 고지, 통보 warning 경고 distance 거리

385 An official from the Department of Health/ will be _____ the restaurant thoroughly this afternoon.

(A) suspecting   (B) respecting   (C) inspecting   (D) reflecting

해석	보건부의 한 공무원이/ 오늘 오후에 그 식당을 철저히 조사할 예정이다.
정답과 해설	(C) 문맥상 '조사하다(inspect)'가 들어가야 가장 자연스러우므로
어휘	official 공무원, 직원 the Department of Health 보건부 will be ~ing ~할 예정이다 suspect 의심하다 thoroughly=drastically=exhaustively 철저히 respect 존중(존경)하다 inspect 조사(검사)하다 reflect 반영하다

386 He renounced all possibility of a happy life/ in favor of a solitary one _____ to work.

(A) permitted   (B) conducted   (C) induced   (D) dedicated

해석	그는 행복한 삶의 모든 가능성을 포기했다/ 일에 전념하는 고독한 삶을 위하여.
정답과 해설	(D) 문맥상 '~에 전념하는(dedicated)'이 들어가야 가장 자연스러우므로
어휘	renounce=relinquish=give up=abandon=desert=surrender=forsake 포기하다 possibility 가능성 in favor of ~을 위하여, ~을 찬성(지지)하여 solitary=secluded=lonely 고독한, 쓸쓸한 be dedicated(devoted, applied, abandoned, betaken, given up) to ~에 전념하다 induce 권유(유도, 야기, 귀납)하다 permit 허용하다 conduct 수행(안내)하다

387 The firms with large debts/ may not have the financial strength/ to survive a prolonged sales _____ or a recession.

(A) decline   (B) increase   (C) improvement   (D) refusal

해석	큰 부채를 가진 회사들은/ 재정적 힘이 없을 수도 있다/ 장기간의 매출 하락이나 경기 침체에서 살아남을 수 있는 (힘).
정답과 해설	(A) 문맥상 '하락(decline)'이 들어가야 가장 자연스러우므로
어휘	firm 회사 debt 부채 financial 재정적인 strength 힘, 강도 survive ~에서 살아남다 prolong 연장하다, 늘이다 sales 매출 recession 경기 침체 decline=drop 하락 increase 증가 improvement 개선, 향상 refusal 거절

388 When asked to comment on details of the agreement,// the President _____.

(A) decreased   (B) declined   (C) diminished   (D) reduced

해석	협상의 세부사항에 대해 의견을 묻는 질문에,// 대통령은 거절했다.
정답과 해설	(B) 문맥상 '거절했다(declined)'가 들어가야 가장 자연스러우므로
어휘	comment on ~에 대해 의견을 말하다, 논평하다 details 세부사항 agreement 협상, 합의 President 대통령 decrease=diminish=reduce=lessen 감소하다 decline=refuse=reject=turn down 거절하다

389 The economic situation of the country/ has been _____ progressively/ for the past several months.

(A) decreasing   (B) diminishing   (C) declining   (D) lessening

해석	그 나라의 경제 상황은/ 점차 악화되고 있다/ 지난 몇 달 동안.
정답과 해설	(C) 문맥상 '악화되다(declining)'가 들어가야 가장 자연스러우므로
어휘	economic situation 경제적 상황 for the past several months 지난 몇 달 동안 decrease=diminish=reduce=lessen 감소하다 decline=deteriorate 악화되다 progressively=incrementally=increasingly=gradually=piecemeal 점차

390 Corporate strategies fail// because they consider problems in the _____ environment but not those internal to the organization.

(A) external   (B) foreign   (C) utter   (D) inner

해석	기업 전략은 실패한다// 그들이 외부 환경의 문제들은 고려하지만/ 조직의 내부 문제들은 고려하지 않기 때문에.
정답과 해설	(A) but이 있으므로 문맥상 internal의 상대적인 말인 '외부의(external)'가 들어가야 가장 자연스럽죠.
어휘	corporate 기업(법인)의 strategy 전략 fail 실패하다 consider=contemplate=weigh=allow(bargain) for 고려하다 environment 환경 internal=inner 내부의 organization 조직 external=outer 외부의 foreign 외국의 utter 철저한

391 Natural selection/ is of _____ favorable to the survival, not of individuals, but of successive generations.

(A) types   (B) traits   (C) kinds   (D) sorts

해석	자연 도태는/ 개체가 아니라 계속되는 세대의 생존에 유리한 특성을 가진다.
정답과 해설	(B) 문맥상 '특징(traits)'이 들어가야 가장 자연스러우며, 나머지 셋은 모두 동의어입니다.
어휘	natural selection 자연 도태, 자연 선택 trait=characteristic 특징 favorable to ~에 유리한 survival 생존 individual 개체, 개인 successive 계속되는, 이어지는, 잇따른 generation 세대 type=kind=sort 종류

392 His quarter-measures have brought higher prices,/ and also provoked _____ strikes,// but without any prospect of stabilizing the economy.

(A) large   (B) heavy   (C) massive   (D) grateful

해석	그의 허술한 대책은 더 높은 물가를 가져왔고,/ 또한 엄청난 파업을 불러일으켰지만,// 경제를 안정시킬 전망은 전혀 없었다.
정답과 해설	(C) 문맥상 '대규모의/엄청난(massive)'이 들어가야 가장 자연스러우므로
어휘	quarter-measure 허술한 대책 prices 물가 grateful 감사하는 *cf* half measure 미봉책 provoke=cause=bring on(about, forth)=conduce(lead) to=result in 초래하다 strike 파업 prospect 가망, 전망, 기대 stabilize 안정시키다 economy 경제

393 If the drought continues,// deaths will occur/ on a huge _____.

(A) amount   (B) measure   (C) extent   (D) scale

해석	가뭄이 계속된다면,// 죽음이 발생할 것이다./ 엄청난 규모로.
정답과 해설	(D) on a huge(large, grand, big, vast, massive) scale=in a grand manner 대규모로
어휘	occur=arise=eventuate=transpire=take place=break out=crop up=come about=come to pass 발생하다 drought 가뭄 continue 계속되다 amount 양, 액수 measure 척도, 치수 extent 정도 scale 규모, 눈금, 비늘 on a huge(big, grand, large) scale 대규모로

394 The RIBA Gold Medal/ is considered to be the world 's most _____ award for architecture.

(A) notorious   (B) infamous   (C) authoritative   (D) prestigious

해석	RIBA 금메달은/ 세계에서 가장 명망 있는 건축 상으로 여겨진다.
정답과 해설	(D) 문맥상 '명망 높은(prestigious)'이 들어가야 가장 자연스러우므로
어휘	consider 간주하다 award 상 architecture 건축 notorious 악명 높은 infamous=shameless=ignominious 파렴치한 authoritative 위압적인

395 While design is important,// the _____ of the company's products/ is far more valuable to most users.

(A) reliability   (B) liability   (C) pliability   (D) capability

해석	디자인도 중요하지만,// 회사 제품의 신뢰성이/ 대부분의 사용자에게 훨씬 더 귀중하다.
정답과 해설	(A) 문맥상 '신뢰성(reliability)'이 들어가야 가장 자연스러우므로
어휘	while=though=even though=notwithstanding ~이지만 product 제품 important=momentous=consequential=significant 중요한 user 사용자 far=even=still=yet=much=a lot=a great=a great deal=by far 훨씬 most 대부분의 reliability 신뢰성 liability 책임, 의무, 취약성 pliability 유연성 capability=capacity=ability 능력

396 The sales and advertising departments/ are both part of the marketing _____.

(A) provision   (B) division   (C) specification   (D) allusion

해석	영업부와 광고부/ 둘 다 마케팅부서의 일부입니다.
정답과 해설	(B) 문맥상 '부서(division)'가 들어가야 가장 자연스러우므로
어휘	sales 영업, 매출 advertising 광고 department: division 보다 더 작은 부서, 과 both 둘 다 part 일부 provision 제공, 준비, 설비, 조항, 규정 division 부, 과, 분리, 분열 specification=detailed explanation 상술, 열거, 내역 allusion 인유, 빗댐

397 The federal government is offering attractive tax breaks/ to corporations that _____ in areas of high unemployment.

(A) allocate   (B) suffocate   (C) relocate   (D) advocate

해석	연방정부는 매력적인 세금 감면 혜택을 제공하고 있다/ 실업률이 높은 지역으로 이전하는 기업들에게.
정답과 해설	(C) 문맥상 '이전하다/재배치하다(relocate)'가 들어가야 가장 자연스러우므로
어휘	federal government 연방 정부 offer 제공(제안)하다 corporation 기업 area 지역 attractive=charming=enchanting=enticing=fascinating 매력적인 tax break 세금 감면 allocate=allot=apportion=assign=ration=parcel out 할당(배당)하다 advocate 주창(옹호)하다 suffocate=smother=choke=asphyxiate 질식시키다 high unemployment 높은 실업

398 Some young people perceive/ that our current values of the pursuit of wealth and power are hollow// and react _____.

(A) plausibly   (B) probably   (C) feasibly   (D) accordingly

해석	일부 젊은이들은 인식한다// 부와 권력 추구에 대한 우리의 현재 가치관이 공허하다고// 그래서 그에 따라 반응한다.
정답과 해설	(D) 문맥상 '그에 따라서(accordingly)'가 들어가야 가장 자연스러우므로
어휘	perceive 인식하다, 지각하다, 눈치 채다 current 현재의 value 가치, 가치관 accordingly 그에 따라 pursuit 추구 wealth 부 power 권력 hollow=empty=vacant=void 공허한 react 반응하다 plausibly=probably=feasibly=conceivably=mayhap=perchance 어쩌면, 아마도

399 They were _____ to improve a range of local facilities/ from transport, credit, and insurance to health and education.

(A) empowered   (B) empowering   (C) empower   (D) empowerment

해석	그들은 다양한 지역 시설을 개선할 수 있는 권한을 부여받았다/ 운송, 신용, 보험에서부터 건강과 교육에 이르기까지.
정답과 해설	(A) 문맥상 '그들이 권한을 부여받으므로 수동(be empowered)'이 되어야 함 u.478쪽 참조
어휘	improve 개선하다 a range(variety, diversity) of=various=diverse 다양한 local 지역의 facility 시설 transport 운송 credit 신용 insurance 보험 education 교육 empower 권한을 부여하다

400 The president will unveil a specific policy _____/ in his State of the Union message Feb. 4.

(A) inventory   (B) forum   (C) agenda   (D) address

해석	대통령은 구체적인 정책 의제를 밝힐 예정이다/ 2월 4일 국정 연설에서.
정답과 해설	(C) 문맥상 '의제(agenda)'가 들어가야 가장 자연스러우므로
어휘	president 대통령 unveil=bring out 밝히다 specific 구체적인 policy 정책 State of the Union message 국정 연설 inventory 물품 명세서, 재고 목록 forum 공개 토론 agenda 의제, 안건 address 연설, 주소, 처리하다, 연설하다

401 Company directors/ are attempting to lay out an agenda for reducing future financial
_____ .

(A) profits   (B) hazards   (C) benefits   (D) revenues

해석	회사 이사들은/ 미래의 재무 위험을 줄이기 위한 안건을 마련하려고 시도하고 있다.
정답과 해설	(B) 문맥상 '위험(hazards)'이 들어가야 가장 자연스러우므로
어휘	director 이사 attempt to ~하려고 시도하다 lay out 계획(설계, 마련)하다 agenda 의제, 안건 reduce=decrease=diminish=lessen=abate=attenuate 줄이다 future 미래 financial 재정적인 profit=benefit 이익 hazard=risk=danger=peril 위험 revenue=income 소득

402 The candidates for the position/ must demonstrate a high level of _____ in English.

(A) efficiency   (B) deficiency   (C) proficiency   (D) leniency

해석	그 직책을 원하는 지원자들은/ 높은 수준의 영어의 유창성을 보여줘야 한다.
정답과 해설	(C) 문맥상 '유창성/능숙함(proficiency)'이 들어가야 가장 자연스러우므로
어휘	candidate=applicant 지원자 position 직책, 위치, 입장 demonstrate 보여주다, 증명하다 level 수준 efficiency 효율성 deficiency 결핍 proficiency=skill 능숙함, 유창성 leniency 관대함

403 Those of us with mortgages/ have been subjected to _____ interest-rate rises/ in the
last couple of years.

(A) continuous   (B) general   (C) favorable   (D) continual

해석	우리 중 주택담보대출을 받은 사람들은/ 지속적인 금리 인상을 겪었다/ 지난 2년 동안.
정답과 해설	(D) 문맥상 '지속적인(continual)'이 들어가야 가장 자연스러우므로 u.293쪽 참조
어휘	mortgage 주택담보 대출 subject 당하게 하다, 겪게 하다, 종속시키다 interest-rate rise 금리 인상 in the last couple of years 지난 2년 동안 continuous 끊임없는 general 일반적인 favorable 우호적인

404 His report is correct/ _____ some details are omitted.

(A) except that   (B) in order that   (C) so that   (D) inasmuch as

해석	그의 보고서는 정확하다/ 일부 세부 사항이 생략되어있다는 것을 제외하고는.
정답과 해설	(A) 문맥상 '제외하고(except that)'이 들어가야 가장 자연스러우므로
어휘	report 보고서 correct 정확한 details=specifics=particulars 세부사항 omit=leave out 생략하다 except that ~을 제외하고 in order that=so that ~하기 위하여 inasmuch as=seeing that ~이므로

405 The bank manager _____ the charge,// saying that we were old and valued customers.

(A) swindled   (B) waived   (C) faked   (D) forged

해석	은행 지점장은 수수료를 면제해 주었다// 우리가 오래되고 소중한 고객이라고 말하면서.
정답과 해설	(B) 문맥상 '면제하다(waived)'가 들어가야 가장 자연스러우므로
어휘	bank manager 은행 지점장 charge=fee 수수료 valued=cherished=prized=treasured 소중한 customer 고객 swindle=defraud=cheat 사취하다 waive=exempt=remit 면제하다 fake=forge=falsify=fabricate=counterfeit 위조하다

406 The government has _____ restrictions on dealing in foreign currencies.

(A) invited   (B) offered   (C) waived   (D) transported

해석	정부는 외화 거래에 대한 규제를 철회했다.
정답과 해설	(C) 문맥상 '철회하다(waived)'가 들어가야 가장 자연스러우므로
어휘	government 정부 restriction=restriction=control 규제 deal(trade) in 거래하다 foreign currency 외화 invite 초대(요청)하다 offer 제안(제공)하다 waive=revoke=withdraw=take back 철회하다 transport 운송(수송)하다

407 American Express/ offered to waive _____ for additional cards held by family members.

(A) fares   (B) tuitions   (C) expenses   (D) fees

해석	아메리칸 익스프레스는/ 가족이 보유한 추가적인 카드에 대해서는 수수료를 면제해 주겠다고 제안했다.
정답과 해설	(D) 문맥상 '수수료(fees)'가 들어가야 가장 자연스러우므로
어휘	offer ~해주겠다고 제안하다 waive=exempt=remit 면제하다 additional 추가적인 hold-held-held 소지(보유)하다 fare 요금 tuition 학비 expense 지출, 비용 fee=charge 수수료

408 The new director says// there is an _____ of staff and that cuts must be made.

(A) access   (B) excess   (C) distress   (D) process

해석	신임 이사는 말한다// 직원 수가 너무 많아서 인원 감축을 해야 한다고.
정답과 해설	(B) 문맥상 '초과/잉여(excess)'가 들어가야 가장 자연스러우므로
어휘	director 이사 staff 직원 make cuts 인원 감축하다 access 접속, 접근 distress 고통, 재난 process 과정

409 All gains and losses _____ to shareholders/ should be reported in the single statement.

(A) contributable   (B) reputable   (C) attributable   (D) susceptible

해석	주주들에게 돌아가는 모든 이익과 손실은/ 단일 보고서로 보고되어야 한다.
정답과 해설	(C) 문맥상 '돌아가는/소유가 되는(attributable)'이 들어가야 가장 자연스러우므로
어휘	gain 이익 loss 손실 shareholder 주주 report 보고하다 single 단일의 statement 보고서, 진술서, 성명서 contributable 공헌(기여)할 수 있는 reputable 평판 좋은 attributable ~에게 돌아가는, ~의 원인 susceptible ~에 민감한

410 The increase in sales/ is largely _____ to the fact that the product has come down in price.

(A) contributable   (B) reputable   (C) attributable   (D) susceptible

해석	매출 증가는/ 주로 그 제품 가격이 내려갔다는 사실 때문이다. (가격이 내려갔기 때문이다)
정답과 해설	(C) be attributable(owing, due) to ~때문이다
어휘	increase 증가 sales 매출, 판매 largely=mostly=chiefly=mainly 주로 fact 사실 product 제품 price 가격 contributable 공헌(기여)할 수 있는 reputable 평판 좋은 susceptible ~에 민감한, ~에 영향 받기 쉬운

411 We're _____ to another takeover bid,// especially if there's another recession.

(A) unbearable   (B) unaccountable   (C) vulnerable   (D) referable

해석	우리는 또 다른 주식 공개 매입을 당할 수 있다// 특히 경기 침체가 또 있는 경우에.
정답과 해설	(C) vulnerable(weak) to ~에 공격받기 쉬운, ~에 취약한
어휘	takeover bid 주식 공개 매입, 기업 인수 especially=particularly=in particular 특히 recession=slump 경기 침체 unbearable 견딜 수 없는 unaccountable 책임이 없는, 설명할 수 없는 referable 부탁할 수 있는

412 Those who place permanent or temporary personnel/ are more _____ to layoffs/ than State job service employment interviewers.

(A) endurable   (B) unavoidable   (C) susceptible   (D) irreparable

해석	정규 직원이나 임시 직원을 배치하는 사람들은/ 해고에 더 민감하다/ 주 직업 봉사 고용 면접관들보다.
정답과 해설	(C) be susceptible(sensitive) to ~에 민감하다
어휘	those who ~한 사람들 place 배치하다 permanent=perpetual=eternal=everlasting 영구적인 temporary=transient=transitory=momentary=ephemeral 임시의, 일시적인 personnel 직원 layoff 정리해고 State job service employment interviewer 주 직업 서비스 고용 면접관 endurable 견딜 수 있는, 내구성 있는 unavoidable 불가피한 irreparable 불치의, 고칠 수 없는 *susceptibility 민감성, 감수성 vulnerability 취약성

413 He _____ by the office/ to drop off a copy of the contract.

(A) fell   (B) passed   (C) went   (D) came

해석	그는 사무실에 들렀다/ 계약서 사본을 놓아두려고.
정답과 해설	(D) come(stop, drop) by=stop at 들르다
어휘	drop off 내려놓다, 놓아두다 copy 사본 contract 계약서 fall-fell-fallen 쓰러지다 pass(go) by 지나가다

414 I need to _____ at the pharmacy/ and get my prescription filled.

(A) stop   (B) drop   (C) glance   (D) glimpse

해석	약국에 들러서/ 처방전을 조제를 받아야 해.
정답과 해설	(A) stop at=come(stop, drop) by 들르다
어휘	need to ~해야 한다 get a prescription filled 처방을 조제를 받다 pharmacy 약국 glance at 힐끗 보다 glimpse 눈에 살짝 띄다

415 She _____ by the office during her vacation/ to see if she had received any important mail.

(A) fell   (B) passed   (C) went   (D) dropped

해석	그녀는 휴가 중에 사무실에 들렀다/ 어떤 중요한 우편물을 받았는지 알아보려고.
정답과 해설	(D) drop(come, stop) by=stop at 들르다
어휘	during 동안에 vacation 휴가 receive 받다 important 중요한 mail 우편물 fall-fell-fallen 쓰러지다 pass(go) by 지나가다

416 Now the scientists can read the up-to-date research results/ in just a few minutes/ _____ several hours.

(A) instead of   (B) because of   (C) in spite of   (D) due to

해석	이제 과학자들은 최신 연구 결과를 읽을 수 있다/ 단 몇 분 만에/ 몇 시간이 아니라.
정답과 해설	(A) instead of ~의 대신으로, ~하지 않고, ~하기는커녕
어휘	scientist 과학자 up-to-date 최신의 research results 연구 결과 in just a few minutes 단 몇 분 만에 instead of=in place of=on behalf of ~대신에 because of=owing(due) to=on account of ~ 때문에 in spite of=despite ~에도 불구하고

417 All the production lines of this factory/ operate/ _____ systematically controlled robots.

(A) in regard to   (B) by means of

(C) on behalf of   (D) in comparison with

해석	이 공장의 모든 생산 라인은/ 작동한다/ 체계적으로 제어되는 로봇을 통해.
정답과 해설	(B) by means(dint, virtue) of ~에 의하여, ~으로, ~을 써서
어휘	production 생산, 제작 factory 공장 operate 작동하다 systematically 체계적으로 control 통제하다 in regard(respect) to ~과 관련하여 on behalf of=as the representative of ~을 대표하여 in comparison with ~과 비교하여

418 All passengers are encouraged/ to reconfirm their return flight/ at least 48 hours _____ of departure.

(A) before   (B) in return   (C) despite   (D) ahead

해석	모든 승객은 권장 받는다/ 그들의 귀국 항공편을 재확인하도록/ 최소한 출발하기 48시간 전에.
정답과 해설	(D) ahead of departure 출발 전
어휘	passenger 승객 encourage 권장하다 reconfirm 재확인하다 return flight 귀국 항공편 at least==at the minimum=not less than 최소한 in return(compensation) 보답으로 despite=in spite of=notwithstanding=with all=for all=regardless(irrespective) of ~에도 불구하고

419 The journalist/ tried to make his opinion explicit/ for his readers to _____ understanding his article easily.

(A) be able to   (B) be capable of   (C) be capable to   (D) be sensitive to

해석	그 기자는/ 자신의 의견을 분명히 하려고 노력했다/ 독자들이 자신의 기사를 쉽게 이해할 수 있도록.
정답과 해설	(B) be capable of ~ing ~할 수 있다
어휘	journalist 기자 try to ~하려고 노력하다 make ~ explicit=make ~ clear 분명하게 밝히다 understand 이해하다 article 기사 easily=with ease 쉽게 be able to=be capable of ~할 수 있다 be sensitive to ~에 민감하다

420 The board members/ gave _____ to the labor union's demands in the end.

(A) in   (B) up   (C) for   (D) with

해석	이사회 위원들은/ 마침내 노조의 요구에 굴복했다.
정답과 해설	(A) give in to=submit(succumb, surrender, yield, capitulate) to ～에 굴복하다 give up 포기하다
어휘	The board 이사회, 위원회 labor union 노동조합, 노도 demand 요구, 수요 in the end(ultimate, even)=in due course=in the long run=ultimately=eventually 마침내

421 The new immigration law/ will come _____ effect/ as soon as the Congress pass it.

(A) in   (B) into   (C) for   (D) on

해석	새로운 이민법은/ 발효 될 것입니다/ 의회가 그것을 통과시키자마자.
정답과 해설	(B) come(take, go) into effect=become effective=come into effect(operation) 시행되다, 발효하다
어휘	immigration law 이민법 as soon as ～하자마자 the Congress 의회 pass 통과시키다

422 The assembly-line workers did their best/ to _____ lost time// after they withdrew from general strike.

(A) make up for   (B) make over for   (C) make up to   (D) make up

해석	조립 라인 근로자들은/ 최선을 다했다/ 잃어버린 시간을 만회하기 위해/ 총파업에서 철수한 후.
정답과 해설	(A) make up for 보상(보충, 보완, 만회)하다
어휘	assembly 조립 do one's best 최선을 다하다 lose-lost-lost 잃다 worker 근로자 withdraw from ～로부터 철수(철회, 퇴각)하다 general strike 총파업 make up for=make amends for=compensate(atone, recompense) for 보상(보충, 만회)하다 make over 개조하다 make up to=flatter to 아첨하다 make up=compose 구성하다, 화장하다

423 Prof. Collins encouraged his students to apply _____ the scholarship.

(A) to   (B) for   (C) with   (D) by

해석	콜린스 교수는 학생들에게 장학금을 신청하도록 권장했다.
정답과 해설	(B) apply for=make an application for 신청(지원)하다
어휘	Prof.=professor 교수 encourage 권장(장려)하다 scholarship 장학금 apply to=be applicable to=hold for ～에 적용되다

424 The union _____ a pay raise first// before starting the annual labor and management talks.

(A) put up at   (B) put out   (C) put in for   (D) put off

해석	노조는 먼저 임금인상을 공식적으로 요청했다// 연례 노사회담을 시작하기 전에.
정답과 해설	(C) put in for=make a formal request for 공식적으로 요청하다
어휘	union 노조 a pay raise 임금인상 annual labor and management talks 연례 노사회담 put out=extinguish 불을 끄다 put in for=request formally 공식적으로 요청하다 put up at 투숙하다 put off=postpone=prolong=procrastinate=adjourn=delay=defer 연기하다

425 The flight arrives _____ Cebu in four hours.

(A) in   (B) at   (C) on   (D) into

해석	그 항공편은 네 시간 후에 세부에 도착한다.
정답과 해설	(A) 넓은 장소에 도착할 때는 arrive in, 좁은 장소에 도착할 때는 arrive at
어휘	flight 항공편, 비행 arrive in=reach=get to 도착하다 in four hours 4시간 후에

426 The school's educational philosophy/ is based on the premise/ that children can learn _____ hands-on involvement with a diversity of activities

(A) through   (B) by   (C) for   (D) since

해석	그 학교의 교육철학은/ 아이들이 다양한 활동에 직접 참여함으로써 배울 수 있다는/ 전제에 기초하고 있다.
정답과 해설	(A) through는 '과정을 통한 수단'을 나타내고, by는 '교통 통신 수단'을 나타냅니다.
어휘	educational philosophy 교육 철학 be based(founded) on ~에 기초하다 premise 전제 premises 구내 hands-on 직접적인, 직접 손으로 만질 수 있는 involvement 참여, 관여 a diversity(variety) of=diverse=various 다양한 activity 활동, 행동

427 The CEO's annual speech/ is scheduled _____ 10 a.m. on Friday.

(A) in   (B) for   (C) over   (D) between

해석	CEO의 연례 연설은/ 금요일 오전 10시로 예정되어 있다.
정답과 해설	(B) be scheduled for+시각 ~로 예정되어 있다, be scheduled to+동사 ~할 예정이다
어휘	annual 1년마다의 on Friday 금요일에 in+시간 ~후에, 만에, 지나서 for ~동안에 over ~에 걸쳐서 between 둘 사이에

428 Kakaotalk Communications has built _____ a reputation/ for being a reliable service provider.

(A) on   (B) in   (C) from   (D) up

해석	Kakaotalk Communications는 명성을 쌓아왔다/ 신뢰할만한 서비스 제공업체로.
정답과 해설	(D) build up 쌓다
어휘	build up 쌓아 올리다 reputation 명성 reliable=dependable 신뢰할만한 provider 제공업체, 제공업자

429 The president/ has been consistent _____ his plans to liberalize the nation's foreign exchange markets.

(A) of   (B) with   (C) in   (D) on

해석	그 대통령은/ 국가의 외환시장을 자유화하려는 그의 계획에 일관성을 유지해 왔다.
정답과 해설	(B) be consistent with ~에 일관성을 유지하다
어휘	president 대통령 plan 계획 liberalize 자유화하다 nation 국가, 민족 foreign exchange market 외환시장

430 If you approve _____ her teaching the class,// please give a call to Mr. Miller before 3pm.

(A) to   (B) for   (C) of   (D) with

해석	만일 여러분이 그녀가 그 반을 가르치는 것을 찬성한다면,// 오후 3시 전에 밀러 씨에게 전화를 해주세요
정답과 해설	(C) approve of=agree(assent, consent) to 동의(찬성)하다
어휘	teach-taught-taught 가르치다 class 반, 종류, 등급 give a call=give a ring=call up=telephone 전화하다 pm=post meridiem 오후

431 _____ a low-price policy,// they offer competitive prices and quality services/ to the customers.

(A) According to   (B) Further   (C) Instead   (D) However

해석	저가 정책에 따라,// 그들은 경쟁력 있는 가격과 고품질 서비스를 제공한다/ 고객들에게.
정답과 해설	(A) according to ~에 따라(명사 앞에 부사는 올 수 없고 전치사만 올 수 있음)
어휘	a low-price policy 저가정책 offer 제공하다 competitive 경쟁력 있는 quality service 고품질 서비스 customer 고객 further 게다가, 전진(촉진)시키다 instead 대신 however 그러나

432 The cost of studying in the United States for two years/ would be equal _____ buying a two-room apartment in Korea.

(A) at   (B) with   (C) to   (D) for

해석	미국에서 2년간 공부하는 데 드는 비용은/ 한국에서 방 두 개짜리 아파트를 사는 것과 맞먹을 것이다.
정답과 해설	(C) be equal(equivalent, comparable) to ~과 맞먹다, ~과 동등하다
어휘	cost 비용 the United States 미국 a two-room apartment 방 두 개짜리 아파트

433 Unemployed workers receive welfare payments and rent assistance/ equivalent _____ 50% of their usual income.

(A) at   (B) with   (C) to   (D) for

해석	실업자들은 복지 급여와 임차료 지원을 받는다/ 보통 소득의 50%에 해당하는.
정답과 해설	(C) be equivalent(equal, comparable) to ~과 맞먹다, ~과 동등하다
어휘	unemployed worker 실업자 receive 받다, 맞이하다, 응하다 welfare payments 복지 수당 rent assistance 임차료 지원 income 수입, 소득

434 The _____ of the proposal/ needs careful consideration.

(A) word   (B) words   (C) wording   (D) languages

해석	제안서의 문구는 세심한 고려가 필요하다.
정답과 해설	(C) wording 문구, 용어, 단어 선택, 표현 방식
어휘	proposal 제안서, 청혼, 계획, 안 need=require 필요로 하다 careful=discreet=circumspective=prudent 신중한 consideration 고려 language 언어

435 We don't yet know the precise _____ of the agreement.

(A) word (B) words (C) wording (D) languages

해석	우리는 아직 그 합의 내용의 정확한 문구를 알지 못한다.
정답과 해설	(C) wording 문구, 용어, 단어 선택, 표현 방식
어휘	not yet 아직 ~하지 않다 precise=exact 정확한 agreement 계약서, 협정, 합의 language 언어

436 _____ working on his Ph.D. dissertation,// he also translates articles for The Weekly Review.

(A) In behalf of (B) Owing to (C) In spite of (D) In addition to

해석	박사 학위 논문에 매진하는 것 외에,// 그는 또한 The Weekly Review의 기사를 번역하기도 한다.
정답과 해설	(D) 문맥상 '~이 외에(In addition to)'가 가장 자연스러우므로 u.170쪽 (7)번 참조
어휘	work on 매진하다 Ph.D. 박사 학위 dissertation=treatise 논문 translate 번역하다 article 기사 in behalf of=in the interest of ~을 위하여 owing(due) to ~때문에 in spite of=despite ~에도 불구하고 in addition to ~ing ~하는 것 외에

437 _____ completion of the booking,// a reservation reference number and ticket number/ will be generated automatically by the system.

(A) In (B) At (C) Upon (D) With

해석	예약이 완료되면// 예약 조회 번호와 티켓 번호가/ 시스템에 의해 자동으로 생성됩니다.
정답과 해설	(C) upon+동작 동사의 명사형=upon ~ing ~하자마자 u.177쪽 참조
어휘	completion 완료 booking=reservation 예약 reference 조회, 참조 generate 생산하다 automatically 자동적으로

438 The group has _____ to find a replacement for the director who left in September.

(A) yet (B) already (C) still (D) never

해석	그 그룹(기업연합)은 9월에 떠난 이사의 후임자를 아직 찾지 못했다.
정답과 해설	(A) have yet to=be yet to 아직 ~하지 않았다, 곧 ~하게 될 것이다 u.188쪽 (7)번 참조
어휘	replacement 후임자, 대체인력 director 이사, 감독 leave-left-left 떠나다 September 9월 already 이미, 벌써 still 여전히, 아직도

439 This is a well-designed car// that is also very _____ to run.

(A) economy (B) economic (C) economical (D) economically

해석	이것은 잘 설계된 자동차이며// 달리기(운행하기)에 매우 경제적이다.
정답과 해설	(C) 명사를 꾸며주는 형용사가 필요하며, 문맥상 가장 자연스러우므로 u.293쪽 참조
어휘	well-designed 잘 디자인 된 run 달리다, 운행하다, 작동하다 economy 경제, 검소함, 절약 economic 경제상의, 경제와 관련한 economical 경제적인, 돈을 아끼는 economically 경제적으로

440 The _____ indicators show// that the economy is still in decline.

(A) economy   (B) economic   (C) economical   (D) economically

해석	주요 경제 지표는 보여준다// 경제가 여전히 하락하고 있음을.
정답과 해설	(B) 명사를 꾸며주는 형용사가 필요하며, 문맥상 가장 자연스러우므로 u.293쪽 참조
어휘	main=chief=primary 주요한 indicator 지표 still 여전히 in decline 하락하고 있는 economy 경제, 검소함, 절약 economic 경제상의, 경제와 관련한 economical 검소한, 실속 있는 economically 경제적으로

441 In the current _____ climate,// a lot of people are trying to save more and spend less.

(A) economy   (B) economic   (C) economical   (D) economically

해석	현재의 경제 환경에서는,// 많은 사람들이 더 많은 것을 절약(저축)하고 덜 소비하려고 노력하고 있다.
정답과 해설	(B) 명사를 꾸며주는 형용사가 필요하며, 문맥상 가장 자연스러우므로 u.293쪽 참조
어휘	current 현재의 climate 환경, 풍토 a lot of=lots of=plenty of 많은 try(seek, strive, work) to ~하려 애쓰다 save 절약(저축)하다

442 A _____ amount of research/ was done here/ by our science department.

(A) considering   (B) considerate   (C) considerable   (D) considered

해석	상당한 양의 연구가/ 이곳에서 수행되었다/ 우리 과학부에 의해서.
정답과 해설	(C) 문맥상 '상당한(considerable)'이 가장 자연스러우므로 u.293쪽 참조
어휘	a considerable amount of 상당한 양의 research 연구 science department 과학부 considering=given ~을 고려해 볼 때 considerate 사려 깊은 considered 잘 생각한

443 The _____ nations are less dependent on oil/ than they were a decade ago.

(A) industry   (B) industrial   (C) industrious   (D) industrially

해석	공업 국가들은 석유에 덜 의존하고 있다/ 10년 전보다.
정답과 해설	(B) 명사를 꾸며주는 형용사가 필요하며, 문맥상 '산업의(industrial)'가 가장 자연스러우므로 u.293쪽 참조
어휘	nation 국가, 민족 be dependent(incumbent, contingent) on ~에 의존하다 a decade ago 10년 전 industry 산업, 근면 industrial 산업의, 공업의 industrious=laborious=diligent=assiduous=sedulous 근면한 industrially 산업적으로

444 Your competitors may have access to the company intranet,// so never discuss commercially _____ issues on-line.

(A) sensible   (B) sensitive   (C) sensual   (D) sensuous

해석	경쟁사들이 인트라넷에 접속할 수 있으므로,// 온라인상에서 상업적으로 민감한 문제에 대해서는 절대로 논의하지 마십시오.
정답과 해설	(B) 문맥상 '민감한(sensitive)'이 가장 자연스러우므로 u.293쪽 참조
어휘	competitor 경쟁사, 경쟁자 have access to 접속하다 intranet 기업 내 컴퓨터를 연결하는 종합 통신망 discuss 논의하다 commercially 상업적으로 issue 문제, 쟁점 sensible 현명한 sensitive 민감한, 예민한 sensual 육감적인 sensuous 감각적인

• rate	평가하다	• regardless	그럼에도 불구하고	• request	요청하다
• rating	평점, 등급	• region	지역	• require	요구하다
• reach	도달하다	• register	등록(기록)하다	• requirement	필요조건
• react	반응하다	• regular	정기적인, 규칙적인	• research	연구, 조사
• reaction	반응	• regularly	정기(규칙)적으로	• resemble	닮다
• realize	깨닫다	• regulate	규제하다	• reservation	예약
• reasonable	합리적인, 적당한	• regulation	규제	• resident	주민
• recently	최근에	• reject	거절하다	• resolve	해결하다
• recipe	조리법, 처방전	• relationship	관계	• resolution	해결
• recognize	인식하다	• relatively	비교적	• resource	자원
• recommend	추천하다	• release	개봉하다	• respect	존경하다
• recover	회복하다	• relevant	관련된	• respond	응대하다
• recruit	모집하다	• remaining	남아있는	• risk	위험
• reduce	줄이다, 절감하다	• remarkable	훌륭한	• round	둥근
• reduction	절감, 감소	• representative	대표자	• routine	일상(의)
• regarding	~에 관하여	• reputation	평판, 명성	• rub	문지르다

• safety	안전	• settlement	정착, 해결	• special	특별한
• sanction	제재, 인가	• several	몇몇의	• specialist	전문가
• satellite	위성	• severe	심한	• specific	특정한, 구체적인
• satisfy	만족시키다	• share	나누다, 주식	• specifically	특히
• satisfaction	만족	• sharply	급격하게	• spokesman	대변인
• savings	저축 금액	• shortly	곧	• stable	안정된
• scale	규모	• shoulder	어깨	• stability	안정성
• scholarship	장학금	• significant	중요한	• statement	성명서, 진술
• scope	영역	• significance	중요성	• statistics	통계자료
• secretary	비서, 장관	• significantly	상당히	• strength	강도, 강점, 장점
• secure	안전한	• similar	비슷한	• strengthen	강화하다
• security	안전, 담보	• situation	상황	• stretch	펼침, 단 숨
• segment	조각, 단편	• slight	사소한	• strongly	강력히
• select	선발하다	• slightly	약간, 조금	• substantial	상당한, 실질적인
• selection	선발, 발췌	• so-called	소위	• successful	성공한, 성공적인
• senator	상원 의원	• solve	해결하다	• suddenly	갑자기
• sensitive	민감한	• solution	해결	• suggestion	제안, 시사, 암기

• temperature	온도, 기온	• tourist	관광객	• tremendous	엄청난
• temporary	일시적인	• transfer	전임시키다	• trend	추세, 풍조, 경향
• terms	약관, 임기, 조항	• transportation	운송, 수송	• trial	재판, 시도
• therapy	치료법	• treatment	치료	• typically	대표적으로

• ultimately	궁극적으로	• unfortunately	불행히도	• usually	대개, 보통
• undergo	겪다, 경험하다	• useful	유용한	• utility	실용, 공익사업

• vacation	휴가, 방학	• veteran	베테랑	• virtually	사실상, 거의
• various	다양한	• victim	희생자	• visitor	방문객
• vast	엄청난	• violate	어기다	• volunteer	자원하다
• vegetable	채소	• violation	위반, 위배	• vulnerable	취약한

• warning	경고	• whisper	속삭이다	• worker	노동자
• waste	폐기물	• widely	널리	• workshop	연수회
• weekend	주말	• widespread	널리 퍼진	• wrap	포장하다
• weigh	무게가 나가다	• winner	승자, 당첨자		
• whereas	반면에	• withdraw	인출하다	• zone	지대, 지역

01 Every _____ / should fill out the provided form/ before the interview.
(A) applicants
(B) applying
(C) applicant
(D) application

02 Only then _____ aware of the fact/ that there were more difficulties ahead than he had expected.
(A) he became
(B) did he become
(C) had he become
(D) have he become

03 Offering guidance and _____ in dealing with assignments/ is one of the most important tasks of the assistant manager.
(A) courage
(B) encourage
(C) encouraging
(D) encouragement

04 The resume workshop/ teaches young professionals/ how to show their _____ and skills/ using sophisticated language and attractive formatting.
(A) educate
(B) educated
(C) education
(D) educational

05 Every morning Harrison/ would go to the park,/ swing on the swing,/ _____ around the baseball diamond,/ and climb the trees.
(A) run
(B) ran
(C) running
(D) to run

06 In the presidential election campaign,// George W. Bush promised/ to lower taxes and _____ more jobs if elected.
(A) create
(B) created
(C) creating
(D) to be created

07 Finding an ideal location and _____ a good apartment in a complex metropolis/ can be a time-consuming effort.
(A) rent
(B) to rent
(C) renting
(D) rented

08 The company reserves the right for publishing textbooks and _____ them on the web site.
(A) use
(B) uses
(C) using
(D) to use

09 Maxwell Byrd Company/ prides itself on/ having established modern _____ efficient procedures/ unmatched in the industry.
(A) also
(B) so
(C) and
(D) too

10 This plant/ _____ from Canada to Mexico.
(A) costs
(B) counts
(C) ranges
(D) weighs

TEST 10 정답 및 해설

01 (C)	**02** (B)	**03** (D)	**04** (C)	**05** (A)
06 (A)	**07** (C)	**08** (C)	**09** (C)	**10** (C)

01
| **해석** | 모든 지원자는/ 제공된 서식을 작성해야 한다/ 면접을 받기 전에.
| **해설** | every+단수명사이며, 동사가 fill out(서식을 작성하다)이므로 사람 명사가 와야 함 u.493쪽 (7)번 참조
| **어휘** | fill out=fill in=complete 작성하다 provide 제공하다 form 서식, 용지 apply 신청(지원)하다 applicant 신청자 application 신청, 지원, 응용

02
| **해석** | 그때서야 비로소 그는 사실을 깨달았다/ 예상했던 것보다 더 많은 어려움이 앞에 높여있다는 (사실을)..
| **해설** | only 부사구가 문장의 첫머리에 오면 「조동사+주어+본동사」어순이 되며, 과거시제이므로 u.524쪽 (2)번 참조
| **어휘** | only then 그때서야 비로소 become aware of 깨닫다 difficulty 어려움 ahead 앞에 expect 예상(기대)하다

03
| **해석** | 임무를 처리함에 있어서 지도와 격려를 제공하는 것이/ 부지배인의 가장 중요한 업무 중 하나이다.
| **해설** | and를 중심으로 guidance와 병렬구조를 이뤄야 가장 자연스러우므로 u.531쪽 참조
| **어휘** | offer 제공하다 guidance 지도, 지침 in~ing ~함에 있어서 deal(do, cope) with=address 처리하다 assignment 임무, 과제 the most important 가장 중요한 task 일, 업무 assistant manager 부지배인

04
| **해석** | 이력서 연수회는/ 젊은 직업인들에게 가르친다/ 그들의 교육과 기술을 보여주는 방법을/ 세련된 언어와 매력적인 서식을 사용하여.
| **해설** | 소유격 다음에 명사가 오며 and를 중심으로 좌우 병렬구조이므로 u.531쪽 참조
| **어휘** | resume 이력서 workshop 연수회 professional 직업인, 전문가 how to ~하는 방법 show=display 보여주다 education 교육 skill 기술 sophisticated 세련된, 정교한 language 언어 attractive=charming=fascinating 매력적인 formatting 서식, 형식, 구성

05
| **해석** | 매일 아침 해리슨은/ 공원에 가서/ 그네를 타고/ 야구 다이아몬드를 뛰어 돈 다음/ 나무에 오르곤 했다.
| **해설** | and를 중심으로 좌우가 병렬구조를 이뤄야 하므로 u.531쪽 참조
| **어휘** | every morning 매일 아침 would ~하곤 했다 swing on the swing 그네를 타다 run around 뛰어 돌다 climb 기어오르다

06
| **해석** | 대통령 선거 운동에서,/ 조지 W. 부시는 약속했다/ 세금을 낮추고 더 많은 일자리를 만들겠다고/ 당선되면.
| **해설** | and를 중심으로 앞에 있는 lower와 병렬을 이뤄야 하므로 u.531쪽 참조
| **어휘** | presidential election 대통령 선거 promise 약속하다 lower taxes 세금을 낮추다 create 창출하다 elect 선출하다

07
| **해석** | 복잡한 대도시에서 이상적인 위치를 찾아 좋은 아파트를 임차하는 것은/ 시간이 많이 걸리는 수고가 될 수 있다.
| **해설** | and를 중심으로 finding과 병렬을 이뤄야 하므로 u.531쪽 참조
| **어휘** | ideal 이상적인 location 위치 complex 복잡한 metropolis 대도시 time-consuming 시간이 많이 걸리는 effort 노력 rent 임차하다. 임대하다

08
| **해석** | 그 회사는 교과서를 출판하여 그것들을 웹 사이트에서 사용할 권리가 있다.
| **해설** | and를 중심으로 publishing과 병렬구조를 이뤄야 가장 자연스러우므로 u.531쪽 참조
| **어휘** | company 회사 reserve 보유(확보, 예약)하다 right 권리 publish 출판하다 textbook 교과서 use 사용하다

09
| **해석** | Maxwell Byrd(제약회사명)회사는/ 자부한다/ 현대적이고 효율적인 절차를 확립했다고/ 업계에서 타의 추종을 불허하는.
| **해설** | and를 중심으로 좌우가 병렬구조이므로 u.531쪽 참조
| **어휘** | pride oneself on=be proud(boastful, vain) of =take pride in 자부(자랑)하다 establish 확립(수립)하다 modern 현대적인 efficient 효율적인 procedure 절차 unmatched 추종을 불허하는 in the industry 업계에서

10
| **해석** | 이 식물은 캐나다로부터 멕시코에 걸쳐 분포되어 있다.
| **해설** | 문맥상 '분포하다(range)'가 들어가야 가장 자연스러우므로
| **어휘** | home=house 주택 plant 식물 cost 돈이 들다 count 세다. 중요하다 weigh 무게가 나가다, 고려하다

11 The representative could _____ the
problem/ without any assistance from the
main office.
(A) deal for
(B) deal in
(C) deal with
(D) deal out

12 The sports centre/ caters for everyone/
from the social to the highly competitive
player,// and offers fully _____ sporting
facilities/ for mens, ladies and mixed
teams/ in a variety of sports.
(A) encased
(B) enclosed
(C) encircled
(D) enveloped

13 Teaching experience will be an _____,//
but candidates with other working
backgrounds/ will also be taken into
consideration.
(A) advice
(B) advantage
(C) admission
(D) adaptation

14 If you have received this e-mail
_____,// please notify us immediately.
(A) in error
(B) in an error
(C) in mistake
(D) by the mistake

15 If you believe these charges to be
_____ ,/ or if you have any questions
regarding this matter,// please feel free to
contact me at 555-5555.
(A) in error
(B) in an error
(C) in mistake
(D) for mistake

16 I deleted a whole afternoon's work on
the computer _____.
(A) by mistake
(B) by a mistake
(C) by the mistake
(D) in an error.

17 For the guests accompanied by a
member,// all the facilities in this fitness
club/ are _____ / at an additional
cost of twenty dollars.
(A) available
(B) permissible
(C) enjoyable
(D) receivable

18 _____ offer our guests the finest in
facilities,// we plan to build a modern
well-equipped fitness center.
(A) In effort to
(B) In an effort to
(C) In the effort to
(D) In efforts to

19 You can apply to any job,/ but you may
not be _____ for the job// if you don't
fall into one of the required hiring paths
listed on the job announcement.
(A) considerable
(B) purported
(C) eligible
(D) lease

20 Karen's sister works at the New York
Ballet// and she's managed to get us
some _____ tickets.
(A) complementary
(B) supplementary
(C) complimentary
(D) commentary

11 (C)	12 (B)	13 (B)	14 (A)	15 (A)
16 (A)	17 (A)	18 (B)	19 (C)	20 (C)

11

|해석| 그 대리인은 그 문제를 처리 할 수 있었다/ 본사로부터 아무런 도움 없이.

|해설| 문맥상 '처리하다(deal with)'가 들어가야 가장 자연스러우므로

|어휘| representative 대표자, 대리인, 재외(在外) 사절 without any assistance 아무런 원조 없이 main office 본사 deal 거래 deal in 거래(장사)하다 deal(do, cope) with 다루다, 처리하다 deal(dole) out=distribute 나누어 주다

12

|해석| 그 스포츠 센터는/ 모든 사람들을 만족시킨다/ 사회인에서부터 승부욕이 아주 높은 선수에 이르기 까지,// 그리고 차단막이가 충분히 이뤄진 스포츠 시설을 제공하고 있다/ 남성, 여성, 그리고 혼성팀을 위하여/ 다양한 스포츠에 있어서.

|해설| 시설이 '차단막이 되어있다'는 뜻이므로 (google에서 enclose를 써서 이미지를 검색해보세요.)

|어휘| cater for ~을 충족(만족)시키다, ~을 대상으로 하다 from A to B A에서 B에 이르기 까지 competitive 승부욕이 강한 social player 사회성이 좋은 사람 offer 제공하다 fully 충분히 enclose 차단막이하다 facilities 시설 mixed team 혼성팀 a variety(diversity) of=various=diverse=miscellaneous 다양한

13

|해석| 교육 경험이 유리하겠지만,// 다른 근무 경력이 있는 지원자들도/ 고려 대상이 될 것이다.

|해설| 문맥상 '유리/장점(advantage)'가 들어가야 가장 자연스러우므로

|어휘| experience 경험 candidate=applicant 지원자 working background 근무 경력 advice 충고 advantage 장점 take into consideration(account)=consider 고려하다 admission 승인, 자백 adaptation 적응, 개작

14

|해석| 당신이 이 이메일을 의도치 않게 받았다면,// 우리에게 즉시 알려주세요.

|해설| in error=not deliberately 의도치 않게

|어휘| receive 받다 notify 알리다 immediately=directly =instantly=at once=off hand=out of hand 즉시

15

|해석| 귀하가 이 청구금액이 잘못되었다고 생각하시거나,/ 이 문제에 대해 어떤 문의사항이 있으시면,// 언제든지 555-5555로 저에게 연락 주십시오.

|해설| in error=not correct 잘못 된

|어휘| charges 청구 금액 regarding=concerning=respecting ~에 관하여 feel free to 언제든지 ~하다 contact 연락하다

16

|해석| 나는 오후 내내 한 작업을 컴퓨터에서 실수로 지워버렸어.

|해설| by mistake 실수로 u.382쪽 ⑬번 참조

|어휘| delete 지우다 by mistake=mistakenly=in error 실수로

17

|해석| 회원을 동반한 손님의 경우,// 이 헬스클럽의 모든 시설을/ 이용할 수 있습니다/ 20달러의 추가 비용으로.

|해설| 문맥상 '이용 가능한(available)'이 들어가야 가장 자연스러우므로 u.288쪽 (3)번 참조

|어휘| guest 손님 accompany ~에 동반하다, ~와 함께 가다 facilities 시설 fitness club 헬스클럽 an additional cost 추가 비용 available 이용 가능한 permissible 허용 가능한 enjoyable 즐길 수 있는 receivable 받을 수 있는, 믿을 만한

18

|해석| 손님들에게 최고의 시설을 제공하기 위해,// 우리는 현대식 시설을 잘 갖춘 헬스클럽을 지을 계획이다.

|해설| in an effort to ~하기 위해서, ~하려는 노력으로: 관용적인 표현이므로 암기하셔야 합니다.

|어휘| offer 제공하다 guest 고객, 손님 the finest 최고의 facility 시설 plan to ~할 계획이다 build 건설하다 modern 현대적인 well-equipped 시설을 잘 갖춘 fitness center 헬스클럽

19

|해석| 여러분은 어떤 일자리에도 지원할 수 있지만,/ 그 일자리에 자격이 없을 수도 있습니다// 취업 공고에 기재된 필수 채용 경로 중 하나에 속하지 않으면.

|해설| be eligible for ~에 적합하다, ~에 대해 자격이 있다

|어휘| apply to 지원하다 job 직업, 일자리 fall into 해당하다, 속하다 list 기재하다 required hiring paths 필수 채용 경로 job announcement 취업 공고, 일자리 공고 considerable 상당한 purported ~라고 하는, ~라고 소문난 lease 차용증서, 임대차 계약

20

|해석| 카렌의 여동생이 뉴욕발레단에서 일하는데// 그녀가 우리에게 무료티켓을 겨우 구해줬어.

|해설| 문맥상 '무료의(complimentary)'가 들어가야 가장 자연스러우므로

|어휘| manage(contrive) to 겨우 ~하다 complementary=supplementary 보충(보완)하는 commentary 논평

21 The chairman/ announced/ his plan for the _____ retirement/ at the board meeting.
(A) early
(B) fast
(C) quick
(D) mature

22 Drug manufacturers/ are required to list/ all known side _____ of their products.
(A) results
(B) factors
(C) affects
(D) effects

23 Employee health care/ is the _____ largest overhead expenses/ for most manufacturing companies in the US.
(A) alone
(B) separate
(C) single
(D) excluding

24 Tables and sofas are far enough _____ for conversation in normal tones and an intimate dining experience.
(A) apart
(B) along
(C) beside
(D) beyond

25 Property taxes _____ about 30 percent of the overall tax revenue which the state collects.
(A) make
(B) account for
(C) are at least
(D) are raised by

26 You have to _____ the possibility that you might not be able to complete your assignment on time.
(A) allow for
(B) make up
(C) come upon
(D) run across

27 The management stated/ that a _____ plan was in place/ for dealing with such emergencies.
(A) agency
(B) contingency
(C) intimacy
(D) primacy

28 The information was given at an unusually well- _____ press conference yesterday.
(A) acquainted
(B) known
(C) provided
(D) attended

29 Since meeting _____ are an official record of what transpired,// accuracy is required.
(A) hours
(B) minutes
(C) seconds
(D) times

30 _____ next month, the landfill will no longer accept old televisions.
(A) Effected
(B) Effective
(C) Effecting
(D) Effectively

TEST 10 정답 및 해설

21	(A)	22	(D)	23	(C)	24	(A)	25	(B)
26	(A)	27	(B)	28	(D)	29	(B)	30	(B)

21

|해석| 회장은/ 발표했다/ 조기 은퇴 계획을/ 이사회에서.

|해설| early retirement 조기 퇴직, 명예퇴직

|어휘| chairman 회장, 의장 announce 발표하다 plan 계획
early 조기의 the board meeting 이사회
fast=quick 동작이 빠른 mature 성숙한

22

|해석| 의약품 제조업자들은/ 나열해야 한다/ 그들 제품의 알려진 모든 부작용을.

|해설| 의약품과 관련하여 '부작용(side effects)'이 들어가야 가장 자연스러우므로

|어휘| drug manufacturer 의약품 제조업자 be required to ~해야 한다 list 나열하다 known 알려진 side effects 부작용
products 제품, 상품 results 결과 factors 요인
affect=influence=act(work, tell) on 영향을 끼치다

23

|해석| 직원 건강관리는/ 단일 최대 간접비이다/ 미국의 대부분의 제조 회사에게.

|해설| the single largest/biggest/great/most 단일 최대의

|어휘| employee health care 직원 건강관리 overhead expenses 간접비용 most 대부분의 manufacturing company 제조 회사 alone 혼자서 separate 분리된
single 단일의 excluding 제외하고

24

|해석| 테이블과 소파는 정상적인 어조로 대화를 하면서 친밀한 식사 경험을 할 정도로 충분히 떨어져 있습니다.

|해설| 문맥상 '떨어져 있는(apart)'가 들어가야 가장 자연스러우므로

|어휘| conversation 대화 normal tone 정상적인 어조
intimate 친밀한 dining experience 식사 경험
far enough apart 충분히 멀리 떨어진
along ~을 따라서 beside ~의 옆에 beyond ~을 넘어서

25

|해석| 재산세는 그 주가 징수하는 전체 세수 중 약 30%를 차지한다.

|해설| 문맥상 '차지하다(account for)'가 가장 자연스러우므로

|어휘| property tax 재산세 about=around=approximately=some=roughly 대략 overall 전체적인, 전반적인 revenue 수입
state 주, 국가 collect 징수하다, 거둬들이다 account for

차지하다 at least 최소한 raise 기르다, 양육하다, 올리다

26

|해석| 너는 제때에 임무를 완수하지 못할 가능성을 고려해야 한다.

|해설| 문맥상 '고려하다/참작하다(allow for)'가 들어가야 가장 자연스러우므로 u.143쪽 어휘 참조

|어휘| have to=must ~해야 한다 possibility 가능성 that 동격 접속사 might ~할 수도 있다 complete 완수하다 assignment 임무 on time 제때에 allow(bargain) for=take into account(consideration) 고려하다
make up=compose 구성하다 come(stumble) upon(across)=run(bump) into(across) 우연히 마주치다

27

|해석| 경영진은 말했다/ 긴급 대책이 마련되어 있다고/ 그러한 비상사태를 처리하기 위한 (긴급 대책이).

|해설| contingency plan=emergency plan 긴급 대책, 비상 대책

|어휘| management 경영진 state 말하다 be in place 마련되어 있다 deal(do, cope) with 처리(대처)하다 emergency 비상사태 agency 기관, 매체, 대리점 contingency 불의의 사고, 우발적 사건 intimacy 친밀한 primacy 탁월

28

|해석| 그 정보는 어제 유난히 많은 사람들이 참석한 기자회견에서 제공되었다.

|해설| well attended 많은 사람들이 참석한

|어휘| information 정보 unusually 유난히 provide 제공하다
press conference 기자회견 acquaint 알려주다

29

|해석| 회의록은 일어난 일에 대한 공식적인 기록이기 때문에,// 정확성이 필요하다.

|해설| minutes 회의록, 의사록

|어휘| since=as=because=inasmuch as ~이므로
meeting minutes 회의록 official 공식적인 record 기록
transpire=happen=occur=betide=befall 발생하다
accuracy 정확성 require=demand=need 요구하다

30

|해석| 다음 달부터, 쓰레기 매립장은 더 이상 낡은 텔레비전을 받지 않을 것이다.

|해설| effective(as of, starting)+시점 ~부터 u.116쪽 (11)번 참조

|어휘| landfill 매립지 no longer=not~any longer=no~any more 더 이상 ~하지 않다 accept 받아들이다 effective ~부터, 효과적인 effect 초래하다 effectively 효과적으로

01 Mr. Harvey is one of _____ best clients.
(A) us
(B) her
(C) hers
(D) ours

02 You have two days to complete the project,/ _____ now.
(A) Starting
(B) To start
(C) Started
(D) Having started

03 A customer service representative/ _____ at our catalogue number.
(A) always is available
(B) is always available
(C) is available always
(D) being always available

04 Our new _____ account/ will earn you higher interest/ on every dollar you deposit.
(A) save
(B) safe
(C) saving
(D) savings

05 The plane was shot down/ _____ by a NATO missile.
(A) in error
(B) in an error
(C) in mistake
(D) for mistake

06 The new employees' _____ on their job/ was somewhat disappointing.
(A) perform
(B) performed
(C) performance
(D) performing

07 The changes to the national health system/ will be _____ next year.
(A) complimented
(B) implemented
(C) complemented
(D) supplemented

09 There are doubts about _____ the judgment was fair.
(A) if
(B) whether
(C) that
(D) what

09 The mayor seemed _____ to the likely effects of the new legislation.
(A) conscious
(B) oblivious
(C) secret
(D) sensible

10 You should become drastically _____ with your computer and all of its software programs// before you take an on-line class.
(A) familiar
(B) familiarity
(C) familiarize
(D) familiarization

01	(B)	02	(A)	03	(B)	04	(D)	05	(A)
06	(C)	07	(B)	08	(B)	09	(B)	10	(A)

01

|해석| Harvey씨는 그녀의 최고의 고객 중 한 명이다.

|해설| 명사 앞에는 소유격이 오므로 u.23쪽 참조

|어휘| best 최고의 client 변호사와 같은 전문 직업인에 대한 고객

02

|해석| 너는 프로젝트를 끝내는데 이틀 남았다.// 지금으로부터.

|해설| starting now 지금부터 u.116쪽 (11)번 참조

|어휘| complete=finish 완성하다, 완료하다

03

|해석| 고객 서비스 담당자는/ 항상 카탈로그 번호로 연락할 수 있다.

|해설| '빈도부사의 위치'는 be동사나 조동사의 뒤나 일반 동사 앞이므로 u.388쪽 (4)번 참조

|어휘| customer 고객, 손님 representative 대표, 담당자 available 이용 가능한

04

|해석| 우리의 새 보통 예금은/ 당신에게 더 높은 이자를 벌어드릴 것입니다/ 당신이 예치한 모든 달러에 대해.

|해설| savings account 보통 예금

|어휘| earn 벌어주다 interest 이자 deposit 예치하다 save 저축하다 safe 안전한 saving 절약하는 savings 저금, 저축액

05

|해석| 그 비행기는 격추되었다/ 나토(북대서양 조약기구) 미사일의 실수로.

|해설| in error=not deliberately 의도치 않게 u.478쪽 참조

|어휘| plane 비행기 shoot down 격추하다 NATO=North Atlantic Treaty Organization 북대서양 조약기구

06

|해석| 신입 사원들의 업무 수행 능력은/ 다소 실망스러웠다.

|해설| 주어자리이며 소유격 다음에는 명사가 오므로 u.22/23쪽 참조

|어휘| new employee 신입 사원 job 일, 직업 somewhat 다소 disappointing 실망스러운 perform 수행하다 performance 수행 능력

07

|해석| 국민 건강 시스템의 변경사항은/ 내년에 시행될 것이다.

|해설| 문맥상 '시행되다(implemented)'가 들어가야 가장 자연스러우므로

|어휘| national 국민의 next year 내년에 compliment=praise 칭찬하다 complement=supplement 보충하다 implement=enforce=carry out=carry through 시행하다

08

|해석| 그 판결이 공정했는지에 대해 의심의 여지가 있다.

|해설| 전치사 다음에는 whether를 사용하므로 u.59쪽 F.번 참조

|어휘| doubt 의심 judgment 판결, 재판 fair 공정한

09

|해석| 시장은 새로운 법안의 예상 효과를 망각하고 있는 것 같았다.

|해설| be oblivious to(of) ~을 의식하지 못하다, ~을 망각하다

|어휘| mayor 시장 likely effect 예상 효과 legislation 법안, 입법 be conscious(aware, sensible) of ~을 의식하다 secret 비밀 sensible 현명한 be oblivious(unaware, unconscious, unmindful, mindless, heedless) of ~을 알아차리지 못하다

10

|해석| 여러분은 컴퓨터와 컴퓨터의 모든 소프트웨어 프로그램에 철저히 익숙해져야 합니다// 온라인 수업을 수강하기 전에.

|해설| become familiar with ~에 익숙해지다 u.64쪽 불완전 자동사 참조

|어휘| drastically=thoroughly=downright=in depth =all out=every bit=every inch=to the hilt 철저히 take 수강하다 familiar 익숙한 familiarity 친숙함 familiarize 익숙하게 하다 familiarization 익숙케 함

11 Without Edward's _____ ,// Alexander wouldn't have been able to have access to the laboratory/ to complete his work.
(A) assist
(B) assists
(C) assisting
(D) assistance

12 The government had _____ enough time to investigate the scandal.
(A) more
(B) more than
(C) sufficient
(D) plenty

13 Salpert Corporation's stock/ _____ by 10%/ during the second quarter of the year.
(A) rise
(B) rose
(C) risen
(D) arose

14 Add milk to the flour mixture,/ _____ the melted butter.
(A) along with
(B) moreover
(C) in addition
(D) also

15 As soon as the products _____ ,// he will dispatch them/ to the proper department.
(A) arrive
(B) arrived
(C) will arrive
(D) is arriving

16 Please _____ our reservation & ticketing staff/ if you wish to book a child or infant ticket only.
(A) contact
(B) contact to
(C) contact with
(D) be contacting with

17 Fairlie is widely _____ with inventing the phrase 'the Establishment'.
(A) attributed
(B) charged
(C) credited
(D) owed

18 All the examinees/ must bring/ _____ a driver's license or passport and a pencil/ to the testing center.
(A) both
(B) yet
(C) and
(D) either

19 When our economy was under the control of the IMF,// many company workers were fired and _____.
(A) have their salaries cut
(B) have cut their salaries
(C) had their salaries cut
(D) had cut their salaries

20 _____ the past few months,// John has had some problems working with his colleagues.
(A) Since
(B) For
(C) During
(D) While

TEST 11 정답 및 해설

11 (D)	12 (B)	13 (B)	14 (A)	15 (A)
16 (A)	17 (C)	18 (D)	19 (C)	20 (B)

11
|해석| 에드워드의 도움이 없었다면,// 알렉산더는 실험실에 접근할 수 없었을 것이다/ 그의 연구를 완성하기 위해.
|해설| 소유격 다음에는 명사가 오므로 u.23/249쪽 참조
|어휘| without ~이 없다면, ~이 없었더라면 be able to ~할 수 있다 have access to 접근하다 laboratory 실험실 complete 완성하다 assist 돕다 assistance 도움

12
|해석| 정부는 그 사건을 조사할 시간이 충분하고도 남았다.
|해설| more than enough 충분하고도 남는
|어휘| government 정부 investigate=look(search, inquire, examine) into 조사하다 scandal 사건, 추문

13
|해석| Salpert 회사의 주식은/ 10% 올랐다/ 금년 2/4분기에.
|해설| 동사 자리이며, 2/4분기는 과거시제이고 자동사가 들어가야 하므로 u.83/32/365쪽 참조
|어휘| corporation 법인, 대형회사, 주식회사 stock 주식 rise-rose-risen 오르다 during 동안에 quarter 1/4 arise 발생하다

14
|해석| 밀가루 혼합물에 우유를 넣어라/ 녹인 버터와 함께.
|해설| along with=in addition to ~과 함께, ~과 더불어 u.493쪽 (6)번 참조
|어휘| add 더하다 flour mixture 밀가루 혼합물 melt-melted-melted 녹다, 녹이다 moreover=what is more=furthermore=in addition =by the same token=on top of that 게다가

15
|해석| 제품이 도착하자마자,// 그는 그것들을 급송할 예정이다/ 알맞은 부서로.
|해설| 시간 부사절에서 미래를 나타낼 때는 '현재 시제'를 사용하므로 u.100쪽 (1)번 참조
|어휘| as soon as=once ~하자마자 product 제품 dispatch 급송(급파)하다 proper 알맞은, 적절한 department 부서, 학과 arrive 도착하다

16
|해석| 예약 및 발권 직원에게 연락해주세요/ 만일 어린이나 유아 항공권만 예약하고자 할 경우에는.
|해설| 전치사 없이 바로 목적어를 취하는 '타동사'이므로 u.67쪽 (1)번 참조
|어휘| reservation & ticketing staff 예약 및 발권 직원 wish to ~하고 싶다 book=reserve 예약하다 infant 유아

17
|해석| Fairlie는 '시설'이라는 문구를 고안한 것으로 널리 인정받고 있다.
|해설| be credited with ~한 공로를 인정받다
|어휘| be widely credited with ~으로 널리 인정받아 invent 고안하다 phrase 문구, 구절 establishment 시설 attribute ~의 탓으로 돌리다 charge 비난(충전)하다 credit 공을 인정하다. 신용, 칭찬, 공적 owe 빚을 지다

18
|해석| 모든 수험생들은/ 지참해야 한다/ 운전 면허증이나 여권, 그리고 연필을/ 고사장에.
|해설| either A or B: A 또는 B u.126쪽 참조
|어휘| examinee 수험생 must=have to ~해야 한다 bring 지참하다 either A or B A아니면 B driver's license 면허증 passport 여권, 항해권 testing center 고사장 both 둘 다 yet 그러나, 아직

19
|해석| 우리 경제가 IMF의 통제 하에 있을 때,// 많은 회사 노동자들이 해고되고 봉급이 삭감되었다.
|해설| '시제가 과거이며 봉급이 삭감되므로' have+목적어+p.p u.150쪽 (1)번 참조
|어휘| economy 경제 be under the control of ~의 통제를 받다 fire=dismiss=discharge=eject=boot=sack 해고하다

20
|해석| 지난 몇 달 동안// John은 동료들과 함께 일하는 데 몇 가지 문제가 있었다.
|해설| 현재완료의 '계속적 용법'이므로 u.91쪽 (4)번 참조
|어휘| for the past few months 지난 몇 달 동안 colleague 동료 since ~때문에, ~이후로 during+명사 ~동안에 while ~하는 동안에, ~하면서, ~하다가, ~이지만, ~인 반면

21 Their data offer a _____ of information/ for continuing education of community nutritionists/ to become effective leaders.

(A) wealth
(B) number
(C) deal
(D) amount

22 The manager suggested _____ a research team.

(A) organizing
(B) to organize
(C) organized
(D) being organized

23 The school has recently _____ all its computer equipment.

(A) added
(B) increased
(C) updated
(D) outdated

24 All the accountants/ were instructed to submit their quarterly reports/ before _____ with the president.

(A) meeting
(B) to meet
(C) interviewer
(D) interview

25 Doctors say// that breastfeeding is superior _____ bottle-feeding for babies.

(A) to
(B) than
(C) by
(D) before

26 Blue jeans were originally made for people _____ worked outdoors.

(A) whom
(B) they
(C) that
(D) which

27 Immigration regulations _____ // that the names on the passports and tickets held by customers/ must be the same.

(A) specify
(B) testify
(C) magnify
(D) personify

28 _____ he desired to lead a peaceful and comfortable life,// he could certainly have done so.

(A) If
(B) Were
(C) Had
(D) Unless

29 Mr. Johnson has flown to Detroit/ to _____ the details and sign the contract.

(A) create
(B) contract
(C) sign
(D) finalize

30 _____ ABC Inc. stood to make a larger profit/ by selling its aging Dallas plant to rival CDF Inc.,// it decided instead to sell for less/ to the relative new-comer Telebrite,// to help cement a strategic partnership aimed at checking CDF's dominance.

(A) As
(B) Although
(C) So long as
(D) Instead of

TEST 11 정답 및 해설

| 21 (A) | 22 (A) | 23 (C) | 24 (A) | 25 (A) |
| 26 (C) | 27 (A) | 28 (C) | 29 (D) | 30 (B) |

21

| **해석**| 그들의 자료는 풍부한 정보를 제공한다/ 지역사회 영양사들의 지속적인 교육을 위해서/ 실질적인 지도자가 되도록.

| **해설**| a wealth of=a great amount of 풍부한, 많은
　　　　u.421쪽 어휘 참조

| **어휘**| data 자료 offer 제공하다 continuing 지속적인 education 교육 community 지역사회 nutritionist 영양사, 영양학자 effective 실질적인, 유능한, 효과적인 leader 지도자

22

| **해석**| 경영자는 연구팀을 조직하자고 제안했다.

| **해설**| suggest~ing ~하자고 제안하다 u.162쪽 [5]번 참조

| **어휘**| manager 경영자, 관리자 suggest 제안하다
　　　　organize 조직(구성)하다 research 연구

23

| **해석**| 그 학교는 최근 모든 컴퓨터 장비를 업데이트했다(최신 것으로 바꾸었다).

| **해설**| 문맥상 'updated'가 가장 자연스러우므로

| **어휘**| recently=lately=of late 최근에 equipment 장비
　　　　add 더하다 increase=add to=step up 증가시키다
　　　　update 최신 것으로 하다 outdated=outmoded 구식의

24

| **해석**| 모든 회계사들은/ 분기 보고서를 제출하도록 지시 받았다/ 사장과 면담하기 전에.

| **해설**| 전치사 before 다음에는 '동명사'가 오므로
　　　　u.147/360쪽 참조

| **어휘**| accountant 회계사 instruct 지시하다
　　　　submit=give(turn, send, hand) in 제출하다
　　　　meet with 면담하다, 공식적으로 만나다
　　　　quarterly report 분기 보고서 president 사장, 총장

25

| **해석**| 의사들은 말한다// 모유 수유가 아기들에게 우유를 먹이는 것보다 더 낫다고.

| **해설**| superior to ~보다 우수한, ~보다 더 나은 u.311쪽 참조

| **어휘**| breastfeed 모유로 키우다 bottle-feed 우유를 먹이다

26

| **해석**| 청바지는 원래 야외에서 일하는 사람들을 위해 만들어졌다.

| **해설**| 선행사가 사람이고, 주어자리이므로 사람 주격 관계대명사가 와야 함 u.321쪽 주격관계대명사 참조

| **어휘**| blue jeans 청바지 originally 원래 work 일하다
　　　　outdoors 야외에서

27

| **해석**| 출입국 관리 규정은 명시하고 있다// 고객이 소지한 여권 및 항공권의 이름이/ 동일해야한다고.

| **해설**| 문맥상 '명시하다(specify)'가 가장 자연스러우므로

| **어휘**| immigration 출입국 관리, 입국 심사 regulation 규정 passport 여권 ticket 항공권 hold-held-held 소지하다 customer 고객 specify 명시하다 testify 증명(증언)하다 magnify 확대(과장)하다 personify 상징(의인화, 구체화)하다

28

| **해석**| 그가 평화롭고 편안한 삶을 살고 싶었다면,// 그녀는 틀림없이 그렇게 할 수 있었을 것이다.

| **해설**| 주절의 시제가 가정법 '과거완료 시제'이므로 u.237쪽 참조

| **어휘**| desire to ~하기를 바라다 lead a peaceful and comfortable life 평화롭고 편안한 삶을 살다 certainly=no doubt=undoubtedly 분명, 틀림없이

29

| **해석**| Johnson 씨는 디트로이트로 날아갔다/ 세부 사항을 마무리 짓고 계약서에 서명하기 위해서.

| **해설**| 문맥상 '마무리 짓다(finalize)'가 들어가야 가장 자연스러우므로

| **어휘**| fly-flew-flown 날다, 비행하다 details 세부 사항 deal 거래 create 창작하다 contract 계약(하다) finalize 마무리 짓다

30

| **해석**| ABC 주식회사는 더 큰 이득을 볼 수도 있었지만/ 노화되고 있는 달러스 공장을 경쟁사인 CDF 주식회사에 매각함으로써,// 대신 더 적은 돈을 받고 매각하기로 결정했다/ 비교적 신생회사인 Telebrite사에// CDF의 지배를 저지하는데 목표를 삼고 있는 전략적 제휴관계를 곤고히 하는데 돕기 위하여.

| **해설**| 주절에 instead(대신에)가 있으므로 종속절에는 '양보(~이지만)'가 와야 함 u.120쪽 참조

| **어휘**| stand to do=be likely to do ~할 가능성이 있다 profit 이득 aging 노화되고 있는 plant 공장 decide 결정하다 less 더 적은 relative 비교상의 new-comer 신생회사 cement 곤고히(단단하게)하다 strategic 전략적인 partnership 제휴관계, 협력 aim 목표로 삼다 check 저지하다 dominance 지배, 우세 although=notwithstanding ~이지만 so long as ~한다면, ~하는 한, ~때문에 instead of=in place of=on behalf of ~대신에

01 Major insurance companies will increase
_____ premiums/ as of March.
(A) your
(B) yours
(C) their
(D) theirs

02 Accepted students/ will be informed
in admission letters of the amount
required,// which is payable on _____.
(A) complaint
(B) inventory
(C) entreaty
(D) enrollment

03 Unfortunately,// the California office/ has
failed _____ its sales goals/ in each
of the last two quarters.
(A) achieving
(B) to achieve
(C) to achieving
(D) to have achieved

04 We demanded// that every student
who took part in the protest/ _____
granted amnesty.
(A) is
(B) be
(C) was
(D) were

05 I've made a few very minor _____ to
the decor,// but on the whole it was
excellent.
(A) developments
(B) announcements
(C) adjustments
(D) commitments

06 The conference's keynote speaker/
delivered a speech/ on _____ impacts
of digital technology on the current
music industry.
(A) variety
(B) various
(C) variably
(D) variation

07 Had I installed an anti-virus last week,//
my computer _____ so slow now.
(A) was
(B) would be
(C) wouldn't be
(D) had been

08 The population of New Hampshire/ is
only _____ larger than that of the city
of Detroit.
(A) remarkably
(B) marginally
(C) noticeably
(D) conspicuously

09 At the same time, shoppers are
becoming _____ receptive to new
technology.
(A) high
(B) highly
(C) higher
(D) highest

10 The company asked// that employees
_____ personal phone calls/ during
business hours.
(A) did not accept
(B) would not accept
(C) must not accept
(D) not accept

TEST 12 정답 및 해설

01 (C)	02 (D)	03 (B)	04 (B)	05 (C)
06 (B)	07 (C)	08 (B)	09 (B)	10 (D)

01
| 해석 | 주요 보험사들은 그들의 보험료를 인상할 예정이다/ 3월 부터.
| 해설 | insurance companies를 가리키는 대명사의 소유격이 와야 하므로 u.23쪽 참조
| 어휘 | major 주요한 insurance company 보험회사 increase 인상하다 premium 보험료 as of March 3월부터(116쪽 참조)

02
| 해석 | 입학허가를 받은 학생들은/ 입학 허가서에 필요한 금액을 통지받게 되는데,// 이 금액은 등록할 때 지불해야 한다.
| 해설 | 문맥상 '등록(enrollment)'이 가장 자연스러우므로
| 어휘 | accept 받아들이다. 수락하다 inform A of B: A에게 B를 알리다 admission letter 입학 허가서 amount required 필요한 금액 payable 지불해야 하는 complaint 불평 inventory 물품 명세서 entreaty 탄원. 애원 enrollment 등록, 입학, 입대

03
| 해석 | 불행히도// 캘리포니아 지사는/ 매출 목표를 달성하지 못했다/ 지난 2분기 각각에서.
| 해설 | fail to+동사원형=fail in~ing ~하지 못하다. ~하는데 실패하다 u.162쪽 [6]번 참조
| 어휘 | unfortunately 불행히도. 안타깝게도 office 지사, 영업소, 사무소 sales goals 매출 목표 quarter 1/4 1/4분기 achieve=accomplish=attain=complete=fulfill 성취(달성)하다

04
| 해석 | 우리는 요구했다// 시위에 참가한 모든 학생들을/ 사면해 줄 것을.
| 해설 | demand 다음 that절에서는 '원형'이 오므로 u.244쪽 참조
| 어휘 | demand 요구하다 take part in=participate(partake) in 참여하다 protest 시위 grant amnesty 사면하다

05
| 해석 | 제가 무대 장치에 약간의 아주 미세한 조정을 했지만,// 전체적으로 훌륭했습니다.
| 해설 | 문맥상 '조정(adjustments)'이 들어가야 가장 자연스러우므로
| 어휘 | a few=some 약간의 minor 미세한 decor 무대 장치 on the whole 전체적으로 excellent 훌륭한 development 발달 announcement 발표 adjustment 조정 commitment 헌신, 약속, 수행, 공약

06
| 해석 | 그 회의의 기조 연설자는/ 연설을 했다 디지털 기술이 현재의 음악 산업에 미치는 다양한 영향에 대해.
| 해설 | 명사 앞에는 형용사가 오므로 u.262쪽 참조
| 어휘 | conference 회의 keynote speaker 기조 연설자, 주 연설자 deliver(give) a speech=address 연설하다 impact=effect=influence 영향 technology 기술 current 현재의 industry 산업 variety 다양성 various=diverse=a variety(diversity) of 다양한 variably 변덕스럽게 variation 변화, 변동

07
| 해석 | 만약 내가 지난주에 안티 바이러스를 설치했다면,// 내 컴퓨터는 지금 그렇게 느리지 않을 텐데.
| 해설 | 지난주와 지금이 '혼합되어 있는 조건문'이므로 u.238쪽 참조
| 어휘 | install=set up 설치하다 last week 지난주 slow 느린

08
| 해석 | 뉴햄프셔 주의 인구는/ 디트로이트 시의 인구보다 약간 더 많을 뿐이다.
| 해설 | 문맥상 '약간/조금(marginally)'이 가장 자연스러우므로
| 어휘 | population 인구 marginally 약간 remarkably=noticeably =conspicuously 눈에 띄게, 현저하게

09
| 해석 | 동시에 쇼핑객들은 신기술을 매우 잘 받아들이고 있습니다.
| 해설 | 형용사 'receptive'를 수식하는 부사가 필요하므로 u.384쪽 부사 참조
| 어휘 | at the same time=simultaneously=concurrently 동시에 become receptive to 잘 받아들이다 high 높은 highly 대단히

10
| 해석 | 회사는 요청했다// 직원들이 사적인 전화를 받지 말라고/ 근무 시간 중에.
| 해설 | ask 다음 that절에서는 '원형'이 오므로 u.244쪽 참조
| 어휘 | ask 요청(요구)하다 employee 직원 accept 받다 personal 사적인 during business hours 업무 시간 중에

11 Diet and exercise/ can influence a person's weight,// but heredity is also a contributory _____.
(A) base
(B) role
(C) factor
(D) agency

12 _____ this time next year, I will have visited almost all the famous places in Asia.
(A) At
(B) By
(C) For
(D) During

13 Though you won't find any really luxurious _____ in the city,// there are adequate hotels and guest houses in it.
(A) accommodations
(B) recommendations
(C) indemnifications
(D) communications

14 This type of medicine works _____ // if you have any problems with your digestion.
(A) very good
(B) very bad
(C) very proper
(D) very well

15 When applying for a job,// make sure you _____ the interests and leisure activities/ that an employer would find relevant.
(A) evaluate
(B) emphasize
(C) enclose
(D) employe

16 We have installed new computerized _____ in place of the old machines.
(A) equip
(B) equipping
(C) equipment
(D) equipments

17 The resulting slump left a considerable proportion of productive _____ idle.
(A) capacity
(B) power
(C) location
(D) endurance

18 In this branch of industry,/ we must keep a _____ of humor.
(A) sense
(B) sensible
(C) sensitive
(D) sensual

19 It all worked out in the end/ and everything went as _____.
(A) planning
(B) to be planned
(C) being planned
(D) planned

20 His book dealing with various environmental problems/ _____ favorably received by lots of readers.
(A) has
(B) have
(C) was
(D) were

TEST 12 정답 및 해설

11 (C)	12 (B)	13 (A)	14 (D)	15 (B)
16 (C)	17 (A)	18 (A)	19 (D)	20 (C)

11

|해석| 식이요법과 운동은/ 사람의 체중에 영향을 미칠 수 있지만,// 유전 또한 기여 요인이다.

|해설| 문맥상 'factor(요인)'이 가장 자연스러우므로

|어휘| diet 식이요법 exercise 운동, 연습, 발휘
influence=affect=impact 영향을 미치다 weight 체중
heredity 유전 contributory 기여하는, 도움이 되는
base 기반 role 역할 agency 매개체, 대리점

12

|해석| 내년 이맘때까지, 나는 아시아의 거의 모든 유명한 장소를 방문하게 될 것이다.

|해설| 완료의 'by'를 나타내므로 u.355쪽 (3)번 참조

|어휘| by this time next year 내년 이맘때까지 almost=nearly=
practically=virtually=all but=next to=well-nigh 거의
famous=famed=noted=renowned=celebrated=disting
uished=illustrious=eminent 유명한 during 동안에

13

|해석| 그 도시에서 정말 호화로운 숙박 시설은 찾지 못하겠지만,// 그곳에 충분한 호텔과 게스트하우스는 있다.

|해설| 문맥상 '숙소/숙박 시설(accommodations)이 들어가야 가장 자연스러우므로

|어휘| though=although=even though=while=notwithstanding
~이지만 luxurious 호화로운 adequate 충분한, 적절한
accommodation 숙박 시설 recommendation 추천
indemnification 보상, 배상 communication 의사소통

14

|해석| 이런 종류의 약은 효과가 참 좋다// 소화에 어떤 문제가 있을 경우에.

|해설| 완전자동사 works를 수식하는 부사가 필요하므로
u.384/ 387쪽 참조

|어휘| medicine 약 work well=work fine 효과가 좋다 digestion
소화 proper=pertinent=suitable=adequate 적절한

15

|해석| 취업 신청을 할 때,// 반드시 취미와 여가 활동을 강조하세요/ 고용주가 관련성이 있다고 생각할 (취미와 여가 활동을).

|해설| 문맥상 '강조하다(emphasize)'가 들어가야 가장 자연스러우므로

|어휘| apply for 신청(지원)하다 make sure+주어+동사 반드시
~하다 interests 취미, 관심사 leisure activity 여가 활동
employer 고용주 relevant=proper 관련성 있는, 적절한
evaluate=assess=appraise=estimate=rate 평가하다
emphasize 강조하다 enclose 에워싸다 employ 고용하다

16

|해석| 우리는 오래된 장비 대신에 새로운 전산화된 장비를 설치했다.

|해설| 집합적 물질명사로서 단수형으로만 존재하므로
u.428쪽 ⓑ번 참조

|어휘| install 설치하다 computerize 전산화하다 in place
of=instead of ~대신에 machine 기계(가산 명사)
equip 갖추다, 설비하다 equipment 장비

17

|해석| 뒤따른 경기침체는 상당 부분의 생산 능력을 쓸모없게(가동되지 않는 상태로) 만들어 버렸다.

|해설| 문맥상 '능력(capacity)'이 들어가야 가장 자연스러우므로

|어휘| resulting 뒤따른, 이어서 발생하는 slump 경기 침체
leave+목적어+idle 목적어를 쓸모없게 만들다
considerable=substantial 상당한 proportion 비율
productive capacity 생산 능력 idle 쓸모없는
capacity 능력, 수용능력, 재능 location 위치
endurance=perseverance=tolerance 인내

18

|해석| 이 산업분야에서/ 우리는 유머감각을 유지해야 한다.

|해설| a(an) 다음에는 명사가 와야 하므로 u.473쪽 (1)번 참조

|어휘| branch=field=sphere=scope 분야 industry 산업
keep 유지하다 a sense of humor 유머감각
sensible 현명한 sensitive 민감한 sensual 관능적인

19

|해석| 결국 모든 것이 잘 풀렸고/ 모든 것이 계획대로 진행되었다.

|해설| go as planned '계획대로 되다'라는 뜻을 가진 관용적 표현

|어휘| work out 잘 풀리다, 잘 되다 in the end(ultimate, event)
=in due course=in the long run 결국

20

|해석| 다양한 환경 문제를 다루는 그의 책은/ 많은 독자들에게 호의적으로 받아 들여졌다.(호평을 받았다)

|해설| 그의 책이 독자들에게 받아들여지므로 수동태 u.478쪽 참조

|어휘| deal(do, cope) with 다루다 various 다양한
environmental problems 환경 문제
favorably 호의적으로 lots of=a lot of 많은

21 Laura had always aspired to the very
_____/ within a certain budget.
(A) good
(B) better
(C) best
(D) well

22 This way of travelling/ will give you the
opportunity/ to discover real Europe and
_____ various kinds of interesting
people.
(A) meet
(B) meeting
(C) for meeting
(D) will meet

23 Here is a _____ of the Commerce
Department's report on business
inventories.
(A) operation
(B) distraction
(C) contribution
(D) summary

24 We need to seek legal advice on the
precise _____ of the contract.
(A) word
(B) words
(C) wording
(D) languages

25 The judge _____ / not only his elegant
and thorough analysis but also his lucid
exposition of the work.
(A) promised
(B) banned
(C) contested
(D) commended

26 Had a different set of factors existed,//
a _____ different approach might have
emerged.
(A) rarely
(B) rather
(C) frequently
(D) seldom

27 This speaker/ was originally developed
for laptop computers because of its
_____ to temperature changes.
(A) resisted
(B) resistant
(C) resistance
(D) resisting

28 All the applicants for the post/ had
enough relevant _____ to do the job.
(A) profession
(B) expertise
(C) expense
(D) background

29 Despite all the advancements in recent
decades,// computers are only now
beginning to realize their _____.
(A) insight
(B) account
(C) potential
(D) contemplation

30 The law must hold _____ for every
person in society,// not just those who
earn the most money.
(A) good
(B) well
(C) nice
(D) graceful

21 (C)	**22** (A)	**23** (D)	**24** (C)	**25** (D)
26 (B)	**27** (C)	**28** (B)	**29** (C)	**30** (A)

21

|해석| Laura는 항상 가장 좋은 것을 열망했다/ 일정한 예산 내에서.

|해설| the very+최상급 (단연 ~한), the very best 단연 가장 좋은 것 u.309쪽 (25)번 참조

|어휘| aspired to ~을 열망하다
within a certain budget 일정한 예산 내에서

22

|해석| 이러한 여행방식은/ 여러분에게 기회를 줄 것입니다/ 진정한 유럽을 발견하고 다양한 종류의 흥미로운 사람들을 만날 수 있는.

|해설| and를 중심으로 앞에 있는 discover라는 동사와 병렬을 이뤄야 하므로 u.531쪽 참조

|어휘| way 방식 travel 여행하다 opportunity 기회 discover 발견하다 real 진정한 various 다양한 kind=sort 종류

23

|해석| 여기에 사업 재고 목록에 관한 상무부의 보고서 개요 있습니다.

|해설| 문맥상 '개요(summary)'가 가장 자연스러우므로

|어휘| Commerce Department 상무부 inventory 재고 목록, 물품 명세서 operation 작업, 수술, 작전 distraction 방심, 주의 산만 contribution 기부, 기고 summary 요약, 개요

24

|해석| 우리는 그 계약의 정확한 문구에 대해 법적인 조언을 구할 필요가 있다.

|해설| wording 문구, 용어, 단어 선택, 표현 방식

|어휘| need to ~할 필요가 있다 seek-sought-sought 추구하다 legal 법적인 advice 조언 precise=exact 정확한 contract 계약(서)

25

|해석| 심사원은 칭찬했다/ 그의 정연하고 철저한 분석뿐만 아니라 그 작품에 대한 명쾌한 설명도.

|해설| 문맥상 '칭찬하다(commended)'가 가장 자연스러우므로

|어휘| judge 심사위원 not only A but also B: A뿐만 아니라 B도 elegant 정연한, 우아한 thorough 철저한 analysis 분석 lucid 명쾌한, 투명한 exposition 설명 work 작품 promise 약속하다 ban 금지하다 contest 겨루다 commend=praise=applaud=laud=eulogize 칭찬하다

26

|해석| 만약 일련의 다른 요인들이 존재했더라면, 다소 다른 접근 방식이 나타났을지도 모른다.

|해설| 문맥상 '다소(rather)'가 들어가야 가장 자연스러우므로: if 가 생략된 제3 조건문의 도치 구문 u.237쪽 참조

|어휘| a set of 일련의 factor 요인, 요소 exist 존재하다 different 다른 approach 접근법 emerge=appear 나타나다 rarely=seldom 좀처럼 ~하지 않다 rather 다소, 꽤 frequently=more often than not=as often as not 자주

27

|해석| 이 스피커는/ 원래 노트북 컴퓨터를 위해 개발되었다/ 온도 변화에 대한 저항력 때문에.

|해설| 소유격 다음에 명사형이 오므로 u.23쪽 참조

|어휘| originally 원래 develop 개발하다 laptop computer 노트북 컴퓨터 temperature 온도 because of=owing(due) to= on account of ~때문에 resist 저항(반항)하다 resistant 저항(반항)하는 resistance 저항(력)

28

|해석| 그 직책에 지원한 모든 구직자들은/ 그 일을 할 수 있는 관련 전문지식을 충분히 갖추고 있었다.

|해설| 문맥상 '전문지식(expertise)'이 들어가야 가장 자연스러우므로

|어휘| applicant 지원자 post 직책 relevant 관련된 profession 직업, 고백, 선언 expense 비용 background 배경

29

|해석| 최근 수십 년간의 모든 발전에도 불구하고,// 컴퓨터는 이제서야 비로소 잠재력을 실현하기 시작했다.

|해설| 문맥상 '잠재력(potential)'이 들어가야 가장 자연스러우므로

|어휘| despite=in spite of=with all=for all=notwithstanding ~에도 불구하고 advancement 발전, 발달 recent 최근 decade 10년 realize 실현하다 insight 통찰력 account 계좌, 설명 potential 잠재력 contemplation 심사숙고

30

|해석| 법은 사회의 모든 사람들에게 유효해야 한다// 가장 많은 돈을 버는 사람들뿐만 아니라.

|해설| hold good(true, effective, valid)=remain valid 「유효하다」 u.64쪽 불완전 자동사 참조

|어휘| law 법 society 사회 not just ~뿐만 아니라 those who ~한 사람들 earn 벌다 the most 가장 많은

01 The board of directors recommended//
that he _____ dismissed.
(A) was not
(B) would not be
(C) not be
(D) were not

02 Ms. Jovelyn _____ about her
promotion// before it was announced.
(A) knew
(B) was knowing
(C) has known
(D) had been knowing

03 Sandoz and John have mutually agreed/
to discontinue their agreement after its
March _____.
(A) expiration
(B) beginning
(C) explanation
(D) duty

04 _____ you are their commanding
officer,// you are responsible for the
behaviour of these men.
(A) Inasmuch as
(B) As long as
(C) As soon as
(D) As many as

05 Tax and National Insurance
contributions/ are _____ at source,//
before you receive your salary.
(A) deducted
(B) deposited
(C) succumbed
(D) replaced

06 We must develop more rapid, _____
systems for dealing with online
messages.
(A) comprehensible
(B) responsive
(C) impressive
(D) responsible

07 The professor _____ the students
work in groups for the year-end project.
(A) got
(B) coerced
(C) had
(D) forced

08 The new office will be twice as large and
just as _____ as the old one.
(A) accessible
(B) permissible
(C) responsible
(D) comprehensible

09 More and more people are choosing
_____ alone.
(A) living
(B) to live
(C) to living
(D) in living

10 The _____ of schools, stores,
hospitals, and so on/ is an important
factor// when purchasing a house.
(A) closure
(B) proximity
(C) simplicity
(D) similarity

TEST 13 정답 및 해설

01 (C)	02 (A)	03 (A)	04 (A)	05 (A)
06 (B)	07 (C)	08 (A)	09 (B)	10 (B)

01

|해석| 이사회는 권고했다// 그를 해임하지 말 것을.

|해설| recommend 다음 that절에서 '원형'이 오므로 u.244쪽 참조

|어휘| the board of directors 이사회 recommend 추천(권고)하다 dismiss=discharge=fire=sack=lay off 해고하다

02

|해석| Jovelyn씨는 자신의 승진에 대해서 알고 있었다// 그것이 발표되기 전에.

|해설| before 앞의 시제는 '과거나 과거완료 시제'를 사용하므로 u.105쪽 (5)번 참조

|어휘| Ms. 미혼, 기혼 구별 없는 여성 존칭 promotion 승진 before ~하기 전에 announce 발표하다

03

|해석| Sandoz와 John은 상호 합의했다/ 3월 만료 후 그들의 합의(계약)를 중단하기로.

|해설| 문맥상 '만료(expiration)'가 가장 자연스러우므로

|어휘| mutually 상호간에 agree 합의하다 discontinue 중단하다 agreement 합의, 계약 expiration 만료, 만기 explanation=account 설명 duty=obligation 의무

04

|해석| 당신이 그들의 지휘관이므로,// 이 사람들의 행동에 대한 책임이 있습니다.

|해설| 주절에 대한 '이유'이므로 u.117쪽 참조

|어휘| commanding officer 지휘관 be responsible (accountable, answerable, liable) for ~을 책임지다 behaviour 행동 inasmuch as ~이니까, ~이므로 as long as ~한다면, ~하는 한 as soon as ~하자마자

05

|해석| 세금과 국민보험 기금은/ 원천적으로 공제됩니다// 당신이 임금을 받기 전에.

|해설| 문맥상 '공제되다(deducted)'가 들어가야 가장 자연스러우므로

|어휘| tax 세금 National Insurance contributions 국민보험 기금 deduct ~at source 원천 공제하다 receive 받다 deduct=take off 공제하다 deposit 예금하다, 맡기다 succumb=surrender 굴복하다 replace 대체하다

06

|해석| 우리는 온라인 메시지를 다루기 위한 보다 신속하고 반응이 빠른 시스템을 개발해야한다.

|해설| 문맥상 '신속히 대응하는(responsive)'이 들어가야 가장 자연스러우므로

|어휘| develop 개발하다 rapid 신속한, 가파른 deal(do, cope) with=treat=handle=address 다루다

07

|해석| 교수는 학생들에게 연말 프로젝트를 위해 그룹으로 작업하게 했다.

|해설| 목적격 보어가 원형동사이므로 u.150쪽 (1)번 참조

|어휘| professor 교수 in groups 그룹으로 year-end 연말의 coerce=force=compel=impel=oblige 강요하다

08

|해석| 새 사무실은 이전 사무실보다 두 배 더 크고 접근이 용이할 것이다.

|해설| 문맥상 '접근하기 쉬운(accessible)'이 들어가야 가장 자연스러우므로

|어휘| twice as large as ~보다 두 배 더 큰 accessible 접근하기 쉬운, 입수하기 쉬운 permissible 허용할 수 있는 responsible 책임감 있는 comprehensible 이해할 수 있는

09

|해석| 점점 더 많은 사람들이 혼자 사는 것을 선택하고 있다.

|해설| choose to+동사 원형 ~하기로 결정(선택)하다 u.162쪽 참조

|어휘| more and more 점점 더 많은 alone=by oneself 혼자

10

|해석| 학교, 가게. 병원 등의 근접성이/ 중요한 요인이다// 주택을 구입할 때.

|해설| 문맥상 '근접성(proximity)'가 들어가야 가장 자연스러우므로

|어휘| hospital 병원 and so on=and so forth=and what not 등등, 기타 factor 요인, 요소 purchase 구입(구매)하다 closure 폐쇄, 휴업, 종결 proximity=nearness 근접성 simplicity 소박함. 단순함 similarity=analogy 유사성

11 _____ he been awake, he would have heard the noise.
(A) If
(B) Provided
(C) Had
(D) Would

12 The two governments have agreed/ to engage in a _____ dialogue/ to resolve the problem.
(A) wasteful
(B) transitory
(C) optional
(D) comprehensive

13 Within the business community,// exasperation with government regulation/ is virtually _____.
(A) intricate
(B) intimate
(C) inseparable
(D) unanimous

14 This computer system gives the user the _____ of accessing huge amounts of data.
(A) probability
(B) feasibility
(C) capability
(D) plausibility

15 It is important that he _____ to reply to the letter at once.
(A) remember
(B) remembers
(C) will remember
(D) has to remember

16 The _____ report/ has not been issued yet/ because of a number of technical problems.
(A) office
(B) official
(C) officer
(D) officious

17 Not a few children in the underdeveloped countries/ are forced to work _____ 19 hours a day, 7 days a week in the factories.
(A) up to
(B) at least
(C) towards
(D) over

18 Computer science is one of _____ popular subjects/ in this technologically advanced society.
(A) more
(B) most
(C) the more
(D) the most

19 The charity will go under// unless a _____ donor can be found within the next few months.
(A) generous
(B) materialistic
(C) frugal
(D) economical

20 I don't _____ expect// that he will finish the work on time.
(A) realistic
(B) realistical
(C) realistically
(D) realism

TEST 13 정답 및 해설

11 (C)	12 (D)	13 (D)	14 (C)	15 (A)
16 (B)	17 (A)	18 (D)	19 (A)	20 (C)

11

|해석| 잠에서 깨어 있었더라면,// 그는 그 소리를 들었을 텐데.

|해설| 주절의 시제가 가정법 '과거완료 시제'이므로 u.237쪽 참조

|어휘| awake 깨어있는 noise 소음
provided=providing=suppose=supposing ～한다면

12

|해석| 양국 정부는 합의했다/ 포괄적인 대화에 참여하기로/ 그 문제를 해결하기 위해서.

|해설| 문맥상 '포괄적인(comprehensive)'가 들어가야 가장 자연스러우므로

|어휘| government 정부 agree to ～하기로 합의하다 engage in=take part in 참여하다 dialogue 대화 resolve 해결하다 wasteful 소모적인 transitory 덧없는 optional 선택적인 comprehensive 포괄적인, 종합적인

13

|해석| 재계 내에서,// 정부 규제에 대한 분노는/ 사실상 만장일치다.

|해설| 문맥상 '만장일치의(unanimous)'가 들어가야 가장 자연스러우므로

|어휘| within ～내에서 business community 업계, 재계 exasperation 분노 government 정부 regulation 규제 virtually=practically 사실상 intricate 복잡한 intimate 친밀한, 정통한 inseparable 분리할 수 없는

14

|해석| 이 컴퓨터 시스템은 사용자에게 엄청난 양의 데이터에 접근할 수 있는 능력을 제공한다.

|해설| 문맥상 '능력(capability)'가 들어가야 가장 자연스러우므로

|어휘| user 사용자 access 접근(접속)하다 huge amounts of=a great deal of=a good deal of 아주 많은 data 자료(datum의 복수형) capability 능력, 역량 probability=feasibility=plausibility=likelihood 가능성

15

|해석| 그가 그 편지에 즉시 답장하기를 기억하는 것이 중요하다.

|해설| important 다음 that절에서 '원형'이 오므로 u.244쪽 참조

|어휘| important 중요한 remember 기억하다 reply to 답장하다 at once=immediately=directly=off hand=out of hand 즉시

16

|해석| 공식적인 보도가/ 아직 발표되지 않았다/ 많은 기술적인 문제로 인해.

|해설| 명사 앞에는 형용사가 오며, 문맥상 가장 자연스러우므로 u.262쪽 참조

|어휘| report 보도, 보고서 issue 발표(발행)하다 because of= owing(due) to=on account of=in the wake of ～때문에 a number of=many 많은 technical 기술적인 office 사무실 official 공식적인 officer 장교 officious 주제넘은, 간섭하는

17

|해석| 후진국의 적지 않은 아이들이/ 공장에서 하루 최대 19시간, 일주일에 7일을 일해야 한다.

|해설| up to ～까지

|어휘| not a few=quite a few=a large number of 적지 않은, 꽤 많은 underdeveloped countries 후진국 be forced(obliged, compelled, impelled, bound, driven, coerced) to 어쩔 수 없이 ～하다 factory 공장 at least=at the minimum 최소한 towards ～을 향하여 over=more than ～보다 많은

18

|해석| 컴퓨터 공학은 가장 인기 있는 과목 중 하나이다/ 이 기술적으로 발달된 사회에서.

|해설| 'one of the 최상급 복수 명사'이므로 u.296/298쪽 (2)번 [6]번 참조

|어휘| computer science 컴퓨터 공학 the most popular 가장 인기 있는 subject 과목 technologically 기술적으로 advance 반전(발달)시키다 society 사회 the more 둘 중에 '더 ～한' the most 셋 이상 중에서 '가장 ～한'

19

|해석| 그 자선단체는 파산할 것이다// 다음 몇 달 안에 후한 기부자를 발견하지 않는 한.

|해설| 문맥상 '후한(generous)'이 들어가야 가장 자연스러우므로

|어휘| charity 자선, 자선단체 go under=go broke(bankrupt, insolvent) 파산하다 unless ～않는 한 donor 기부자 within ～이내에 generous 후한, 관대한 materialistic 물질적인 frugal=economical=thrifty 검소한

20

|해석| 나는 현실적으로 기대하지 않는다// 그가 그 일을 정해진 시각에 끝낼 것이라고.

|해설| 동사 expect를 수식하는 부사가 필요하므로 u.384 쪽 부사 참조

|어휘| expect 기대하다 finish 끝내다 on time 정해진 시각에 realistic 사실(현실)적인 realistically 사실(현실)적으로 realism 사실주의

21 The bullet had pierced the bone,/ leaving behind _____ which the surgeon was unable to remove.
(A) fragments
(B) summaries
(C) shares
(D) excerpts

22 Nuts and bolts are used to hold pieces of _____ together.
(A) machine
(B) machines
(C) machinery
(D) machineries

23 Although it's not _____ stated in your contract,// you are expected to attend weekend training sessions.
(A) expressly
(B) implicitly
(C) ambiguously
(D) vaguely

24 All administrative staff/ must attend the weekly meeting// _____ they have their supervisor's written permission to be absent.
(A) otherwise
(B) though
(C) unless
(D) if

25 Because most of his colleagues were away on a company picnic,// Miss Wilson had to complete the client research report by _____ over the weekend.
(A) her
(B) herself
(C) her own
(D) himself

26 When looking to expand,// a company can raise _____ capital/ by applying for a new loan.
(A) addition
(B) additional
(C) a lot
(D) many

27 The national park has been specially _____ as a wildlife sanctuary.
(A) hosted
(B) conducted
(C) designated
(D) exempted

28 The man said/ that he could not remember the _____.
(A) happen
(B) incident
(C) accidental
(D) suitable

29 Senator Hatch said// that he would oppose Lee's _____ to assistant attorney general.
(A) reputation
(B) nomination
(C) registration
(D) domination

30 Nobody can deny// that computers had an enormous influence on education, entertainment, and _____.
(A) advertised
(B) advertising
(C) advertisement
(D) to advertise

21	(A)	**22**	(C)	**23**	(A)	**24**	(C)	**25**	(B)
26	(B)	**27**	(C)	**28**	(B)	**29**	(B)	**30**	(C)

21

|해석| 총알이 뼈를 관통하여/ 외과 의사가 제거 할 수없는 파편을 남겼다.

|해설| 문맥상 '파편(fragments)'이 들어가야 가장 자연스러우므로

|어휘| bullet 총알 pierce 관통하다 bone 뼈 leave behind 뒤에 남기다 surgeon 외과 의사 was unable to ~할 수 없다 remove 제거하다 fragment 조각(나다, 내다), 파편 summary=epitome 요약 share 몫, 할당 excerpt 발췌문, 인용문

22

|해석| 너트와 볼트는 기계 부품을 함께 고정하는 데 사용됩니다.

|해설| machinery(기계류, 기구, 조직)는 집합적 물질명사로서 불가산 명사이며 단수형으로만 존재함. u.428쪽 ⑨번 참조

|어휘| hold ~together 함께 고정하다 piece 조각, 부품

23

|해석| 비록 계약서에 명시되어 있지는 않지만,// 당신은 주말 연수 과정에 참석해야 합니다.

|해설| 문맥상 '분명히/명백하게(expressly)'가 들어가야 가장 자연스러우므로

|어휘| although=though=even though=notwithstanding 비록 ~이지만 state 진술하다 contract 계약, 계약서 be expected to ~해야 한다, ~하기로 예정되어 있다 attend 참석하다 training session 연수 과정 expressly=obviously 명백히 expressively 표현력 있게 impressively 감동적으로 conveniently 편리하게

24

|해석| 모든 행정직원들은/ 주간 회의에 참석해야 한다.// 그들이 결석해도 된다는 감독관의 서면 허락을 받지 않는 한.

|해설| 주절의 내용으로 보아 '~하지 않는 한'이 들어가야 하므로 u.251쪽 참조

|어휘| administrative staff 행정직원 weekly meeting 주간 회의 supervisor 감독관 permission 허가 absent 결석한 otherwise 그렇지 않으면 though=although=even though=as much as ~이지만 unless ~하지 않는 한

25

|해석| 그의 동료 대부분은 회사 소풍을 떠나고 없었기 때문에,// Wilson 양은 주말에 혼자서 고객 조사 보고서를 작성해야 했다.

|해설| by oneself 스스로, 자력으로, 혼자서 u.434쪽 (4)번 참조

|어휘| most of 대부분 colleague 동료 be away 떠나고 없다 complete 작성하다 client research 고객 조사 over the weekend 주말에

26

|해석| 확장을 모색할 때,// 회사는 추가 자본을 조달할 수 있다/ 새로운 대출을 신청함으로써.

|해설| 단수 명사 capital을 수식하는 형용사이므로 u.262쪽 참조

|어휘| be looking to=be planning to ~할 예정이다, ~하기를 모색하다 expand 확장하다 raise 마련(모금)하다 capital 자본 apply for 신청하다 loan 대출 addition 추가 additional 추가적인 a lot 많이 many+복수 명사: 많은

27

|해석| 그 국립공원은 야생동물 보호구역으로 특별히 지정됐다.

|해설| be designated as ~로 지정되다

|어휘| national park 국립공원 specially 특별히 a wildlife sanctuary 야생 동물 보호 구역 host 개최하다 conduct=perform=carry out=carry through 수행하다 exempt=discharge=remit 면제하다

28

|해석| 그 남자는 말했다/ 그 사건이 기억이 나지 않는다고.

|해설| 관사 the 다음에 명사가 오며 문맥상 가장 자연스러우므로 473쪽 (1)번 참조

|어휘| remember 기억나다, 기억하다 happen=occur=accrue=arise=take place=break out=crop up=come about 발생하다 incident 사건, 분쟁 accidental=incidental 우연한 suitable=proper=pertinent=opportune=germane 적절한

29

|해석| Hatch 상원의원은 말했다// 자신은 Lee의 법무부 차관 지명에 반대 할 것이라고.

|해설| 문맥상 '지명(nomination)'이 들어가야 가장 자연스러우므로

|어휘| senator 상원의원 oppose=be opposed to=object to ~을 반대하다 reputation 평판 assistant attorney general 법무부 차관 registration 등록, 등기 domination 지배, 권세, 우월

30

|해석| 아무도 부인할 수 없다// 컴퓨터가 교육, 오락, 광고에 엄청난 영향을 미쳤다는 사실을.

|해설| and를 중심으로 좌우가 병렬구조를 이뤄야 하므로 u.531쪽 참조

|어휘| nobody can deny 아무도 부인할 수 없다 have an influence(effect, impact) on ~에 영향을 미치다 education 교육 enormous=immense=huge=vast=stupendous 엄청난 entertainment 오락 advertise 광고하다 advertisement 광고

01 Dr. Smith asked// that Mark _____ his research paper// before the end of the month.
(A) submits
(B) submitted
(C) submit
(D) would submit

02 America is expected to decrease its _____ assistance to developing countries.
(A) economic
(B) economical
(C) economically
(D) economy

03 We hope// that we can _____ the fieldwork by the end of 2019.
(A) host
(B) contract
(C) sign
(D) finalize

04 A _____ proportion of these cases were suspected arson/ and were related to increased business failure because of high interest rates.
(A) sizable
(B) bulky
(C) wealthy
(D) profuse

05 In his chairman's statement,/ he spoke of the need for _____ in financial matters.
(A) comparison
(B) consistency
(C) concentration
(D) coexistence

06 The employees waited patiently/ during the momentary suspension of _____ computer accounts and security passwords.
(A) their
(B) them
(C) theirs
(D) themselves

07 Surprisingly, the most active _____ of the charity event of the Plan International/ was a disabled man running a small chicken restaurant.
(A) contribute
(B) contributor
(C) contribution
(D) contributions

08 The defeat has ended all the _____ hopes/ she might have had of winning the championship.
(A) lingering
(B) pondering
(C) wondering
(D) thundering

09 If you have difficulty in carrying out the project, please _____ free to ask me for help.
(A) feel
(B) feeling
(C) to feel
(D) be felt

10 Cigarette smoking/ is the single _____ important cause of lung cancer.
(A) biggest
(B) largest
(C) greatest
(D) most

01 (C)	02 (A)	03 (D)	04 (A)	05 (B)
06 (A)	07 (B)	08 (A)	09 (A)	10 (D)

01

|해석| 스미스 박사는 요청했다// Mark에게 연구 논문을 제출하도록// 월말 이전에.

|해설| ask 다음 that절에서는 '원형'이 오므로 u.244쪽 참조

|어휘| ask 요청(요구)하다 research paper 연구 논문
submit=give(turn, send, hand) in=submit 제출하다

02

|해석| 미국은 개발도상국에 대한 경제적 원조를 줄일 것으로 예상된다.

|해설| economic assistance 경제적 원조 u.293쪽 참조

|어휘| expect 예상(기대)하다 decrease=diminish=lessen 줄이다 developing country 개발도상국 economic 경제와 관련한 economical 경제적인 economically 경제적으로 economy 경제, 절약

03

|해석| 저희는 희망합니다// 2019년 말까지 현장 조사를 마무리할 수 있기를.

|해설| 문맥상 '마무리 짓다(finalize)'이 들어가야 가장 자연스러우므로

|어휘| fieldwork 현장 조사 by the end of ~말까지 host 개최하다 contract 계약하다 finalize 마무리 짓다

04

|해석| 이러한 사건들 중 상당한 부분이 방화로 의심되었으며/ 높은 금리로 인한 사업 실패의 증가와 관련이 있었다.

|해설| 문맥상 '상당한(sizable)'이 들어가야 가장 자연스러우므로: a sizable proportion 상당 부분

|어휘| proportion 부분, 비율 case 사건, 사례 suspect 의심하다 arson 방화 be related to ~과 관련이 있다 increase 증가하다, 증가시키다 failure 실패 because of=owing(due) to ~때문에 interest rate 금리, 이자율

05

|해석| 의장 성명서에서,// 그는 재정적 문제에 있어서 일관성의 필요성에 대해 언급했다.

|해설| 문맥상 '일관성(consistency)'가 들어가야 가장 자연스러우므로

|어휘| chairman 의장 statement 성명서, 진술 need 필요성 speak of ~에 대해 말하다 financial matter 재정 문제 comparison 비교, 비유 concentration 집중, 집약 coexistence 상존

06

|해석| 직원들은 참을성 있게 기다렸다/ 그들의 컴퓨터 계정과 보안 패스워드가 일시적으로 정지되는 동안.

|해설| 명사 앞에는 소유격이 오므로 u.23쪽 참조

|어휘| employee 직원 wait 기다리다 patiently=with patience 참을성 있게 during 동안에 momentary=transitory =passing 일시적인 suspension 정지, 중지 account 계정, 계좌 security 보안, 담보물, 방심

07

|해석| 놀랍게도, Plan International의 자선행사의 가장 적극적인 기부자는/ 작은 치킨점을 운영하는 장애인이었다.

|해설| 동사가 was이므로 주어로서 단수명사가 들어가야 하고, 보어가 '장애인'이라는 사람이므로 u.22/23쪽 참조

|어휘| surprisingly 놀랍게도 the most active 가장 적극적인 charity event 자선행사 a disabled man 장애인 run 운영하다 restaurant 식당 contribute 기부(공헌)하다 contributor 기부자(공헌)자 contribution 기부, 공헌

08

|해석| 그 패배는 남아있는 모든 미련을 없애버렸다/ 그녀가 우승하는 것에 대해 갖고 있었을지 모르는 (모든 미련을).

|해설| 문맥상 '남아있는(lingering)'이 들어가야 가장 자연스러우므로

|어휘| defeat 패배 end 끝장내다. 없애다 might have p.p ~했을지도 모른다 win the championship 우승하다 lingering=remaining 남아있는 pondering=reflecting 숙고하는 wondering 의아해하는 thundering 천둥치는

09

|해석| 당신이 그 프로젝트를 수행하는데 있어서 어려움이 있다면, 언제든지 저에게 도움을 요청하세요.

|해설| please 다음에는 언제나 명령문이 오며, 명령문에서는 주어가 빠지고 동사 원형이 오므로 u.43쪽 명령문 참조

|어휘| have difficulty(trouble, a hard time) in ~ing ~하는데 어려움을 겪다 ask ~for help ~에게 도움을 요청하다 carry out=carry through=complete=conduct=discharge =execute=fulfill=perform=implement 수행하다 feel free to contact 자유롭게(언제든지) 연락하다

10

|해석| 담배 흡연은/ 폐암의 가장 중요한 유일한 원인이다.

|해설| important 의 최상급은 most important이므로
*the single biggest/greatest/largest/most 단일 최대의

|어휘| cigarette smoking 담배 흡연
important=momentous=consequential=significant 중요한 cause 원인 lung cancer 폐암

11 Union representatives/ are anxious to make healthcare benefits a _____ for their workers.
(A) perspective
(B) effort
(C) priority
(D) instruction

12 The supply of gasoline is running _____ ,// so the government is asking its people to abstain from using their cars.
(A) deep
(B) long
(C) low
(D) fast

13 Increased environmental awareness has led to a greater _____ for recycled paper.
(A) supply
(B) demand
(C) result
(D) outcome

14 I have completed three chapters/ since I _____ writing the grammar book a month ago.
(A) started
(B) was starting
(C) have started
(D) had started

15 Unless _____ problems arise,// this whole project should be finished by March next year.
(A) complete
(B) imaginary
(C) considerate
(D) unforeseen

16 P&G Entertainment has sponsored the music festivals/ _____ the last two years.
(A) for
(B) while
(C) in
(D) since

17 I think// companies should have a legal _____ to recycle their products/ at the ends of their lives.
(A) right
(B) obligation
(C) perception
(D) estimation

18 The virus leaves sufferers _____ to a range of infections.
(A) preferable
(B) vulnerable
(C) comparable
(D) separable

19 The _____ offered to employees by the S-Group/ help/ to attract experienced and well-educated applicants.
(A) benefit
(B) benefits
(C) beneficial
(D) beneficiary

20 They suggested// that the company _____ a training program.
(A) established
(B) to establish
(C) had establishing
(D) establish

TEST 14 정답 및 해설

11 (C)	12 (C)	13 (B)	14 (A)	15 (D)
16 (A)	17 (B)	18 (B)	19 (B)	20 (D)

11

|해석| 노조 대표들은/ 의료혜택을 근로자들을 위한 우선순위로 만들고자 한다.

|해설| 문맥상 '우선순위(priority)'가 들어가야 가장 자연스러우므로

|어휘| union 노조 representative 대표 be anxious(eager, zealous, keen, impatient) to ~하기를 갈망하다 healthcare 건강관리 benefit 혜택 perspective 관점, 시각 effort 노력 priority 우선순위 instruction 교육, 지시

12

|해석| 휘발유 공급이 부족해지고 있다,// 그래서 정부는 국민들에게 자동차 사용을 자제해 달라고 요청하고 있다.

|해설| run low(short)=become depleted 부족해지다 u.64쪽 불완전 자동사 참조

|어휘| supply 공급 so=thus=hence=therefore 그래서 government 정부 ask 요청하다 abstain(refrain, keep) from~ing 자제하다, 삼가하다 supply 공급 so=thus=hence=therefore 그래서

13

|해석| 높아진 환경 인식은 재활용 용지에 대한 더 큰 수요를 가져왔다.

|해설| 문맥상 '수요(demand)'가 들어가야 가장 자연스러우므로

|어휘| increase 높이다, 증가시키다 environmental 환경적인 awareness 인식 lead to 가져오다 greater demand 더 큰 수요 recycled paper 재활용 용지 supply 공급 demand 수요 result=outcome 결과

14

|해석| 나는 세 장을 완성했다/ 한 달 전에 문법책을 쓰기 시작한 이래로.

|해설| ago는 과거시제에 사용하므로 u.402쪽 (15)번 참조

|어휘| complete 완성하다 chapter 책의 장 since ~이후로 grammar 문법

15

|해석| 예상치 못한 문제가 발생하지 않는 한,// 이 프로젝트 전체는 내년 3월까지는 틀림없이 끝날 것이다.

|해설| 문맥상 '예상치 못한(unforeseen/unexpected)'이 들어가야 가장 자연스러우므로

|어휘| unless ~하지 않는 한 arise=happen=occur=take place 발생하다 whole 전체의 should 틀림없이 ~할 것이다 finish 끝마치다 next year 내년 complete 완전한, 완성된 imaginary 가상의 considerate 사려 깊은

16

|해석| P&G Entertainment가 그 음악 축제를 후원해왔습니다/ 지난 2 년 동안.

|해설| 주절의 시제가 현재완료 시제이며 뒤에 '숫자를 동반한 기간'이 나왔으므로 u.107쪽 참조

|어휘| entertainment 연예, 오락 sponsor 후원하다 festival 축제 for the last three years 지난 3년 동안

17

|해석| 나는 생각한다// 기업들이 그들의 제품을 재활용할 법적 의무가 있어야 한다고/ 그 제품들이 수명이 다했을 때.

|해설| 문맥상 '의무(obligation)'가 들어가야 가장 자연스러우므로

|어휘| company 회사, 기업 should ~해야 한다 legal 법적인 recycle 재활용하다 product 제품 end 끝 right 권리 obligation 의무, 은혜 perception 인식, 견해 estimation 평가, 판단, 견적, 존경

18

|해석| 그 바이러스는 환자들을 다양한 감염에 취약하게 만든다.

|해설| 문맥상 '취약한/공격받기 쉬운(vulnerable)'이 들어가야 가장 자연스러우므로

|어휘| leave ~한 상태가 되게 하다 sufferer 환자, 고통을 당하는 사람 a range(variety) of=various=diverse 다양한 infection 감염 preferable 보다 더 나은 vulnerable=weak 취약한 comparable 견줄만한 separable 분리 가능한

19

|해석| S—Group이 직원들에게 제공하는 혜택은/ 도움을 준다/ 경험이 풍부하고 교육을 잘 받은 지원자를 유치하는 데.

|해설| 주어자리이므로 명사가 되어야 하며/ 동사 help에 —s가 붙지 않았으므로 주어는 복수 u.22/26쪽 참조

|어휘| offer 제공하다 employee 직원 attract 유치하다 experienced 경험이 풍부한 well-educated 교육을 잘 받은 applicant 지원자 benefit 이익을 얻다(주다), 이익 benefits 혜택 beneficial 이로운 beneficiary 수혜자, 수령자

20

|해석| 그들은 제안했다// 회사가 연수 프로그램을 설립해야한다고.

|해설| suggest 다음 that절에서 '미래의 뜻이 올 때는 원형'이 오므로 u.244쪽 참조

|어휘| suggest 제안하다 company 회사, 동료 training 연수, 훈련 establish 설립(수립, 확립)하다

21 The meeting is scheduled _____ next Monday.

(A) in
(B) for
(C) over
(D) between

22 Mr. Santo in the system development department/ asked/ staff members/ to become more _____ with the computer system.

(A) familiar
(B) familiarly
(C) familiarize
(D) familiarity

23 According _____ the report issued by the accounting department,// the net profits of this year/ has increased drastically.

(A) to
(B) as
(C) by
(D) with

24 Dr. Corley holds a Ph.D. in anthropology,/ and _____ a book about the Nile Delta last October.

(A) published
(B) has published
(C) have published
(D) was publishing

25 Norman agreed that the _____ of the advertisement was unnecessarily offensive/ and changed it.

(A) word
(B) words
(C) wording
(D) languages

26 _____ Olivia and Sophia have different tastes,// they are great friends.

(A) Since
(B) But
(C) Despite
(D) Although

27 This new sports complex is _____,// so people can enjoy the games// whatever the season is.

(A) encased
(B) enclosed
(C) encircled
(D) enveloped

28 If you can't see well,// you had better have your eyes _____.

(A) examine
(B) examining
(C) examined
(D) to be examined

29 The key to a financially secure _____ retirement/ is good planning.

(A) early
(B) fast
(C) quick
(D) mature

30 John couldn't graduate from the law school// because he failed _____ the last exam.

(A) to pass
(B) passing
(C) on passing
(D) to be passed

TEST 14 정답 및 해설

21	(B)	22	(A)	23	(A)	24	(A)	25	(C)
26	(D)	27	(B)	28	(C)	29	(A)	30	(A)

21

|해석| 회의는 다음 월요일로 예정되어 있다.

|해설| be scheduled for+시각 ~로 예정되어 있다.
be scheduled to+동사 ~할 예정이다

|어휘| meeting 회의, 모임 in+시간 ~후에, 만에, 지나서
for ~동안에 over ~에 걸쳐서 between 둘 사이에

22

|해석| 시스템 개발부서의 Santo씨는 요청했다/ 직원들에게/ 컴퓨터 시스템에 더 친숙해 지라고.

|해설| become familiar with ~에 익숙해지다 u.64/76쪽 참조

|어휘| development 개발 department 부서 ask 요청하다 staff members 직원 become familiar with ~과 친숙해지다

23

|해석| 회계부서가 발표한 보고서에 따르면,// 올해의 순이익은/ 크게 증가했다.

|해설| according to the report 보고서에 따르면

|어휘| issue 발표하다 accounting department 회계부서 net profit 순이익 increase 증가하다 drastically 철저히, 크게

24

|해석| Corley박사는 인류학 박사학위를 가지고 있으며/ 지난 10월에 the Nile Delta에 관한 책을 출판했다.

|해설| '지난 10월'이라는 확실한 과거시점이 제시되었으므로 u.83쪽 참조

|어휘| hold-held-held 소유(소지, 보유)하다 anthropology 인류학 publish 출판하다 delta 삼각주

25

|해석| Norman은 그 광고의 문구가 불필요할 정도로 공격적이라는 데 동의하고/ 그것을 바꾸었다.

|해설| wording 문구, 용어, 단어 선택, 표현 방식

|어휘| agree 동의하다 advertisement 광고 unnecessarily 불필요할 정도로 offensive 공격적인, 불쾌한

26

|해석| Olivia와 Sophia는 서로 다른 취향을 가지고 있지만,// 그들은 좋은 친구입니다.

|해석| 주절이 있으므로 종속절을 이끄는 접속사가 필요하며, 문맥상 '~하지만'이 가장 자연스러우므로 u.120 쪽 참조

|어휘| different 다른 taste 취향 since ~이래로, ~하니까 despite=in spite of=with all ~에도 불구하고 although=though ~이지만

27

|해석| 이 새로운 스포츠 단지는 차단막으로 둘러싸여있다.// 그래서 사람들은 경기를 즐길 수 있다// 계절에 상관없이.

|해설| 문맥상 시설이 '차단막이 되어있다'가 되어야 하므로. (google에서 enclose를 쳐서 이미지를 보세요)

|어휘| sports complex 스포츠 단지 whatever the season is.=regardless of what the season is. 계절이 무엇이든, 계절에 상관없이 encase 상자에 넣어 싸다 enclose 차단막으로 에워싸다 encircle 포위하다 envelop 봉하다

28

|해석| 잘 볼 수 없다면// 눈을 검사받는 것이 좋다.

|해설| '눈이 검사되므로' 수동(p.p) u.150쪽 (1)번 참조

|어휘| had better=may as well=might as well ~하는 편이 낫다 eye 눈 examine 검사하다

29

|해석| 재정적으로 안정된 조기 퇴직의 열쇠는/ 좋은 계획입니다.

|해설| early retirement 조기 퇴직, 명예퇴직

|어휘| financially 재정적으로 secure 안정된 planning 계획 early 조기의 fast=quick 동작이 빠른 mature 성숙한

30

|해석| John은 로스쿨을 졸업 할 수 없었다// 최종 시험에 합격하지 못해서.

|해설| fail to+동사원형 ~하지 못하다 u.162쪽 참조

|어휘| graduate from 졸업하다 the last exam 최종 시험

01 From the homely aspirin to the most sophisticated prescription medicine on the market,/ all drugs come with side _____.

(A) outcomes
(B) factories
(C) effects
(D) mirrors

02 Had we realized that the event would not be popular with our customers,// we _____ the plan in its early stages.

(A) canceled
(B) would cancel
(C) would have canceled
(D) will have canceled

03 Welders _____ for almost 10 percent of our workforce.

(A) compensate
(B) compose
(C) call
(D) account

04 It is recommended that she _____ a short speech before the ceremony.

(A) prepare
(B) prepares
(C) prepared
(D) will prepare

05 There is a _____ of information available about pregnancy and birth.

(A) wealth
(B) number
(C) deal
(D) amount

06 The plane cannot leave the gate// _____ all passengers are seated.

(A) if
(B) unless
(C) when
(D) as if

07 The meeting has been postponed// until travel arrangements are _____.

(A) hosted
(B) contracted
(C) signed
(D) finalized

08 Our department/ has conducted/ a _____ amount of research/ this year.

(A) considered
(B) considerate
(C) considerable
(D) considering

09 His net income is _____ enough to pay off the car.

(A) more
(B) more than
(C) sufficient
(D) plenty

10 The minister admitted// that highly _____ documents had been leaked to the press.

(A) sensible
(B) sensitive
(C) sensual
(D) sensuous

TEST 15 정답 및 해설

01 (C)	02 (C)	03 (D)	04 (A)	05 (A)
06 (B)	07 (D)	08 (C)	09 (B)	10 (B)

01

|**해석**| 흔한 아스피린에서부터 시판되고 있는 가장 정교한 처방약에 이르기 까지,/ 모든 약품은 부작용을 동반한다.

|**해설**| 의약품과 관련하여 '부작용(side effects)'가 들어가야 가장 자연스러우므로 u.381쪽 (7)번 from A to B 참조

|**어휘**| homely 흔한, 단순한, 검소한, 가정적인
sophisticated 정교한 prescription medicine 처방약
drug 약품, 마약 come with 동반하다 side effect 부작용
outcome=result=effect 결과 factory 공장 mirror 거울

02

|**해석**| 만일 그 행사가 고객들에게 인기가 없을 것이라는 것을 깨달았더라면,// 우리는 초기 단계에서 그 계획을 취소했을 것이다.

|**해설**| 제3 조건문(가정법 과거 완료)의 주절의 시제는 '조동사의 과거형+have+pp'이므로 u.237쪽 참조

|**어휘**| realize 깨닫다 event 행사 popular 인기 있는
customer 고객 plan 계획 stage 단계, 무대. 발판
cancel=revoke=retract=rescind=call off 취소하다

03

|**해석**| 용접공이 우리 노동력의 거의 10%를 차지한다.

|**해설**| account for 차지하다

|**어휘**| welder 용접공 almost=nearly=practically=virtually=all
but=next to=well-nigh=little short of 거의 workforce 노동력 compensate for ~에 대해 보상(보충)하다
compose 구성하다 call(ask) for=require 요구하다

04

|**해석**| 그녀가 식전에 짧은 연설을 준비하는 것이 권장된다(좋다).

|**해설**| recommend 다음 that절에서 '원형'이 오므로 u.244쪽 참조

|**어휘**| recommend 추천(권고)하다 prepare 준비하다 a short
speech 짧은 연설 ceremony 식, 의식

05

|**해석**| 임신과 출산에 관한 유용한 정보가 많이 있다.

|**해설**| a wealth of=a great amount of 풍부한, 많은
u.421쪽 어휘 참조

|**어휘**| information 정보 available 유용한, 이용 가능한
pregnancy 임신 birth 출산 deal 거래 amount 양

06

|**해석**| 비행기는 게이트를 떠날 수 없다.// 모든 승객이 자리에 앉지 않는 한.

|**해설**| 주절의 내용을 바탕으로 추론하여 '~하지 않으면, ~하지 않는 한'이 가장 자연스러우므로 u.251쪽 참조

|**어휘**| plane 비행기 leave-left-left 떠나다 passenger 승객
be seated 자리에 앉다

07

|**해석**| 회의가 연기되었다.// 여행 일정이 최종 확정될 때까지.

|**해설**| 문맥상 '최종 확정되다(finalize)'가 들어가야 가장 자연스러우므로

|**어휘**| postpone=procrastinate=prolong=put off=put
over=hold over 연기하다 travel arrangement 여행 일정
host 개최하다 contract 계약하다 finalize 마무리 짓다

08

|**해석**| 우리 부서는/ 수행하였다/ 상당한 양의 연구를/ 금년에

|**해설**| 문맥상 '상당한(considerable)'이 가장 자연스러우므로
u.293쪽 참조

|**어휘**| department 부서 conduct a research 연구를 수행하다
research 연구 this year 금년에 amount 양, 액수
considered 잘 생각한 considerate 사려 깊은
considerable 상당한 considering ~을 고려해 볼 때

09

|**해석**| 그의 순수입은 차 값을 모두 지불하기에 충분하고도 남는다.

|**해설**| more than enough 충분하고도 남는

|**어휘**| net income 순수입 pay off 전액을 지불하다, 성공하다

10

|**해석**| 그 장관은 시인했다// 매우 민감한 문서가 언론에 유출되었다는 것을.

|**해설**| 문맥상 '민감한(sensitive)'이 가장 자연스러우므로
u.293쪽 참조

|**어휘**| minister 장관 admit 시인하다. 인정하다 highly 매우
document 문서 leak=reveal=divulge 누설하다
the press 언론 sensible 현명한 sensitive 민감한
sensual 관능적인 sensuous 감각적인

11 States could raise academic standards for some students/ and consign others to a new and _____ improved version of job training.
(A) remarkably
(B) marginally
(C) noticeably
(D) conspicuously

12 The survey showed// that consumer concern about the economy/ was the _____ biggest factor affecting the building business in 1993.
(A) merely
(B) separate
(C) single
(D) solely

13 I move that the case _____ dismissed.
(A) be
(B) is
(C) will be
(D) has to be

14 Smoking is a causative _____ in the development of several serious diseases,/ including lung cancer.
(A) base
(B) role
(C) factor
(D) agency

15 The inspectors should decide _____// which department is most suited for the project.
(A) exact
(B) exactly
(C) exaction
(D) exactness

16 Our _____ with Mr. Smith/ was mostly focused/ on issues related to integrating the staff/ after the proposed merger.
(A) discuss
(B) discussed
(C) discusses
(D) discussion

17 The producer's _____/ will keep him from working/ for at least three days.
(A) ill
(B) sick
(C) hurt
(D) illness

18 The charitable institution is happy to accept _____ to the fund/ for victims of natural disasters in Southeast Asia.
(A) contribute
(B) contributing
(C) contributors
(D) contributions

19 The average _____ for a 3-bedroom apartment in Washington/ is $1,000 a month.
(A) payment
(B) rent
(C) width
(D) floor

20 The Alpha Tech program/ offers a one-year course/ leading to a _____ in Basic Automobile Maintenance/ upon successful completion.
(A) bill
(B) training
(C) charge
(D) certificate

TEST 15 정답 및 해설				
11 (B)	**12** (C)	**13** (A)	**14** (C)	**15** (B)
16 (D)	**17** (D)	**18** (D)	**19** (B)	**20** (D)

11

|해석| 주(국가)는 일부 학생들에 대한 학업 기준을 높이고/ 다른 일부 학생들을 새롭고 약간 개선된 형태의 직업 훈련에 위탁할 수 있다

|해설| 문맥상 '약간/조금(marginally)'이 가장 자연스러우므로

|어휘| state 주, 국가 raise 올리다 academic standard 학업 기준 consign A to B: A를 B에 위탁하다 improve 개선하다 version 변형, 설명 marginally 약간 remarkably=noticeably=conspicuously=prominently 눈에 띄게

12

|해석| 조사에 따르면// 경제에 대한 소비자의 우려가/ 1993년 건설업에 영향을 미친 가장 큰 단일 요인이었다.

|해설| the single biggest/greatest/largest/most 단일 최대의

|어휘| survey 조사 show 보여주다 consumer 소비자 concern 우려. 관심, ~에 관계가 있다

13

|해석| 나는 그 사건을 각하할 것을 제의 하는 바입니다.

|해설| move(제안하다) 다음 that절에서는 '원형'이 오므로 u.244쪽 참조

|어휘| case 사건 dismiss=reject=turn down 각하하다. 해고하다

14

|해석| 흡연은 몇몇 심각한 질병의 발생에 원인이 되는 요인이다/ 폐암을 포함하여.

|해설| 문맥상 'factor(요인)'이 가장 자연스러우므로

|어휘| causative 원인이 되는 development 발생, 발달, 개발 several 몇몇 serious=grave 심각한 disease 질병 include=involve=incorporate=contain 포함하다 lung cancer 폐암 base 기반 role 역할 agency 매개체, 대리점

15

|해석| 조사관들은 정확히 결정해야 한다// 어느 부서가 그 프로젝트에 가장 적합한지를.

|해설| 동사 decide를 수식하는 부사가 필요하므로 u.384쪽 참조

|어휘| inspector 조사관 decide=determine 결정하다 suited=suitable=fit=fitted=fitting=proper=pertinent 적합한 department 부서 exact 정확한 exactly 정확히 exaction 강요, 부당한 요구, 가혹한 세금 exactness 정확성

16

|해석| 우리의 Smith씨와 토론은/ 주로 초점이 맞춰졌다/ 직원 통합과 관련된 문제에/ 신청된 합병 후에(합병이 신청된 후에).

|해설| Our라는 소유격 다음에는 명사형이 와야 하므로. u.23/22쪽 참조

|어휘| discuss 토론하다 discussion 토론 mostly=mainly=chiefly 주로 be focused on ~에 초점이 맞춰지다 issue 문제 be related to ~과 관련이 되다 integrate 통합하다 staff 직원 propose 제안(제의/신청)하다

17

|해석| 그 제작자의 질병은/ 그가 일하는 것을 막을 것이다/ 최소한 3일 동안.

|해설| 소유격 다음에 명사가 오며 주어자리이므로 u.22/62쪽 참조

|어휘| producer 제작자, 연출가 keep(stop, prohibit, inhibit, prevent, preclude) A from B~ing A가 B하는 것을 막다 at least=at the very least=at the minimum 최소한 ill=sick 아픈 illness 질병 hurt 상처(를 주다)

18

|해석| 그 자선단체는 기금에 대한 기부를 기꺼이 받고 있다/ 동남아시아의 자연재해 피해자들을 위한 (기금에).

|해설| 타동사 accept의 목적어로 명사가 필요하며, '기부, 기부금'이 가장 적합하므로 u.22/62쪽 참조

|어휘| charitable institution 자선단체 be happy(glad, willing) to 기꺼이 ~하다 accept 받다, 수락하다 fund 기금. 자금 victim 희생자 natural disaster 자연재해 Southeast Asia 동남아시아 contribute 기여(기증, 공헌)하다 contributor 기부(기증, 공헌)자 contribution 기부, 기증, 기부금

19

|해석| 워싱턴의 방 세 개짜리 아파트 평균 집세는/ 한 달에 1,000 달러이다.

|해설| 한 달에 1,000달러라는 설명이 왔으므로 주어는 '집세(rent)'가 들어가야 가장 자연스러우므로

|어휘| average 평균 rent 집세 payment 지불 rent 집세 width 넓이 floor 층, 바닥

20

|해석| Alpha Tech 프로그램은/ 1년 과정을 제공하고 있습니다/ 자동차 기본정비 자격증을 가져다주는 (과정을)/ 성공적으로 수료하면.

|해설| 문맥상 '자격증(certificate)'이 들어가야 가장 자연스러우므로

|어휘| offer 제공하다 course 과정 lead to 이끌다 basic 기본(기초)적인 automobile 자동차 maintenance 정비, 부양 successful 성공적인 completion 완수, 수료 bill 계산서 training 연수 charge 부과금, 요금 certificate 자격증

21 There are no _____ more popular than cell phones/ in the Southeast Asian countries.
(A) books
(B) gifts
(C) shows
(D) movies

22 The retail industry/ spends/ _____ $2 billion/ on IT and related systems/ annually.
(A) well-nigh
(B) every
(C) mostly
(D) continually

23 Children should be taught/ to have respect _____ elderly people.
(A) to
(B) for
(C) at
(D) with

24 Candy had worked as a bank _____ for several years// before she was promoted to branch manager.
(A) assistant
(B) teller
(C) operator
(D) manager

25 In the television interview,// the president of the company/ _____ // that it would suffer a loss this year.
(A) convinced
(B) persuaded
(C) required
(D) alluded

26 The _____ of the tax system/ has benefited lower-income families.
(A) reform
(B) reforms
(C) reforming
(D) reformation

27 CEO Jason/ _____ abruptly this afternoon,// and the company did not offer an explanation/ for his sudden departure.
(A) attended
(B) resigned
(C) participated
(D) promoted

28 Sunshine Pet Nutrition/ manufactures food and vitamins/ _____ to keep your pets healthy and happy.
(A) relied
(B) notified
(C) designed
(D) progressed

29 Employee loyalty _____// when a confidential document was leaked to the press.
(A) was settled
(B) was questioned
(C) was explained
(D) was solved

30 Working in the Customer Service Department,// you become an expert in _____ complaints.
(A) dealing on
(B) dealing with
(C) dealing in
(D) dealing for

TEST 15 정답 및 해설

21 (B)	22 (A)	23 (B)	24 (B)	25 (D)
26 (A)	27 (B)	28 (C)	29 (B)	30 (B)

21
|해석| 휴대전화보다 더 인기 있는 선물은 없다/ 동남아시아 국가에서.

|해설| 문맥상 '선물(gift)'이 가장 자연스러우므로 u.403쪽 (18)번 there용법 참조

|어휘| popular 인기 있는 cell phone 휴대전화 book 책 Southeast Asian countries 동남아시아 국가들 gift 선물 show 보여주다 movie 영화

22
|해석| 소매업계는/ 소비한다/ 거의 20억 달러를/ IT와 그와 관련된 시스템에/ 매년.

|해설| '20억'이라는 숫자가 왔으므로 '거의(well-nigh)'가 들어가야 가장 자연스러우므로 u.422쪽 어휘 참조

|어휘| retail industry 소매업계 billion 10억 related 관련된 annually 매년 continually 간헐적으로, 계속해서 well-nigh=almost=nearly=practically=virtually=all but=next to=close(near, nigh) upon 거의 mostly=chiefly 주로

23
|해석| 애들은 가르쳐야한다/ 노인들을 공경하도록.

|해설| have respect for 공경(존경)하다: 숙어는 암기해 두셔야 합니다.

|어휘| should ~해야 한다 elderly 나이가 지긋한 have respect for=pay(give) respect to=look up to =regard=revere=esteem=venerate 공경(존경)하다

24
|해석| Candy는 은행원으로 몇 년 동안 근무했다.// 그 후에 지사장으로 승진되었다.

|해설| a bank teller 은행원

|어휘| for several years 몇 년 동안 promote 승진시키다, 홍보하다 branch manager 지사장 assistant 조수, 점원, 보조물 operator 운전(경영)자

25
|해석| 텔레비전 대담에서// 회사 사장은/ 넌지시 말했다// 회사가 금년에 손실을 겪게 될 것이라고.

|해설| 문맥상 '시사하다/넌지시 말하다(alluded)'가 들어가야 가장 자연스러우므로

|어휘| president 사장 company 회사 suffer a loss 손실을 입다 require=request 요구하다 convince=persuade=prevail on 설득하다 allude=suggest 은근히 암시하다

26
|해석| 세제 개혁은/ 저소득 가구에 혜택을 주었다.

|해설| 동사가 'has'이므로 단수 명사가 되어야 하며, 문맥상 '개혁(reform)'이 들어가야 더 자연스럽죠.

|어휘| reform=amendment 개혁(하다) reformation 개혁 과정 benefit 혜택을 주다 lower-income families 저소득 가구

27
|해석| 최고경영자 Jason이/ 오늘 오후에 갑자기 사임했다// 그리고 회사는 설명을 하지 않았다/ 그의 갑작스런 사임에 대해서.

|해설| sudden departure(갑작스럽게 떠나는 것)가 있으므로 '사임하다(resigned)'가 들어가야 함

|어휘| abruptly=suddenly=unexpectedly=on a sudden 갑자기 this afternoon 오늘 오후 company 회사 offer 제공(제안)하다 explanation 설명 departure 출발 attend 참석하다 resign 사임하다 participate=join 참가하다

28
|해석| Sunshine Pet Nutrition은/ 식품과 비타민을 제조합니다/ 여러분의 애완동물을 건강하고 행복하게 유지하도록 의도된.

|해설| 문맥상 '의도된(designed)'이 가장 자연스러우므로 u.151쪽 (8)번에 keep 복습하세요.

|어휘| manufacture 제조하다 food 음식, 식품 pet 애완동물 healthy 건강한 rely 의존하다 notify 알리다 design 의도(계획, 설계)하다 progress 전진(진척, 진보, 발달)하다

29
|해석| 직원 충성도가 의심 받았다// 기밀문서가 언론에 누출되었을 때.

|해설| '언론에 누출되었다'는 종속절을 바탕으로 주절에는 '의심 받다'가 들어가야 하므로 u.478쪽 수동태 참조

|어휘| employee loyalty 애사심, 직원 충성도 question 의심하다 confidential 은밀한, 기밀의, 친한 document 문서, 서류 leak=reveal=disclose=divulge=divulgate=betray =expose=fink=lay bare=give away 누설하다

30
|해석| 고객 서비스 부서에서 일하면,// 불만을 처리하는 데 전문가가 된다.

|해설| 문맥상 '처리하다/다루다(deal with)'가 들어가야 가장 자연스러우므로

|어휘| the Customer Service Department 고객 서비스 부서 expert 전문가 complaint 불평, 불만, 고충 deal(do, cope) with=treat=handle=manage 다루다, 취급(처리, 대처)하다 deal(trade) in 장사(거래)하다

유니크 쏙쏙 토익 1600제

초판 1쇄 발행 2019년 11월 05일
초판 2쇄 발행 2021년 01월 01일
지은이 김수원

펴낸이 김양수
디자인·편집 이정은

펴낸곳 도서출판 맑은샘
출판등록 제2012-000035
주소 경기도 고양시 일산서구 중앙로 1456(주엽동) 서현프라자 604호
전화 031) 906-5006
팩스 031) 906-5079
홈페이지 www.booksam.kr
블로그 http://blog.naver.com/okbook1234
포스트 http://naver.me/GOjsbqes
이메일 okbook1234@naver.com

ISBN 979-11-5778-404-2 (13740)

* 이 책의 국립중앙도서관 출판시도서목록은 서지정보유통지원시스템 홈페이지
  (http://seoji.nl.go.kr)와 국가자료종합목록 구축시스템(http://kolis-net.nl.go.
  kr)에서 이용하실 수 있습니다.
  (CIP제어번호 : CIP2019043823)